공교회의 일치와
평화를 위하여

저자 손재익

대한예수교장로회 한길교회에서 예배 인도자, 말씀 설교자, 성례 집례자, 교회 치리자로 살고 있다. 교인들과 먹고 대화하며 울고 웃는 일도 더불어 하고 있다. 성경에 최고 권위를 두면서 장로교회의 가르침을 잘 정리한 웨스트민스터 표준문서를 따라 교회를 섬기고 있다. 부산대학교, 고려신학대학원, 고신대학교 일반대학원에서 공부했다. 저서로는 『설교, 어떻게 들을 것인가?』, 『십계명, 언약의 10가지 말씀』, 『사도신경, 12문장에 담긴 기독교 신앙』, 『성도가 알아야 할 7가지』(공저), 『교회의 직분자가 알아야 할 7가지』(공저) 등이 있다.

특강 예배모범 : 웨스트민스터 총회가 제시한 아름다운 예배를 찾아서

2판 1쇄 인쇄일 2022년 1월 28일
1판 1쇄 발행일 2018년 10월 22일

펴낸곳 흑곰북스 | **펴낸이** 정설 | **기획편집** 흑곰북스 | **저자, 번역** 손재익 | **디자인** 사바나림

Special Thanks to : 박지원, 이재국, 김무성, 황아름, 서형석, 신준영, 배준호, 이환희

www.blackbearbooks.kr
출판등록 2011년 10월 05일 (제2018-000012호)
주소 서울 마포구 월드컵로 190, 801호
전화 070-4007-0681 팩스 031-629-5790
ISBN 978-89-967389-9-2 (03230)

이 도서의 국립중앙도서관 출판예정도서목록(CIP)은 서지정보유통지원시스템 홈페이지(http://seoji.nl.go.kr)와 국가자료종합목록시스템(http://www.nl.go.kr/kolisnet)에서 이용하실 수 있습니다. (CIP제어번호 : CIP2018032220)

이 책의 본문은 'Dall'의 UD 폰트를 사용하여 제작하였습니다.

저자의 글	6
기획 노트	8
이 책의 특징과 활용법	10
3개월 스터디 플랜과 인도자 가이드	12
학습 현황 점검표	13

1단원. 준비학습 1 : 예배의 원리	16
2단원. 준비학습 2 : 예배의 요소와 역사적 변천	44
서문	76

현재 위치 점검 p.70

3단원. 회중의 모임과 공예배에서의 태도	84
회중의 모임과 공예배에서의 태도에 관하여	86
4단원. 성경의 공적인 낭독과 설교 전 공기도	114
성경의 공적인 낭독에 관하여	116
설교 전 공기도에 관하여	126
5단원. 말씀 선포와 설교 후 기도	152
말씀 선포에 관하여	154
설교 후 기도에 관하여	184

현재 위치 점검 p.194

| 6단원. 성례의 집례(1)_세례 | 198 |
| 성례의 집례에 관하여(세례) | 200 |

| 7단원. 성례의 집례(2)_성찬 | 228 |
| 주님의 만찬의 성례에 관하여 | 230 |

현재 위치 점검 p.269

8단원. 시편 찬송, 강복선언, 주일성수	270
시편 찬송에 관하여	272
주님의 날을 거룩히 지키는 것에 관하여	286

9단원. 결혼 예식, 환자 심방, 죽은 자의 매장	294
결혼 예식에 대하여	296
환자 심방에 관하여	314
죽은 자의 매장에 관하여	330

10단원. 공적 금식과 공적 감사일, 부록	336
공적 금식에 관하여	338
공적 감사일에 관하여	348
부록. 공예배를 드리는 날과 장소를 다루며	354

학습활동 1. 시편 찬송 의뢰서	293
학습활동 2. 우리 교회 예배 순서	372
참고 도서 목록	374

저자의 글

예배, 말만 들어도
가슴 벅찬 일입니다.

삼위일체 하나님을 만나 말씀을 듣고 교제하며 그분께 영광을 돌리고 기쁨과 사랑을 누리는 감격의 시간입니다. 이 책은 예배를 성경의 가르침에 가깝게, 또한 웨스트민스터 총회가 만든 예배모범에 가깝게 드릴 수 있도록 돕기 위해 쓴 책입니다.

이 책에는 저의 세 가지 중요한 관심이 모여 있습니다. 예배, 개혁주의 고백문서, 그리고 장로교회 헌법입니다.

1. 대학생 때, 선배가 읽고 있던 『개혁주의 예배』(CLC)라는 책을 읽고는 충격을 받았습니다. 예배란 말씀이 핵심이 되어야 하며 실제로 그렇게 구성되어 있다는 것을 깨닫고는 큰 감동을 받았습니다. 또 『예배의 아름다움』(SFC)이라는 책을 통해 예배가 언약적이라는 사실을 알게 되었습니다. 그렇게 시작된 관심이 20여 년 확장된 것이 이 책입니다.

2. 저는 어려서부터 "웨스트민스터 신앙고백서 및 대소요리문답을 우리의 신조로 한다"는 말을 들어왔고 아무 생각 없이 읊조려왔습니다. 그런데 개혁주의 신학을 공부하면 할수록 그것이 바로 저 웨스트민스터 신앙고백서와 대소요리문답, 벨기에 신앙고백서와 하이델베르크 요리문답서, 도르트 신조 등에 잘 나타나 있음을 발견했습니다. 그래서 설교나 강의를 할 때 항상 개혁주의 고백문서를 기초로 하고 있습니다. 개혁주의 고백문서만 제대로 이해해도 예배를 비롯한 우리의 신앙은 성경과 전통에서 벗어나지 않을 수 있습니다. 이 책에 그러한 신념을 드러내려 했습니다.

3. 대학생 때 지역도서관에서 우연히 장로교회 각 교단의 헌법을 비교해 놓은 책을 보았습니다. 그 때부터 장로교회의 헌법에 대해 관심을 갖게 되었습니다. 이후 장로교 헌법을 연구하면서 직분이나 교회정치 뿐 아니라 예배에 대해서도 헌법이 잘 설명하고 있음을 확신하게 되었습니다.

우리가 지향하는 성경적 예배는 개혁주의 고백문서와 웨스트민스터 예배모범에 실제로 잘 나타나 있습니다. 하지만 안타깝게도 오늘날의 예배는 거기서 너무 많이 벗어나 있습니다. 교회헌법 안에 예배에 관한 구체적인 내용이 설명되어 있다는 사실을 대부분 잘 모르며, 아예 교회에 헌법이 있다는 사실 자체를 모르는 경우도 많습니다. 저는 우리의 예배가 예배모범과 헌법이 가르치는 내용에만 충실해도 하나님께서 기뻐 받으실 만한 성경적인 예배가 될 수 있겠다는 믿음으로 이 책을 썼습니다. 저의 마음이 여러분께 잘 전달되기를 바랍니다. 우리들 각자가 예배를 바르게 드리게 되고 그런 예배가 하나하나 모여 이 땅의 모든 교회가 하나님께서 성경에 명하신 방식대로 삼위 하나님을 온전히 예배하는 데까지 이어지기를 소망합니다.

책을 읽으시다 보면 현재의 예배 모습과 다른 점, 고쳐야 할 점이 눈에 선명하게 보일 수 있습니다. 그럴 때 한 번에 다 바꾸려 하시기보다는 차근차근 바로잡으시길 바랍니다. 비판의 자리에 서기보다는 겸손히 자신을 돌아보시기 바랍니다. 개혁은 단박에 뜯어고치는 것이 아니라 길을 바로 잡는 것입니다. 길을 바로잡기까지 때로는 시간이 걸릴 수도 있습니다. 따가운 눈총과 조소를 들을 수도 있습니다. 여러 통증이 올 수도 있습니다. 그럴 때에라도 인내하십시오. 무엇보다도 예배의 본질은 외형에 있는 것이 아니니, 온 마음과 정성을 다해 삼위일체 하나님께 경배하는 일에 힘쓰시기 바랍니다. 그 누구보다 내가 변해야 함을 경험할 수 있기를 바랍니다. 그러다가 마지막 날, 저와 여러분이 하늘에서 만나 함께 한 자리에서 한 분 하나님을 예배할 날을 고대합니다. 그때 만나 뵙겠습니다.

끝으로, 이 책이 나오기까지 늘 함께 하는 아내 박선주와 아들 손세윤에게 사랑을 전합니다. 매 주일 한 장소에서 함께 예배드리는 한길교회 형제자매들과 기쁨을 나눕니다. 무엇보다도 글자만 가득하던 원고에 생기를 불어 넣어 누구나 읽기 쉽게 만들어준 흑곰북스 편집부에 감사를 드립니다. 그들은 이 책이 나오기까지 수많은 시간을 원고와 씨름했습니다. 한 사람의 독자라도 더 이 책을 쉽게 읽게 하려고 말입니다. 그 섬김의 수고가 한국교회를 새롭게 하는 자그마한 불씨가 되리라 믿습니다.

저자 손재익 드림

> 기획
> 노트

'야곱'이라고 하면 '야채곱창'을 떠올리던 한 사람이 있었습니다.

하나님을 믿고 싶어 교회에 찾아갔습니다. 첫날부터 '예배'라는 것을 드렸지만, 아무도 그것이 무슨 의미의 행위인지 가르쳐주지는 않았습니다. 다음 주엔 알려주겠지 했지만 똑같았고 그다음 주에도... 엇? 시간이 십 년이 흘렀습니다! 그는 어느덧 예배를 익숙하고 노련하게 드릴 줄 아는 사람이 되었습니다. 하지만 아침 햇살이 유난히도 눈 부시던 어느 날 문득, 예배당에 앉은 그는 궁금했습니다. 나는 지금 무엇을 하는 걸까. 누구에게도 말하지 않았지만 나는 내 속을 아는데, 이런 나를, 이런 내가 드리는 예배를, 하나님이 받으실까...? 너무도 익숙해서 저절로 흥얼거리는 찬양곡, 지난주와 1도 다름 없는 기도, 이제 끝났구나 싶은 축도까지, 모든 절차가 물 흐르듯 진행되는 그 자리에서. 그는 예배를 드린 것도 아니고, 안 드린 것도 아니었습니다.

누구도 예배를 가르쳐주지 않지만 멀쩡한 신자가 되어버린 이 현실, 과연 실화일까요? 가르쳐서 키워야 할 신자가 가르침의 사각지대에 있다면 사실상 교회는 그를 방치한 겁니다. 주님의 핏값으로 건져낸 고귀한 영혼이 기아와 갈증 속에 방치된 겁니다. '교회생활'에 익숙해지기는 쉽습니다. 시간이 해결해 주잖아요. 수많은 '카더라 통신'과, '이러면 좋아들 하더라'는 출처 불명의 꿀팁들 덕택에, 신자의 두뇌는 '내가복음'의 기독교로 가득 차 버렸습니다. 이것은 정말로 위험천만한 상태입니다.

사사시대처럼 자기 소견에 옳은 대로 행하지 않으려면 지혜가 필요합니다. 그러나 지혜는 우리의 상상력에 속한 바 아니요, 주께서 수천 년 교회사 속에 이미 드러내신 섭리 가운데 있습니다. 위험한 드리프트를 멈추고 옛적 길을 따라 평안히 걷고자 한다면, 결국, 뿌리와 원형을 찾는 길이 근본입니다. 단, 무조건적 수용을 하자는 게 아닙니다. 그것이 무슨 의도로, 무엇을 추구하며, 어떤 가치를 지향하는 가운데 만들어졌는지를 계속 되물으며 가보자는 말입니다. 그래서 일단 읽자는 것이구요.

뿌리와 원형을 살펴보자는 말은 또한, 율법처럼 적용하자는 것이 아닙니다. 자기는 최고이며, 못 따라오는 나머지는 열등하다는 식으로 적용하는 것은 예배모범의 정신에서 가장 멀리 떠나간 것입니다. 향유하고 적용점을 찾되, 그 목적을 '공교회의 일치와 평화와 사랑의 확증'에 두자는 것. 바로 거기에 조금이나마 도움 되기를 바라면서 이 책을 기획했습니다.

이 책은 일단 웨스트민스터 총회가 직접 만들었던 예배모범의 본문을 '실제로 읽도록' 만들었습니다. 그걸 읽는 것 자체로 한국 교회에 큰 유익이라 생각합니다. 예배모범 본문을 영한 대역으로 제공하여 꼼꼼히 살펴보실 수 있도록 했고, 한 구절 한 구절을 묵상할 수 있도록 일부분을 가이드 했습니다.

그럼에도 불구하고 본문 그 자체만으로는 이해가 부족한 부분이 있습니다. 우리 시대가 17세기 중반보다는 모든 면에서 훨씬 훨씬 복잡해진 탓입니다. 해설을 맡은 손재익 목사님은 그런 점에서 저희가 찾은 가장 알맞은 적임자입니다. 저자는 오래전부터 표준문서들에 관심을 갖고, 바른 신학적 지식과 본문을 대하는 정성어린 자세로 연구해온 분입니다. 개인적으로는 손 목사님의 이러한 행보를 거의 20년 가까이 지켜봤기에 기본적인 신뢰가 있었습니다. 그러다가 예배에 대해 각 교단의 헌법을 전수조사하여 기초 자료집을 만드신 것을 보고, 책을 만들자고 손을 내민 것이 4년 전입니다. 저자도 출판사를 믿어주셨고, 때가 이르러, 이제 출간합니다.

이 책은 또한 올바름을 부르짖는 것에 그치지 않고, 이를 통해 교회의 일치를 호소합니다. 일치를 위해서는 전제를 맞춰야 합니다. 어느 한 사람의 주장이나 특정 교파의 전통보다는 공교회의 작업이었던 예배모범에 집중하자는 것이 바로 그런 이유에서입니다.

이 책을 통해 온전히 주님만 예배 받으시는 그런 예배를 소망하는 교회가
하나 둘, 셋... 늘어나기를 간절히 기도합니다.

책임편집자 황희상 / '특강 종교개혁사(흑곰북스)'의 저자

이 책의 특징과 활용법

왜 예배 드리는가?
익숙했던 관습에 질문을 던져,
예배를 배워야 할 필요성을 느끼게 해줍니다.

개념 탑재 성공! → **공교회적 일치**

Why   How   What

예배모범 원문 관찰
신앙고백서, 교리문답, 교단헌법을
함께 살펴보며 예배에 대한 지식을 얻고
생각을 확장합니다.

예배 요소와 순서, 예배와 관련된 일상
매주 접하는 예배의 요소들에 담긴 의미를 재확인합니다.
예배모범의 지도에 따라 신자의 일상과 대소사에 관련하여
예배와 예식을 어떻게 구분해서 적용하는지 정리합니다.

내부 분열을 그치고 **종교개혁자들이 가리키는 지향점을 향해** 눈을 돌리게 하는 책

1. 우리가 드리는 예배의 기초가 되는 웨스트민스터 예배모범을 꼼꼼히 살펴보고 음미할 수 있습니다.
이 책은 대한예수교 장로회 헌법의 예배모범이 기초를 두고 있는 웨스트민스터 예배모범을 근거로 가장 성경적이고 건전한 예배가 어떠해야 하는지를 추적합니다. 짙은 어둠과 혼란했던 시대에 예배모범 작성자들이 밝히 드러내고자 했던 진리는 어떤 것이며, 공교회적으로 어떻게 개혁하길 원했는지 그들이 가리키는 지향점을 바라보게 하고, 이로써 우리 내부의 분열과 갈등을 해소할 지점을 발견하도록 돕습니다.

종교개혁의 유산이자 장로교회 예배의 기틀을 확립한 웨스트민스터 예배모범의 원문을 직접 관찰하고 분석할 수 있도록 준비했습니다. 예배모범의 구조 분석과 정량적 분석을 통해 한 눈에 살펴볼 수 있도록 하여 예배모범의 숲을 볼 수 있습니다.

예배모범의 원문인 영어와 한글 번역문을 나란히 배치하고, 필요한 경우 번역문의 배치를 달리 하여 원문의 구조를 드러냈습니다.

하나의 긴 글로 작성된 예배모범을 단락으로 구분하고 해당 단락의 중심 주제를 제시하여 원문이 어떻게 구성되어 있는지 보여줍니다.

예배모범 작성자들이 말하고자 하는 바를 꼼꼼하게 챙길 수 있도록 도왔습니다. 단락마다 여백을 두어 예배모범을 공부한 학습자들도 직접 자기가 생각한 것을 메모할 수 있도록 디자인했습니다.

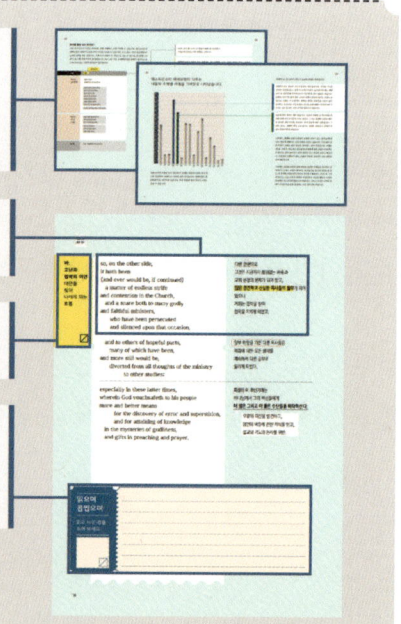

전통 신조와 교리를 우리 헌법과 연결 짓기

2. 종교개혁의 유산인 신앙고백서와 교리, 예배모범과 헌법을 연결 지어 사고할 수 있습니다.
예배를 왜 드리는지, 어떻게 드려야 하는지, 예배의 각 순서에는 어떤 의미가 있는지 등의 중요한 질문들을, 성경, 웨스트민스터 신앙고백서와 대소교리문답, 하이델베르크 교리문답, 벨기에 신앙고백서, 웨스트민스터 예배모범, 대한예수교장로회 헌법 등을 통해서 살펴봅니다.

예배의 정의 및 예배 요소에 대해 설명할 때 오직 성경의 원리에 따라 저자는 제일 먼저 성경에서 근거 구절을 찾아 제시합니다. 본문에서는 대표적인 구절을 제시하고 나머지는 확인질문에서 학습자가 직접 찾아볼 수 있게 했습니다.

예배모범을 근거로 하여 종교개혁 시대에 탄생한 신앙고백서와 교리문답도 함께 살핍니다. 우리 시대 각 교단 헌법들도 살피면서 우리 예배의 근간이 종교개혁의 산물임을 밝힙니다. 시간이 흐르면서 종교개혁의 의미가 퇴색된 교단헌법의 일부 조항들에 대해서는 개선안을 제시합니다.

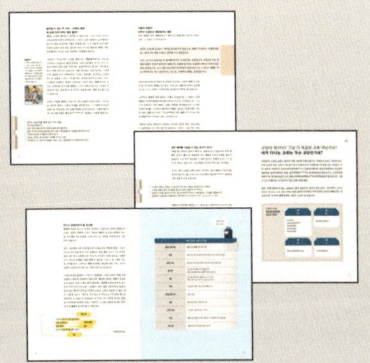

즐겁게 공부하며, 문제해결력 기르기

3. 신자의 삶에 적용하고 미래를 준비합니다.
기초 지식을 충분히 공부하여 문제를 해결할 수 있는 원리를 더욱 다지면, 현실에서 마주치는 질문들 앞에서 스스로 문제를 해결할 수 있습니다.

종교개혁 시대의 예배와 지금의 예배를 연속선상에 두고 우리 현실을 다시 살피면, 오해의 소지가 많고 잘못된 점들이 많음을 알 수 있습니다. 당연하게 여겼던 것들을 어떻게 교정할 수 있을지 질문을 던지고 해결책을 제시합니다.

각 단원 별로 확인질문을 두어 배운 것을 복습합니다.

학습활동을 통해 종교개혁자들의 입장에 서서 거시적이고 공교회적인 시각을 습득할 수 있습니다.

귀여운 동물 캐릭터와 포토 에세이, 눈이 시원해지는 기독교 유적지 여행 사진을 군데군데 배치하여 끝까지 지치지 않고 학습을 마칠 수 있도록 돕습니다.

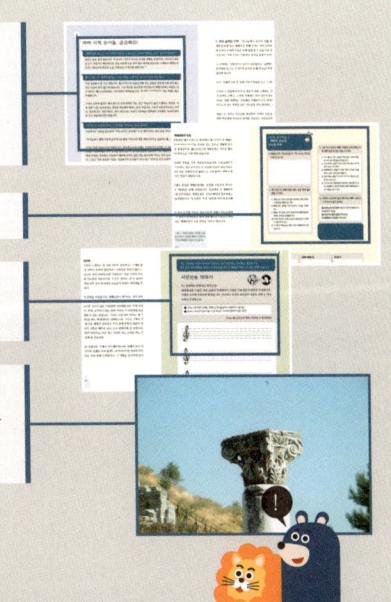

3개월 스터디 플랜과 인도자 가이드

	W1	W2	W3	W4
M1	1단원	2단원	3단원	중간 점검과 소감 나눔
M2	4단원	5단원	6단원 7단원	8단원
M3	학습활동 : 시편 찬송 의뢰서	9단원	10단원	학습활동 : 주보만들기 or 예배모범과 교단헌법 비교하고 발표하기

> 이 책을 읽기 전에, 흑곰북스의 "특강 종교개혁사"와 "특강 소요리문답"을 먼저 공부하시길 추천합니다.
> 역사를 통해 중세 로마 가톨릭의 배경을 이해하고 종교개혁자들의 저항과 희생을 알아야 우리 예배가 얼마나 소중한 지 그 의미를 알 수 있습니다.
> 종교개혁 시대에 잘 다듬어진 교리를 이해하면 예배 요소의 의미를 바로 이해하실 수 있습니다.

자기 주도 학습을 도와주세요!

흑곰북스의 학습서들은 일방적인 강의를 수동적으로 듣는 방식의 교육을 지양합니다. 남이 하는 말을 듣는 것만으로도 이해력은 높아질 수 있습니다. 하지만, 자기 자신의 생각을 말이나 글로 표현하지 않으면 그 지식이 자기 것이 되지 않습니다. 교회사 등의 정보도 적당한 분량으로 나누어서, 학습자들이 직접 조사해서 발표하는 방식으로 진행하면 학습효과가 높아집니다.

깊이 있는 성도 간의 교제를 이끌어 주세요.

모임에서 배운 것에 대해 서로 나누다 보면 정보를 더욱 풍성하게 습득하고 동기 부여할 수 있습니다. 공부 후에 적용하는 것도 각자 받은 은사와 분량에 따라 다를 수 있습니다. 그런 차원의 다양성은 적극적으로 서로 수용해주어야 깊이 있고 진솔한 성도간의 교제가 가능합니다.

글의 흐름을 따라가게 해주세요.

한 번에 모든 정보를 다 이해할 수 없습니다. 예배모범 자체가 지금 시대엔 정말 생소한 내용이 되어 버렸기 때문에 더욱 그렇습니다. 처음엔 전체적으로 윤곽이 잡히는 정도로 읽어갈 수 있도록 독려해 주세요.

예배모범 원문은 모두 읽어야 할 문서입니다.

예배모범은 전문가나 특정 계층의 사람들만을 위한 문서가 아닙니다. 신자 모두가 알아야 합니다. 이를 위해, 원문의 한 구절씩 직접 뜯어 보고 음미하게 합니다. 읽고 느낀 점을 직접 적어 보게 합시다.

신앙고백서와 교리문답은 기독교교리(PartPrime) 앱을 활용하세요! https://goo.gl/2TV8Zr

이 책과 함께 교단 헌법을 가정 별로 구비합시다.

예배모범은 신앙고백서나 교리문답과 달리 주제가 나열되는 방식이므로 읽는 순서가 크게 중요하지는 않습니다. 책갈피를 해두었다가 나중에 참고할 일이 있을 때 해당되는 부분을 곧바로 펴서 읽어나가는 방식으로 활용하시기 바랍니다.

의문이 들 때, 성례 등 특별한 예식이 있을 때 이 문서들을 읽으며 문제를 해결하고 마음의 준비를 하시기 바랍니다. 가정 내에서 자녀들을 교육하거나 기독교에 대해 궁금해하는 사람들에게 답해주는 데에도 아주 좋은 도구입니다.

학습 현황 점검표

> 2단원부터 10단원까지 예배모범 원문이 실려 있습니다. 공부하시면서 예배모범 원문과 저자의 설명을 얼마나 이해했는지 각각 점검합니다.

단원 / 예배모범		시작일	내용 이해도 체크	종료일
1단원	준비학습 1 : 예배의 원리	20 / /		20 / /
2단원	준비학습 2 : 예배의 요소와 역사적 변천	20 / /		20 / /
	·서문			
3단원	회중의 모임과 공예배에서의 태도	20 / /		20 / /
	·회중의 모임과 공예배에서의 태도에 관하여			
4단원	성경의 공적인 낭독과 설교 전 공기도	20 / /		20 / /
	·성경의 공적인 낭독에 관하여			
	·설교 전 공기도에 관하여			
5단원	말씀 선포와 설교 후 기도	20 / /		20 / /
	·말씀 선포에 관하여			
	·설교 후 기도에 관하여			
6단원	성례의 집례 (1)_세례	20 / /		20 / /
	성례의 집례에 관하여(세례)			
7단원	성례의 집례 (2)_성찬	20 / /		20 / /
	주님의 만찬의 성례에 관하여			
8단원	시편 찬송, 강복선언, 주일성수	20 / /		20 / /
	·시편 찬송에 관하여			
	·주님의 날을 거룩히 지키는 것에 관하여			
9단원	결혼 예식, 환자 심방, 죽은 자의 매장	20 / /		20 / /
	·결혼 예식에 대하여			
	·환자 심방에 관하여			
	·죽은 자의 매장에 관하여			
10단원	공적 금식과 공적 감사일, 부록	20 / /		20 / /
	·공적 금식에 관하여			
	·공적 감사일에 관하여			
	·부록. 공예배를 드리는 날과 장소를 다루며			

당신이 이 책을 읽는 이유

예배를 왜 알아야 하나요?
그 이유는 우리가 그리스도인이기 때문입니다. 그리스도인이란 누구입니까? 삼위일체 하나님의 구원사역의 결과로 태어난 새 생명입니다. 자신을 구원하신 삼위일체 하나님께 예배하며 사는 사람들입니다. 그리스도인은 거듭남과 동시에 예배자로 살아갑니다. 문제는 정작 예배가 무엇인지를 모른다는 겁니다.

교회에 가면 가장 먼저 하는 일, 가장 많이 하는 일이 예배입니다. 예수님을 믿는 사람은 물론, 어떤 경우에는 예수님을 잘 몰라도 교회에 나오면 예배는 드립니다. 그러다 시간이 지나면 자연스럽게 그리스도인 소리를 듣습니다.

그런데… 슬슬 예배가 지겨워집니다. 귀찮고, 빠지고 싶습니다. 앉아있는 것이 힘듭니다. 잠이 옵니다. 설교가 좀 짧았으면 좋겠습니다. 왜 이런 마음이 들까요? 예배를 왜 드리는지, 무엇보다도 예배의 각 순서에 어떤 의미가 있는지를 모르기 때문입니다.

그냥 모여서 드리면 되는 것 아닌가요?

뭐든지 그냥 열심히 한다고 되는 게 아닙니다. 예배도 바르게 알아야 바르게 드릴 수 있습니다. 하지만 놀랍게도 예배에 대해 배울 기회가 생각보다 많지 않습니다. 교회 다니면서 가장 많이 하는 것이 '예배'지만, 정작 예배를 가르치지는 않는 놀라운 현실. 처음 교회를 방문한 사람들은 물론 이미 교회를 오래 다닌 사람들도 예배가 무엇이며 어떻게 드려야 하는지, 그렇게 하는 이유는 무엇인지를 정확히 알지 못합니다. 각 교파와 교단마다 헌법이 있고 그 헌법에는 예배모범이 있어서 그것을 가르치고 지키게 해야 함에도 불구하고, 거의 대부분의 교회(당회)와 목사가 그렇게 하지 않습니다. 그렇다 보니 무엇이 가장 큰 문제입니까? 예배에 담긴 깊은 의미를 깨달아 더 깊은 은혜를 경험하지 못하는 경우가 태반입니다. 알지 못하고 드리는 예배는 그 무엇도 풍요롭게 해 주지 못합니다.

이런 현실적인 문제의식을 가지고 우리의 예배에 대해 생각하려 합니다.
내가 지금 여기서 왜 이런 순서를 하고 있는지를 제대로 알 때,
비로소 예배는 우리에게 의미 있을뿐더러, 하나님 앞에
바른 예배가 될 것입니다.

1단원. 준비 학습 1
예배의 원리

"예배를 왜 알아야 하나요?"
"형식이 꼭 필요한가요? 성경에서 딱 정해준 건 없던데요?"
"교회마다 예배 순서가 비슷하면서도 조금씩 다른 것 같아요."

예배를 마음대로 드리면 되는 것이 아니며, 어떤 원칙과 기준이 있을 것입니다. 거기엔 대부분 동의할 것입니다. 하지만 '어떤 원칙이냐'가 문제입니다. 어디서 그 원칙을 찾을 수 있을까요? 당연히 성경입니다. 예배모범에 들어가기 전에, 1단원에서는 먼저 성경적, 신학적 가르침에 근거한 예배의 기본 원리를 생각해보도록 합시다.

이럴까 저럴까, 자꾸만 모호하고 혼란해지는 예배

어떤 예배가 바른 예배일까요? 생각보다 쉽게 답을 내리기 어렵습니다. 그 이유는 두 가지입니다.

성경은 눈에 확 들어오는 예시를 제시해 주지 않습니다. 예배가 무엇인지, 어떻게 예배를 드려야 하는지를 '도표'로 설명해 주지 않았습니다.

지난 2천 년의 교회사를 볼 때 예배 방식이 다 똑같지는 않았습니다. 초대교회 이후 예배의 형태가 꾸준히 발전되어 왔습니다. 중세에 들어서는 본질에서 벗어나 타락의 길을 한참 걸었습니다. 16, 17세기 종교개혁 이후에 많이 회복되었으나, 그 후로도 예배는 거듭 타락하기도 하고 회복되기도 하는 등, 시대마다 예배는 달라졌습니다.

교회사를 살펴보면 전통적인 형식을 강조하는 '고전적 예배'의 유형과 탈 의식적인 예배를 강조하는 '자유로운 예배'의 유형이 공존했습니다. 이 두 유형은 시대에 따라 진자운동(振子運動)을 해 왔습니다.

고전적인 예배에 대한 불만은 언제나 있었습니다. 그 불만은 대개 예배가 시대적 변화를 반영해야 한다는 요구로 이어졌습니다. 그 요구에 맞춰주기 위해 예배는 수많은 변화를 겪어왔습니다. 그 결과 19세기 말에는 극단적인 퀘이커적 예배도 있었고, 20세기에는 이른바 '열린 예배'라고 하는 '구도자(求道者)를 위한 예배'(seeker's service)와 이머징 예배(Emerging worship)라는 것도 나타났습니다.

이렇게 다양한 관점들이 난립하는 가운데, 어떻게 '바른' 것을 찾을 수 있을까요? 한 가지 힌트가 있습니다. 그것은, "교회"라는 단어입니다.

떨어질 수 없는 두 단어 : 교회와 예배
왜 교회와 함께 이야기해야 할까?

예배는 교회와 떼어놓고 생각할 수 없습니다. 그리스도인은 하나의 지역교회에 속하여 살아갑니다. 그리스도인은 개개인으로 존재하지 않으며, 항상 교회의 한 지체로 존재합니다. 그저 교회에 '다닐' 뿐만 아니라 교회의 몸이 되는 겁니다. 바로 이 사실 때문에, 예배는 개인 차원에서만 아니라 교회 차원에서 이해해야 합니다.

'교회'란 무엇입니까? 교회를 헬라어로 '에클레시아'라고 하는데, '모인다'는 뜻입니다. 왜 모일까요? 교회 공동체가 '모이는 것'은 무엇과 관련이 있습니까? 한자어로 '교회'(敎會)라고 합니다. '가르침'을 받기 위해 모인다는 뜻입니다. 이때 가르침은 '설교'입니다. 그런데 단지 설교를 듣기 위해서만은 아니고, 성찬에도 참여하고, 찬송을 부르고, 헌금을 드리고, 기도를 하고, 성경을 공부하고, 다른 그리스도인들과 교제하기 위해서 모입니다. 이것이 바로 '예배'입니다. 교회는 삼위일체 하나님께 예배를 드리기 위해 모입니다. "교회가 무엇인가?"라는 질문에 단 한 마디로 대답한다면 '예배 공동체'라 할 수 있습니다.

교회는 이렇게 예배로 모입니다. 하나님께서 독생자 예수 그리스도를 통하여 행하신 구원의 은혜를 생각합니다. 그 은혜에 감사하고 찬송으로 반응하며, 하나님께 영광을 돌려드립니다. 그래서 웨스트민스터 신앙고백서 제26장 (성도의 교제에 관하여) 제2절은 이렇게 말합니다.

> **에클레시아**
> 이 단어는 교회를 지칭하는 말로 쓰이기 이전에 이미 BC 5세기경 그리스에서 사용되었습니다. 시민들이 자신의 복지에 영향을 미치는 사안들을 결정하기 위해 정기적으로 모였던 '민회'(民會, popular assembly)를 가리키던 말이었습니다.

> 공적인 신앙고백을 통해 성도가 된 자들은
> 하나님을 예배하고,
> 상호 간의 덕을 세우기 위해 신령한 봉사를 하며,
> 또한 각자의 능력과 필요에 따라 서로 간에 물질적인 짐들을 덜어줌으로써,
> 거룩한 친교와 교제를 유지해야 한다.
> 이같은 교제는 하나님께서 기회를 주시는 대로
> 어디에서나 주 예수의 이름을 부르는 모든 자들에게까지 확장되어야 한다.

참된 예배를 가늠할 수 있는 표지가 있다?

'예배'라는 형식이 있다고 해서 다 '교회'라 할 수 없습니다. 만약 예배가 있다고 해서 다 교회라면 굳이 예배가 무엇인지 배울 필요가 없겠죠? 그냥 자기 마음대로 드리면 됩니다. 정해진 형식도, 더 깊이 알 필요도 없습니다. 그냥 예배가 있기만 하면 되는 것이겠죠.

우리는 바른 교회를 위해 성경이 가르치는 참된 예배가 무엇인지를 알아야 합니다. 웨스트민스터 신앙고백서 제25장(교회에 관하여) 제4절에 이런 내용이 담겨 있습니다.

> 이 보편 교회는 때로는 더 잘 보이기도 하고 때로는 덜 보이기도 하였다.
> 그것은 보편교회의 한 일원으로서의 개체 교회Particular Churches가
> 복음의 교리를 얼마나 더 또는 덜 순수하게 가르치고, 받아들이고, 규례를 집행했으며,
> 공예배가 순결하게 진행되었느냐에 따라 더 순수하기도 하고 덜 순수하기도 한다.

예배가 순결하게 진행되느냐 그렇지 않느냐에 따라 더 순수한 교회가 있고 덜 순수한 교회가 있습니다. 이 세상에는 타락한 교회들이 있는데 그 교회들은 하나님의 뜻을 따라 예배하지 않고, 순수한 교회들은 하나님의 뜻에 따라 예배합니다. 신앙고백서는 참 교회와 거짓 교회를 구분하는 중요한 기준으로 "공예배가 얼마나 순수합니까? 공예배가 하나님의 뜻에 따라 진행되고 있습니까?"라는 질문을 던지도록 합니다. 그만큼 예배는 참된 교회를 식별하는 데 본질적인 요소입니다.

교회는 항상 온전한 예배가 이루어지도록 힘써야 합니다.
참된 예배는 교회의 최대 사명입니다.

교단이 뭔가요? 그냥 다 똑같은 교회 아닌가요?
내가 다니는 교회는 무슨 교단인가요?

여러분이 소속된 교회는 대부분 어떤 교단에 속해 있습니다. 여러분의 교단은 무엇인가요? 우리 교회가 속한 교단이 어디인지 잘 모르겠다고요? 이렇게 찾으면 쉽습니다. 장로교단을 예로 들면, 여러분이 속한 교회의 목회자가 장로회신학대학원(광나루)나 서울장신대학원, 영남신학대학원, 호남신학대학원을 졸업하셨다면 통합, 총신대학원(양지 캠퍼스)을 졸업하셨다면 합동입니다. 고려신학대학원(천안)을 졸업하셨다면 고신, 합동신학대학원대학교(수원)를 졸업하셨다면 합신입니다. 그래도 모르시겠다면, 목사님이나 장로님께 여쭤보세요.

물론, 위에 해당하지 않는 교단들도 많이 있습니다. 한국의 장로교회는 300여 개의 교단이 있다고 합니다. 그러나 거의 대부분 교단의 예배모범은 비슷하니까, 이 책의 예배에 대한 내용은 도움이 될 것입니다.

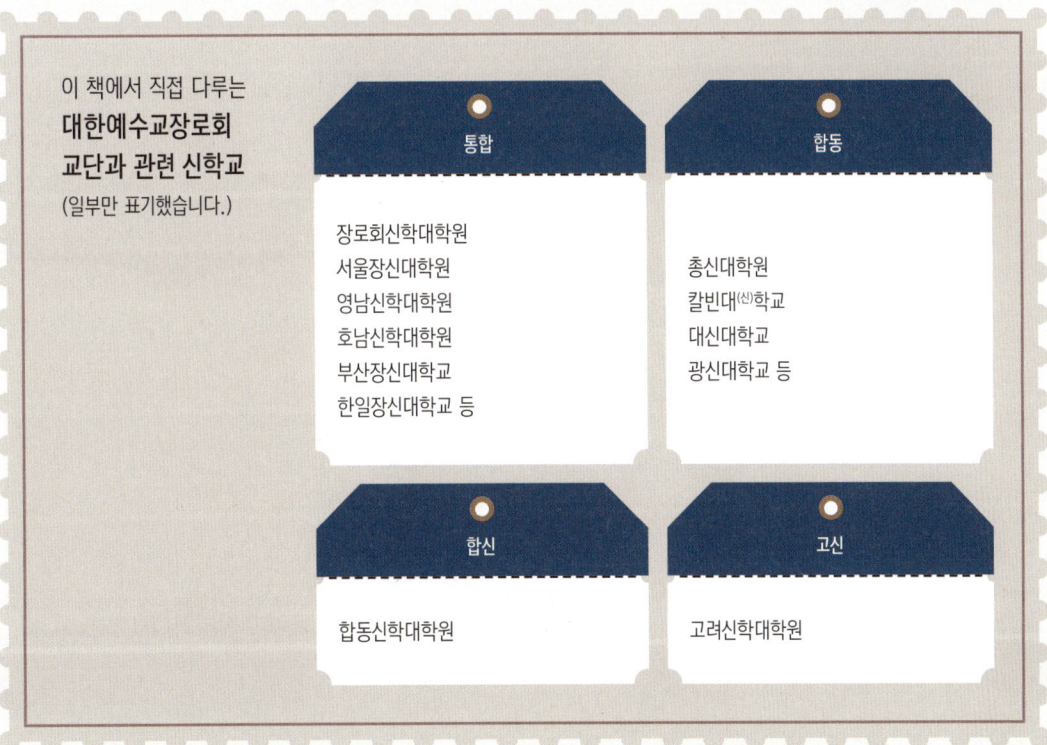

> 그럼 교단 헌법을 살펴보겠습니다. 웨스트민스터 신앙고백서 제26장 제2절(p.19)의 영향을 받은 대한예수교 장로회의 헌법들도 교회를 예배 공동체라고 설명합니다.

대한예수교 장로회(고신) 헌법(2011년판)

예배지침 제1장 제1조 교회

교회란 예수 그리스도의 공로로 구원받은 그리스도인들이 모여 하나님 앞에 예배하는 공동체이다. 교회는 예수 그리스도의 몸으로서 성령의 역사로 말미암아 계속적인 하나님의 말씀이 정확하게 선포되어야 하고, 성례를 올바르게 집행하여야 하며 권징을 정당하게 시행함으로 그 정통성이 유지되어야 한다.

교회의 회집 교회정치 제2장 교회 제11조

지상의 모든 성도들이 한 곳에만 회집하여 교제하며 하나님을 예배할 수 없으므로 각 처소에 개체교회를 설립하고 교회는 예수 그리스도를 믿는 무리들의 유익을 따라 일정한 장소에서 하나님께 예배하며 성결하게 생활하며 그리스도의 나라를 확장하기 위하여 성경의 교훈과 교회 헌법에 의하여 공예배로 모인다.

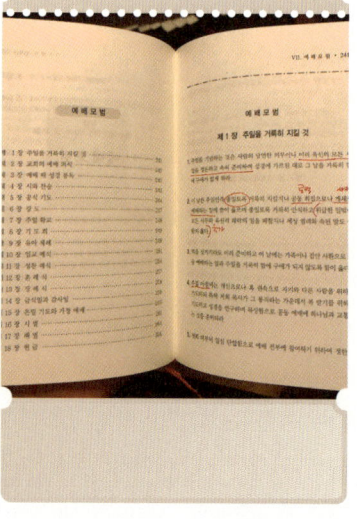

교단 헌법들은 이렇게 생겼습니다. ^^
교단 신학교 서점에서 구입하실 수 있습니다.

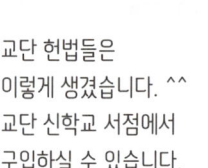

여보세요? 거기 서점이죠?

대한예수교 장로회(통합) 헌법(2006년판)

제4편 예배와 예식
제1장 '교회와 예배'

통합 교단의 헌법은 1983년 8월 24일 헌법 개정 이전에는 '예배와 예식'이 아니라, '예배모범'이라 불렀습니다.

이성웅, 『헌법예배. 예식론』, (서울: 한국장로교출판사, 2011), 139.

1-1-1. 교회는 예수 그리스도를 구세주로 영접한 하나님의 자녀들이 모이는 공동체이다. 이 교회는 성령님의 역사 아래서 예배와 선교, 교육, 봉사, 친교를 통하여 하나님을 영화롭게 하고 영원토록 그를 즐거워하는 데 그 존재의 목적을 두어야 한다.

1-1-2. 교회의 모든 성도들은 하나님의 자녀로 선택되어 구원에 이르게 하신 성부 성자 성령 되신 하나님의 은총 앞에 경건한 응답으로써 영광과 찬양과 감사를 드려야 한다.

1-1-3. 교회는 주님의 몸으로서 성령님의 역사를 통하여 계속적으로 바르게 말씀이 선포되고 성례전이 집례 되어야 할 것이며 여기에 참예한 모든 성도들이 그리스도의 증인으로서 세상 속에 하나님의 뜻이 이루어지도록 해야 한다.

1-1-4. 교회는 이 사명을 감당하기 위하여 부름 받았음을 확인해야 한다. 그러나 이 소명은 교회공동체 구성원에게 각각 다른 분야를 섬기도록 하셨으며, 특히 목사에게는 예배를 인도하며 설교와 성례전의 집례를 통하여 하나님의 말씀과 은혜를 선포하는 특수한 임무가 부여되었다. 당회는 모든 회중들을 대표하여 예배의 준비와 질서를 맡아 수행해야 한다.

예배에 대한 기초 지식들을 조금 더 쌓아가 봅시다.

예배(禮拜)를 한자어 그대로 풀이하면, "절하여 예를 표하다."입니다. 국어사전에는 "거룩하고 성스러운 대상에 대하여 존경하는 뜻을 가지고 절을 함."이라고 정의합니다. 옥스퍼드 영어사전은 worship(워십)을 "초월적 존재나 힘, 혹은 거룩한 존재에 대하여 그를 높이며 존경으로 다가가는 것, 적절한 행위나 의식으로 경배하는 것"으로 정의합니다. 그러니까 '예배'라는 단어 그 자체는 꼭 기독교만 사용하는 표현은 아닙니다. 각종 신에게도 사용합니다. 예배는 인류 보편적 현상이란 겁니다. 그래서 이러한 정의로는 우리가 알고자 하는 예배의 정의를 명확히 할 수 없습니다. 우리는 성경이 무엇이라고 말하는지를 살펴보아야 합니다.

그런데 막상 성경을 찾아보면 '예배'라는 단어가 의외로 적습니다. 왜 그럴까요? '예배'라는 표현 대신에 쓰인 다른 표현이 많기 때문입니다.

> **여호와의 이름을 부르더라**
> 창세기
> 4:26; 12:8; 13:4,18; 21:33; 26:25
> 사도행전
> 2:21; 7:59; 9:13; 22:16
> 고린도전서 1:2
> 디모데후서 2:2

대표적인 것이 "여호와의 이름을 부르더라"라는 표현입니다. 이 표현은 창세기, 사도행전, 고린도전서, 디모데후서 등에서 사용되는데, "예배를 드렸다"는 의미입니다. 제3계명 "여호와의 이름을 망령되게 부르지 말라"는 명령과도 연관됩니다. 시편에서는 "여호와의 이름을 찬송하라"라고 표현합니다.

> **여호와의 이름을 찬송하라**
> 시편
> 113:1-2; 116:17; 135:1,3; 148:13

"섬기다"라는 표현도 있습니다.(출 20:9; 히 9:1,6) 영어로는 Service(서비스), 또는 예배를 Worship & Service(워십 앤드 서비스) 라고 하는데 여기에서 온 것입니다. "엎드리다, 절하다, 굴복하다"라는 표현도 있습니다. 즉, 예배는 하나님께 예를 다하여 절하는 행위로서, 하나님을 향한 섬김과 봉사입니다. 예배는 하나님께 합당한 영광을 돌리는 것입니다.(시 96:7-8; 계 5:12) 예배는 하나님을 존경하여, 그분에게 경배하며 섬기는 것입니다. 예배는 모든 피조물들이 하나님께 감사와 찬양을 드리며 하나님을 기억하기 위하여 그분의 뜻에 복종하면서 순종하는 봉사행위입니다.

> **히브리서 9:1**
> "첫 언약에도 섬기는 예법과 세상에 속한 성소가 있더라"
>
> **히브리서 9:6**
> "이 모든 것을 이같이 예비하였으니 제사장들이 항상 첫 장막에 들어가 섬기는 예를 행하고"

그러나 이러한 문자적인 정의만으로는 부족합니다. 예배를 받으시는 하나님과, 예배를 드리는 사람의 관계 속에서 더 생각해봅시다.

흔히 예배를 우리가 '드리는 것'만 생각합니다. 하지만 예배는 우리가 드리기 이전에 '하나님의 찾아오심'에서 시작합니다. 하나님께서 우리를 찾아오심에 대한 반응이 예배입니다. 우리에게서 출발하는 것이 아니라 하나님으로부터 출발합니다. 예배는 하나님이 이미 하신 일, 지금 하고 계신 일, 이제 하실 일에 대한 우리의 반응입니다. 이런 관점에서 볼 때 예배란 우리가 뭔가를 드린다는 개념이 아닙니다. 오히려 이미 받은 복에 근거해서, 받은 것을 다시 돌려 드리는 것입니다.

예배를 드리는 사람들은 자기가 하나님께 드리기 전에 하나님께서 자기에게 많은 것을 주셨다는 사실을 기억해야 합니다. 예배는 하나님께서 우리를 찾아 오셔야만 가능한 일입니다.

신앙생활을 좀 오래 하신 분들은 요한복음 4장 24절을 이렇게 배웠습니다.

"하나님은 영이시니 예배하는 자가 신령과 진정으로 예배할찌니라." (개역한글판)

'진정으로'라는 말을 "사람이 온 정성과 심혈을 기울여 하나님을 기쁘시게 해 드려야 한다."는 의미로 배웠습니다. 하지만, 이 본문은 개역개정판에서 다음과 같이 번역했습니다.

"하나님은 영이시니 예배하는 자가 영과 진리로 예배할지니라." (개역개정판)

이 번역이 바른 번역입니다. 이 번역에 근거해서 말씀을 보면, 이 말씀은 정반대의 의미가 있습니다. 인간의 어떤 노력과 정성으로 하나님께 나아가는 것이 아니라 오히려 진리이신 그리스도를 믿음으로 의지하여 하나님께 예배하는 것입니다.

졸지 마!

사적인 예배와 공적인 예배
예배는 크게 두 가지가 있습니다. (웨스트민스터 신앙고백서 제21장 제6절)

1) 사적인 예배
그리스도인 각자가 개인적으로 드리는 예배입니다. ① 개인이 혼자서 찬송을 부르고 기도하며 말씀을 읽거나, 각 가정에서 혹은 몇몇 특정한 그룹으로 모여서 찬송을 부르고 기도하며 말씀을 읽는 예배가 있고, ② 성도 개개인이 자신의 삶 속에서 드리는 '삶으로서의 예배'가 있습니다.

사적인 예배는 특별한 형식이 필요하지 않습니다. ①의 경우, 개인적인 말씀 읽기, 기도, 찬송 등의 기본 요소를 갖추면서 편리한 방식으로 하면 됩니다.^(마 6:6; 막 1:35; 눅 5:16; 시 5:3; 단 6:10) 특별한 순서를 가질 필요가 없습니다. 각자의 상황과 형편에 따라 드리면 됩니다. 형태보다는 내용에 신경 쓰면 됩니다. ②의 경우에도 하나님의 말씀을 따라 살아가는 삶을 말하므로 특정한 형식이 요구되지 않습니다. 하나님께 영광 돌리고 그리스도의 이름을 잘 증거하는 삶이면서 성경의 가르침에 벗어나지 않으면 됩니다. 물론, 우상숭배를 한다든지, 하나님의 말씀에 어긋나는 삶을 사는 것은 바람직한 예배가 아니겠지요. 학생은 공부하는 일이 사적인 예배요, 가정에서 부모는 아이들을 돌보는 것이 사적인 예배며, 사회에서 직장인은 직장생활을 하는 것이 사적인 예배입니다.

사적인 예배를 통해서 하나님께서 개인의 삶에 간섭하시고 인도하심을 경험하며, 하나님과 깊은 교제를 하고, 날마다 하나님의 사랑을 체험할 수 있습니다. 사적인 예배는 매우 중요합니다. 사적인 예배를 드리지 않는 사람은 주일 공예배를 통해 참으로 하나님과 교제할 수 없습니다.

2) 공적인 예배

교회가 함께 모여서 드리는 예배입니다. 주일에 드리는 예배, 평일 중에 교회가 정한 날에 모여 드리는 예배, 그 밖에 공적으로 모여서 드리는 예배가 있습니다. 이런 예배는 개인이 사사로이 드리는 것이 아니므로 일정한 형태와 질서가 필요합니다. 그중에 주님이 부활하신 날인 주일에 교회가 모여서 드리는 예배를 '공예배'라고 부릅니다. 이것은 새벽기도회, 수요기도회, 구역모임 등과는 구별됩니다. 이러한 것들은 공적 모임이기는 하지만, 공예배라 부르기는 어렵습니다. (뒤에서 더 자세히 살펴봅니다.)

우리가 흔히 '예배'라고 말할 때는 주로 '공예배'를 의미합니다.

공예배(public worship)는 하나님께서 친히 제정하신 날에 드리는 예배로서, 주님께서 부활하신 날인 일요일에 예수 그리스도로 말미암아 구속받은 교인들 모두가 함께 모여 삼위일체 하나님의 하신 일을 높이고, 그분의 말씀을 듣는 것입니다. 특히 공예배는 전세계에 흩어져 있는 모든 교회가 드리는 예배입니다. 새벽기도회, 수요기도회, 구역모임 등은 없는 교회도 있습니다. 그러나 공예배를 드리지 않는 교회는 없습니다. 공예배는 전 세계의 보편교회가 드리는 예배입니다.

최근 들어, 공예배에 대한 이해의 부족과 공예배 이외의 모임에도 무분별하게 '예배'라는 명칭을 사용함으로 '공예배'라는 표현 대신 '주일 대예배'라는 표현을 사용하는 경우가 많습니다. 그러나 이것은 바람직한 표현이 아닙니다. 만약 '공예배'를 '대예배'라고 한다면, 나머지 예배는 '소예배'가 되는 형국인데, 이러한 용어는 바람직하지 못합니다. 온 성도가 함께 모여 드리는 '주일 공예배'를 제외하고는 가급적이면 '예배'라는 표현을 사용하지 않고, '모임' 혹은 '경건회' 혹은 '기도회'라고 표현하는 것이 바람직합니다. 예컨대, 새벽기도회, 수요성경공부, 중고등부 모임, 신학교 경건회, 구역모임 등으로 표현하는 것입니다. (참고도서 : 김석한, 『교회용어 바로 쓰기』(도서출판 영문, 2003), 86; 신현만, 한기승, 『교회법률상식』(야곱의 우물, 2014), 366.)

개업예배, 취임예배, 생일예배, 학위취득예배, 결혼예배, 장례예배, 추도예배 등도 **적합한 명칭으로 고쳐서 부르는 게 좋겠지요?**

공예배는 더더욱 중요합니다.

공예배와 다른 모임들을 분명히 구분하지 않을 때는 문제가 생깁니다. "새벽 예배도 예배이고 주일 공예배도 예배인데, 주일 공예배를 나가지 못해도 나는 예배드렸다고 봐야 하지 않나?", "유치부 예배도 예배이고 주일 성인예배도 예배인데, 유치부 예배 참석했으니까 된 것 아닌가?" 더 나아가서는 "내가 집에서 혼자 드리는 예배도 예배이고 예배당에 나가서 드리는 예배도 예배인데, 다 똑같은 것 아닌가? 굳이 교회까지 가서 예배드릴 필요가 있을까?" 라는 식의 생각을 합니다. 그러므로 우리는 명칭을 분명히 구분할 필요가 있습니다.

이런 명칭이 뭐 그리 중요하냐고 말하는 분들이 있을 수 있습니다.
그러나 **사용하는 언어는 그 사람의 생각을 지배하게 됩니다.**
명칭을 분별해서 사용하는 것이 바르고 유익합니다.

그렇다고 지금까지 몰라서 잘못 사용한 것까지도 정죄하는 것은
바람직하지 않겠지요? 앞으로 잘하도록 서로를 격려하기로 해요!

오늘날 공예배에 참석하지 않더라도 얼마든지 예배를 드렸다고 생각하는 이들이 늘어가고 있습니다. 심지어 "공예배는 너무 형식적인 것이기에 개인적으로 예배하는 것이 더 중요하다"는 말도 합니다. 개인적인 영적 경험만으로 자신의 영혼을 만족시키기에 충분하다고 생각합니다. 그래서 공예배는 대충 때우고 각 그룹별로 모여서 성경공부를 한다든지 특별한 은혜를 받기 위해 기도원이나 특별한 집회에 참여하기를 좋아합니다. 아예 혼자서 집에서 예배 드리는 것으로 만족하는 사람들도 있습니다.

하지만 하나님께서는 우리를 개개인으로 부르신 것이 아닙니다. 하나님은 우리를 하나님의 거룩한 교회의 지체로, 그리스도의 몸 된 교회의 일원으로 부르셨습니다. 그리스도인은 교회로 모여 함께 공적으로 예배해야 하며, 특히 부활하신 주님께서 친히 제정하신 날인 주일에 다함께 예배 드려야 합니다.

공예배가 중요한 이유는 크게 3가지로 말할 수 있습니다.

먼저 성경이 명령하고 있기 때문입니다. 창세기 4:26에서 공예배의 원시적 형태가 나타난 이후, 시대마다 그 방식은 조금씩 달랐지만 온 회중이 함께 모이는 공예배는 계속해서 있어왔습니다. 특히 예수님의 승천과 성령님의 강림 이후에 생겨난 교회는 공예배를 드렸고 (행 2:42; 20:7), 그 이후 신약교회가 공예배를 드린 증거가 많습니다. (고전 11:33; 14:26; 엡 5:19-21; 골 3:16; 4:15-16)

또한, 우리는 교회의 한 지체이기 때문입니다. 예수 그리스도를 믿는 모든 자들은 교회의 한 지체입니다. 그러므로 개개인이 사적으로 예배하는 것도 중요하지만 공예배로 모여서 함께 예배하는 것도 중요합니다. 교회가 된 우리들은 공예배를 통하여 우리의 교회됨을 드러내어야 합니다. 하나님의 부름을 받은 백성들로서, 그리스도의 몸으로서, 성령님에 의해 세워진 성전으로서, 교회는 공예배로 모여야만 합니다.

공예배는 모든 사적인 예배의 기초가 됩니다. "나는 개인적으로 열심히 예배를 드려. 가정 예배를 드리기도 하고, 또한 내 삶 전체로도 하나님 앞에 잘 예배하고 있어. 그러니까 굳이 공적으로 예배할 필요는 없어." 라고 말하는 순간 그 사람에게는 바른 예배란 없습니다. 우리의 모든 사적인 예배는 공예배를 기초로 합니다. 한 주간의 첫날에 드린 공예배를 기초로 나머지 6일간 하나님께 개인적으로 예배합니다.

대한예수교장로회 각 교단의 헌법을 보시면, 공적/사적인 예배를 아래처럼 구분하고 있습니다.

고신 헌법 (2011년판)	합신 헌법 (2014년판)	통합 헌법 (2006년판)
예배지침 제8장 '기도회' 제28조 (기도회의 의의)	제14장 기도회	제4편 '예배와 예식' 제4장 예배
"설교와 성례, 기도와 찬송, 헌금으로 진행되는 주일 공예배 (주일 오전, 오후/저녁)을 제외한 일체의 모임은 원칙적으로 기도회라 한다."	예배모범에서 주로 '주일 공예배'를 다루고, 예배모범 중 제14장 기도회에서 수요기도회, 새벽기도회, 철야기도회 등을 다룸	주일예배와 주일오후나 저녁에 모이는 예배를 가리켜서 "주일예배, 찬양예배"라고 표현하고, 나머지에 대해서는 '수요기도회', '새벽기도회', '구역기도회', '가정기도회'라고 표현

당신이 예배를 드리는 이유는 무엇인가요?

예배를 통해 궁극적으로 목표하는 것들에는 어떤 것들이 있을까요? 가장 중요한 "하나님의 영광"에서부터 시작하여, "복음을 모르는 자가 복음을 깨닫게 되는 것"까지 다양한 목적이 있습니다.

1) 하나님께 영광

예배의 가장 중요한 목적은 하나님께 영광(Soli Deo Gloria)입니다.
웨스트민스터 대교리문답 제1문답은 다음과 같이 말합니다.

> 1문: 사람의 제일 되고 가장 높은 목적은 무엇입니까?
>
> 답: 사람의 제일 되고 가장 높은 목적은 하나님께 영광을 돌리며,
>   그를 영원토록 즐거워하는 것입니다.

하나님께 영광 돌리며 그를 영원토록 즐거워하는 방법 중 하나가 바로 예배입니다. 예배의 가장 최고 목적은 예배의 주체가 되시는 하나님께 영광을 돌리는 것입니다. 믿는 자들이 함께 모여 삼위 하나님을 향해 경배와 영광을 돌려드리는 것이 예배입니다. 예배는 하나님께 영광을 돌리며 그분을 영원토록 즐거워하는 최고의 장(場)입니다. (웨스트민스터 대소교리문답 제1문답)

하나님의 영광과 지혜와 권능의 속성을 높이며, 하나님의 창조와 구속의 사역을 찬송하는 것이 예배의 가장 중요한 목표입니다.

2) 은혜를 받음

예배를 통해 예배의 주도권자이신 하나님께 영광이 되며, 그 다음으로는 예배에 참여하는 성도들에게 은혜가 됩니다. 예배를 통해 하늘의 신령한 은혜를 공급받아서 말씀 안에서 자라갑니다.

3) 말씀을 아는 지식의 성장

예배는 한 편으로 배움의 자리입니다. 예배를 통해 우리는 하나님의 말씀을 배웁니다. 예배의 각 순서들은 말씀으로 이루어져 있기에 말씀을 배울 수밖에 없습니다. 오른쪽 주보 그림을 볼까요?

주보	
예배에의 부름	예배에의 부름에서 선포되는 말씀을 통하여 우리를 택하시고 부르신 복음을 듣습니다.
십계명	십계명을 들으면서 하나님의 언약의 말씀을 배웁니다. 하나님께서 우리에게 요구하시는 윤리가 무엇인지를 배웁니다.
죄의 공적인 고백	죄의 공적인 고백에 참여하면서 자신에게 죄가 있음을 배웁니다.
사죄의 선언	사죄의 선언을 들으면서 죄를 용서해 주시는 하나님의 은혜에 대해서 배웁니다.
성경 낭독	성경 낭독을 통하여 말씀을 아는 지식이 성장하며,
설교 말씀	목사의 설교를 통해서 말씀의 의미를 배우며, 주님의 교훈을 배웁니다.
찬송 기도	찬송과 기도를 통하여 하나님께 영광 돌리는 법과 하나님께 도우심을 구하는 법을 배우며,
봉헌	봉헌에 참여함으로써 자신의 소유(존재, 건강, 지식, 은사, 물질 등)가 자신의 것이 아니라 하나님의 것임을 배우며, 우리가 우리의 것을 어떠한 방법으로 하나님께 드려야 할지를 배웁니다.

이처럼 그리스도의 학생(벨기에 신앙고백서 제13조)들인 성도들은 예배를 통해 하나님을 아는 지식이 자라갑니다. 예배는 성도들을 교육하는 최고의 장(場)입니다.

4) 믿음의 고백과 강화

예배는 한 편으로는 신앙고백의 자리입니다. 복음 밖에 있던 자들이 예수 그리스도를 구주로 고백하여 교회의 지체가 되고, 그렇게 교회의 지체가 된 자들이 이제는 매주일 예배의 자리에 참여하여 신앙고백하고, 하나님을 찬송하는 일이 예배를 통하여 계속됩니다.

이런 점에서 예배는 믿음을 고백하고, 그 믿음을 강화하는 것을 목표로 합니다. 예배를 참석할수록 우리의 믿음은 성장합니다. 예배를 게을리 할수록 우리의 믿음은 뒷걸음질 칩니다.

잠깐! 이것이 전부가 아닙니다.

5) 믿음 안에서의 하나 됨

예배를 통해 성도의 교제가 이루어집니다. 그 기반은 '동일한 신앙고백'에 있습니다. 하나의 신앙고백을 소유한 자들이 함께 모여 예배할 때 성도의 교제가 시작됩니다. 그렇게 시작된 성도의 교제는 믿음 안에서 더욱 하나가 됩니다. 예배를 통해 교회의 일치가 이루어집니다. 동일한 말씀 선포와 한 빵과 한 포도주에서 비롯된 성찬에 참여함으로, 교회의 하나 됨이 더욱 분명해 집니다.

대한예수교 장로회(통합) 헌법(2006년판) 제4편 예배와 예식 6-3. '예배와 목회적 돌봄'에는 1항에서 다음과 같이 가르칩니다.

> **제4편 예배와 예식**
> **6-3. 예배와 목회적 돌봄**
>
> 1. 그리스도인들은 예배를 통하여 <u>경건의 삶을 배우고, 영적인 성장을 이루어 서로 간에 목회적 돌봄에 참여한다.</u> 예배는 날마다 경건의 실천으로서 희로애락을 함께 나누고, 서로 용서와 화해를 이룩하면서 피차에 돌보도록 부름 받았다. 이와 같은 돌봄은 신앙공동체가 다 함께 예배드림으로 얻어진다.

6) 믿지 않는 자의 중생과 회심

예배는 기본적으로 구원받은 자들이 드리는 겁니다. 그러나 예배에는 복음에 관심을 가진 사람, 교회로 초청받은 사람들도 함께 참여합니다. 구도자'만'을 대상으로 하는 예배는 바람직하지 않으나, 예배에 그러한 사람들이 참여하는 것은 항상 열려있어야 하며 너무도 당연한 일입니다.

> 설교만 듣고 얼른 나온 적이 많았는데...

또한 예배에는 복음을 듣고 일정 기간 교회에 출석하였으나 아직 '거듭나지'(중생하지) 않은 이들이 있습니다. 이들에게 예배는 복음이 선포되는 시간입니다. 복음을 들을 수 있는 기회이지요. 예배를 통해 전도가 이루어집니다.(고전 1:21; 딤후 4:2,5) 예배를 통해 아직 거듭나지 않은 사람들, 아직 복음을 알지 못하는 사람들이 복음을 깨닫고 거듭나 회심하는 놀라운 일이 일어납니다.(웨스트민스터 대교리문답 제159문답 참조) 이것이 예배가 목표로 삼는 또 다른 중요한 부분입니다.

> 함께 예배드리지만, 정작 서로 누구인지도 잘 모르는... 별다른 대화도 나누지 않고, 마음을 나누는 교제도 없이 예배를 드린 뒤 집으로 돌아가는 오늘날의 모습은... 사실 **"함께 모여"** 예배한다고 말하기 어렵겠지요.

> 울지 마...

대한예수교 장로회(통합) 헌법(2006년판) 제4편 예배와 예식 1-5 '예배의 교육' 부분을 찾아 봤습니다. 각 교단 헌법 중 예배를 가르치고 배워야 한다는 사실을 이만큼 잘 설명한 것은 없어 보였습니다.

제4편 예배와 예식
1-5. 예배의 교육

1. 교회가 하나님이 원하시는 예배하는 공동체가 되기 위하여서는 삼위일체 하나님이 예배를 받으셔야 할 타당성을 비롯하여 예배하는 개인들과의 관계성에 대한 신학적인 이해를 정확히 할 수 있도록 교육을 해야 한다.

2. 교회는 성도들이 하나님을 어떻게 믿을 것인가에 대한 교육에 앞서서 하나님을 어떻게 예배하면서 섬겨야 하는지를 깨닫도록 교육해야 하며, 이러한 교육을 통하여 하나님을 예배하는 것이 삶의 최우선적인 것을 알아야 하며, 하나님을 영화롭게 하는 그리스도인의 기본 목적으로 하나님을 예배하도록 해야 한다.

3. 예배하는 성도들은 언제나 신령과 진정으로 예배를 드려야 하며, 예배의 의미와 역사와 드리는 각 순서의 뜻을 알고 능동적으로 드리는 예배가 되도록 교육을 해야 한다. 그러할 때 예배를 통하여 하나님과의 진정한 만남이 이루어지고 예배는 삶 속에 깊이 자리 잡게 될 것이다.

| 예배의 원리 | 규정적 원리 | 대화의 원리 |

성경은 예배의 '원리'를 크게 두 가지로 제시합니다. 첫째, 규정적 원리, 둘째, 대화의 원리입니다. 앞으로 여섯 페이지는 먼저 규정적 원리를 살펴봅니다.

1. 규정적 원리 – 진리 안에서

'규정적 원리'(regulative principle)란 성경이 가르치는 방식대로 예배해야 한다는 원리입니다. 이 원리는 성경 곳곳에서 발견할 수 있는데, 특히 "하나님은 영이시니 예배하는 자가 영과 진리로 예배할지니라(요한복음 4:24)"라는 말씀에 잘 나옵니다.

예배는 "성령으로, 진리 안에서" 드리는 겁니다.

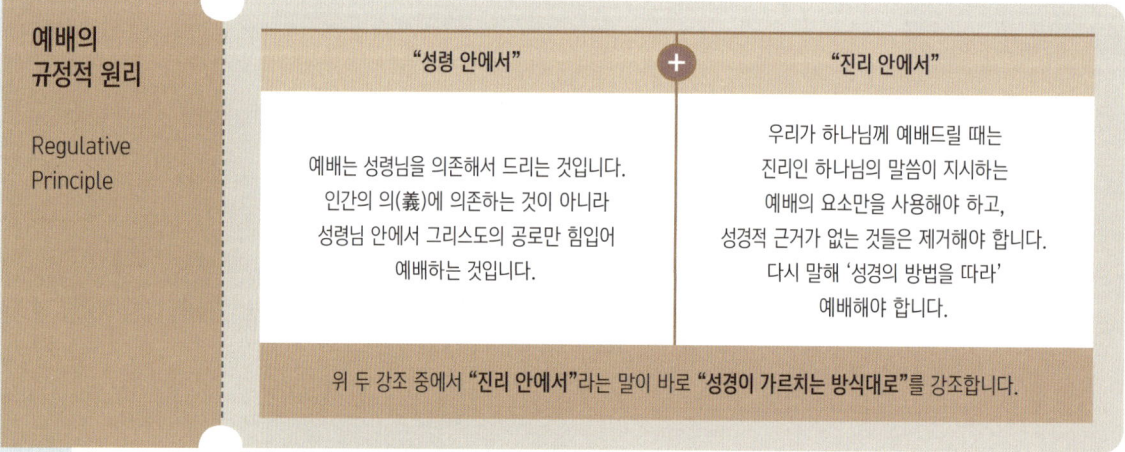

규정적 원리를 가르치는 성경구절들

성경이 가르치는 방식대로 예배해야 한다는 규정적 원리는 성경 곳곳에서 말씀합니다. 출애굽기 25~31장에, 하나님께서는 성막의 형태와 모양에 대해 상세하게 계시하십니다. 뿐만 아니라 제사의 세세한 절차에 대해서도 명령하고 계십니다.

"돌단을 쌓되 그것에 쇠 연장을 대지 말지니라"(신 27:5)
"너는 다듬지 않은 돌로 네 하나님 여호와의 제단을 쌓고"(신 27:6)

이런 말씀들을 보면 아주 세밀한 부분까지 규정하시는 것을 알 수 있습니다. 하나님을 섬길 때 사람이 자기가 원하는 방식대로 아무렇게나 해서는 안 된다는 것을 가르쳐줍니다.

하나님께서 예배 형식을 친히 규정해 주셨다는 중요한 증거는 구약성경 레위기에 나오는 나답과 아비후의 죽음 사건입니다.

> 아론의 아들 나답과 아비후가 각기 향로를 가져다가 여호와께서 명령하시지 아니하신 다른 불을 담아 여호와 앞에 분향하였더니 불이 여호와 앞에서 나와 그들을 삼키매 그들이 여호와 앞에서 죽은지라
> 레위기 10장 1-2절

나답과 아비후가 죽은 이유는 그들이 '다른 불'로 제사를 드렸기 때문입니다. 이 다른 불은 '불법적인 불'이라는 뜻입니다. '다른'(other)이 아니라 '틀린'(wrong)입니다. 하나님께서 예배하라고 하신 방식이 아닌, 자기들 나름의 방식으로 예배를 드렸기 때문입니다. 아무리 인간이 신실하다 할지라도 예배라는 것은 인간 자신의 소원을 따라 드려서는 안 되고 하나님의 말씀을 따라 드려야 한다는 것을 잘 보여주는 사건입니다. 사람이 보기에 아무리 좋아 보이는 예배라 하더라도 하나님이 보시기에는 아주 불쾌할 수도 있다는 사실을 생각해야 합니다. 예배를 드린다고 다 받으시는 것이 아니라 하나님의 방법대로 드려야만 하나님께서 받으십니다.

제2계명에 나타난 규정적 원리

십계명 중 제1계명부터 제4계명은 예배와 관련된 계명인데, 제1계명은 예배의 대상, 제2계명은 예배의 방법, 제3계명은 예배의 태도, 제4계명은 예배의 시간을 다룹니다. 그 중에서 제2계명은 우리가 하나님께 어떻게 예배해야 하는 지를 가르쳐 줍니다. 하나님을 예배하는 것은 오직 하나님의 뜻과 방법에 따라 이루어져야 한다는 사실 말입니다.

"너를 위하여 새긴 우상을 만들지 말고 또 위로 하늘에 있는 것이나 아래로 땅에 있는 것이나 땅 아래 물속에 있는 것의 어떤 형상도 만들지 말며 그것들에게 절하지 말며 그것들을 섬기지 말라. 나 네 하나님 여호와는 질투하는 하나님인 즉, 나를 미워하는 자의 죄를 갚되 아버지로부터 아들에게로 삼사 대까지 이르게 하거니와 나를 사랑하고 내 계명을 지키는 자에게는 천 대까지 은혜를 베푸느니라."

많은 경우 제1계명이나 제2계명이나 똑같이 하나님 외에 다른 신을 섬기면 안 되는 것으로 생각합니다. 하지만, 제2계명은 하나님 외에 다른 신을 섬기지 말라는 명령이 아닙니다. 하나님을 우상의 형태로 섬기지 말라는 명령입니다. 하나님을 눈에 보이는 형상으로 만들지 말고 그렇게 만든 것을 향해 절하지 말라는 명령입니다.

예배의 원리 | 규정적 원리 | 대화의 원리

그렇다면 왜 하나님을 형상화하면 안 될까요? 하나님은 영이시기 때문입니다. 영으로 존재하시는 하나님은 형상화 할 수 없습니다. 영이신 하나님을 어떤 형상으로 표현하는 순간 하나님을 왜곡시키게 됩니다.

"하나님을 형상화하여 예배하지 말라"는 말은 다른 말로 하면 "하나님을 예배할 때 하나님께서 하라고 하신 방식대로 하라"는 말입니다. 그러므로 제2계명은 하나님을 섬기되 하나님이 명령하는 방식으로 섬기라는 계명입니다. 하나님이 정하신 방법대로 하나님을 바르게 예배하라는 계명입니다. 이 계명에서 규정적 원리가 나옵니다.

예배에 있어서의 규정적 원리

하나님은 예배의 '태도와 동기'에 대해서만 아니라, '방법'에 대해서도 관심을 가지십니다. 사람들은 자꾸만 새로운 예배 방법을 만들어내려고 합니다. 하나님께서 받으실만한 예배를 드리기보다는 사람들이 좋아할 만한 예배로 바꾸려고 합니다. 그렇게 하면 하나님께서 기뻐하실 것이라고 오해합니다.

하지만, 우리는 반드시 하나님께서 성경에서 예배하라고 명령하신 방법대로 예배해야 합니다. 오직 하나님의 말씀만이 예배의 원리와 형태와 내용을 제공해 줍니다. 참된 예배는 성경에 의해 규정됩니다. 성경만이 기독교 예배의 형태와 내용을 규정합니다.

이런 가르침을 '예배에 있어서의 규정적 원리'(Regulative Principle of Worship)라고 부릅니다. 말 그대로 하나님께서 자신의 말씀 속에 하나님을 어떻게 예배해야 하는지를 규정해 주셨다는 겁니다. 반대로 사람들이 자신의 의지에 따라 새로운 것을 덧붙이는 것에 대해서 청교도들은 골로새서 2장 23절(KJV)에 근거하여 '자의적(恣意的) 예배'라고 부르고 거부했습니다.

골로새서 2:23(개역개정)
"이런 것들은 자의적 숭배와 겸손과 몸을 괴롭게 하는 데는 지혜 있는 모양이나 오직 육체 따르는 것을 금하는 데는 조금도 유익이 없느니라"

우리는 개인적으로 얼마든지 하나님을 예배할 수 있습니다. 이때는 어떤 특정한 형식이 요구되지 않습니다. 그러나 공적으로 교회가 함께 모여 예배할 때는 규정적 원리에 따라야 합니다.

규정적이지만 자유로운!

요즘 이런 전통을 편협하다고 생각하는 사람이 많습니다. 너무 딱딱하고 강압적이고 표현의 자유를 억압한다고 생각합니다. 하지만 오해입니다. 규정적 원리는 오히려 그리스도인의 자유를 지켜줍니다. 자유란 우리 마음대로 행하는 방종과 구별됩니다. 자유란 성경 안에서의 자유입니다. 규정적 원리는 우리로 하여금 하나님의 말씀에서 벗어나서 예배하지 않도록 참된 자유를 줍니다. "진리가 너희를 자유롭게 하리라"(요 8:32) 그리스도인은 하나님의 말씀 안에서 참된 자유를 누릴 수 있습니다.

성경은 예배에 대해서 틀에 짜인 형태를 요구하지 않습니다. 원리를 가르쳐 주는 것이지 구체적인 지침을 알려주는 것은 아닙니다. 칼뱅은 이렇게 말했습니다.

"하나님께서는 공식적인 예배의 순서를 명확하게 지시해 주지는 않으셨으므로 각 시대의 모든 교회는 그들의 **정황과 지혜**에 따라 적절한 순서를 마련해서 예배할 자유가 있다."(기독교 강요 4권 10장 30절) 규정적 원리를 강조한 칼뱅이지만 또한 자유를 강조했습니다.

> **주의합시다!**
> "교회"는 "그들"의 "정황과 지혜"에 따라… 라는 표현들에 주목합시다. 일반적으로 예배의 형식은 목사 개인의 주관적인 스타일이 적용되는 경우가 많은데, 주어가 "교회"임을 명심해야 합니다. 예배의 형식은 반드시 객관성을 확보해야 합니다.

종교개혁자들도 어떤 특정한 하나의 예배방식만을 주장하지는 않았습니다. 다양성을 함께 강조했습니다. 성경적인 예배를 강조하면서도 비본질적인 면에 있어서는 각 교회와 회중의 자유를 존중했습니다. 웨스트민스터 표준문서들을 살펴보면 이 사실을 잘 엿볼 수 있는데, 예배 순서를 획일적으로 정하지 않았습니다. 순서와 형식이 아니라 예배요소와 모범에 집중하고 있을 뿐입니다.(웨스트민스터 신앙고백서 제21장 제3절)

> 공동기도서의 문제점을 떠올려 보세요!
> (특강 종교개혁사, p.141)

종교개혁사에 나타난 **규정적 원리**

분류	로마 가톨릭 교회 Roman Catholic Church	루터파 교회 Lutheran Church
원리	"성경에서 명령한 것 외에도, 교회가 자의적으로 무언가를 더하거나 뺄 수 있다!"	"성경이 하지 말라고 한 것이 아니면, 모든 것이 허락된다!"
특징	자의적	허용적 혹은 규범적 원리
원리로 인해 발생하는 차이점	그래서, 중세 시대의 예배는 정말 혼잡했습니다. 종교개혁자들은 성경 말씀에 근거해서 예배를 개혁했습니다.	이 원리를 따라 예배하면 성경에서 댄스나 드라마의 사용을 명확하게 금지하지 않았으니 얼마든지 예배에 사용해서 하나님을 찬양하거나 설교의 보조수단으로 사용할 수 있다고 합니다. 사람들의 문화와 사고방식에 따라 과감하게 예배를 바꿀 수 있다고 봅니다. 성경이 금하지 않았으니까 말입니다...

치사누오바 성당(이탈리아, 로마)

시립 마리아교회(독일, 비텐베르크)

개혁파 교회
Reformed Church or Calvinism Church

"하나님께서 말씀에 명령하신 방식으로 예배해야만 한다. 어떤 것도 더하거나 빼서는 안 된다!"

규정적 원리

칼뱅은 "율법 가운데서 규정된 적합한 예배"가 있다고 하면서, "하나님께서는 인간이 일정한 규범을 따라 자신을 예배하시기를 원하신다"고 말했습니다.

또한 "나는 성경에서 도출된, 따라서 전적으로 신적인 하나님의 권위에 근거한 제도들만을 시인할 뿐이다"라고 말했습니다. 하나님 말씀에 근거하지 않은 관습은 신앙을 촉진하는 것이 아니라 오히려 퇴색시킨다고도 했습니다.

프로테스탄트 교회(프랑스, 라로셸)

이렇게 엄격해야 하는 이유에 대해 칼뱅은

"타락한 인간 속에 남아 있는 종교성의 씨앗은 인간을 참다운 하나님께 인도하기보다는 자기 욕구에 따라 하나님을 만들기 때문"이며,

"인간은 모두가 어머니의 뱃속에서부터 우상 만들기 전문가로 준비되어 태어나기 때문"이라고 주장했습니다.

칼뱅의 영향을 받은 개혁파 교회에서는 하나님께서 성경에 가르치신 것만을 중심으로 하나님께 예배하려고 했습니다. 규정적 원리의 교회사적 근거입니다.

심화 학습	

예배의 원리 — 규정적 원리 | **대화의 원리**

지금까지 예배의 두 가지 원리 중 하나인 규정적 원리를 알아 보았습니다.
이제 두 번째인 대화의 원리를 살펴보겠습니다.

또 다른 중요한 원리는 '대화의 원리'입니다. 예배는 하나님과 그분의 백성 간의 '교제'이자 '대화'입니다. 예배는 하나님과 회중이 인격적으로 교제하는 시간입니다. 예배를 통해 하나님이 우리에게 말씀하시고, 말씀을 받은 우리가 다시 하나님에게 말씀드립니다. 예배란 하나님과 그분의 백성들 간에 언약을 근거로 한 대화입니다. 하나님은 말씀으로 우리에게 자기 자신을 주십니다. 우리는 받은 말씀에 근거하여 우리의 모든 것을 드립니다. 그리고 드릴 것을 다짐합니다. 말씀으로 받은 우리는 찬송과 기도와 봉헌으로 하나님께 돌려드립니다. 그래서 예배는 '대화'입니다.

> 예배가 '대화'라는 사실은 누가복음 24장 50~53절에 잘 나타나 있습니다.
> <u>50</u> 예수께서 그들을 데리고 베다니 앞까지 나가사 손을 들어 그들에게 <mark>축복하시더니</mark>
> <u>51</u> 축복하실 때에 그들을 떠나 하늘로 올려지시니
> <u>52</u> 그들이 그에게 경배하고 큰 기쁨으로 예루살렘에 돌아가
> <u>53</u> 늘 성전에서 하나님을 <mark>찬송하니라</mark>

부활하신 후 승천하시기 직전에 있었던 사건으로
신약 예배의 첫 모습이라고 할 수 있습니다.

이 구절을 보면 예수님께서 제자들을 축복하십니다.^(50절) 그러면서 승천하십니다.^(51절) 제자들은 예수님을 경배하고 예루살렘 성전으로 돌아가^(52절), 성전에서 하나님을 계속해서 찬송합니다.^(53절) 여기서 "축복하시더니"와 "찬송하니라"에는 같은 단어가 사용되었습니다. 그러니까 이 장면은 예수님께서 제자들에게 하나님의 복을 베푸니, 제자들이 그 받은 복에 따라 다시 하나님께 복을 드리는 모습입니다. "예수님이 제자들에게 복을 주었더니, 제자들이 하나님께 복을 돌려드렸다"는 뜻입니다. 여기에서 '대화의 원리'를 찾을 수 있습니다.

대화!

예배는 우리가 일방적으로 드리는 신앙의 행위 아닌가요?
어떻게 그걸 대화라고 부를 수 있나요?

예배가 '대화'인 이유는 '언약'(言約)에 있습니다. 언약이란 창조주 하나님께서 자신을 낮추셔서 피조물 인간에게 찾아오심입니다. (웨스트민스터 신앙고백서 제7장 제1절) 하나님은 그 백성을 먼저 찾아오십니다. 찾아오시는 하나님에 대해 백성들은 반응합니다. 이 때 하나님이 먼저 찾아오신다는 점을 잘 생각해 보아야 합니다. 하나님 주도의 언약입니다.

예배에 있어서의 언약 역시 하나님 주도의 언약입니다. 예배는 하나님의 찾아오심에서부터 시작합니다. 강조하기 위해 다시 말씀 드리겠습니다. 사람이 먼저 하나님께 나아가는 것이 아니라 하나님께서 먼저 사람에게 찾아오십니다. 예배란 하나님과 그분의 백성들 간에 언약을 근거로 한 대화입니다.

앞서 예배의 정의를 통해서 살펴보았듯이, 예배는 우리에서부터 출발하는 것이 아니라 하나님께로부터 출발합니다. 하나님이 우리에게 먼저 찾아오시고, 우리는 하나님의 찾아오심에 대하여 반응할 뿐입니다. 예배는 하나님이 행하신 말씀에 대한 응답으로서 하나님의 행위에 대한 반응입니다.

우리는 예배의 주도자가 아닙니다. 우리는 사실 예배의 자리로 나아갈 수 없습니다. 죄인이기 때문입니다. 우리는 지존하신 하나님께 감히 나아갈 수 없습니다. 오직 하나님의 초청에 대해 반응할 뿐입니다. 우리를 예배의 자리로 부르시는 하나님께 반응할 뿐입니다.

우리가 드리는 찬송, 기도, 봉헌은 우리가 우리의 것을 드리는 것이 아니라 하나님께서 우리에게 주신 것을 되돌려 드리는 것입니다. 하나님께서 우리에게 구원의 은혜를 베푸시니 우리는 그에 따라 찬송과 기도를 돌려드리며, 하나님께서 우리의 삶에 필요한 것들을 공급해 주시니 우리는 그에 따라 봉헌으로 돌려드립니다.

이처럼 예배의 주도권은 하나님께 속합니다. 회중은 하나님의 부르심에 초청을 받았습니다.

예배의 원리 | 규정적 원리 | 대화의 원리

그렇다면 예배 속에 실제로 대화의 모습이 드러나야 합니다.

예배는 하나님과 그분의 백성이 대화하는 시간입니다. 언약의 하나님과 언약의 백성이 예배에서 만나 교제합니다. 좋은 교제는 서로 주고받는 것입니다. 따라서 예배는 일방적 행위가 아니라, 상호적인 예식이요 교제입니다. 주고받는 만남이요 사귐입니다. 하나님께서 예수님을 통하여 우리에게 복을 주시면, 우리는 받은 복에 따라 하나님께 다시 복을 돌려 드립니다. 여기에서 복을 드린다는 말은 곧 하나님을 찬송한다는 것입니다. 하나님을 높인다는 것입니다. 하나님께 합당한 영광을 돌려드리는 것입니다.

예배에는 오직 두 언약 당사자 곧 '하나님'과 '회중'이 있습니다.

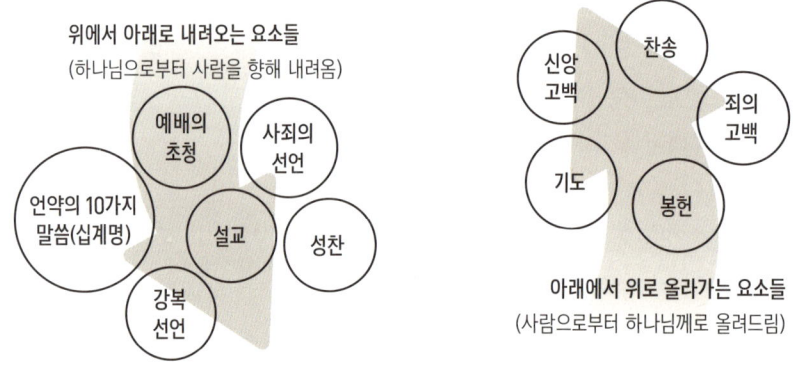

이 때 예배 인도자인 목사는 중보자가 아닙니다. 구약시대의 제사장이 아닙니다. 말 그대로 '인도자'입니다. 예배가 잘 진행될 수 있도록 인도하는 역할을 합니다. 반면, 중세시대의 로마 가톨릭 교회의 예배는 '사제들 만이 분주한' 예배입니다. 하나님의 백성들은 단지 그것을 구경하기만 합니다. 사제들만의 예배이고 회중은 구경꾼입니다. 그러나 개혁파 장로교회의 예배는 하나님과 회중의 만남이 있는 예배입니다.

1단원. 준비 학습 1 : 예배의 원리

1. 바른 예배를 위한 규정적 원리와 대화의 원리에 대해 간단하게 설명해 보세요. (p.34-42)

2. 규정적 원리에 있어서 로마 가톨릭 교회, 루터파 교회, 개혁파 교회의 예배가 각각 어떤 차이가 있었는지 구분해 보세요. (p.38-39)

3. 성경이 가르치는 방식대로 예배해야 한다는 규정적 원리는 성경 곳곳에서 말씀합니다. 특히 구약의 경우, 성막의 형태와 모양 뿐 아니라, 제사의 세세한 절차에 대해서도 명령하고 계십니다. 어떤 구절들이 있는지 확인해 봅시다.

출 25:9,40; 26:30; 27:8; 민 8:4;
행 7:44; 히 8:5

4. 하나님이 보시기에 합당하지 않은 예배가 있으며, 그 결과가 무엇인지 성경 말씀을 찾아보고 이야기 나눕시다.

창 4:3-7; 출 32장; 사 1:10-14; 삼상 13:8-14:2;
삼하 6:6-7; 왕상 12:32-33; 15:30;
대하 26:16-23; 28:3; 렘 7:31; 고전 11:29-30;
마 15:8-9; 막 7:6-7; 골 2:22-23

5. 종교개혁 시대에 개혁주의 신앙고백서와 교리문답에 나타난 '규정적 원리'를 찾아 보세요.

벨기에 신앙고백서 제7조 "성경의 충족성" 앞부분, 제32조 "교회의 질서와 권징"에 관한 조항
웨스트민스터 신앙고백서 제1장 '성경에 관하여' 6절, 8절 뒷부분, 제20장 '그리스도인의 자유와 양심의 자유에 관하여'를 다루고 있는 부분 중 2절, 제21장 '종교적 예배와 안식일에 관하여'의 제1절
하이델베르크 교리문답 96문답
웨스트민스터 소교리문답 51문답
웨스트민스터 대교리문답 108, 109문답

이 단원을 마치며, 아래 내용을 직접 적어 보세요.

이전에 알았던 사실	새롭게 깨달은 점	감사할 점

2단원. 준비학습 2
예배의 요소와 역사적 변천

"주보에 적혀 있는 예배 순서, 이거 꼭 다 해야 하나요?"
"몇 개는 줄이고, 찬양을 좀 많이 넣으면 안되나요?"
"다 필요 없고, 설교만 하면 안되나요?"

성경은 예배에 어떤 요소들이 포함되어야 하는지 잘 가르쳐주고 있습니다. 그런데 세부적인 내용까지 다루지는 않습니다. 예컨대, 설교의 길이는 어느 정도여야 하는지, 설교자의 발성과 어법은 어때야 하는지, 찬송은 몇 번 부르는 것이 좋은지, 찬송의 박자나 음정은 어떠해야 하는지, 어떤 순서에는 앉고 일어서야 하는지 등을 언급하지 않습니다.

이처럼 세부항목들을 기록하지 않은 것은 실수가 아니라, 오히려 하나님의 크신 지혜와 자비를 나타냅니다. 만일 성경에서 설교의 길이를 제안하였다면, 목사와 성도들은 설교 시간 내내 설교의 시간을 초시계로 측정해야 할 것입니다. 그러므로 우리는 성경이 말씀하는 예배의 기본원리에 충실하도록 전념하고, 지나치게 세부적인 면에 집착하는 것은 조심해야 합니다.

이 단원에서는 예배의 요소들이 역사적으로 어떻게 생겨나고 변천되어 왔는지를 살펴보면서, 기본기를 길러보도록 하겠습니다.

반드시 포함되어야 할 요소들

예배에 사용될 요소는 성경이 규정하고 있습니다. 앞에서 배웠듯이 우리는 성경이 명령하고 있는 것만을 예배의 요소에 포함해야 하는데, 사도행전 2장 42절과 고린도전서 11, 14장을 비롯해 여러 구절들에 나옵니다.

일단, 사도행전 2장 42절에 보면 초대교회의 예배에 대해 "그들이 사도의 가르침을 받아 서로 교제하고 떡을 떼며 오로지 기도하기를 힘쓰니라"라고 표현합니다. '사도의 가르침'은 말씀 선포를, '교제하고'는 성도의 교제를, '떡을 떼며'는 성찬을, '기도'는 말 그대로 기도를 의미합니다. 그러므로 예배 순서에는 설교와 성찬, 기도, 성도의 교제가 포함되어야 합니다. 가장 기본 요소들입니다.

고린도전서를 볼까요? 11장 17~34절에는 고린도교회가 예배 중에 성찬을 드렸음을 언급하고 있습니다. 때문에, 성찬은 예배의 중요한 요소입니다. 또한 고린도전서 14장에는 예배에 포함되어야 할 요소들이 여러 가지 나오는데 그 중에서 1절의 예언, 2절의 방언, 26절의 통역 등은 계시의 중지로 인하여 오늘날 그대로 사용할 수 없고, 대신 15절에 나오는 "영으로 기도하고 또 마음으로 기도하며 영으로 찬송하고 또 마음으로 찬송하는 것"과 6, 19, 31절에 암시된 '말씀을 가르침'과 26절에 나오는 '찬송시', 3, 24, 31절에 암시된 '권면' 등이 공예배의 요소가 될 수 있습니다.

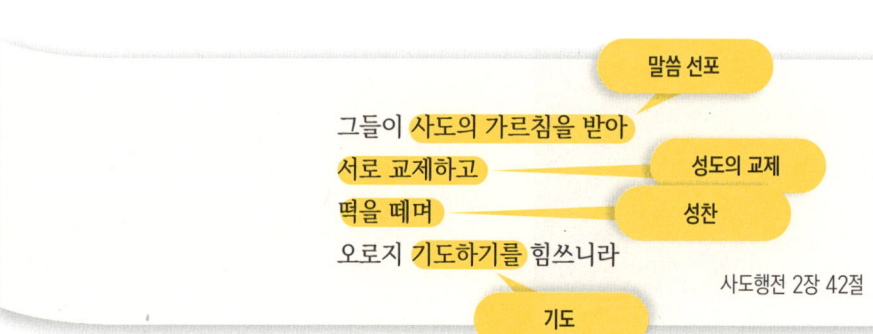

나중에 천천히 찾아 보세요!

예배 요소와 성경적 근거들

공적인 신앙고백	딤전 6:12; 벧전 3:21; 히 13:15
찬송	행 2:47; 엡 5:19-20; 골 3:16; 계 5:9-13; 11:17; 15:3,4
공적인 기도	행 2:42; 4:23-31; 딤전 2:1,8; 고전 14:16; 엡 5:20
성경낭독	눅 4:17-19; 딤전 4:13; 살전 5:27; 살후 3:14; 골 4:15,16; 벧후 3:15,16; 계 1:3
설교	눅 4:20; 행 2:42; 딤전 4:6; 5:17; 6:2; 딤후 1:14; 2:2; 3:15-17; 4:2; 딛 1:9; 2:1
세례	마 28:19; 고전 1:15; 12:13; 벧전 3:21
성찬을 위한 기도	고전 11:24
성찬	행 2:42; 20:7; 고전 11:17-34
공적인 맹세	시 22:25; 50:14; 65:1; 75:11
헌금	롬 15:26; 고후 8:2-15; 고전 16:1-3; 고후 9:11-15; 빌 4:18
강복 선언	고후 13:13; 눅24:50; 민 6:22-27

예배에서 가장 중요한 요소는 무엇일까요?

예배는 언어와 행위로 이루어집니다. 언어와 행위의 핵심은 말씀과 성찬입니다. 예배는 말씀과 성찬 중심의 예배입니다.

예배는 하나님께서 당신의 백성들에게 은혜를 주시는 공식적인 통로인 은혜의 방편입니다. 그렇기에 은혜의 방편 중 핵심인 말씀과 성례가 예배의 중심을 이룹니다.

1) 말씀 중심의 예배

예배는 '말씀'이 중심을 이룹니다. 말씀으로 시작해서, 말씀으로 마칩니다. '예배에의 부름'에서부터 시작된 하나님의 말씀은 '강복 선언'순서까지 계속 이어집니다. "오직 성경"이라는 원리가 예배에 고스란히 녹아 있습니다.

오직 성경
(솔라 스크립투라, Sola Scriptura)
신앙과 삶의 최종적인 권위는 성경에 있다는 뜻으로, 종교개혁의 중요한 원칙 중 하나입니다. 중세 교회는 종교회의나 고위 성직자의 가르침, 교회의 전통 등이 성경의 권위와 동등하다고 주장했습니다. 그 주장에 따르면 교회가 하나님의 말씀을 해석하고 판단할 때 성경이 비로소 하나님의 말씀이 되겠지요? 그러나 종교개혁자들은 오직 성경만이 스스로 최고의 권위를 가지며, 따라서 오히려 교회의 다른 모든 전통들이 성경으로 검증되어야 한다고 가르쳤습니다. (관련 용어 : 오직 믿음, 오직 그리스도, 오직 은혜, 오직 하나님께 영광)

많은 사람들은 예배 순서 중의 '설교'만 '말씀'의 순서라고 생각하는데, 그렇지 않습니다. 예배 순서의 많은 부분이 말씀입니다. 예배 순서 중에서 '말씀'으로 구성된 요소는 다음과 같습니다. 예배에의 부름, 언약의 10가지 말씀(십계명) 선포, 사죄의 선언, 성경낭독, 설교, 성찬 제정의 말씀, 권징, 강복선언입니다.

어떻게 보면 기도와 찬송조차도 말씀입니다. 왜냐하면 우리가 드리는 기도의 내용은 철저히 말씀에 근거하며, 예배에서 사용되는 찬송은 '규정적 원리'에 근거하여 '시편 찬송'을 부르기 때문입니다. (규정적 원리에 대해서는 1단원에서 배웠지요? 기억이 안나면 p.34를 열어 복습합시다.)

하나님은 말씀하시는 분입니다. 말씀으로 우리를 예배의 자리로 초청하시고, 하나님의 초청을 따라 예배의 자리에 나아온 우리들에게 말씀으로 인사해 주시고, 말씀으로 우리의 죄를 알려 주시며, 말씀으로 우리의 죄를 용서해 주시며, 말씀으로 우리를 가르쳐 주시고, 말씀으로 우리에게 복을 주시고, 말씀으로 우리를 세상에 파송하십니다.

이런 점에서 예배는 단순히 말씀을 '사용'하는 것이 아니라 예배 전체를 지배합니다. 예배의 표준은 인간의 감정이나 다른 그 무엇도 아닌 하나님의 말씀입니다. 하나님의 말씀은 우리의 예배를 지시할 뿐 아니라 우리의 예배를 포괄합니다. (참고도서 : D.G. 하트 외, 『개혁주의 예배신학』(P&R, 2009), 211.) '오직 성경'의 정신이 예배에 고스란히 반영되어 있습니다.

말씀 중심의 예배는 종교개혁을 통하여 특별히 강조되었습니다. 종교개혁이 일어나게 된 배경이 되는 중세 시대의 예배는 하나님의 말씀이 예배를 주관하지 못했습니다. 성경의 가르침과 상관없는 예배가 진행되었습니다. 예배에서 사용되는 요소들은 성경에 없는 것들이었습니다. 말씀으로 가르치는 설교는 형식만 남아 있었습니다. 예배의 모든 순서는 알아듣기 어려운 라틴어로 진행되었습니다. 그 결과 교회는 말씀으로부터 멀어졌습니다.

중세교회의 우민화 정책에 대해서는 〈특강 종교개혁사〉, 31쪽을 참고하세요!

이에 대해 종교개혁자들은 예배의 중심은 말씀임을 강조했습니다. 순서도 말씀으로, 내용도 말씀으로 채웠습니다. 특히 설교 시간을 충분하게 확보하는 것을 중요하게 여겼습니다. 당시 중세 교회는 설교 시간이 유명무실했습니다. 종교개혁자들은 교인들이 하나님의 말씀을 배울 수 있는 가장 좋은 방법이 설교라고 보았습니다. "그들이 사도의 가르침을 받아 서로 교제하고 떡을 떼며 오로지 기도하기를 힘쓰니라(행 2:42)"는 말씀에 근거해서 그렇게 했습니다. 종교개혁자들은 설교의 자리를 회복시켰습니다.

우리는 설교 시간이 길다고 지루해하지만, 사실 설교를 통해 하나님의 말씀을 배우지 못하면 우리 교회는 하나님의 뜻에서 벗어난 교회가 되고 맙니다. 물론 설교시간이 길다고 해서 무조건 좋은 것은 아닙니다. 시간은 긴데, 정작 설교 중에 하나님의 말씀이 선포되지 않는다면 그것은 오히려 더 위험할 수 있습니다. ㅠㅠ

2) 성찬 중심의 예배

예배의 중요한 두 축은 말씀과 성찬입니다. "그들이 사도의 가르침을 받아 서로 교제하고 떡을 떼며…"라는 말씀에 따라 말씀과 성찬이 예배의 기본 요소가 되었습니다. 그런데 중세교회는 말씀은 소홀히 하고 성찬만 중요하게 여겼습니다. 그나마도 성찬의 형식만 중요하게 여겼을 뿐, 그 본질을 제대로 살리지는 못했습니다.

종교개혁자들은 예배에서 말씀의 위치와 성찬의 위치를 모두 회복시켰습니다. 성찬을 예배의 중요한 요소로 강조했고, 바르게 시행하려고 했습니다. 칼뱅은 성찬을 매주일 시행할 것을 제안했으며, 그가 목회하였던 제네바 교회에서는 실제로도 매월 1회 이상 시행하였습니다. 이후 교회에서 말씀 중심을 너무 강조하다보니 상대적으로 성찬을 등한히 여겨버렸는데, 그것은 종교개혁자들이 그렇게 생각한 것이 아니라 종교개혁 이후에 잘못 계승한 탓입니다.

설교가 "눈에 보이지 않는 말씀"이라면, 성찬은 "눈에 보이는 말씀"입니다. 설교가 "귀로 듣는 말씀"이라면 성찬은 "눈으로 보는 말씀"입니다.

장로교회 헌법에 명확히 규정된 말씀과 성례

[헌법 찾아보기]

종교개혁의 영향을 받은 장로교 예배모범은 예배의 핵심이 말씀 선포와 성례에 있다는 점을 분명히 강조합니다. 웨스트민스터 총회에서 탄생한 장로교회에 뿌리를 두고 있는 한국교회 역시 웨스트민스터 예배모범의 정신을 좇아 이런 예배 원리를 교단헌법에 명시하였고, 이것이 오랫동안 우리의 예배를 형성해온 것입니다.

고신 헌법(2011년판)

예배지침 제1장 제1조 교회

교회란 예수 그리스도의 공로로 구원받은 그리스도인들이 모여 하나님 앞에 예배하는 공동체이다. 교회는 예수 그리스도의 몸으로서 성령의 역사로 말미암아 **계속적인 하나님의 말씀이 정확하게 선포되어야 하고, 성례를 올바르게 집행하여야 하며** 권징을 정당하게 시행함으로 그 정통성이 유지되어야 한다.

통합 헌법(2006년판)

제4편 예배와 예식
제1장 교회와 예배 1-2. 예배

1-2-3. 이 예배는 어떤 경우도 인간 중심으로 드려질 수 없고 오직 삼위일체 하나님만이 중심이 되고 대상이 되어야 한다. 그리스도인들은 오직 하나님의 은혜만을 생각하면서 예배를 드려야 하며, 성령님의 역사 아래서 **성경말씀의 선포와 성례전이 진행되도록 해야 한다.** 특별히 예수 그리스도를 구원의 주님으로 영접하는 믿음이 이 예배의 기본이 되어야 한다.

예배의 각 순서와 그 의미

우리는 이제 예배모범 원문을 살펴 보면서 동시에 예배의 각 순서에는 어떤 의미가 있는지 도 살펴볼 것입니다.

예배에 포함되어야 할 구성요소들을 어떻게 배열하는 것이 좋을까요? 그냥 아무렇게나 하면 될까요? 설교를 제일 먼저 하고, 강복선언을 중간에 하고, 성찬을 강복선언 이후에 하는 식으로 마음대로 순서를 정하면 될까요?

예배에 포함되어야 할 구성요소들을 순서 없이 나열한다고 해서 예배가 되는 않습니다. 일정한 형식이 필요합니다. 만약 혼자서 드리는 예배라면 형식의 중요성이 비교적 덜 할 수 있습니다. 일정한 상식 범위만 넘어서지 않으면 됩니다. 그러나 공예배에서는 질서를 위해 어떤 틀(형식)이 필요합니다. 그렇지 않으면 어떤 사람들은 기도하는데 다른 사람들은 찬송하고, 또 일부 사람들은 성경을 소리 내어 읽어 굉장히 혼란스러울 것입니다. 우리는 그러한 예를 고린도교회에서 볼 수 있습니다.(고전 14:33) 고린도교회는 예배의 형식이 갖추어지는 과정에 있었는데 그 과정에서 질서 없는 예배가 진행되었습니다. 그래서 사도바울은 예배에서의 질서를 강조했습니다.(고전 14:40)

이러한 가르침에 따라 교회는 일찍이 예배 순서의 필요성을 인식하고 바른 예배 정신을 강조함과 동시에, <u>예배 순서를 정하여 질서에 따라 예배했습니다. 이렇게 예배 의식과 예배 순서에 있어서의 일정한 형식과 질서를 가리켜 '예전'(禮典, liturgy)이라고 합니다.</u>

그러면 어떤 순서에 따라 배치하나요? 앞서 살펴본 '대화의 원리'를 여기에 적용하면 됩니다. 예배는 곧 하나님과 회중의 대화이며, 회중과 회중이 나누는 대화라는 점을 기초로 예배의 순서를 구성할 수 있습니다. 이때 예배가 하나의 분명한 흐름을 가지고 진행되어야 합니다. 모든 순서가 하나의 흐름을 가지고 자연스럽게 연결되어야 합니다.

또한 예배의 순서는 복음을 잘 드러내어야 합니다. 예배의 순서만을 통해서도 복음이 무엇인지를 알 수 있어야 합니다. 각 순서의 내용을 통해서 뿐만 아니라 구조에서도 복음이 드러나야 합니다.

예배 순서의 모범적인 구성

상식적인 기독교회는 항상 예전을 중요하게 여겼습니다. 대부분의 기독교 교파들은 같은 교파 간의 일치된 예배를 위해 공통적인 예배의식을 가져야 한다고 생각합니다.

장로교회 역시 마찬가지인데, 교회 역사의 교훈에 따라 예배순서에 있어서의 일정한 일치를 유지하되, 세미한 부분까지 일치성을 요구하지는 않았습니다. 과거 로마 가톨릭에 대한 반발 때문입니다. 장로교회는 모든 사람이 정해진 형식에 따라야 하는 '공동 기도서'(the Book of Common Prayer)보다는 '예배모범'(Directory for the Public Worship)의 전통을 갖고 있습니다.

개혁파 장로교회들은 항상 잘 정리된 예배모범을 소유해 왔습니다. 칼뱅 시대의 『스트라스부르크 예배의식』(1540-1545)과 『제네바 예배모범』(La forme des chantz et prieres ecclesiastiques, 1542)으로부터 『하이델베르크 요리문답』(1563)의 편람이었던 『팔라티나트 개혁교회 예배의식』과 영국과 스코틀랜드 장로교회의 『웨스트민스터 예배모범』이 그것입니다.

예배모범은 강제적인 것이기보다는 예배에 대한 성경적 풍부함에 충실할 수 있는 '모델'을 제시해 주는 데에 있습니다. 장로교회의 예배 신학에서 중요한 점은 예배의 요소들에 있어서는 철저하게 성경적 근거를 따져서 그 요소들을 찾고 그에 충실하려고 하면서도, 예배의 정황들에서는 자유를 강조하여 어떤 고정적인 의식(liturgy)을 확정짓고 그에 집착하려 하지 않은 데 있습니다. (이승구, "성경적 공예배를 지향하며", 『한국교회가 나아갈 길』(SFC, 2007), 49.)

> 고신 교단의 헌법은 '예배지침'이라고 표현합니다. 장로교 전통을 따라 '예배지침' 대신 '예배모범'으로 바꾸는 것이 좋습니다. 합동 헌법과 합신 헌법은 '예배모범'이라고 합니다. 통합 헌법의 경우 1983년 8월 24일 헌법 개정 시행 공고 이전에는 '예배와 예식'이라 하지 않고 '예배모범'이라고 불렀습니다.

역사적으로 장로교회는 철저히 성경적이려고 원리를 중요시 하면서도, 성경적으로 분명하지 않은 문제에 대해서는 관용과 포용의 정신을 갖고 있었습니다. 그래서 어떤 특정한 형식에만 매이는 것에 대해서 경계합니다.

예배모범은 말 그대로 예배에 관한 최소한의 요소를 규정하고 있습니다. 쉽게 말하면 예배의 순서를 구체적으로 규정한 것은 아닙니다. 예배모범은 지역의 관습이나 현재의 필요성 등을 충분히 고려하기 위한 목적을 지니고 있습니다. '예배모범'이라고 말하고 있기에 예배의 표준이나 통일로 규정한 것이 아니라 하나의 예로서 권장되었을 따름입니다. 예배라는 것이 언약의 양 당사자의 대화이기에 획일적으로 규정할 수 없습니다. 언약 당사자들의 자발적인 반응과 성실함이 예배에 반영되어야 하기에 성경적인 원리에 저촉되지 않는다면 예배순서에 대해서 자유를 누릴 수 있습니다.

웨스트민스터 예배모범의 작성자들은 로마 가톨릭이나 영국 국교회(성공회)와는 달리 예배에서 하나님의 백성들이 누릴 수 있는 자유를 박탈하기를 원치 않았습니다. 그래서 웨스트민스터 예배모범을 자세히 살펴보면 기본적인 원리를 제공하는 것을 넘어서서 구체적인 지침을 제시하지는 않습니다. 주기도문, 사도신경, 성례 거행을 위한 말이나 동작, 예배 비품의 배치, 목회자의 복장 등에 관해 지시하지 않습니다. 규정적 원리를 획일적으로 적용하는 것을 반대합니다. 예배모범은 복음의 명료성을 보장하는 범위 안에서의 통일성을 제공하려 하지, 양심을 얽매는 획일적인 예식을 제공하지 않습니다.

그렇기에 각 교회의 예배순서는 각 당회의 자유와 재량에 따라 유동적일 수 있습니다. 각 교회의 당회는 예배의 모범적인 순서에 기초하여 교회(회중)의 형편과 여러 가지를 고려하여 지혜롭게 예배의 순서를 짜는 것이 바람직합니다.

고신 헌법(2011년판)의 예배지침 제3장 제8조에는 이러한 예배의 특성을 잘 보여줍니다. 해당 조항에 보면 주일예배의 순서를 다루면서 다음과 같은 말로 시작합니다.

"주일공예배의 순서는 <u>당회가 정하되</u> 그 기본적인 요소들은 다음과 같다."

"그 기본적인 요소들은 다음과 같다"라는 표현은 규정적 원리를 잘 보여줍니다. "당회가 정하되"라는 말은 규정적이지만 자유가 있는 원리임을 잘 보여줍니다.

이처럼 예배순서는 획일적으로 규정할 수 있는 것은 아닙니다. 그렇기에 우리는 역사적으로 있었던 좋은 예배모범들을 참고하여 오늘날 우리의 예배에 적용할 수 있는 순서들을 적절히 확정하여 사용하는 것이 필요합니다.

칼뱅이 제안한 예배 순서

1538년 4월 23일에 제네바에서 추방되어 '스트라스부르크'에서 목회하던 칼뱅은 1541년 가을, 제네바로부터 돌아와 달라는 초청을 받습니다. 1541년 9월 13일 칼뱅은 파렐과 마르틴 부써의 강권에 못 이겨 다시 제네바로 돌아왔습니다. 이 때 '스트라스부르크'의 부써에 의해서 만들어졌고 사용되었던 예배식순을 채용하여 '제네바 예배식'을 제안하고 실천하였습니다. 1542년에 다음과 같은 예배순서를 제안했습니다.

칼뱅이 참조했던 '스트라스부르크의 예배순서'의 예는 칼뱅 뿐만 아니라 에드워드 6세 당시 영국에 있는 네덜란드 피난민 교회를 이끌었던 요하네스 아 라스코와 1566년에 영국 런던으로 피난 갔다가 프랑크푸르트 등으로 옮겨 다니며 이민교회를 목회했던 피터 다떼누스도 사용했습니다.

말씀의 예전(1542년)

제안자 : 장 칼뱅

- 01 기원 (Votum)
- 02 영광송
- 03 죄의 고백
- 04 사죄의 선언
- 05 시편 찬송
- 06 거룩송 (경우에 따라 생략)
- 07 성경낭독
- 08 설교
- 09 가난한 자들을 위한 구제헌금
- 10 중보기도
- 11 주님께서 가르치신 기도
- 12 사도신경
- 13 시편 찬송
- 14 아론적 축복기도

예배에 대한 교회 역사의 가르침

"하나님을 어떻게 예배해야 하는가?" 이 질문에 대해 '오직 성경'(Sola Scriptura)의 원리에 따라 성경이 최종적 '권위'를 갖습니다. 나아가 교회 역사 속에서 예배가 어떻게 진전되어왔는지도 살펴보아야 합니다. 오늘날과 같은 예배는 하루아침에 이루어진 것이 아니기 때문입니다. 오늘날 형태의 예배는 교회 역사를 흘러오면서 체계화되었습니다. 때로는 잘못된 방향으로 가기도 했지만, 교회를 보존하시는 성령님의 인도하심을 따라 성경의 가르침에 근거한 예배 형태로 발전되어 왔습니다.

오랜 역사적 과정에서 믿음의 선배들이 각 시대마다 어떻게 예배했는지를 살피는 것은 오늘날 우리가 어떻게 예배하는 것이 합당한지를 살피는 데 도움이 됩니다. 교회사 중에서 지금 우리에게 필요한 부분만 요약해서 살펴보도록 하겠습니다.

다음 페이지로 Go Go~

예배의 역사적 변천:
초대교회의 예배는 어떠했을까요?

구약 제사 제도의 폐지

구약 시대에는 성막과 성전에서 제사를 지내는 것이 일종의 공예배였습니다. 하나님께서는 모세에게 성막을 제작케 하시고, 제사를 지내게 하셨습니다. 하나님은 그 장소에서의 제사를 통하여 이스라엘 백성과 만나시고, 속죄와 화목의 은혜를 경험하게 해 주셨습니다.

'성막'에서 이루어지던 제사는 솔로몬 시대가 되면서 '예루살렘 성전'을 건축함으로써 '성전제사'로 대체되었습니다.(왕상 6:1-8:66; 대하 2:1-8:2) 성전은 구원의 하나님께서 임재하는 장소로 기능하였고, 이스라엘 백성들이 언제나 하나님께 나아와 제사하며 기도하는 장소가 되었습니다. '성전'에서 이루어지던 제사는 예수님이 오실 때까지 계속해서 이루어졌습니다.

예수님께서 오시고 죽으시고 부활하시고 승천하신 뒤, 오순절 성령님의 강림하심으로 말미암아 신약교회가 세워지게 되었습니다. 신약교회는 이제 더 이상 '제사'가 아닌 '예배'를 드리게 되었습니다. 예수 그리스도께서 친히 제물이 되셨고,(요 1:29; 고전 5:7; 히 10:1-18; 엡 5:2) 십자가에서 단번에 제사를 드리셨으며,(히 10:10) 성소와 지성소 휘장을 찢으셨고(막 15:38; 히 10:19-25) 친히 대제사장이 되셨고,(히 7:24) 안식일의 주인이 되시고,(마 12:8) 자신이 친히 성전이 되심으로(요 2:19-22) 이제 더 이상 구약의 제사 제도가 필요 없게 되었습니다.(히 9:11-28)

이제 더 이상 동물 제사는 드려지지 않으며, 문자적인 성전은 더 이상 존재하지 않습니다. 아론의 제사장직은 존재하지 않고, 할례와 각종 절기는 폐지되었습니다. 그리스도께서 오셔서 구속을 성취하신 이후 이제는 문자적인 의미에서 그것들을 준수할 필요가 없습니다. 우리의 헌금이 제물이요,(빌 4:18; 히 13:16) 찬송이 제사이며,(히 13:15; 호 14:2) 기도가 분향단에서 올리는 향기이고,(시 141:2; 계 5:8; 8:3-4) 우리 모두는 거룩한 제사장입니다.(벧전 2:5)

이제 예배의 초점이 그리스도로 옮겨졌습니다. 구약 제사의 모든 요소들이 궁극적으로 예수님을 향하고 있었다는 점에서 신약시대에 와서 예배의 의미가 완성됩니다.

신약 교회의 예배 모습

신약 교회가 세워진 이후 초기 예배의 모습은 사도행전 2장을 통해 확인할 수 있습니다. 초기에는 성전과 가정에서(행 2:42, 46) 모였습니다만, AD 70년 성전 파괴 이후에는 가정에서 모일 수밖에 없었습니다. 날짜에도 변화가 생겼습니다. 그동안 한 주간의 마지막 날에 모였는데 이제 그리스도의 부활을 기념하는 한 주간의 첫날로 바뀌었습니다. 토요일에서 일요일로 바뀌었습니다.

신약의 예배에서 시작된 가장 큰 특징은 '주님의 만찬' 중심의 예배입니다. 사도행전 2장 42절에 의하면, 초대교회는 모여서 떡을 떼었습니다. 떡을 떼는 행위는 곧 주님의 만찬에서 행하는 떡을 먹고 잔을 나누는 행위 전체를 포괄하는 표현입니다.(마 26:26; 막 14:22; 눅 22:19; 24:30)

"떡을 떼다"라는 말은 "성찬을 행하다"라는 말의 성경적인 숙어입니다. 간혹 "떡을 떼다"라는 말 때문에 교회는 떡을 먹어야 한다고 생각하는 분들이 있습니다. 어떤 교회에서는 "떡을 떼며"라는 말을 교회 식당에 적어둔 경우도 있습니다. 그러나 "떡을 떼며"라는 말은 "성찬을 행하며"라는 말입니다. 즉 초대 교회는, 성찬 중심의 예배이면서 또한 동시에 말씀을 살피는 일에 매진하였습니다.(행 20:7-9)

이후 예배는 성경의 기록 특성상 정확하게 알 수는 없습니다. 그러나 앞서 배웠던 사도들의 가르침으로서 설교, 기도, 성례 등의 예배 요소들과 함께 권징(고전 5:1-6; 딤전 5:20)이 있었습니다. 1세기 말의 기독교 예배를 최대한 재구성해 보면, 다음 표와 같습니다.

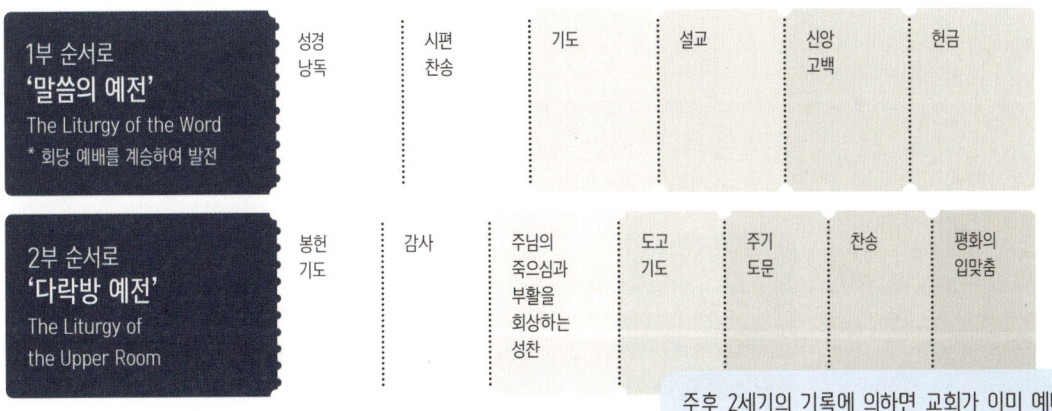

1부 순서로 '말씀의 예전' The Liturgy of the Word * 회당 예배를 계승하여 발전	성경 낭독	시편 찬송	기도	설교	신앙 고백	헌금
2부 순서로 '다락방 예전' The Liturgy of the Upper Room	봉헌 기도	감사	주님의 죽으심과 부활을 회상하는 성찬	도고 기도	주기 도문	찬송	평화의 입맞춤

주후 2세기의 기록에 의하면 교회가 이미 예배를 두 개의 주요 부분으로 나눴음을 보여주는데, 그것은 곧 말씀의 예전과 다락방 예전(성례를 다루는)입니다.

예배는 어떻게 변해갔을까요?

사도 시대 이후 교부 시대의 예배

초대교회를 이끌었던 사도들의 죽음 이후 예배의 형태는 점점 발전해 갑니다. 그 변화를 보여주는 문서들이 몇 개만 남아 있으니 95년경 클레멘트가 고린도교회에 보낸 서신, 플리니가 보낸 서신, 디다케, 저스틴의 변증서 등이 있습니다. 그 중에서 140년경 순교자 저스틴이 황제 안토니우스 피우스에게 보낸 변증서에 나와 있는 내용을 옮겨보겠습니다.

> "주일에는 마을에 사는 모든 신자가 함께 모여 시간이 될 때까지 사도들의 회고록이나 선지자의 글을 읽었다. 낭독자가 성경낭독을 마치면 지도자가 설교를 통해 그 말씀에 따라 살 것을 촉구하였다. 그런 후 우리는 모두 일어나 기도를 한다. 기도를 마치고 서로 (평화의) 입맞춤을 나눈다.
>
> 이어서 빵, 그리고 물을 섞은 포도주를 집례자에게 갖다 주면, 집례자는 받아서 성자와 성령의 이름으로 성부께 찬양과 영광을 돌린다. 우리가 그분으로부터 이런 것들을 받을 자격을 얻게 되었음을 상당히 길게 감사를 드린다. 그가 기도와 감사를 마치면 모든 회중은 동의한다는 뜻으로 '아멘'한다. 그 다음에 집사들이 참석한 각자에게 빵과 물을 섞은 포도주를 전하며 집사들은 그 날 참석하지 못한 사람들에게도 음식을 가져간다. 부유하거나 마음이 있는 사람은 원하는 만큼 헌금을 했으며, 거둔 것은 인도자에게 맡겨 고아나 과부, 질병 등의 이유로 어려움에 처한 자, 함께 우거하는 나그네에게 나누어 주었으며, 필요한 자들에게는 말씀으로 권면했다."

교부 저스틴의 설명을 통해 2세기 기독교 예배의 중요한 순서는 성경낭독 및 본문 해석, 기도, 성찬임을 알 수 있습니다. 저스틴의 작품을 통해 우리는 2세기 중반의 예배를 다음과 같이 재구성해 보았습니다.

교부(教父)
예수님의 제자들에게 직접 가르침을 받거나 영향을 받은 사람들이 있습니다. 그 중에서도 복음을 잘 수호하여 이단으로부터 교회를 보호하는 데 기여한 사람들을 일컬어 후대 사람들은 교회의 아버지라고 이름 붙였습니다.

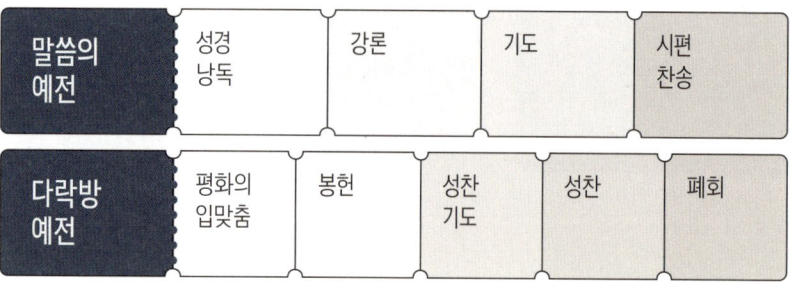

말씀의 예전	성경 낭독	강론	기도	시편 찬송
다락방 예전	평화의 입맞춤	봉헌	성찬 기도	성찬	폐회

3-4세기 시대의 예배

이 시기에 관한 자료는 비교적 많이 남아있는데, 특히 중요한 것은 유명한 교부들의 기록입니다. 알렉산드리아의 클레멘트, 터툴리안, 오리겐, 예루살렘의 키릴의 교리문답서, 히폴리투스의 교회법 등이 그것입니다.

자료들에 의하면, 예배 인도자가 '인사'하고 이에 대해 회중이 '화답'하는 대화 형식의 예배가 있었습니다. 모든 의식은 간단하면서도 고상하고 질서 있게 진행되었습니다. 기도는 서서 하거나 무릎을 꿇은 자세로 두 손을 앞으로 내어 모아서 가슴을 숙인 채 드렸습니다. 성경낭독을 할 때는 모든 회중이 일어서서 들었습니다. 헌금시간에는 성찬이 준비되었고, 성찬은 회중들에게 성찬 참여 방법을 보여주기 위해서 집례자가 먼저 받았으며, 직분자, 남자, 여자 순으로 받았습니다. 예배는 약 3시간 정도로 진행되었는데, 예배인도자와 회중 사이에 서로 응답하면서 진행되었습니다.

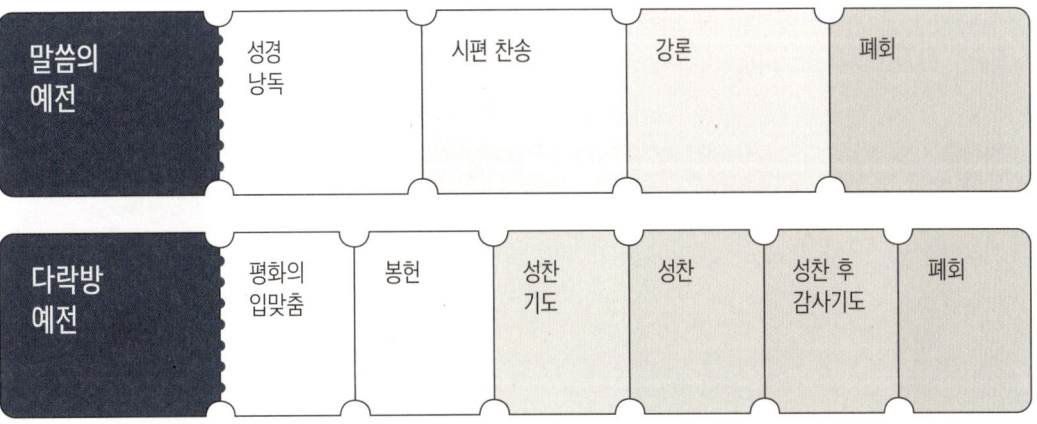

클레멘트, 저스틴?
이름이 어렵네..

이 시기에 나타난 두 가지 특징이 있습니다.

> 1. 세례자를 위한 교육 차원에서 예배 순서에
>   **신조(사도신경과 니케아신경) 낭독 시간**이 들어가게 됨.

세례후보자가 세례를 받기 전에 기독교 신앙 및 교리를 배우는 교육제도는 사도 시대 이후부터 시작된 매우 오래된 초대교회의 전통입니다. 대략 1세기 후반 혹은 2세기 초반에 이미 기독교 신앙교육을 담당하는 세례학습반이 운영되었고, 3-5세기에 이르러서는 이러한 교리학교를 통한 교육이 일부 지역으로부터 일반화되기 시작하여 상당히 체계적으로 이루어진 것으로 보입니다.

> 2. 이전에는 예배를 위한 장소가 주로 '**가정**'이었으나
>   점차적으로 '**교회당**' 건물이 생김.

최초의 교회 건물은 주후 256년에야 비로소 나타납니다. 유프라데스강 상류에 위치한 '두라-유로포스'에서 영국군에 의해 1920년에 발굴되었습니다. 이 건물은 256년 이전에 건축되었는데, 어떤 학자들에 의하면 230년경의 것으로 추정하고 있습니다. (참고도서 : 이상규, 『교회개혁과 부흥운동』 (서울: SFC, 2004), 22.)

동로마 비잔틴 제국의 대표적인 교회당, **아야 소피아** (이스탄불, 터키)

중세 천 년 동안 예배에 무슨 일이 생겼을까요?

시간이 흐르면서 예배가 점점 타락의 길로 걸어갔습니다. 말씀은 약화되고 성찬은 지나치게 강조되었는데, 성찬의 의미를 오해해서 일종의 제사로 이해했습니다. 그에 따라 제사를 집행하는 사제의 역할이 강조되었습니다. 예배의 희생 제사나 성례전을 통해 구원이 임한다고 주장하면서, 그 일을 주관하는 직분자를 '사제'로 여기도록 만들었습니다.

그 결과는 심각했습니다. 수직적 감독체제인 교황제도가 정착되고 1000년 이상 교회를 지배하게 되었습니다. 교회는 급속하게 성직자 중심의 교회로 변화되었고, 직분자를 회중이 선출하는 일까지 사라져 감으로써 회중은 예배의 참여자가 아니라 구경꾼으로 전락하게 됩니다. 결국 예배가 지닌 언약적 성격이 약화되고 말았습니다. 회중의 참여가 완전히 사라진 것입니다.

특강 종교개혁사, 27-31페이지를 보세요.

그 이후 동서방 교회의 예배는 참여하는 예배가 아니라 관람하는 예배로 자리를 잡았습니다. 말씀보다는 성찬이 주를 이루었습니다. 이것은 예배당 구조에까지 영향을 미쳤습니다. 성직자들은 제단을 중심으로 자리를 잡고, 회중석과 구별되는 별도의 자리에 착석하여 예배를 집례했습니다. 이런 식의 구분은 찬송조차도 성직자로 구성된 찬양대가 전용하여 부르면서 성직자 중심의 예배를 고착시켰습니다. 라틴어를 모르는 회중은 점차, 문자 그대로 '예배를 구경하는' 관망자로 전락했습니다.

중세교회 예배의 특징

중세교회 예배의 특징은 소위 성직자와 평신도 사이의 엄밀한 구분이 예배에 반영되었다는 것입니다. 그 결과 평신도들은 예배에 비교적 덜 관심을 갖게 되었습니다. 회중은 그저 예배의 구경꾼이 되어 버렸습니다. 예배의식은 지나치게 화려해졌고, 예배에 '의식주의' 경향이 나타나기 시작하여 예배가 타락했습니다.

중세교회는 예배가 아니라 '미사'(mass)라고 했는데, 이것은 주님의 골고다 십자가 사건을 '재현'하는 것으로 본 것입니다. 지금도 여전히 로마 가톨릭 교회는 미사를 "제사"로 봅니다.(참고도서 : 한국 천주교 주교회의, 『미사 경본 총지침(Institutio Generalis Missalis Romani)』, 11, 12(머리말 2번)) 또한 성경 낭독 시간이 성자들의 일화나 전설(그것도 사실여부가 불명확한)로 채워졌고, 성경낭독과 설교는 회중이 일상적으로 사용하는 언어가 아닌 라틴어로만 진행되었습니다. 슬픈 일이었습니다.

> 오늘날 설교 시간에 하나님의 말씀은 없고 일상적인 이야기나 예화, 목사의 경험담으로 가득 채워지는 경우가 있는데, 이는 중세교회의 잘못된 시절로 다시 돌아가는 어리석은 일입니다. 이미 확인된 잘못을 굳이 반복할 필요는 없겠습니다.

라틴어는 학문과 외교 분야에 국한되어 사용되었기에 대부분의 일반인은 이해하지 못했습니다. 그럼에도 불구하고 예배 순서가 라틴어로 이루어졌기에, 그것이 무슨 뜻인지 몰랐던 회중은 예배에 실제로 참여할 수가 없었고, 결국 예배는 본래의 가치와 의미를 상실하고 점차 불건전하고 신비적인 분위기로 빠져들게 되었습니다.

그 밖에도 더 있습니다. 예배 음악은 수준과 기교가 자꾸 높아졌으며, 회중의 참여가 배제되었습니다. 헌금은 성직 매매와 착취의 근원이 되었습니다. 성찬은 미신적 요소가 가미되었습니다. 화체설의 영향으로 잔의 포도주를 흘리고 쏟는 일을 큰 수치로 보았고, 이것을 방지할 목적으로 급기야 성직자가 아닌 신도들에게는 아예 잔을 주지 않고 빵만 주는 방법이 등장했습니다. 심지어 빵과 잔을 하나로 통일시키는 교리를 만들었으니 "살 속에 피가 함께 포함되어 있다"는 교리가 그것입니다. 지금까지도 로마 가톨릭 교회는 '평신도' 회중에게 잔을 주지 않습니다.

휘황찬란한 제단, 제단을 에워싼 금빛 창살벽이 있는 똘레도 대성당 (똘레도, 스페인)

종교개혁은 예배를 어떻게 회복시켰을까요?

종교개혁은 중세교회의 다양한 분야의 잘못을 개혁했는데, 그 중에서도 특별히 예배개혁이 중요한 과제였습니다. 종교개혁자들은 지나치게 의식화되어 있던 로마 가톨릭 미사의 수많은 겉치레적인 요소들을 과감히 제거했습니다.

루터의 개혁

루터(Martin Luther, 1483-1546)는 우리가 알다시피 개혁을 했지만, 완전한 개혁을 하지는 못했습니다. 그럼에도 불구하고 루터가 예배에 대해 주장한 개혁은 다음과 같습니다. (1단원, p.38 참조)

> 하나님의 말씀이 설교되어야 한다.
> 예배는 제사가 아니다.
> 예배는 회중이 구경하는 시간이 아니다.
> 예배는 자국어로 이루어져야 한다.

루터는, 믿음은 들음에서 나온다고 보았습니다. 즉, 설교입니다. 듣지 않으면 구원의 도리를 깨달을 수 없다고 생각했습니다. 그래서 설교 시간에는 하나님의 말씀이 선포되어야 한다고 주장했습니다. 하나님의 말씀이 설교되지 않는 예배는 기독교 예배라 할 수 없다고 비판했습니다. 예배에서 하나님의 말씀이 설교되지 않는다면 찬송도 의미 없고 성경을 읽는 것조차 의미 없으며 교회로 함께 모이는 것도 의미 없다고 말할 정도로 설교를 강조했습니다. 또한 모든 사람들이 예배에 참여해야 한다고 주장하고 회중찬송과 자국어 예배를 강조했습니다.

예배에 방해되는 겉치레를 제거하고, 회중은 예배에 참여해야 한다!

칼뱅의 개혁

칼뱅(John Calvin, 1509-1564)은 루터와 마찬가지로 하나님의 말씀이 설교되어야 한다는 입장을 적극 주장했습니다. 또한 성찬이 없는 예배는 완전한 예배가 될 수 없다고 주장하면서, 예배의 두 부분이 완전히 나누어지는 것을 반대했습니다. 그리고 매주 성찬 시행을 주장했습니다. (기독교강요 IV, xvii, 43-46.)

칼뱅은 교회의 모든 정치와 헌법, 규율, 찬송이 하나님의 말씀과 초대교회의 모범에 일치해야 한다고 믿었습니다. 그래서 그가 제네바교회에서 가장 먼저 했던 두 가지 일이 "신앙고백서"를 작성한 일과 "제네바 교회의 조직과 예배에 관한 조항들"을 작성한 일입니다.

칼뱅의 "제네바 교회의 조직과 예배에 관한 조항들"에는 다음과 같은 내용들이 포함되어 있었습니다.

01 교회가 세속정부와는 독립적으로 권징을 자율적으로 시행케 할 것

> 이 때는 국가의 종교가 기독교 하나였던 시대였습니다. 성도가 잘못을 범했을 때 이것을 국가 권력이 다스리던 시절입니다. 그러나 칼뱅을 비롯한 종교개혁자들은, 이런 일들이 하나님의 말씀에 직결된 일이므로 교회가 담당해야 한다고 주장했습니다. 이런 정황에 대해서는 <특강 종교개혁사> 제9화의 설명을 참조하세요!

02 당시 분기별로 시행되던 성찬을 (매주 시행하는 것이 현실적으로 힘들다면 적어도) 매월 한 번씩 시행할 것
03 혼인예식을 로마교회의 방식에서 벗어나 새로운 방식으로 집전토록 할 것
04 초대교회에서 어린아이들에게 교리문답을 통해서 신앙교육을 한 것처럼 교리문답을 만들어서 가르칠 것
05 시편 찬송을 부를 것

칼뱅은 프랑스 신앙고백서, 제네바교회 교리문답, 제네바 예배모범, 제네바 교회법을 만든 인물입니다. 이것은 훗날 웨스트민스터 표준문서의 근간이 되었고, 이후 세계 장로교회 헌법의 근간이 됩니다. 장로교회 헌법은 기본적으로 신앙고백서, 교리문답, 예배모범, 교회정치로 구성되어 있습니다.

종교개혁이 강조한 예배의 특징

예배의 공적 개념 확립 - 교회에 속한 전체 회중이 함께 드리는 예배를 강조함

회중의 참여 회복 - 성가대 폐지, 회중 찬송 도입

예배의 간소화 - 복잡한 형태의 예전을 폐지함

말씀의 회복 - 성경낭독, 설교의 순서를 중요하게 여김

성찬의 회복 - 화체설 부인, 잔을 회중에게도 줌

말씀과 성찬의 조화 - 은혜의 방편으로서의 설교와 성찬

시편 찬송의 도입

예배에서의 일상어 사용

지금 우리들의 예배는 언제 어떻게 형성되었을까요?

종교개혁시대의 예배개혁 중에서도 우리에게 가장 중요한 영국의 종교개혁을 집중적으로 살펴볼 필요가 있습니다. 이곳의 종교개혁 덕분에 오늘날 우리가 드리는 예배가 형성되었다고 해도 과언이 아니기 때문입니다. 웨스트민스터 예배모범을 탄생시킨 직접적인 배경은 바로 영국의 종교개혁입니다.

이 부분은 반드시 **"특강 종교개혁사"**를 참고해 주세요. 여기에서는 중요한 것만 간략하게 다루면서 정리하겠습니다.

영국에서의 종교개혁

종교개혁자들을 박해했던 메리 여왕의 뒤를 이어 엘리자베스 1세가 즉위하면서 영국은 본격적인 개신교 국가가 되었습니다. 엘리자베스 1세가 즉위하자 종교적인 이유로 유럽대륙으로 피신하였다가 개혁교회의 실체를 보고 강한 인상을 받았던 신학자들이 다시 영국으로 돌아와 영국장로교회의 토대를 세우려 했습니다. 그들은 예배 영역에서 계속적인 개혁을 통해 영국교회를 정화하려고 노력하였습니다. 그들은 중세의 예식인 제단, 우상, 예복에 반대했습니다.

엘리자베스의 즉위가 영국교회의 개혁에 큰 소망을 주었으나, 그것도 잠시였습니다. 엘리자베스는 자기의 통치권을 강조하기 위해, 자기는 영국 국교회의 최고 통치자이고 주교 임명권도 자신에게 있음을 주장하면서 청교도들의 활동을 제어하려 했습니다. 그뿐 아니라 종교개혁자들이 반대했던 의식들을 그대로 보존시킬 것을 주장했습니다.

예복 논쟁 (Vestiarian Controversy, 1563-1567)

엘리자베스 1세는 자기의 가정교사였던 대주교 매튜 파커에게 "성직자들이 예복을 입지 않고 있다."는 경고 서한을 보냈습니다. 모든 주교는 예복을 입도록 강력하게 요구한 것입니다. 여왕의 이 명령은 청교도 주교들에게 큰 시련이 되었습니다.

사실 예복에 대해서는 존 후퍼가 이미 반대한 바 있습니다. 토마스 크랜머와 니콜라스 리들리는 후퍼에게 "감독은 전통적인 예복을 입어야 한다"고 요구했습니다. 이에 대해 후퍼는 수락하지 않고 오히려 『신성한 고백과 항의』라는 책을 출판했습니다. 이 책에서 그는 전통적 예복에 대해서 삼단논법으로 자기의 주장을 펴나갔습니다.

'예복 논쟁' 혹은 '복식 논쟁'에 대해서는 특강 종교개혁사 p.286를 참고하세요.

대전제	소전제	결론
교회에서 요구되는 모든 내용은 성경에 규정된 것이나 중립적인 것이어야 한다.	예복은 교회에서 사용하도록 성경에 규정한 것도 중립적인 것도 아니다.	그러므로 예복은 교회에서 강요해서는 안 된다!

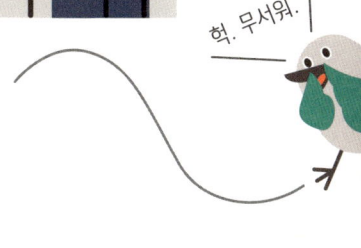

후퍼는 성례 때 어떤 것을 두른다든지 특별한 의복을 입는다고 해서 고상함과 경이로움이 더 생기는 것은 아니라고 주장했습니다. 게다가 그것을 로마 가톨릭 교회가 사용하고 있으며 그로 인해서 그 의식의 진정한 의미를 훼손시킬 수 있기 때문에 더욱 반대한다고 했습니다.

무엇보다도 청교도들은 이것을 '강요'하는 것에 대해서 반대했습니다. 청교도들은 "중요하지 않은 중립적인 것을 왜 강요하는가? 그러한 것들이 대수롭지 않은 것이라면 왜 우리가 복종해야하는가?"라고 하면서 거부했습니다. 예복을 입느냐의 문제는 예복 자체의 문제이기보다는 성경의 권위에 대한 문제였습니다. 후퍼는 예복을 입는 것을 성경 말씀에 대한 훼손으로 보았습니다. 이것을 소위 '예복 논쟁'이라고 부릅니다.

영국의 종교개혁은 이처럼 엘리자베스 여왕과 그 이후 제임스1세, 찰스1세의 통치를 겪으면서 지하교회의 형태로 쉽지 않은 행보를 이어갔습니다. 그러나 강력한 통치자들도 종교개혁의 불길을 언제까지 막을 수는 없었습니다. 세월이 흘러 영국의 청교도들은 스코틀랜드 종교개혁자들과 힘을 모아 청교도 혁명을 일으켰고, 웨스트민스터 총회를 개최하여 오랜 세월 추진하지 못했던 종교개혁을 본격적으로 시도할 수 있었습니다. 어렵게 성사된 웨스트민스터 총회는 다양한 종교개혁의 주제를 다루었지만 특별히 예배개혁에 있어서 무척 중요한 개혁을 이루어 냈습니다.

웨스트민스터 예배모범의 작성

1643년부터 열린 웨스트민스터 회의에서 웨스트민스터 예배모범 (The Directory for the Public Worship of God, 1644)을 작성한 일은 장로교회 예배에 있어서 아주 중요한 결정입니다. 웨스트민스터 예배모범은 서문을 제외하고 총 14가지 항목으로 이루어져 있습니다.

참석자들은 다양한 전통을 가진 사람들이었습니다. 독립교회주의자, 에라스투스주의자, 장로교주의자 등 다양한 부류의 대표자들은 교리에 대해서는 서로 이견이 거의 없었으나, 교회정치나 예배 문제에 있어서는 다른 관점이 많았습니다.

웨스트민스터에서 결정된 예배모범에는 다양한 조류들이 하나로 합쳐져서 좋은 대안들을 담게 되었습니다. 총회에서 이 예배모범은 70회기 이상 토론되었고, 예배모범은 신앙고백서에 첨부되었고 1645년에 공표되었습니다. 이 모범은 특히 '규정적 원리'에 충실했습니다.

이 예배모범은 선교 초기에 장로교 선교사들에 의해서 한국교회에 전하여졌고, 그 내용의 상당부분은 현재 대한예수교 장로회의 헌법에 수록되어 있는 예배모범의 근본 바탕을 이루고 있습니다.

우리는 이 책을 통해 웨스트민스터 총회가 만든 바로 그 개혁된 예배는 어떠했는지를 자세히 살펴보려 합니다. 이를 통해 종교개혁자들이 바라고 소망했던 예배가 도대체 어떠한 것이었는지를 배우고, 그렇게 배운 지식을 우리의 예배에도 적용하고자 합니다.

자, 지금까지 배경지식을 쌓기 위해 고생하셨습니다.
지금까지 공부한 내용이 다음 단원부터 도움이 될 것입니다.

준비학습 끄-읕!

2단원. 준비학습 2 : 예배의 요소와 역사적 변천

1. 예배에 있어 가장 중요한 두 가지 요소는 무엇입니까? (p.48)

2. 웨스트민스터 예배모범에 대한 설명 중에 틀린 말을 고르세요.

① 예배모범은 복음의 명료성을 보장하는 범위 안에서의 통일성을 제공하려고 했다.
② 예배모범은 예배에 관해 최소한의 요소를 규정해 준다.
③ 예배는 하나님과 신자의 대화이기에 예배모범에서 제시한 순서대로만 집례해야 한다.
④ 지역의 관습이나 현재의 필요성 등을 충분히 고려하기 위한 목적이 있다.
⑤ 각 교회의 예배순서는 해당 당회의 재량에 따라 정하면 된다.

3. 교회 역사 속에서 예배가 어떻게 진전됐는지에 대한 설명 중 맞는 말을 고르세요.

① 구약 제사의 모든 요소들이 예수님을 드러내기 때문에 구약 제사 형식을 유지해야 한다.
② 신약 교회가 세워진 초기에, 떡을 떼는 것은 예배의 요소가 아니었다.
③ 세례후보자가 세례 받기 전에 기독교 신앙과 교리를 배우는 것은 초대교회의 전통이다.
④ 중세 교회는 예배가 아니라 '미사'라고 했는데, 강연회라는 뜻이 있다.
⑤ 스트라스부르 예배모범은 영국에서 만들어졌으며 현재 대한예수교 장로회 헌법에 수록된 예배모범의 근본 바탕을 이루고 있다.

4. 개혁파 신앙고백서들이 제시하는 예배 구성요소가 무엇인지 찾아 보세요.

웨스트민스터 신앙고백서 제21장 "종교적 예배와 안식일에 관하여" 제5절
웨스트민스터 대교리문답 제108문답
하이델베르크 교리문답 제103문답

이 단원을 마치며, 아래 내용을 직접 적어 보세요.

이전에 알았던 사실	새롭게 깨달은 점	감사할 점

웨스트민스터 예배모범을 대하는 우리의 자세

준비학습이 끝났습니다. 지금부터 우리는 본격적으로 17세기 웨스트민스터 총회에서 만들어낸 예배모범의 본문을 관찰해 나갈 것입니다. 먼저, 이런 문서를 읽을 때 주의할 점을 말씀드리겠습니다. 그것은 '시대적 간극'을 이해하는 것입니다.

예를 들어 예배모범은 '공적 금식'과 '공적 감사일'을 다루고 있는데, 그 당시 이것은 국가적 사안과 긴밀히 연결되어 있었습니다. 그리고 결혼에 대한 항목을 보면 오늘날 우리가 고민하는 대표적인 주제인 '불신자와 결혼하는 문제' 등은 아예 언급되지도 않습니다. 이는 그 시절이 '국가 교회'의 성격이었다는 사실에 배경이 있습니다. 성직자는 물론, 왕과 귀족, 일반 백성들 모두가 적어도 명목상으로나마 그리스도인이었습니다.

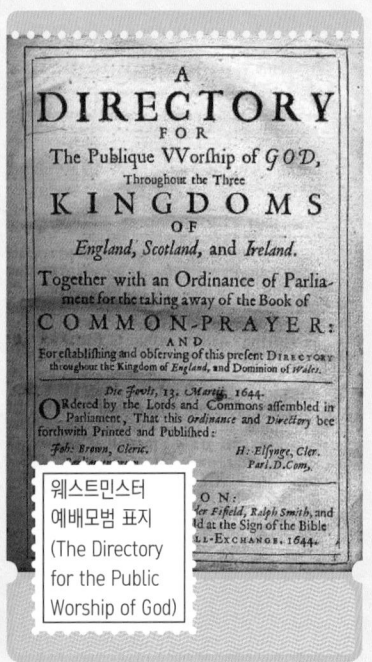

웨스트민스터 예배모범 표지 (The Directory for the Public Worship of God)

때로는 너무 단호하고 강압적으로 느껴지는 표현이 튀어나올 것입니다. 신앙 문제에 있어서 정부와 교회가 밀접하게 신자 개인의 삶에 개입하던 시절이기에 그렇습니다. 읽다가 거부감이 느껴질 경우, 시대적 한계를 이해하시기 바랍니다.

반대로 너무 몰입해서 당대의 예법을 오늘날의 교회에 복사/붙이기 수준으로 그대로 적용하려 해서도 곤란합니다. 문화적, 사상적, 정신적 차이를 고려해야 합니다. 무엇을 얼만큼 우리 시대에 이식시켰느냐 말았느냐 하는 관심보다는 오히려 그분들이 어떤 원리를 지키기 위해 그토록 애를 썼는지, 그 가치와 정신을 붙잡는 것이 중요합니다. 우리 시대에 맞게 방법론을 고민하는 것은 또 그 다음의 과제입니다.

당시는 과학과 의학의 발전이 부진하고 미신이 강력하게 영향을 미치던 시기임도 염두에 두어야 합니다. 그런 와중에서도 종교개혁자들이 당대의 지식을 총동원하여 최선의 개혁을 이루어낸 지점을 귀하게 볼 수 있어야 합니다. 그래야 이런 문서를 존중할 수 있으며, 우리 시대에도 오히려 확신 있게 그들의 정신을 계승할 수 있습니다.

시편 찬송이라고 하면 오늘날의 기준으로는 고리타분한 것으로 여기기 쉽지만, 일반 회중에게 찬송을 부를 권리를 넘겨준 것은 당시로 볼 때 획기적인 것일 수 있습니다. 성가곡을 부르기는커녕 글도 읽을 줄 몰랐던 회중들에게, 글자를 하나씩 가르쳐가면서까지 찬송을 직접 부를 수 있도록 신자들을 예배에 합류시키려 애썼던 종교개혁자들의 노력을 우리는 읽을 수 있어야 합니다.

끝으로, 이런 문서들은 가이드와 모범의 성격을 갖고 있기 때문에, 감정적 설득, 강조, 묘사 등의 다양한 화법을 사용하고 있습니다. 교리문답처럼 구조적으로 짜임새 있는 문서도 있지만, 어떤 문서는 당시 최고의 덕망과 학식을 가졌던 목회자들의 눈물 어린 조언이자 제안, 때로는 처절하게 울음을 삼키는 책망과 권고의 편지로 읽어나가는 것이 좋겠습니다. 이런 점을 주의하신다면, 고어체의 옛 문서일지라도 은혜로 읽어나갈 수 있을 것입니다.

우리는 웨스트민스터 총회의 결과를 이미 알고 있습니다. 그들은 총회 이후에 다시 핍박을 받거나 죽임을 당했고, 총회의 문서들도 모두 불법적인 것으로 불명예스럽게 정죄당하고 말았습니다. 하지만 주께서는 이런 문서를 기록으로 남기셨고, 공교회의 거룩한 산물로 지금 우리에게 선물처럼 남겨 주셨습니다. 그 사실에 함께 감사하면 좋겠습니다.

비록 수백 년 된 문서이지만, 선배 개혁자들의 고뇌와 닥친 문제들과 사방을 에워싼 고난을 상상하면서 한 문장 한 문장을 곱씹으시길 바랍니다. 그렇게 읽을 때, 그런 문서에 밝히 드러난 하나님의 거룩한 뜻과 사랑, 그리고 거기에 순전하게 수종들고자 했던 우리 신앙의 선배들의 마음과 지향점을, 여러분도 발견하실 것입니다.

그들의 마음을 친히 인도하시고 주관하셨던 성령 하나님과,
그들이 늘 애타게 불렀을 참 목자 그리스도를,
우리 모두 함께 만나시기를 소망합니다.

이제, 예배모범의 목차를 관찰하러 가볼까요?

목차를 통해 구조 파악하기

어떤 문서이든지 구조를 파악하면 쉽게 이해하고 오래 기억할 수 있습니다. 웨스트민스터 예배모범은 아래의 도표와 같이 구조를 나눠볼 수 있습니다. 이 도표는 <특강 종교개혁사> p.298-299를 따른 것입니다. 크게 Part A와 B 두 부분으로 나눌 수 있으며, 맨 앞에는 서문이 있고 맨 뒤에 부록이 붙어있습니다. Part A는 주로 공예배에 대한 설명이 이어지고 있으며, Part B는 그밖의 항목들이 열거됩니다.

서문은 당시 웨스트민스터 총회의 예배모범 작성자들이 이것을 왜 만들었는지를 설명하는 글입니다.

공예배의 중심은 말씀과 설교, 성례이며, 그런 공예배를 드리는 날로서 주일을 지키는 것에 대한 내용이 들어있습니다. 말씀과 성례는 은혜의 수단으로서, 신자가 이 땅의 교회에 속하여 지내는 동안 결코 끊을 수 없는, 생명처럼 지켜야 할 영적 양식입니다. 그래서 예배모범은 이 항목을 무척 세심하고 비중 있게 다루고 있습니다. 소중한 은혜의 수단인, 말씀과 성례는 중세교회에서 크게 훼손되었지만, 종교개혁이 된 개신교 교회에서 가장 중요하게 여겼고 또한 실제로 회복했던 것입니다.

주일을 지키는 문제가 첨가된 이유도 절절합니다. 당시 사회는 국가적으로 주일에 유흥을 부추기는 정책을 펴면서까지 신자의 삶에서 경건을 경시하도록 조장하던 분위기였습니다. 이는 청교도들의 정치적 힘을 빼려는 지배층의 의도였지만, 종교개혁자들은 그런 정책을 단순히 비판하는 데 그치지 않고, 실제로 우리가 주일을 어떻게 하면 잘 보낼 수 있을 것인지를 섬세하게 안내했습니다. 그들의 깊은 마음을 생각하면서 이 본문을 읽고, 우리의 시대와 비교해봅시다.

Part B에서는 인간의 삶 가운데 닥치는 대소사 중에서 특별히 결혼과 죽음에 관해 교회와 신자가 어떻게 대해야 하는지를 잘 지도하고 있습니다. 또한 환자 심방에 대해 무척 구체적이고 밀도 있게 다루고 있는데, 병 중에 있을 때 신자의 영혼이 가장 연약하기 때문에 세심한 위로가 필요하다는 것을 종교개혁자들은 잘 알았기 때문입니다.

당시 의학의 수준으로는 질병으로 죽음에 이를 가능성이 높았기 때문에, 천국에 들어가기 전에 아직 건강할 때에 신자의 영혼을 잘 보살피기 위해 특별한 배려가 필요했을 것입니다. 오늘날 우리는 결혼식과 장례식을 성대하게 치르고, 교회 또한 여기에 많은 힘을 기울이지만, 상대적으로 환자 심방은 비중이 적습니다. 이런 점은 예배모범의 비중과 정반대가 되는 부분인데, 우리가 고민해볼 주제일 것입니다.

공적 금식과 감사일, 그리고 시편 찬송에 대한 내용도 낯설지만 의미심장한 내용들입니다. 이 모든 내용을 차근차근 배워가면서 큰 유익을 얻도록 합시다.

예배모범 각 항의 주제별 비중

웨스트민스터 예배모범이 다루는 내용의 주제별 비중을 그래프로 그려 보았습니다.

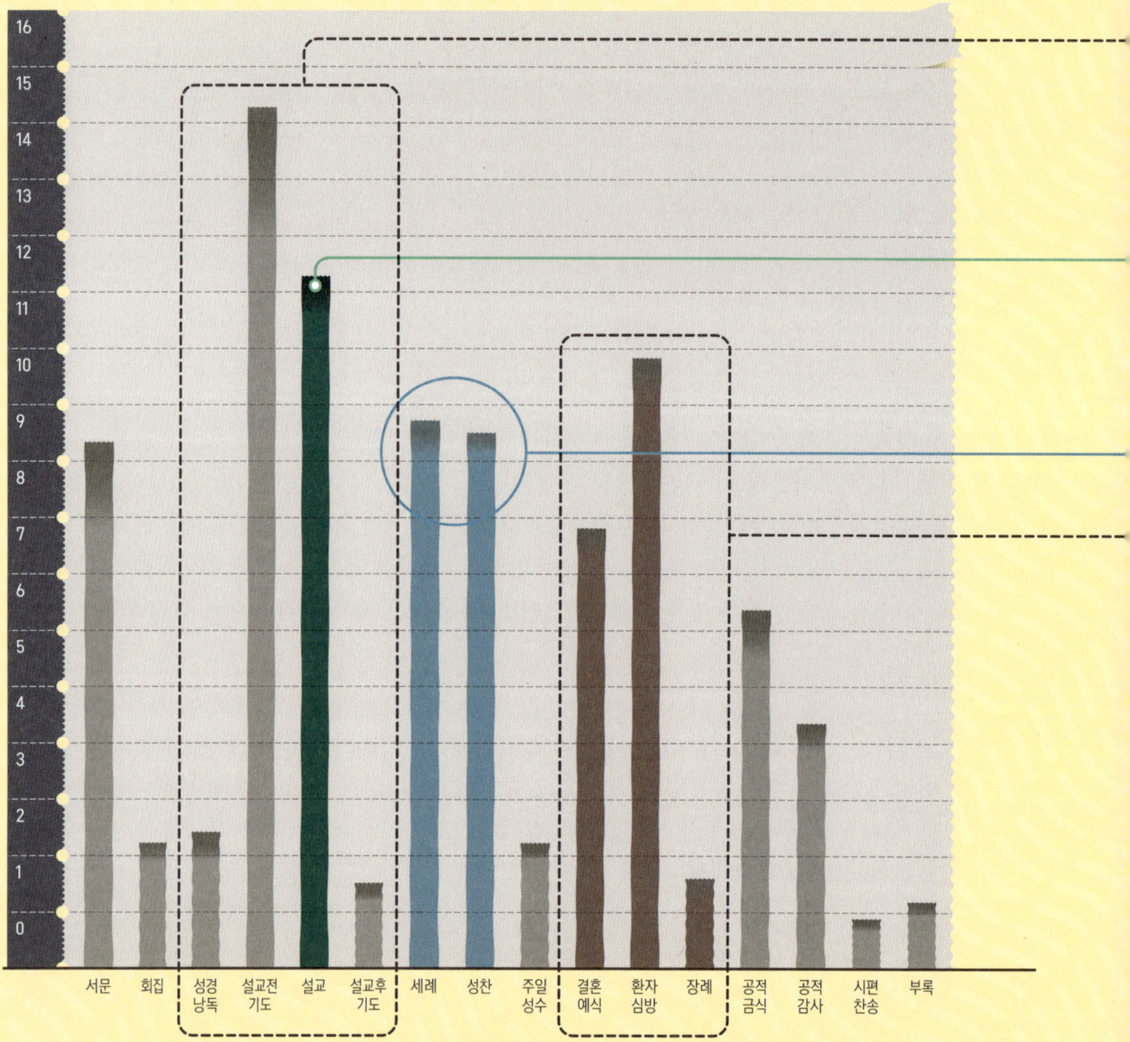
16
15
14
13
12
11
10
9
8
7
6
5
4
3
2
1
0
서문
회집
성경 낭독
설교전 기도
설교
설교후 기도
세례
성찬
주일 성수
결혼 예식
환자 심방
장례
공적 금식
공적 감사
시편 찬송
부록

전체 문서에 사용된 단어 개수와 각 주제별 설명에 사용된 단어 개수를 측정하여, 퍼센트로 나타낸 정량 분석입니다. 예배모범은 총 12,596단어로 이루어져 있습니다. 측정 방법에 따라 약간의 오차는 있을 수 있습니다.

개별적으로는 설교전 기도의 분량이 가장 많습니다. 무엇을 기도할 것인지 나열하다보니 분량이 늘어난 측면이 있으며 아무래도 예배순서 중 앞부분에 위치하다보니 처음에 할 말이 많았을 것입니다. 앞에서 이야기를 많이 해서 오히려 뒤쪽의 분량이 줄어든 측면도 있습니다. 실제로 이 부분에서 예배가 어떠한 것인지를 상당히 많이 알려주고 있습니다. 기도이지만, 기도를 통해 예배가 무엇인지를 가르치는 용도입니다. 무척 유익한 내용들이 많습니다.

설교에 대한 분량도 매우 많습니다. 설교와 관련된 것 세 가지를 합치면 전체 문서의 3분의 1이나 됩니다. 그리고 공예배 부분만 떼어서 본다면 절반 이상을 차지하는 것이 설교에 대한 내용입니다. 그만큼 설교는 예배의 핵심 요소입니다. 자세한 내용들은 뒤에서 더 깊이 살펴보게 될 것입니다.

그 밖에도, 세례와 성찬의 분량이 균형을 이루고 있는 점이 눈에 띕니다. 결혼에 대해서도 상당 분량을 다루고 있습니다. 특히 환자 심방 부분이 의외로 많은 분량을 차지하는 것이 특징입니다. 장례는 의외로 비중이 적습니다. 앞부분에 공예배에 대한 내용이 아무래도 더 많으나, 공적 금식이나 공적 감사일 등도 충실히 다루고 있습니다. 자칫하면 오해되기 쉽고, 소홀히 다루면 잊혀지기 쉬운 내용들이기 때문입니다.

교회와 신자의 삶에 관련된 다양한 주제들을 차근차근 설명해주고 실제로 모범을 제시하는 문서입니다. 한 가지 부탁드릴 것은, 한 주제씩 살펴보면서 단순히 과거에 이랬었다는 지식으로 그치지 마시고, 오늘 우리의 예배와 비교하면서 무엇을 배우고 무엇을 반성해야 하는지 생각해보시기 바랍니다. 그리고 우리가 나아갈 방향이 어디인지를 또한 발견하는 시간 되시기를 바랍니다.

이제 서문을 읽어보러 출발!

예배모범 원문 읽기		
가. **종교개혁 초기** 공동 기도서의 의도와 결실	**THE PREFACE**	**서문**

IN the beginning of the blessed Reformation,
our wise and pious ancestors
  took care to set forth
     an order for redress of many things,
	복된 종교 개혁 초기에
	지혜롭고 경건한 우리 조상들은
	많은 것을 바로잡기 위해
	예배 질서를 공표하는 데 관심을 가졌으니,

which they then,
by the word, discovered
  to be vain erroneous,
    superstitious, and idolatrous,
in the publick worship of God.
	이는 그들이 말씀에 비추어
	많이 발견하였기 때문이다.
	  하나님께 드리는 공예배에
	    헛되고 잘못되고
	    미신적이고 우상 숭배적인 것들을.

This occasioned many godly and
learned men to rejoice much
  in the Book of Common Prayer,
    at that time set forth;
	이것이 계기가 되어
	많은 신실하고 학식 있는 사람들이
	당시에 진술된 공동기도서를
	매우 환영하였으니

because the mass, and the rest of the Latin service being removed, the publick worship was celebrated in our own tongue:	이는 미사와 나머지 라틴어 예배가 폐지되고 자국어로 공예배를 드리게 되었기 때문이다.

many of the common people also receive benefit
  by hearing the scriptures read
    in their own language,
      which formerly were unto them
        as a book that is sealed.
	그 전까지 성경은 많은 일반 사람들에게는
	봉해진 책이었는데,
	이제는 그들의 언어로 낭독되는 것을
	듣게 되었으니
	많은 사람들이 크게 유익을 얻게 되었다.

예배모범 원문 읽기 도움말

예배모범은 17세기 문서라서 고어체로 되어있고 문장이 복잡합니다. 하지만 끊어 읽고 구조화시켜 읽다 보면 문장에 담긴 본뜻을 충분히 길어 올릴 수 있습니다. 천천히 음미해 보세요!

특별히 이 후반기에는
하나님께서 그의 백성들에게
더 많은 그리고 더 좋은 수단들을 허락하신다.
  오류와 미신을 발견하고,
  경건의 비밀에 관한 지식을 얻고,
  설교와 기도의 은사를 위한.

저자의 번역본을 토대로 끊어 읽을 수 있도록 정리했습니다. 어떤 문장은 깊이 있는 내용을 드러내기 위해 직역으로 바꾸고 구조화 시켰습니다.

그러는 동안,
교황주의자들은
그 책이
자신들 예배의 대부분에 순응한다고 자랑하면서,

주목해야할 주어는 둥그런 사각형 점선으로, 문장의 분위기를 바꾸는 접속사는 삼각형 점선으로 표시했습니다.

**나.
공동
기도서의
폐해 1**
교인 탄압의
도구가 됨

그럼에도 불구하고,
 길고도 슬픈 경험으로 인하여
 영국국교회에서 사용된 일반 예식서는
 (그것을 정리한 사람들의 수고와
 경건한 취지에도 불구하고),
 명백히 적대시 되고 있었다.
 국내의 경건한 사람들에게는 물론,
 외국의 개혁교회에서도.
	Howbeit, long and sad experience
	 hath made it manifest,
	 that the Liturgy used in the Church of England,
	 (notwithstanding all the pains
	 and religious intentions of the Compilers of it,)
	 hath proved an offence,
	    not only to many of the godly at home,
	    but also to the reformed Churches abroad.

그 이유는 말할 것도 없이,
 모든 기도마다 읽도록 강요하므로
 대단히 큰 부담감을 가중시켰고,
 거기에 기록되어 있는
 쓸모없고 짐스러운 의식들이
 그에 굴복하지 않는
 많은 신실한 목사들과 교인들의
 양심을 불안하게 할 뿐만 아니라
 많은 악영향을 낳는 동기가 되었기 때문이다.
	For, not to speak
	 of urging the reading of all the prayers,
	 which very greatly increased the burden of it,
	 the many unprofitable
	 and burdensome ceremonies contained in it
	    have occasioned much mischief,
	    as well by disquieting the consciences
	    of many godly ministers and people,
	      who could not yield unto them,

또한 그 의식대로 행할 수 없는 사람들에게서
 하나님의 규례를 박탈함으로써
 이 의식을 지키거나 동의하지 않고는
 기쁨을 누릴 수 없게 하였다.
	as by depriving them of the ordinances of God,
	 which they might not enjoy
	    without conforming or subscribing
	      to those ceremonies.

그리하여
 여러 선한 교인들이
 주님의 식탁으로부터 제외되었고,
	Sundry good Christians have been,
	    by means thereof,
	    kept from the Lord's table;

여러 유능하고 신실한 사역자들이
 그들의 목회사역을 금지 당하여
 (신실한 목사들이 부족한 때에
 수 천 명의 영혼이 위험에 이르게 되었고)
 그들의 생계가 망가져,
 그들과 그들의 가족이 **파멸**에 이르게 되었다.
	and divers able and faithful ministers
	    debarred from the exercise of their ministry,
	    (to the endangering of many thousand souls,
	      in a time of such scarcity of faithful pastors,)
	 and spoiled of their livelihood,
	    to the undoing of them and their families.

다. 공동 기도서의 폐해 2 — 말씀 선포의 장애물이 됨	Prelates, and their faction, have laboured to raise the estimation of it to such a height, as if there were no other worship, or way of worship of God, amongst us, but only the Service-book;	고위직에 있는 목사들과 그들을 따르는 자들은 일반 예식서의 가치를 끌어 올려서 마치 일반 예식서가 아니면 하나님을 예배하는 다른 방법이 없는 것처럼 하려 하였다.
	to the great hinderance of the preaching of the word, and (in some places, especially of late) to the justling of it out as unnecessary, or at best, as far inferior to the reading of common prayer;	이 예식서는 말씀 선포의 큰 장애물로, (특히 최근 어떤 곳에서는) 불필요한 것으로 밀어 내었고 최대한으로 좋게 표현해서는 (말씀 선포가) 공동 기도서를 읽는 것보다 훨씬 열등한 것으로 여겨졌으니
	which was made no better than an idol by many ignorant and superstitious people,	많은 무지하고 미신적인 사람들에게 우상과 다름없는 것처럼 여겨졌으며,
	who, pleasing themselves in their presence at that service, and their lip-labour in bearing a part in it, have thereby hardened themselves in their ignorance and carelessness of saving knowledge and true piety.	그들은 의식에 참여함에 있어서 단지 입술만 움직이는 것으로 한 부분을 참여하여 자신들을 더욱 무지하게 만들고 구원 얻는 지식과 참된 경건에 대해서는 무관심하게 되었다.
라. 공동 기도서의 폐해 3 — 교황주의자들의 부활 및 교회 통제 수단이 됨	In the meantime, Papists boasted that the book was a compliance with them in a great part of their service;	그러는 동안, 교황주의자들은 그 책이 자신들 예배의 대부분에 순응한다고 자랑하면서,
	and so were not a little confirmed in their superstition and idolatry, expecting rather our return to them, than endeavouring the reformation of themselves:	자기들의 미신과 우상 숭배에 적지 않은 확신을 가지고, **스스로를 개혁할 노력은 하지 않고 우리가 돌아오기를 기대하고 있다.**

최근에 와서는 이전의 예식이 주는 정당하다고 인정되는 <u>가시적인 보장에 고무되어</u>, 교회에 <u>새로운 것들을 매일 억지로 강요하였다.</u>	in which expectation they were of late very much encouraged, when, upon the pretended warrantableness of imposing of the former ceremonies, new ones were daily obtruded upon the Church.	

이에 덧붙여서,
(앞으로는 아니지만,
지나간 과거로부터 지금까지)
일반 예식서는 한편으로는
<u>게으르고 유익하지 않은 목회를 증가시키는
강력한 수단</u>이 되었다.
 	
다른 사람들이 써 준 형식에 만족한 나머지,
그 직분으로 불러 주사,
모든 종들에게
공급하기를 기뻐하시는
우리 주 예수 그리스도께서 주시는
<u>기도의 은사도
행사하지 않고 있다.</u>
	Add hereunto,
	(which was not foreseen,
	but since have come to pass,)
	that the Liturgy hath been a great means,
	as on the one hand to make and increase
	  an idle and unedifying ministry,
	
	which contented itself with set forms
	made to their hands by others,
	  without putting forth themselves
	    to exercise the gift of prayer,
	    with which our Lord Jesus Christ pleaseth
	    to furnish all his servants
	    whom he calls to that office:
		마.
		공동
		기도서의
		폐해 4
		목사들의
		게으름을
		조장함

읽으며 곱씹으며

애통한 마음이 들 수밖에 없는 내용입니다. 우리는 뭔가 새로, 좋은 걸 만들어도 변질시키는 듯합니다. 덧붙이는 것마다 악화되는 데 보탬이 될 뿐이고요. 본문에 나오는 공동기도서는 초창기 종교개혁자들이 중세 교회 때 예배를 직접 드려본 적이 없던 성도들을 위해 개신교 방식으로 예배할 수 있도록 어떻게 예배하면 되는지를 적어준 일종의 예배 시나리오입니다. <특강 종교개혁사 10화 참조> 성도들이 구습에 얽매이지 않고 예배에 소외되지 않고 당당히 참여하여 하나님께 예배 드리도록 돕는 개혁적 시도였습니다. 하지만, 100년이 흐르면서 점차 정치적으로 악용되면서 다시 원래 의도와 멀어지고 구습과 유사하게 돌아가 버렸습니다. '개혁된 교회는 항상 개혁되어야 한다'는 종교개혁자들의 외침은 우리에게도 여전히 유효합니다.

바.
고난과 핍박의 이면
대안을 찾아 나서게 되는 흐름

so, on the other side,
it hath been
(and ever would be, if continued)
a matter of endless strife
and contention in the Church,

다른 한편으로
그것은 지금까지
끊임없는 싸움과
교회 분쟁의
문제가 되어 왔고,

and a snare both to many godly
and faithful ministers,
  who have been persecuted
    and silenced upon that occasion,

많은 경건하고 신실한 목사들의 올무가
되어 왔으니
저희는 핍박을 받아
침묵을 지키게 되었고,

and to others of hopeful parts,
  many of which have been,
    and more still would be,
      diverted from all thoughts of the ministry
        to other studies;

일부 희망을 가진 다른 목사들은
목회에 대한 모든 생각을
계속해서
다른 공부로
돌리게 되었다.

especially in these latter times,
wherein God vouchsafeth to his people
more and better means
    for the discovery of error and superstition,
      and for attaining of knowledge
in the mysteries of godliness,
  and gifts in preaching and prayer.

특별히 이 후반기에는
하나님께서 그의 백성들에게
더 많은 그리고 더 좋은 수단들을 허락하신다.
오류와 미신을 발견하고,
경건의 비밀에 관한 지식을 얻고,
설교와 기도의 은사를 위한.

읽으며 곱씹으며
읽고 느낀 점을 적어 보세요.

이러한 상황에서, 그 책(공동기도서를 뜻함) 전체를 일반적으로 참조하여 깊이 있게 숙고하는 이유는 그 책에 있는 여러 가지 특별한 점들 때문이요,	Upon these, and many the like weighty considerations 　in reference to the whole book in general, and because of 　divers particulars contained in it;	**사.** **예배모범** **작성과정 1** 공동 기도서를 분석, 취지를 이어받음
결코 무슨 새로운 것을 좋아하거나 우리의 초대 개혁자들을 비방하려는 의도도 아니다. (만일 그분들이 지금도 살아 있다면, 이 일에 동참했을 것이며,	not from any love to novelty, or intention to disparage our first reformers, (of whom we are persuaded, that, were they now alive, they would join with us in this work,	
우리는 인정한다. 　그분들이, 　하나님의 집을 정결케 하고 세우시려고 　하나님께서 일으키신 우수한 도구임. 우리는 희망한다. 　그들이 영원한 기억 속에서 　감사와 영예로 우리와 후손들과 함께 하기를.)	and whom we acknowledge 　as excellent instruments, 　　raised by God, 　　to begin the purging and building 　　　of his house, and desire they may be had of us and posterity 　in everlasting remembrance, 　with thankfulness and honour,)	
우리는 단지, 이 시대에 우리를 부르사 **종교개혁을 더욱 발전시키기를 원하시는** **하나님의 은혜로우신 섭리에** **응답하고,**	but that we may in some measure answer the gracious providence of God, 　which at this time calleth upon us 　　for further reformation, 　　and may satisfy our own consciences,	
우리의 양심을 만족케 하며, 다른 개혁교회의 기대와 우리 가운데 수많은 경건한 자들의 **소망에** **부응하기를 원하며,**	and answer 　the expectation of other reformed churches, 　and the desires of many of the godly 　among ourselves,	
그렇게 함으로써 **우리가 '엄숙한 동맹과 언약'에서 약속한 대로,** **예배에 있어서의 통일성을 이루기 위해 노력하는** **우리의 공적인 증거를 나타내 보이기를** 원한다.	and withal give some publick testimony 　of our endeavours for uniformity 　　in divine worship, which we have promised 　　　in our Solemn League and Covenant;	

예배모범 원문 읽기

**아.
예배모범 작성과정 2**
원리는 성경에 근거하여!

we have,
after earnest and frequent calling upon
the name of God,
and after much consultation,
   not with flesh and blood,
   but with his holy word,

resolved to lay aside the former Liturgy,
   with the many rites and ceremonies
   formerly used in the worship of God;

and have agreed upon this following Directory
   for all the parts of publick worship,
      at ordinary and extraordinary times.

Wherein our care hath been to
hold forth such things
   as are of divine institution
      in every ordinance;

And other things
we have endeavoured to set forth
   according to the rules of Christian prudence,
agreeable to the general rules
   of the word of God;

> 우리는
> 여러 번 진지하게
> 하나님의 이름으로 모여서
> **많은 논의를 거친 후,**
> **혈과 육으로가 아니라**
> **오직 하나님의 거룩한 말씀에 따라,**
>
> 과거에 예배에서 공식적으로 사용했던 예전을,
> 수많은 의식과 기념식과 함께
> 폐지하기로 결정했다.
>
> 그리고 **보통 때나 특별한 모든 공중 예배에서**
> 다음의 **예배 모범을**
> **사용하기로 합의했다.**
>
> 이것을 할 때
> 우리가 주의한 것은
> **모든 규례를**
> **하나님의 법규로 고수**하는 것이며,
>
> 그 밖의 것들도
> **하나님의 말씀의 일반적인 법칙에 근거한**
> **신자의 분별에 따라**
> 진술하고자 노력하였다.

**읽으며
곱씹으며**

공동기도서를 인정하고 개혁자들의 취지를 이어 받아 전체적으로 다시 분석하는 것을 보면서 감동했습니다. 새 것이 필요하더라도, 오랜 것을 폐기하는 것이 아니라, 거기서 좋은 것을 취하여 취지를 이어가는 작업이 오늘날 우리에게도 필요합니다. 베끼듯이 그대로 따라하는 것도 아니고, 다 무시하고 완전히 새 것을 창조하는 것도 아닌… 현대 교회의 일원인 우리들에게는 과연 이런 실력이 있을까요?

또한, 일치를 위해 기도하는 모습을 보며 더욱 감동합니다. 신자라 하면서도 우리는 분열되기 일쑤요, 옳은 것을 추구하겠다며 관계와 자원을 망가트리고, 주변을 배척하고 스스로를 고립시키며 싸움만 계속하고 있습니다. 그러는 사이에, 정작 주께서 풍족하게 먹이라고 한 성도들의 영혼만 피해를 보고 있습니다. 이것이 우리의 슬픈 모습입니다.

자. 의도와 기대효과

이것을 하는 데 있어서 우리의 의도는 기도문의 일반적인 제목, 의미, 범위, 그리고 공예배의 다른 부분들을 모두에게 알리는 데 있으므로, 예배와 봉사를 포함한 실재에 대해 모든 교회가 동의하는 것들이다.	Our meaning therein being only, that the general heads, the sense and scope of the prayers, and other parts of publick worship, Being known to all, There may be a consent of all the churches in those things that contain the substance of the service and worship of God;
그리고 목사들은 그들의 행정에 있어서 교리와 기도를 건전하게 유지하기 위해 지도를 받게 되고, 필요하면, 도움이나 지식을 받을 수 있을 것이다.	And the ministers may be hereby directed, in their administrations, to keep like soundness in doctrine and prayer, And may, if need be, have some help and furniture,
이렇게 해서 그들이, **그리스도로부터 받은 은사에 열심을 내는 데 있어서 게으르거나 나태하지 않게 될 것**이다.	And yet so as they become not hereby slothful and negligent in stirring up the gifts of Christ in them;
오히려 각자는 묵상과 자기 자신과 자신에게 맡겨진 하나님의 양무리들을 잘 보살핌으로써, 또한, 하나님께서 섭리하시는 방법을 지혜롭게 살핌으로써,	but that each one, by meditation, by taking heed to himself, and the flock of God committed to him, and by wise observing the ways of Divine Providence,
자신의 마음과 혀를 기도와 격려의 도구로 준비시키는 데 주의를 기울여야 할 것이다.	may be careful to furnish his heart and tongue with further or other materials of prayer and exhortation, as shall be needful upon all occasions.

읽으며 곱씹으며

여기서 말하는 '의도'는 곧 목적이기도 합니다. 그것은 하나님을 예배하는 것이 무엇인지를 정확히 알리고, 여기에 교회가 동의하여 일치를 이루는 데까지 이르는 것입니다. 특히 목사들이 양무리를 지도할 때, 자기 소견대로 지도하지 않기를 당부하고 있으며, 그 일을 또한 돕기 위해 그야말로 실용적인 교육 도구이자 안내서를 준비해줍니다. 사실 우리가 꿈꾸는 목사의 삶이 여기 있는 것은 아닐까요? 예배모범이 제시하는 것은 목사가 본연의 직무에 충실한 자가 되자는 것입니다. 하나님께서 시키시는 일에 충실하도록, 자기 자신을 '쓸모 있는 도구'로 가꾸고 다져가고 발전시키기를 요청하고 있습니다. 웨스트민스터 총회에서 만든 이 문서를 통해 잉글랜드와 스코틀랜드의 교회가 새로운 비전을 품었듯이, 우리도 전국 각지의 모든 교회들이 올바른 예배를 회복하고 말씀 안에서 든든히 서갈 수 있기를, 간절히 소망합니다.

3단원
회중의 모임과
공예배에서의 태도

"예배시간에 꼭 모여야 하나요? 가나안 성도가 문제라고 하지만,
모여있는 사람들도 왜 모이는지 모르지 않나요?"
"앉았다 일어섰다 하는 이유가 뭔가요?
잠 깨우려고 그런 건가요?"
"예배 시간에 늦으면 하나님께 죄송해서,
차라리 그냥 안가는 게 낫겠다고 생각해요.
사람들 눈치도 보이고요…"

이 단원부터 우리는 예배모범의 실제 본문에 들어갑니다. 예배가 시작되려면 일단 예배하는 신자가 모여야 합니다. 그들이 모일 때 어떤 태도로 모이며 어떻게 예배를 시작하는지부터 예배모범은 상세하게 가르치고 있습니다. 내가 지금 무엇을 하는지를 분명하게 알지 못하고 드리는 예배는 그 무엇도 풍요롭게 해 주지 못합니다. 예배를 잘 모르는 사람은 물론, 이미 교회를 오래 다닌 사람이라도 다음 페이지부터 이어지는 내용을 읽고 점검하며 새롭게 깨닫는 시간 되시길 바랍니다.

예배모범 원문 읽기

Of the Assembling of the Congregation, and their Behaviour in the Publick Worship of God

회중의 모임과 공예배에서의 태도에 관하여

가. 공예배 참석 전과 참석 중에 요구되는 태도

WHEN the congregation is to meet for publick worship, the people (having before prepared their hearts thereunto) ought all to come and join therein;

회중이 공예배를 위하여 모일 때에, 사람들은 (미리 자신의 마음을 준비하고) 다 나와서 함께 참예할 것이다.

Not absenting themselves from the publick ordinance through negligence, or upon pretence of private meetings.

이 때 태만이나 다른 사적인 모임을 구실로 공적 규례에 결석해서는 안 된다.

Let all enter the assembly, not irreverently, but in a grave and seemly manner,

모든 사람이 다 모임에 참여하되, 불경건하게 말고 신중하고 품위 있는 태도로 들어간다.

Taking their seats or places without adoration, or bowing themselves towards one place or other.

이곳저곳을 향하여 예배하거나 절하지 말고 자리에 앉는다.

읽으며 곱씹으며

예배에 집중하기 위해 주의할 사항들을 다루어 줍니다. 미리 준비하고 빠지지 말 것이며 품위 있게 나아올 것 등을 요구하고 있습니다.

여기서 네 번째 단락을 보면 "이곳저곳"에 절하지 말라는 표현이 있는데, 당시 시대상이 그려지는 대목입니다. 중세 교회는 예배당에 들어가기 전부터 예배당 밖과 안에 있는 각종 석상과 장식물, 그림에 절하고 난 뒤에 비로소 자리에 앉습니다. 웨스트민스터 총회는 이러한 관습에 젖어있던 신자들을 깨우쳐 줍니다. 그런 불필요한 풍습과 미신을 벗어버리고 오롯이 그날의 예배에 집중하도록 요구하고 있습니다.

만약 이것을 오늘날에 적용한다면 무엇을 떠올릴 수 있을까요? 오늘날 우리에게도 예배에 집중하지 못하도록 마음을 산란하게 하는 일들이 참 많이 있습니다. 또 예배당의 인테리어나 설교단의 장식이 너무 화려하면, 설교자에게 집중하기보다는 주변부에 눈이 돌아가게 될 것입니다. 이런 것도 예배를 방해하는 요소이겠죠.

		나. 예배로 부르심 (기도)
회중이 다 모이면, 목사는, 존귀한 하나님의 이름을 예배하자고 엄숙하게 초대한 후에 기도를 시작한다.	The congregation being assembled, the minister, 　after solemn calling on them to the worshipping of the great name of God, is to begin with prayer.	
"(회중이 예배하는 곳에 특별한 방법으로 임재하시는) 주님의 측량할 수 없는 위대하심과 위엄을 모든 경외와 겸손으로 인식하면서,	"In all reverence and humility acknowledging the incomprehensible greatness and majesty of the Lord, 　(in whose presence they do then 　in a special manner appear,)	
주님께 가까이 나아갈 수 없는 우리의 무가치함, 그러한 위대한 일을 할 수 없는 우리의 전적인 무능력함을 고백합니다.	and their own vileness and unworthiness 　to approach so near him, 　　with their utter inability of themselves 　　to so great a work;	
진행되는 모든 예배에서 용서와 도우심과 용납하심을 위해 겸손히 간구하고,	and humbly beseeching him 　for pardon, assistance, and acceptance, 　　in the whole service then to be performed;	
들은 말씀의 특별한 부분에 복을 내려주실 것을 간구합니다.	and for a blessing 　on that particular portion of his word 　　then to be read:	
그리고 이 모든 것을 주 예수 그리스도의 이름과 중보로 하옵소서."	And all in the name and mediation 　of the Lord Jesus Christ."	

예배를 우리 힘으로 드릴 수 없다는 고백도 참 인상적입니다. 보통 '예배로 부르심' 순서에서 마음가짐을 단정히 하고 죄에 대해 떠올리며 회개하는 것 정도는 알고 있습니다. 그런데 이를 넘어서서 주님의 도우심을 구하는 것이 예배자의 기본이라는 것을 알려줍니다. 예배의 주인이 하나님이시기 때문입니다.

또 여기서 중요한 것은 예배로 부르는 일을 '목사'가 하고 있다는 사실입니다. 예배모범은 교회의 직분 중에서 목사가 할 일들을 앞으로도 무척 많이, 그리고 구체적으로 가르쳐줄 것입니다.

**다.
공예배
때에,
가져야할
태도**

The publick worship being begun,
the people are wholly to attend upon it,
　　forbearing to read any thing,
　　except what the minister is
　　　　then reading or citing;

공예배가 시작되면,
사람들은 <mark>전적으로 참석</mark>하여서,
목사가 읽거나 인용하는 것 외에
다른 것을 읽어서는 안 된다.

and abstaining much more from
　　all private whisperings,
　　　conferences,
　　　salutations,
　　or doing reverence
　　　　to any person present, or coming in;

사사로이 소곤대는 것,
의논하는 것,
인사하는 것,
참석한 사람이나 늦게 들어오는 사람에게
인사를 하거나 하는 행동을
하지 말고,

as also from all gazing, sleeping,
and other indecent behaviour,
which may disturb the minister or people,
or hinder themselves or others
　in the service of God.

멍하니 바라보거나, 잠을 자거나,
다른 보기 흉한 행동을 하여
목사나 사람들을 방해하거나
자기나 다른 사람들이 예배하는 것을
<mark>방해해서는 안 된다.</mark>

**읽으며
곱씹으며**

예배시간에 지각한 사람은 보통 자리에 앉아서 고개를 숙이고 기도를 합니다. 목사가 설교를 하고 있는 시간에 도착했을 때도 기도를 합니다. 온 교인들이 찬송을 부르고 있을 때 도착해도 기도를 합니다. 그러나 그렇게 할 필요가 없습니다. 늦었더라도 늦게 도착한 그 시간에 행해지는 순서에 그대로 참여하면 됩니다. 늦게 들어온 사람에게 인사를 할 필요도 없습니다.

종교개혁 당시의 성도들은 모두 경건해서 지각을 하는 사람이 아무도 없었을까요? 그렇지 않습니다. 이 세상에 완전한 교회는 없습니다. 당시에도 지각하는 사람들이 있었습니다. 종교개혁자들은 그러한 현실 자체를 무시하지 않았습니다. 오히려 지각했을 경우에 어떻게 해야 하는 것까지도 고민해서 자세하게 기록했습니다. 종교개혁자들이 인간에게는 관심이 없고 하늘만 바라보는 형이상학적인 사람이었다거나, 고리타분한 사람이었을 것이라는 오해는 버려야겠습니다.

| 만약 부득이하게 예배시작부터 참석하지 못할 일이 발생하는 경우, | If any, through necessity, be hindered from being present at the beginning, | 라. 부득이하게 예배 도중에 참석할 경우 |

회중의 모임에 들어올 때는 개인적인 기도에 전념하는 것이 아니라, **진행되고 있는 하나님의 규례에 회중과 함께 경건하게 참여해야 한다.**

they ought not,
when they come into the congregation,
to betake themselves to their private devotions,
but reverently to compose themselves
　to join with the assembly
　　in that ordinance of God which is then in hand.

읽으며 곱씹으며

현대 교회는 모든 것이 개인에게 초점이 맞춰져 있다면, 예배모범은 하나님과 공동체에 맞춰져 있는 것을 느낍니다. 위에서 금지하는 내용들은 자기 자신의 예배에도 방해가 될 뿐 아니라, 인도하는 목사에게도, 주위에서 예배하는 다른 이에게까지도 방해가 됨을 인식해야 합니다. 무엇보다도 예배는 종교적 강의나 행사가 아니라, 살아계신 하나님께서 그의 백성들에게 명령하신 규례임을 생각할 때, 예배의 자세는 달라질 것입니다.

그 때나 지금이나 이 모든 것들이 '무지'에서 비롯된 경우가 많습니다. 예배모범을 작성한 총회의 목적과 의도를 잘 살려서 우리 시대의 예배를 함께 회복합시다.

읽으며 곱씹으며

읽고 느낀 점을 적어 보세요.

온 회중이 다함께 예배해야 합니다.
예배모범의 본문을 잘 읽어보셨는지요? 어떤 것을 느끼셨습니까? 여기서 저는 다 함께 예배하는 부분에 집중해서 부연설명을 해보도록 하겠습니다. 예배는 그저 사람들이 만나서 치르는 행사가 아니라, 하나님과 회중의 대화입니다. '대화'의 한 상대방은 하나님이고, 다른 한 상대방은 회중입니다. 이 때 '회중'이라고 했으니 개개인이 아니라 전체 회중입니다. 그렇기에 '대화의 원리'는 회중 전체가 참여해야 한다는 원리로 이어집니다. 예배는 하나님의 언약 백성들(부모와 언약의 자녀들, 노년과 청년)이 언약의 하나님 앞에 함께 모이는 시간입니다. 대화의 원리는 성별에 따라, 나이에 따라, 능력에 따라 차별하는 것을 금합니다. 그래서 남자만 드리는 예배, 여자만 드리는 예배, 어른만 드리는 예배, 20대 청년만 드리는 예배, 중고등학생만 드리는 예배, 의사만 드리는 예배, 판사만 드리는 예배는 있을 수 없습니다. 예배의 자리에 온 회중이 함께 임해야 한다는 사실은 교회의 정의를 통해 분명해집니다. 교회란 예배 공동체입니다.

**예배가 있는 곳에 교회가 있고,
교회는 예배를 통해 그 모습을 드러냅니다.**

성경은 어린 아이부터 노인까지 모든 회중이 함께 예배의 자리에 있었음을 가르칩니다. 여호수아 8장 35절을 보면, "모세가 명령한 것은 여호수아가 이스라엘 온 회중과 여자들과 아이와 그들 중에 동행하는 거류민들 앞에서 낭독하지 아니한 말이 하나도 없었더라"라고 합니다. 이 본문에 보면 모세가 하나님의 말씀을 낭독할 때 이스라엘 온 회중이 있었습니다. 이 장소에는 여자들, 아이들, 동행하는 거류민들이 다 있었습니다. 느헤미야 12장 43절을 보면, "이 날에 무리가 큰 제사를 드리고 심히 즐거워하였으니 이는 하나님이 크게 즐거워하게 하셨음이라 부녀와 어린 아이도 즐거워하였으므로…"라고 합니다. 이는 구약 시대의 예배 모습인데, 구체적으로 부녀자와 어린 아이까지도 다 포함되어 있었던 사실이 분명히 언급되고 있습니다.

대한예수교 장로회(고신) 헌법(2011년판) 예배지침 제1장 제1조에서는
'교회'라는 제목으로 다음과 같이 설명하고 있습니다.

예배지침 제1장 제1조 '교회'	교회란 예수 그리스도의 공로로 구원받은 그리스도인들이 모여 하나님 앞에 예배하는 공동체이다. 교회는 예수 그리스도의 몸으로서 성령의 역사로 말미암아 계속적인 하나님의 말씀이 정확하게 선포되어야 하고, 성례를 올바르게 집행하여야 하며 권징을 정당하게 시행함으로 그 정통성이 유지되어야 한다.
교회정치 제2장 교회 제11조 '교회의 회집'	지상의 모든 성도들이 한 곳에만 회집하여 교제하며 하나님을 예배할 수 없으므로 각 처소에 개체교회를 설립하고 교회는 예수 그리스도를 믿는 무리들의 유익을 따라 일정한 장소에서 하나님께 예배하며 성결하게 생활하며 그리스도의 나라를 확장하기 위하여 성경의 교훈과 교회 헌법에 의하여 공예배로 모인다.

이러한 예배 공동체로서의 교회는 예수 그리스도를 주라 고백하는 '성도'와 '그 언약의 자녀들'로 구성됩니다.* 그러므로 그 구성원인 성도와 그 자녀들은 함께 예배에 참여해야 합니다. 예배 공동체인 교회는 어른만으로 구성된 것이 아닙니다. 20세 이상으로 구성된 것이 아닙니다.

* 대한예수교 장로회(고신) 헌법 (2011년판) 교회정치 제2장 제12조 (각 개체 교회); J.A.핫지, 『교회정치문답조례』, 제48문답

노인만 따로 예배를 드린다거나 청년들만 따로 예배를 드린다거나 어린이들만 따로 예배드린다거나 할 수 없습니다. 공예배에는 한 교회에 속한 모든 성도들이 참여해야 합니다. 입교인들은 물론이며 유아세례교인들 역시 마땅히 참여해야 합니다.

헌법 찾아보기

대한예수교 장로회⁽고신⁾ 헌법⁽2011년판⁾ 예배지침 제9장 '주일학교' 35조 '주일학교의 예배'에는 다음과 같이 말합니다.

예배지침 제9장 주일학교 제35조 '주일학교의 예배'

1. 한 가족이 함께 하나님의 집에 모여 예배하는 것이 마땅한 일이나 초등 예배 및 청소년 예배⁽학생신앙운동 SFC⁾를 따로 드리게 되었을 경우 당회의 지도하에 인도하여야 한다.*

2. 영아부와 유치부, 유년부, 초등부를 제외한 주일학교의 별도 예배는 허용되지 않으며, 중학생 이상은 반드시 일반 공예배에 참석하게 한다.

* 1992년판 헌법에는 "유년 예배를 따로 드리게 되었을 경우 반드시 당회원이 출석하여 인도하여야 한다."라고 되어 있습니다.

위 조항을 자세히 읽어보면 모순되는 부분이 있습니다. 1항에서 "한 가족이 함께 하나님의 집에 모여 예배하는 것이 마땅한 일"이라고 말하면서도, 이어지는 내용에서는 "초등 예배 및 청소년 예배를 따로 드리게 되었을 경우"를 언급하는 부분입니다. 마땅한 일이라고 하면서도 예외를 두고 있는데, 상식적으로 생각할 때 마땅하면 예외를 두면 안 됩니다. 모순입니다.

게다가 1항에서는 청소년 예배를 따로 드리게 되었을 경우를 말하면서도 정작 2항에서는 영아에서부터 초등학생을 위한 별도의 예배를 제외한 나머지 중학생 이상을 위한 별도의 예배는 허용되지 않으며, 중학생 이상은 반드시 어른들과 함께 공예배에 참여해야 한다고 말합니다. 아마도 현실을 고려하다보니 발생한 모순으로 보입니다. 다음과 같이 고치는 것이 좋겠습니다.

1. 한 가족이 함께 하나님의 집에 모여 예배하는 것이 마땅하다.
2. 영아부, 유치부, 유년부, 초등부 등의 별도 예배는 허용되지 않으며, 모든 회중은 공예배에 다함께 참여해야 한다.

단, <u>교육을 위한 모임</u>은 별도로 가질 수 있다.

주일? 엄마 얼굴 보기 힘든 날~

종교개혁 정신에 따르면 초등부, 중등부, 고등부 예배, 청년부 예배, 장년부, 노년부 예배 등으로 나눠서 드리는 예배란 있어선 안됩니다. 연령별로 따로 성경공부를 한다든지 교제를 하는 것은 얼마든지 가능하지만, 따로 그들만의 예배를 드릴 수는 없습니다. 만일 어린 성도들을 위한 맞춤 교육이 특별히 필요하다고 판단되면, 공예배 시간 이외의 다른 시간을 별도로 할애하면 됩니다.

'언약' 사상에 비추어 볼 때도 세대가 구별하여 예배드리는 것은 옳지 않습니다. 복음은 언약으로 상속되는 성격이 있습니다. 한 세대가 다른 세대와 함께 예배함으로 복음을 대대로 상속해야 합니다. 어린이들은 부모와 함께 예배드릴 때 부모를 통해 예배를 배웁니다. 예배의 엄숙함, 하나님에 대한 경외심 등은 또래 집단끼리만 드리는 예배에서는 배울 수 없습니다. 어린이들만 부모에게서 배우는 것이 아닙니다. 부모들도 어린이들과 함께 예배드리면서 스스로 조심하게 됩니다. 그렇기에 위에 나오는 예배지침 제9장 35조 1항의 앞부분에 나오는 문장처럼 "한 가족이 함께 하나님의 집에 모여 예배하는 것이 마땅한 일"입니다.

대한예수교 장로회(합동) 헌법(2006년판) 예배모범 제2장 제2항에도 이와 비슷한 내용을 다룹니다.

> **예배모범 제2장 제2항**
> 예배 시간에는 모든 사람이 엄숙한 태도와 공경하는 마음으로 예배하고.......... 어린이들은 부모가 데리고 있는 것이 좋으니 <u>한 가족이 하나님의 집에 같이 모여 앉는 것이 가장 마땅하며 유년 예배회로 따로 모일 때는 당회원이 반드시 출석 인도하라.</u>

온 회중이 함께 예배드리는 일은 2000년 교회 역사에서 매우 당연한 일이었습니다. 그러나 지금은 이러한 당연함이 붕괴되어 버렸습니다. 온가족이 함께 드리는 예배가 회복되어야 합니다. 이벤트로서가 아니라 본질적으로 회복되어야 합니다.

우리는 청년부 예배, 중고등부 예배 등으로 구분된 예배에 익숙합니다. 그러나 이런 예배는 한국교회에서도 1970년대 이전에는 없던 것입니다. 제가 90년대에 중고등학생이었는데, 그 때도 중고등부 예배라는 것은 없었습니다. 중학교 때부터 어른들과 함께 예배드렸습니다. 어른들이 예배드리는 모습을 보고 배웠습니다. 그런데 요즘은 청년들조차도 담임목사가 누군지, 장로가 **누군지를 모릅니다**. 함께 예배드리지 않기 때문에 생기는 현상입니다.

게다가 신기한 것은 **'청년부 예배'**는 따로 있는데, 30대 예배, 40대 예배, 50대 예배, 70대 예배는 없습니다. 예배를 나누는 기준이 없다는 증거입니다.

생각해보기

함께 예배한다는 것에
뒤따르는 몇 가지 의미들

'함께 예배한다'는 것에는 무슨 의미가 담겨있을까요? 단순히 함께 그 자리에 앉아 있는 것으로 끝나서는 안 됩니다. 예배는 수직적 차원만 있는 것이 아니라 수평적 차원도 존재합니다. 하나님께 드리지만 회중이 함께 드립니다. 하나님과의 관계만 생각해서는 안 되고 함께 예배드리는 다른 사람들도 고려해야 합니다.

서로 잘 알기: 온 회중은 정해진 예배 시간 전에 도착하여 함께 예배하는 자들과 간단한 교제를 나누는 것이 유익합니다. 적어도 함께 예배하는 사람이 누군지를 모르는 일은 없어야 합니다. 내 앞뒤에 앉은 사람이 누구인지 아는 정도가 아니라, 함께 예배드리는 모든 회중을 알고 있어야 합니다. 하나의 교회에 속한 성도들이 서로를 알지 못하여 성도들 상호간 믿음의 관계 속에 있지 않다면 참다운 공예배가 드려질 수 없습니다.

어른의 모범: 예배는 서로를 돌아보며, 그리스도 안에서 교제하는 시간입니다.(엡 5:19; 골 3:16; 히 10:24-25) 이러한 점에서 예배 시간에 어른들은 아이들에게 모범적 태도를 보여주는 것도 중요합니다. 다양한 세대가 함께 예배드린다는 것은 어른의 모범적인 신앙을 아이들에게 보여준다는 의미가 있습니다.

회중 찬송: 찬송할 때 온 회중이 다함께 한 목소리로 부르는 것이 중요합니다.(엡 5:19) 예배인도자가 마이크를 통해 자신의 목소리만 드러내는 것도 가능한 자제하는 것이 좋습니다. 종교개혁이 중세와 다른 중요한 특성 중에 하나는 회중 찬송입니다.

교회 분립: 대형교회의 등장과 주일성수 개념의 부재, 성도들의 편의를 충족시키는 도구로서의 예배가 드려지는 시대가 되면서 많은 교회들이 2부, 3부, 4부 식으로 회중을 나누어 예배를 드립니다. 이러한 일들이 일반화되다보니, 그렇게 하는 것이 좋은 것이라 생각하고 당연시합니다.

하지만 그런 방식으로는 공예배의 참된 의미를 살릴 수 없습니다. 한 자리에서 말씀선포와 성찬에 참여한다는 의식이 사라지며, 동일한 교회에 속해 있으면서도 서로가 서로를 잘 알지 못하여서 성도의 참된 교제와 교회의 정당한 치리가 이루어질 수 없습니다.

만일 장소가 좁아서 2부, 3부, 4부 식으로 나누어야 할 필요가 생긴다면 오히려 회중을 나누어 교회를 분립(分立)하는 것이 바람직하고 좋은 대안입니다. 1부, 2부, 3부 식으로 예배를 나누는 논리는 각 지역에 교회가 여러 개 필요하지 않다는 논리로 이어질 수 있습니다. 그 말대로라면 굳이 이 땅에 여러 교회가 필요하지 않습니다. 각 지역에 대형교회 몇 개만 있으면서 5부, 10부 등으로 나눠서 드리면 됩니다. 이 사실은 웨스트민스터 정치모범 중 "개체 교회에 관하여"에 잘 나타나 있습니다.

> 고정된 회중들이 있다는 것, 즉 일정한 무리의 기독교인들이 일상적으로 공예배를 위해서 한 곳에서 모이는 것은 합법적이고 적절한 일이다. 그리고 한 장소에 모이기에 불편할 정도로 신자의 수가 늘었다면 교회에 속한 규례들을 더 충실히 시행하고 서로에 대한 의무를 더 원활히 이행하기 위해서 별개의 고정된 회중들로 나누는 것이 합법적이고 적절한 일이다. (고전 14:26, 33, 40) 별개의 회중으로 교인을 나눌 때에, 가장 덕을 세우는 통상적인 방법은 각각 거주의 경계를 따라 하는 것이 좋다.
>
> 첫째, 왜냐하면, 함께 거주하는 자들은 그들이 서로에 대해 모든 종류의 도덕적 의무를 수행할 기회를 더 잘 갖게 되기 때문이다. 그 도덕적 결속은 영원한 것이니, 그리스도는 율법을 폐하러 오신 것이 아니고 완성하려고 오셨다. (신 15:7, 11; 마 22:39; 5:17)
>
> 둘째, 성도의 교제는 사람을 외모로 취하지 않고, 규례들을 가장 적절하게 수행하며 도덕적 의무를 이행하도록 배정되어야 한다. (고전 14:26; 히 10:24-25; 약 2:1-2)
>
> 셋째, 목사와 교인들이 서로에 대한 의무를 가장 편리하게 수행할 수 있을 정도로 가까운 곳에 함께 살아야 한다. 이 회중 가운데서 어떤 사람은 직분을 위해서 구별되어야 한다.

이런 모범이 추구하는 가치는 무엇일까요? 주의 백성들이 거룩한 예배를 드릴 수 있고, 규례를 지키기 위해서입니다. 세상에 속하였으나 동시에 구별된 삶을 살 수 있도록, 실제로 서로 돕기 위함입니다.

주의할 점은, 목적이 수단보다 중하다는 겁니다. 예를 들어 목사와 교인들이 서로 가까운 곳에서 사는 것은 목적을 위해 사용되는 하나의 수단입니다. 모여서 사는 것 자체가 중요한 게 아니라, 모여서 이룰 교회의 모습이 어떠한가가 더 중요합니다. 현대 사회에서 성도들이 아무런 준비 없이 그저 모여서 산다면 어떻게 될까요? 상상에 맡기겠습니다. 핵가족 제도가 자리잡은 지금의 모습 역시 나름대로의 역사를 거쳐 형성된 것입니다.

함께 살면서 갖추어야 할 매너에는 인품과 실력이 따라주어야 합니다. 그런 준비 없이 웨스트민스터 총회가 제시한 모범을 똑같이 따라한다고 해서 곧바로 거룩한 예배가 회복된다거나 신자의 삶이 거룩해지지는 않습니다. 노력이 필요하고 성숙의 과정이 필요합니다.

예배 전에 미리 준비할 것이 있어요!

함께 예배하는 것 외에도 중요하게 생각할 내용들이 더 있습니다. 예배는 주일 오전에 시작되기에 앞서 한 주간 성도의 삶 속에서 미리 준비되어야 합니다. 예배는 개인적으로, 교회적으로 준비하는 일에서부터 시작됩니다.

개인적으로 미리 준비할 일은 무엇일까?

모든 회중들은 주일 전 날인 토요일부터 예배를 준비합니다. 주일에 주실 하나님의 말씀을 위해, 예배를 통해 하나님의 백성들이 함께 하나님께 나아가 하나님을 만나게 해 주실 것을 위해, 직분자들의 직분사역을 위해 기도하면서 토요일을 보냅니다. 이를 위해 토요일에는 불필요한 일을 너무 많이 하거나 잠자리에 늦게 드는 일이 없도록 합니다. 특히 늦게 잠에 드는 것은 다음 날 주일예배에 집중하는 데 큰 방해가 됩니다. 성경, 찬송, 헌금, 필기도구 등 예배당에 갈 때 가져가야 할 것들 역시 미리 준비해 둔다면, 주일 아침에 허둥지둥하는 일이 없을 것입니다.

웨스트민스터 대교리문답 제117문답은 다음과 같이 가르칩니다.

117문: 안식일 혹은 주일을 어떻게 거룩하게 하여야 합니까?

답: ①안식일 혹은 주일을 거룩하게 한다는 것은 온 종일을 거룩하게 쉼으로 할 것이며, ②언제나 죄악 된 일을 그칠 뿐만 아니라 다른 날에 합당한 노동이나 오락까지 그만 두어야 하되, ③부득이한 일과 자비를 베푸는 일에 쓰는 것을 제외하고는, ④그 시간을 전적으로 공적으로나 사적으로 하나님께 예배하는 일에 드리는 것을 기쁨으로 삼아야 할 것입니다.

⑤<u>그 목적을 위하여 우리는 우리의 마음을 준비하며, 세상 일을 미리 부지런히 절제 있게 배치하고 적절히 처리하여, 주일의 의무에 보다 더 자유로이 또는 적절하게 행할 수 있어야 합니다.</u>

교회 차원에서 준비할 것은 무엇일까?

목사는 1주일 동안 주일에 증거 할 말씀을 잘 준비하고, 장로는 목사의 사역을 위해 기도하고 회중들이 예배에 잘 참여하도록 기도합니다. 당회는 주일에 있을 세례와 성찬이 잘 준비되었는지 확인해야 합니다. 이것은 예배를 맡은 직분자들의 기본적인 준비입니다.

웨스트민스터 신앙고백서 제21장 제8절과 대교리문답 제117문답에 근거하여 대한예수교 장로회(고신) 헌법(2011년판) 예배지침 제2장 제5조(주일 준비)에서는 다음과 같이 가르칩니다.

| 예배지침 제2장 제5조 (주일 준비) | 주일은 거룩히 지켜야 하며 사전에 성실하고 경건한 마음으로 충분히 준비하여 공예배에 하나님과 교제하도록 해야 한다. 일상생활에 필요한 것들을 미리 준비하여 공예배와 주일을 거룩히 지키는 일에 일체의 거리낌이 없도록 해야 한다. |

또한 같은 헌법 예배지침 제4장 제18조(설교)에서는 제2항(설교의 방법)에서

| 예배지침 제4장 제18조 '설교' | 2. 설교의 방법
목사는 항상 기도와 묵상으로 설교를 준비할 것이며 준비 없이는 하지 말아야 한다......... |

라고 가르칩니다. 대한예수교 장로회(합동) 헌법(2006년판) 예배지침 제1장 '주일을 거룩히 지킬 것' 제1항과 제3항에는 각각 다음과 같이 가르칩니다.

| 예배지침 제1장 '주일을 거룩히 지킬 것' | 1. 주일을 기념하는 것은 사람의 당연한 의무이니 미리 육신의 모든 사업을 정돈하고 속히 준비하여 성경에 가르친 대로 그 날을 거룩히 함에 구애가 없게 하라.

3. 먹을 것까지라도 미리 준비하고 이날에는 가족이나 집안 사환으로 공동 예배하는 일과 주일을 거룩히 함에 구애가 되지 않도록 함이 옳다. |

많은 사람들이 오해하기를 목사는 토요일에 설교를 준비한다고 생각합니다. 그러나 그런 경우는 거의 없습니다(없기를 바랍니다). 대부분의 설교자는 늦어도 목요일부터는 설교 준비에 들어갑니다. 그리고 화요일과 수요일에도 간접적으로 설교 준비를 한답니다.

예배 시작 직전에 필요한 몇 가지 준비들

준비물
주일 아침에는 토요일 저녁에 미리 준비해 둔 성경, 찬송, 헌금, 필기도구를 지참하고 예배당으로 향합니다. 특히 성경과 찬송을 반드시 준비합니다. 최근 들어 성경과 찬송을 준비하지 않고 교회당에 오는 이들이 많이 있습니다. 바람직한 태도가 아닙니다.

옷차림
예배당에 갈 때의 옷차림은 외출 시에 입는 평범한 복장이 가장 좋습니다. 반드시 양복을 입어야 한다거나 넥타이를 해야 한다는 등의 조건은 성경의 절대적 가르침이 아닙니다. "반드시 양복을 입어야만 한다"라고 규정을 하면 그것은 종교개혁 이전으로 돌아가는 것입니다. 따라서 자유롭게 입되, 단정한 외출복장이 좋습니다. 노출이 심한 옷을 입지 말고 다른 성도들에게 위화감을 조성하는 고가(高價)의 옷이나 지나친 장신구와 화려한 화장은 피하는 것이 좋습니다. 성경의 가르침(딤전 2:9)을 따라 아담한 옷을 입도록 합니다.

일찍 도착
예배 15~20분 전에 예배당에 도착합니다. 도착하면 먼저 온 다른 교인들과 간단한 인사를 나눈 뒤 자리에 앉아서 감사기도를 드린 후 예배를 준비합니다. 예배 시간에는 지각하지 말아야 하고, 마칠 때까지도 자리를 떠나서는 안 됩니다. "나는 오늘 설교만 듣고 가야지", "나는 오늘 축도할 때 살짝 나가야지"라고 할 수 없습니다.

인사

예배당에 도착하면 성도들과 인사를 나눕니다. 예배 전에 성도와 인사를 나누는 것에 대해 한국 교인들은 약간 어색함을 느낍니다. 예배 전에 기도하며 준비하는 것이 훨씬 더 경건하다고 생각하기 때문입니다. 물론, 개인적으로 조용히 묵상하면서 기도하는 것이 나쁜 것은 아닙니다. 하지만 성도 간에 서로 인사를 나누고 공예배를 기다리는 것은 자연스러운 일이며, 나쁘지 않습니다. 특히 주일에 드리는 공예배가 사적인 예배가 아니라 공예배임을 기억한다면, 성도와 나누는 교제는 오히려 중요한 일입니다. 예배에 참석한 성도들이 하나님께 '함께' 나아간다는 의식을 생각하는 것이 중요합니다. 공예배는 하나님의 총회로서 우리가 그리스도의 몸으로 하나 되어 하나님께 나아가는 시간입니다.

이렇게 성도들과 교제를 나눈 뒤에는 예배 중에 부를 찬송과 선포될 말씀의 본문을 확인하고 미리 펴놓거나 책갈피를 끼워둡니다.

좌석

앉는 좌석은 한 가정이 한 자리에 모여 앉습니다. 함께 예배를 드린다는 정신을 기억합시다. 이 때 자녀들이 양 가에 앉고 부모가 안쪽에 나란히 앉는 것이 좋습니다. 이렇게 함으로써, 예배 중에 자녀들이 서로 장난을 치는 것을 막을 수 있고, 부모가 각각 자녀를 챙길 수 있습니다.

직분자의 준비

직분자로서 준비할 것이 있습니다. 장로는 성도들이 적절한 자리에 앉을 수 있도록 지도합니다. 또한 장로는 가급적 성도들의 예배 생활을 잘 지도할 수 있는 위치에 자리를 잡는 것이 좋습니다. 특별히 믿음이 연약한 이들이 예배에 잘 참여할 수 있는 자리로 인도하는 것이 좋습니다. 집사는 헌금바구니를 준비하고, 헌금봉투를 비치해 둡니다.

> "예배시간에 지각했어요! ㅠ-ㅠ"
> 혹시 예배 시작 이후에 들어오게 되었을 때는 예배에 방해가 되지 않도록 조용히 빈자리를 찾아 앉습니다. 그리고 도착한 시간에 **진행 중이던 예배 순서에 바로 임합니다.**
> * 예배모범 2항, '회중의 모임과 공예배에서의 태도에 관하여'를 기억하시죠? (p.89)

그날 부를 찬송도 미리 연습해야…

아래 헌법들의 내용은 웨스트민스터 예배모범 <시편 찬송에 관하여>에서 근거를 두고 작성되었습니다. 대한예수교장로회 각 교단의 헌법은 찬송에 관해 다음과 같이 지도하고 있습니다.

대한예수교 장로회(고신) 헌법(2011년판) 예배지침 제9조 '공동의 찬송'

찬송은 구원받은 신자의 당연한 의무이며 은혜에 대한 감사의 표현이다(히13:15). 성도들은 찬송을 부를 때 <u>그 가사의 뜻을 충분히 이해하고 곡조에 맞추어 마음을 다해야 하며, 연습을 충분히 하여</u> 하나님께 영광이 되도록 하는 동시에 온 교회가 다함께 불러야 한다.

대한예수교 장로회(합동) 헌법(2006년판) 예배모범 제4장 '시와 찬송' 제2항

하나님을 찬송하는 노래를 부를 때는 정성으로 하며 <u>그 뜻을 깨달으며 곡조에 맞추어</u> 주께 우리 마음을 다해야 할지니 음악의 지식을 연습하여 우리의 마음으로 하나님을 찬양하는 동시에 또한 우리 음성으로도 하나님을 찬송하는 것이 옳고, 교우는 반드시 찬송 책을 준비하여 함께 찬송하는 것이 마땅하다.

대한예수교 장로회(합신) 헌법(2014년판) 예배모범 제4장 '시와 찬송' 제3, 5항

3. 하나님을 찬송하는 노래를 부를 때에 무엇보다 중요한 것은 신자들이 <u>그 부르는 찬송의 뜻을 깨닫고</u> 은혜롭게 찬송하여 진정으로 하나님을 상대한 찬송이 되도록 하는 것이다. <u>온 교우들이 반드시 찬송 책을 준비하여 함께 찬송하는 것이 마땅하다.</u>

5. 교회가 찬송가를 배우는 것은 중요하다. 교역자는 1) 교인으로 하여금 은혜로운 찬송가를 반복하여 부르게 함으로 <u>그 가사를 익히도록 하고, 그 가사의 뜻도 깨닫게 해야 한다.</u> 2) 교인들에게 곡조도 가르쳐서 그들로 하여금 찬송가를 바로 부르도록 훈련시켜야 한다. 3) 찬송 부르는 기회에 교인에게 실생활의 성화를 격려해야 한다.

공예배를 드리기에 앞서 그날 부르게 될 찬송을 연습하는 시간을 가질 필요가 있습니다. 그 이유는 찬송 가사의 뜻을 바르게 이해하여 마음을 다해 하나님을 높이기 위함입니다. 이렇게 하는 이유는 교회 역사 속에 있었던 '찬송'의 변질 때문입니다. 중세시대에는 성도들이 자신들이 알아듣지 못하는 언어로 찬송을 부르거나, 회중들은 찬송을 부르는 일에 참여하지 못하고 전문적인 훈련을 받은 자들, 즉 찬양대만이 찬송을 부르는 일이 있었습니다.

이에 대해서 칼뱅은 "시와 찬송과 신령한 노래들로 서로 화답하며 너희의 마음으로 주께 노래하며 찬송하며 (엡 5:19)"라는 말씀에 기초해 '온 회중'(너희)이 이해할 수 있는 언어로 '마음을 다해' 주님을 노래해야 한다고 강조했습니다. 이해할 수 없는 언어로 부르는 노래는 절대로 '마음을 다할 수'가 없다고 보았습니다. 이러한 역사적인 이유와 성경의 가르침, 칼뱅의 교훈을 따라 웨스트민스터 예배 모범과 장로교 헌법은 찬송연습을 다룹니다.

찬송연습은 찬송을 부를 주체인 회중이 가사의 뜻을 충분히 이해하여 마음을 다해서 주님을 높이기 위함입니다. 이 순서는 단순히 음정이나 박자를 맞춰보는 것이 아니라 찬송의 의미를 바르게 이해하기 위한 시간입니다. 찬송연습 시간이 있는 이유는 전체 회중이 찬송해야 하며 가사의 뜻을 충분히 이해하고 불러야 한다는 종교개혁정신에서 비롯된 것입니다.

여기서 유의할 것은, 찬송연습을 인도하는 주체가 '목사'라는 사실입니다. 대한예수교 장로회(고신) 헌법(2011년판) 교회정치 제5장 목사 제41조 (목사의 직무) 제3항에는 목사의 직무 중 하나로 "찬송을 지도하는 일"을 언급합니다. 이것은 '찬송'의 성격이 무엇인지를 생각하도록 해 줍니다. '찬송'이 만약 '음악'적 성격에 강조점이 있다면, 음악에 능한 사람이 찬송연습을 인도하는 것이 옳을 것입니다. 그러나 '목사'가 한다는 것은 찬송에 있어서의 핵심은 '가사'에 있다는 것을 보여줍니다. 한국교회에서 흔히 하는 '준비찬송'을 말하는 것이 아닙니다. 찬송 연습은 온 회중이 예배시간에 부르게 될 찬송을 연습하는 것입니다. 찬양대만 따로 연습하는 것이 아니라 온 회중이 연습하는 것입니다.

심화학습

"예배는 온 회중이 드리지만 **직분자의 봉사**가 중요합니다."

개혁파 장로교회의 예배는 온 회중이 드리는 예배이면서 또한 동시에 직분자의 봉사가 중요하게 여겨지는 예배입니다. 장로교회는 직분을 절대화하는 감독교회와 다르며, 직분을 아예 무가치하게 보는 회중교회와도 다릅니다. 그렇기에 개혁파 장로교회의 예배는 온 회중이 드리는 예배이면서 또한 동시에 직분자의 봉사가 중요하게 여겨지는 예배입니다.

이러한 특성은 예배 속에 잘 드러납니다. 예배 인도를 누가합니까? 장로교회는 예배를 인도하도록 부름을 받은 목사가 인도합니다. 예배의 거의 대부분은 목사가 인도합니다. 예배에의 부름에서부터 시작하여 강복선언에 이르기까지 거의 모든 순서를 목사가 인도합니다. 다만, 예외적인 것이 있습니다. 장로와 집사 각각의 직분을 맡은 자가 감당해야 할 일이 있습니다. 교회적 광고나 예배 감독, 권징은 장로가 합니다. 헌금의 수집은 집사가 합니다. 이렇게 직분자의 봉사가 예배 중에 나타납니다.

개혁신학자들은 만인제사장론을 가르치면서도 만인목회자론을 주장하지는 않습니다. 목회자들이 예배를 인도하는 책임이 있다고 믿었습니다. 왜냐하면 목사의 직분적 사역이 예배를 위한 것이기 때문입니다. 특히 웨스트민스터 신학자들은 예배 인도의 책임이 목회자에게 있음을 분명히 했습니다. 공예배를 인도하는 사람은 말씀을 가르치고 세례와 성찬을 수행하는 임무를 행하는 공인된 사람이어야 합니다.

왜 예배를 목사가 인도할까?
목사는 말씀과 성례를 맡은 직분자입니다. 예배의 핵심은 말씀과 성례입니다. 그러므로 목사가 예배를 인도하는 것입니다. 그러면 이런 질문을 하는 분도 있을 것입니다. "목사는 설교와 성례만 인도하고 나머지는 다른 사람이 하면 안 됩니까?" 앞에서도 언급했지만, 예배 시간 중 '설교'만 '말씀'이라고 생각하면 오해입니다. 앞으로 다루게 될 각 순서의 의미에서도 보겠지만, 예배의 대부분의 순서는 말씀입니다.

공예배 중에 드러나는 직분자의 봉사

교회의 머리이신 주님께서는 직분자를 세우셔서 교회를 다스리십니다. 직분자는 교회의 머리이신 주님을 대신하여 교회를 섬깁니다. 다른 때보다도 공예배를 통해 교회를 섬깁니다.

<u>가르치는 장로인 목사는</u> 하나님의 말씀과 성례를 맡은 자로서, 하나님께서 회중을 향해 찾아오는 순서인 하나님의 말씀을 증거하며, 세례를 베풀고, 성찬을 시행하며, (목회)기도를 합니다.

<u>다스리는 장로인 치리장로는</u> 예배 중에 하나님의 말씀이 제대로 선포되는지, 회중들이 예배를 바르게 드리는지 감독하는 역할을 감당합니다. 이를 위해 장로는 회중들이 앉아 있는 자리에 함께 곳곳에 앉는 것이 바람직합니다. 또한 장로는 세례와 성찬을 돕는 역할을 감당합니다. 특히 성찬에 참여함에 있어서 아무나 참여하지 못하도록, 즉 아직 세례를 받지 않아 교회의 회원이 되지 않았거나, 교회로부터 공적 징계를 받고 있는 사람들이 성찬에 나아오는 것을 막는 일을 합니다.

<u>재정을 맡은 직분자인 집사는</u> 예배 중에 회중이 하나님께로 나아가는 순서 중 하나인 봉헌 시간에 헌금을 수집하는 일을 감당하고, 교회의 필요(말씀봉사자의 생활비, 교회 내 구제비, 교회경상비)에 부족함이 없도록 회중을 격려하는 일을 합니다.

> 한국교회는 한국교회에만 있는 '서리집사' 직분으로 인해 집사가 흔합니다. 그러다 보니 집사의 역할이 무엇인지가 실제 교회생활에서 거의 드러나지 않습니다. 교회를 제법 오래 다닌 사람들에게 "집사가 무슨 일을 하는 직분입니까?"라고 물으면 대답을 못합니다. "교회 몇 년 다니면 다 집사 되는 거 아니에요?"라고 되묻기도 합니다. 그러나 집사는 재정을 위해 부름 받았습니다. 그렇기에 집사는 교회의 재정에 관한 모든 일을 맡아 합니다. 심지어 성도들로 하여금 헌금하게 하는 일은 목사의 일이기도 하면서 집사의 일이기도 합니다. 집사들은 성도들이 헌금을 하도록 독려해야 하고, 헌금을 해야 하는 이유에 대해서 가르쳐야 합니다.

심화학습

당회에 맡겨진 예배 주관

이렇게 공예배는 직분자의 섬김이 드러나는 예배입니다. 목사, 장로, 집사라는 직분이 예배를 통해 교회를 섬깁니다. 예배는 당회에 맡겨져 있습니다. 오늘날 교회들이 당회의 역할을 제대로 감당하지 않으므로, 제직회 부서 내에 '예배부'를 두어 예배에 관한 일을 논의케 하는 경우가 간혹 있습니다만, 그것은 당회의 책무가 무엇인지 알지 못하여 생겨난 일입니다. 예배는 교회의 머리이신 주님께로부터 위임받은 치리회인 당회가 주관합니다.

직분자도 회중의 일부일 뿐

예배 중에 직분자의 역할이 중요하지만, 직분자도 회중의 일부일 뿐 특별한 사람이 아니라는 인식을 하는 것이 중요합니다. 그렇기에 직분자도 회중과 함께 예배에 참여해야 합니다. 직분자로서 봉사를 하는 일 외에는 다함께 예배에 임해야 합니다. 회중 찬송을 부를 때에 목사와 장로도 회중의 일부로서 찬송해야 하며, 헌금할 때에 목사, 장로, 집사도 회중의 한 부분으로서 그 순서에 임해야 합니다.

이러한 사실에 대해서 교회 역사 가운데 종교개혁 당시에 특별히 유의하였었는데, 칼뱅은 온 회중이 함께 예배한다는 의식을 분명히 하기 위해서 당시에 특정한 사람들이 찬송에 참여하는 '찬양대'를 폐지하고, 성도들이 다함께 찬송하도록 하는 일에 힘썼습니다. 그 결과 나타난 것이 '회중 찬송'입니다. 또한 그는 목사가 회중과 다르지 않다는 사실을 강조하기 위해 그의 의자를 회중들이 앉는 의자와 마찬가지로 크기나 모양이 평범한 의자를 사용하였고, 이 의자를 설교단 아래(당시에 설교단은 계단을 타고 올라가야 할 정도로 높은 위치에 있었습니다), 곧 성도들 사이에 성도들과 같은 높이에 놓아두었는데, 예배인도자로서의 목사가 회중과 동일하다는 표현이었습니다. (참고도서 : 브라이언 채플, 『그리스도 중심적 예배』, p.59) 목사가 더 좋은 의자에 앉아야 한다고 생각한다면, 그것은 잘못된 직분관입니다. 심지어 어느 교회는 목사가 예배 시간에 예배 장소에 없다가 설교 시간에만 잠시 나타나서 설교하는 경우가 있는데, 매우 심각하게 생각할 문제입니다.

설교단 아래 칼뱅의 의자
제네바 생삐에르 교회당

칼뱅은 자신이 높아지는 것을 극도로 경계했기에 그의 유품이 별로 남아 있지 않습니다. 의자는 칼뱅의 몇 안 되는 유품 중 하나입니다.

이제 본격적으로 예배 순서 중 시작 부분에 해당하는 요소들을 살펴 보겠습니다.

1. 하나님께서 우리를 부르시는 순서로 예배를 시작함

예배는 하나님께서 우리를 부르시는 순서로 시작합니다. 예배란 우리가 먼저 나아가는 것이 아니라 하나님께서 우리를 부르시고 우리는 거기에 반응하는 것이기 때문입니다. 내가 예배하고 싶어서 찾아오는 것이 아닙니다. 이제 본격적으로 예배 순서 중 시작 부분에 해당하는 요소들을 살펴 보겠습니다. 하나님이 성령과 진리로 예배하는 자를 찾으셨고, 나를 그 교제로 초청하여 주셨기에 감사함으로 나아가는 것입니다. 예배는 우리가 하나님을 부르는 것에서 시작하는 것이 아니라 하나님이 우리를 부르시는 것에서 시작합니다.

그러므로 세상 속에 있던 모든 성도들은 이 순서를 통해 하나님의 부르심에 반응함으로 예배의 자리에 참여하게 되고 하나님께 나아가 하나님을 뵙습니다. 하나님의 이름을 부르고, 하나님의 언약의 말씀을 듣습니다. 예배의 이러한 의미를 예배 순서를 통해서도 드러냅니다.

> "회중이 다 모이면, 목사는 존귀한 하나님의 이름을 예배하자고 엄숙하게 초대한 후에 기도를 시작한다."

1) 예배로의 부름

예배의 시작은 '하나님께서 우리를 부르시는 순서'로부터 시작합니다. '예배에의 부름' 혹은 '예배로의 부름' 혹은 '예배 초청'이라고 합니다. 영어로는 'Call to Worship(콜 투 워십)'입니다. 목사가 예배의 시작을 알림으로써 예배가 시작됩니다. 목사는 하나님께서 그 백성들을 부르시는 내용이 기록된 성경구절을 읽습니다.

목사가 낭독할 수 있는 성경말씀은 하나님께서 회중을 초청하시는 내용이 기록되어 있는 본문이 적당합니다. 대체로 개혁교회의 전통은 시편 124:8 "우리의 도움은 천지를 지으신 여호와의 이름에 있도다"라는 말씀을 낭독하는 것으로 예배의 시작을 알립니다. 칼뱅의 예배모범에서 기원한 것으로서, 회중이 창조주 하나님께 자신들을 의탁하는 고백을 통하여 하나님의 이름을 부르는 아름다운 방식입니다. '예배에의 부름'에서 사용되는 성경구절들은 회중을 초청하는 말씀으로서 초청된 자들로 하여금 하나님의 선하심과 위대하심에 반응하도록 합니다.

하나님께서 자기 백성을 부르심! 일어나~

2) 영광송

예배 초청과 연관되어 있는 예배 요소들이 더 있습니다. 계속 살펴봅시다.

하나님의 부름을 받아 나아온 회중이 반응할 차례입니다. 하나님의 부름을 들은 회중들은 그 들은 것에 근거해서 하나님께 기쁨으로 화답합니다.

그렇다면 무엇으로 화답할까요? 하나님께서는 말씀으로 우리를 부르셨습니다. 우리는 찬양으로 하나님께 화답합니다. 예배 순서에는 찬양 시간이 여러 번 있습니다. 모든 찬양은 궁극적으로 하나님을 높이는 것이지만, 각각의 찬양 순서마다 나름의 성격이 있습니다. 이 순서의 경우 하나님의 영광을 높이는 시간입니다. 그래서 이 순서를 "영광송"(Gloria)이라고 합니다.

이 순서에 부르는 찬양은 삼위일체 하나님의 존재와 위격의 독특성을 높이고, 하나님의 속성의 위대함을 노래하는 찬양이 좋습니다. 아니면 '예배로의 부름'에서 사용된 시편으로 된 시편 찬송이나 그와 관련된 본문으로 이루어진 찬양을 부르는 것이 좋습니다. 한국교회가 사용하는 찬송가에 '송영(Doxology, Gloria Patri)'이라고 구분된 찬양을 사용하는 것도 좋습니다.

3) 신앙고백 낭독

이어지는 순서는 회중이 신앙을 고백하는 시간입니다. 사도신경을 낭독하는 시간이죠. 많은 분들이 이 시간을 아무 의미 없이 하는 경우가 많습니다. 사도신경을 외워서 빨리 입 밖으로 뱉어내는 것에 급급합니다. 내용을 잘 생각하지 않고 암송하는 경우가 많습니다. 하지만 이 시간도 의미가 있습니다. 이 시간은 하나님의 부르심에 대한 교회 전체의 응답입니다.

위 순서들은 기본적으로 회중 편에서 하나님을 향하여 드리는 순서입니다. 아래에서 위로 향하는 순서입니다. 또한 동시에 위에서 아래로 향하는 순서를 포함합니다. 왜 그럴까요?

마태복음 16장 16~17절에 보면 "시몬 베드로가 대답하여 이르되 주는 그리스도시요 살아계신 하나님의 아들이시니이다. 예수께서 대답하여 이르시되 바요나 시몬아 네가 복이 있도다 이를 네게 알게 한 이는 혈육이 아니요 하늘에 계신 내 아버지시니라"라는 말씀이 나옵니다. 이 말씀에 의하면 베드로의 신앙고백은 베드로에게서 나온 것이 아니라 하나님께서 주신 것입니다.

마찬가지로, 사도신경 낭독은 사람이 만들어 낸 것이 아니라 하나님께서 말씀과 성령을 통해 우리에게 가르쳐 주신 것을 하나님께 말하는 것입니다. 하나님이 말씀하시면 우리는 거기에 대해 복창(復唱)하는 것과 같습니다. 그렇기에 이 순서는 위에서 아래로 향하는 순서이면서 또한 동시에 아래에서 위로 향하는 순서입니다.

이 순서를 통해 드러낼 수 있는 것에는 여러 가지가 있습니다. 첫째, 삼위일체 하나님의 구원사역으로 말미암아 신앙을 고백하게 된 자들이 모여서 예배에 임하고 있음을 드러냅니다. 둘째, 예배에 참여한 자들이 동일한 고백을 가진 자들임을 드러냅니다. 셋째, 이 고백을 통해 교회의 신앙을 확인하며, 참된 보편교회에 속해 있음을 드러냅니다. 넷째, 예배의 자리에 앉아서 예배행위에 참여했다 하더라도 이 고백에 동참하지 않는 자들은 사실상은 예배를 드리지 않았다는 것을 드러냅니다.

상당수의 신자들이 이 순서를 '기도'로 오해하고 눈을 감는 경우가 있습니다. 그러나 신앙고백 낭독은 기도가 아니기 때문에, 눈을 뜨고 고백하는 것이 바람직합니다. 그리고 무의미한 암송 시간이 되지 않도록 하기 위해서 각 고백의 내용을 천천히 그리고도 분명하게 끊어서 읽는 것이 좋습니다. 내가 무슨 말을 하고 있는지, 왜 이 내용을 고백하는지를 모르고 하면 안 됩니다. 함께 고백한다는 의미를 살리기 위해서 서로를 돌아보면서 하는 것도 유익합니다.

신앙고백 낭독에 사용할 도구로 사도신경을 사용할 수 있겠고, 필요나 상황에 따라 니케아-콘스탄티노플신경이나 아타나시우스신경을 사용할 수도 있습니다. 그 외에 벨기에 신앙고백서나 웨스트민스터 신앙고백서의 한 부분을 낭독하거나 웨스트민스터 소교리문답이나 하이델베르크 교리문답을 한 주에 한 문답씩 목사와 회중이 함께 교독하는 것도 유익합니다.

예배 시작 순서들, 궁금해요!

<예배로의 부르심> 순서에서 회중은 눈을 감고 있어야 할까요, 뜨고 있어야 할까요?

회중은 눈을 감지 않습니다. 이 순서는 기도가 아니라 우리를 예배로 초청하시는 하나님의 말씀을 듣는 시간이기 때문입니다. 설교 시간에 눈을 감지 않는 것처럼 말입니다. 이제부터 예배로 부르시는 하나님의 말씀을 눈을 크게 뜨고 누리시길 바랍니다. ^^

웨스트민스터 예배모범에는 신앙고백을 낭독하는 순서가 빠져 있는데요?

이런 궁금증이 들 수도 있습니다. 웨스트민스터 표준문서를 만든 분들은 성경에 나와 있지 않는 것은 가급적 하지 않으려 했습니다. 그런 태도를 중요하게 여기다보니 예배모범에도 빠졌고, 같은 원리로 대/소교리문답도 사도신경이 빠져있습니다. (물론 내용은 다 녹아들어있습니다!) 이런 자세도 좋은 자세입니다.

그러나 성경에 없다고 해서 반드시 넣지 말아야 하는 것은 아닙니다. 많이 오해하는 것인데, "오직 성경"이란, 성경에 있는 것만을 사용해야 한다는 뜻이 아닙니다. 그것이 성경적이냐 하는 것이지, 성경에 있는 것만 하라는 말이 아닙니다. 우리가 준비학습 단원에서 공부했던 '규정적 원리'를 다시 떠올려보시기 바랍니다.

<하나님의 초청과 용서>의 순서를 생략하는 현대 교회들

지금까지의 내용을 읽으면서 "이런 순서는 낯선데?" 라고 생각하시는 분도 있을 것입니다.

"우리 교회는 예배 시간에 모여서 복음송 부르다가 바로 성경낭독하고 설교하는데..."

이것은 현대 복음주의의 영향입니다. 현대 복음주의 교회는 이런 순서를 생략해 버립니다. 이는 예배의 간소화, 예배의 무대화, 강연회로 혼동하여 예배에 있어서 설교 만을 중요하게 여기는 생각 등의 영향입니다. 그리고 가장 중요한 이유는 지금까지의 순서들이 갖고 있는 '의미'를 알지 못하기 때문이라고 할 수 있습니다. '의미'를 알지 못하니, 불필요하다고 생각하고 그 순서들을 자유롭게 생략해 버리는 것입니다.

하지만, 하나님과 그 백성의 만남이요, 대화의 시간으로서의 예배를 생각한다면 지금까지의 순서는 절대로 소홀히 할 수 없겠지요? 이러한 순서들을 통해서 예배에 참여하는 자들이 진정으로 하나님께 예배를 드릴 수 있습니다. 그동안 소홀한 점이 있었다면, 차근차근 시간을 두어 고쳐나가면 좋겠습니다.

2. 죄의 공적인 고백 : 하나님께서 우리의 죄를 용서해 주시는 순서

예배 초청에 이어, 예배의 두 번째 순서는 '죄의 공적인 고백'이 이어집니다. 왜 그럴까요? 예배 순서의 논리적 흐름을 통해 쉽게 알 수 있습니다. 예배의 첫 번째 순서는 하나님의 찾아오심입니다. 이제 우리는 거룩하신 하나님 앞에서 우리의 죄를 고백함으로 나아가야 합니다.

이 순서에는 크게 4가지 요소가 포함됩니다. '십계명 낭독-죄의 공적인 고백-사죄의 선언-감사 찬송'입니다. 이 4가지 순서를 통해 하나님으로부터 임하는 죄 용서를 예배 때마다 경험하게 됩니다.

먼저, '십계명 낭독'을 통해 언약의 말씀을 듣고 그 말씀 앞에 자신의 죄인 됨을 생각합니다.

이어서 그 말씀에 비추어 온 회중의 죄를 고백하는 '죄의 공적인 고백' 시간을 가집니다. '죄의 공적인 고백'은 그 표현 자체에도 담겨 있듯이 단순히 개인적인 죄를 회개하는 시간이기보다는 함께 예배하는 공동체의 지체들이 모두 연약한 죄인임을 고백하고, 우리 모두가 그리스도의 피로 속함을 입은 자들임을 서로 확인하는 시간입니다.

다음으로, 목사는 하나님을 대신하여 '사죄의 선언'을 선포합니다. '사죄의 선언'은 죄를 고백한 자들에게 하나님의 용서를 선포하는 시간입니다.

마지막으로, '사죄의 선언'을 들은 회중들은 온 회중의 죄가 하나님의 은혜로 말미암아 용서받았음을 생각하면서 '감사 찬송'을 드립니다.

죄의 공적인 고백과 사죄의 선언은 초대교회부터 있었던, 종교개혁을 지나면서 이어져온 소중한 유산입니다.

〈죄의 공적인 고백〉 순서에 포함된 4가지 요소	
	언약의 10가지 말씀(십계명) 낭독
	죄의 공적인 고백
	사죄의 선언
☑	감사 찬송

1) 언약의 10가지 말씀 낭독

죄의 공적인 고백을 위한 첫 번째 순서는 언약의 10가지 말씀, 곧 십계명 낭독입니다. 하이델베르크 교리문답 제3문답은 우리의 비참함을 '하나님의 율법으로부터' 알게 된다고 고백합니다. 우리는 율법을 통해 죄와 비참함, 그리고 구원을 위한 필요성을 알게 됩니다. 또한 88~90문답은 '회개'에 대해 다루고 92~115문답은 십계명을 다룹니다. 그러므로 이 시간에 먼저 '언약의 10가지 말씀', 즉 십계명을 낭독합니다. 죄의 고백은 우리 개인의 생각으로 되는 것이 아니라 언약의 말씀에 비추어 봄으로써 이루어지기 때문입니다.

'언약의 10가지 말씀'을 낭독하는 것은 여러 가지 의미가 있습니다. 언약의 하나님께서 주시는 언약의 말씀을 들음으로 하나님과 우리의 언약관계를 확인하는 것, 율법을 들음으로 하나님의 거룩하심과 공의를 기억하는 것, 우리가 죄인 됨을 깨닫게 하는 것, 언약의 말씀을 듣고 우리가 언약의 백성임을 확인하며 하나님만을 사랑하며 섬길 것과 그의 백성답게 살 것을 신앙으로 고백하는 것 등이 있습니다. 무엇보다도 하나님께서 '자신의 어떠하심'을 보여주심으로써 우리의 죄를 밝히 드러내 보여줍니다. 즉 하나님의 말씀이 낭독될 때, 그것을 듣는 이들은 그 말씀에 자신을 비추어 보고 자신의 죄악 됨을 확인합니다.

안타깝게도 오늘날 한국교회의 공예배에서 십계명을 낭독하는 좋은 전통이 거의 사라지고 있습니다. 아마도 예배 시간이 길어질 것을 염려^(?)해서 발생한 일이라고 생각됩니다. 하지만, 예배 시간 때문에 중요한 순서를 빠뜨리는 것은 바람직하지 않으며, 기독교회 역사상 오늘날처럼 짧은 예배 시간도 없었다는 점을 생각한다면 언약의 10가지 말씀을 낭독하는 일이 회복되어야 합니다.

언약의 10가지 말씀의 낭독 순서는 하나님 편에서 이루어지는 순서이고 하나님의 말씀을 듣는 순서이기 때문에 목사가 낭독하는 것이 바람직합니다. 그러나 그 길이를 고려하고 또한 모든 회중으로 하여금 암송하는 것을 목적으로 한다는 측면에서 목사와 회중이 번갈아가면서 읽어도 나쁘지 않습니다.

2) 죄의 공적인 고백

하나님의 언약의 말씀을 듣고 나면 자연스럽게 죄를 고백할 수밖에 없습니다. 그러므로 이 순서는 너무나 당연하고도 자연스러운 순서입니다. 언약의 10가지 말씀 앞에 죄인이 아닌 사람은 아무도 없습니다. 거룩하신 하나님의 말씀을 들으면 죄인임을 고백하지 않을 수 없습니다. 그래서 언약의 10가지 말씀을 목사로부터 듣고 나면, 온 회중은 죄의 공적인 고백에 참여합니다.

앞에서 낭독한 십계명을 통해서 우리의 죄를 다시 한 번 더 기억하고 공적으로 회개의 시간을 가집니다. 예배에 바로 나아가기 위해 선행되어야 할 중요한 순서입니다. 하나님과의 교제를 위한 전제조건입니다. 하나님은 죄가 해결되어야 교제를 시작하십니다. 하나님의 말씀은 죄인의 죄를 밝혀 정죄할 뿐 아니라 진정으로 회개한 자에게 위로를 주니, 죄에 대한 고백과 죄 사함의 선언이라는 예배의 순서가 나오게 되었습니다. (참고도서 : 제임스 드 종, 『개혁주의 예배』(CLC, 1997), p.11)

이러한 죄 고백의 기도는 개인의 기도이기보다는 회중 전체의 죄에 대한 고백입니다. 우리는 사적으로 집에서 개인기도 시간에 우리의 죄를 고백하지만, 예배 시간에 행해지는 것은 이것과는 다릅니다. 예배 시간에 행하는 죄의 고백은 '회중으로서의' 고백입니다.

죄의 공적인 고백은 다양한 방식으로 할 수 있습니다. 목사가 전체를 대신하여 기도하거나 회중 전체의 기도, 혹은 죄의 공적인 기도문을 낭독하는 것, 목사와 회중이 번갈아 낭독하는 것 등을 시도할 수 있습니다.

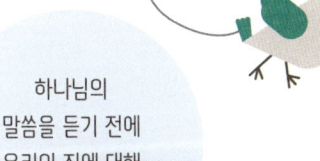

하나님의 말씀을 듣기 전에 우리의 죄에 대해 용서를 구하는 시간!

이 페이지를 요약하면?

3) 사죄의 선언

통회하는 심정으로 회개기도를 드리고 나면, 은혜와 긍휼에 풍성하신 하나님은 용서하십니다. 이 사실을 선언하고 확증하는 순서가 사죄의 선언입니다. 이 순서에서 목사는 하나님의 말씀 중에 죄 용서와 관련된 부분을 회중 앞에 선포하고, 회중들은 그 말씀을 들음으로 죄를 사유하시는 하나님의 은혜를 확신합니다. 이 때 명심해야 할 것은 사죄의 선언은 목사가 면죄를 교부하는 사제의 역할을 맡는 것이 아니라는 것입니다. 사죄의 선언은 예배 인도자가 자신의 권위로 용서를 선포하는 것이 아닙니다. 하나님의 용서를 대신 전하는 것입니다. 그래서 이때는 성경에 나와 있는 죄 용서와 관련된 본문을 인도자가 그대로 낭독합니다.

이 순서는 '예배에의 부름', '언약의 10가지 말씀'에 이어 예배 중에 3번째로 이루어지는 하나님의 말씀이 선포되는 시간입니다. 그러므로 회중들은 눈을 감기보다는 용서의 말씀을 선포하는 목사의 입을 쳐다보는 것이 바람직할 것입니다.

4) 감사 찬송

죄를 용서해 주신 하나님께 우리가 해야 할 '대화'는 감사입니다. 하나님께서 우리의 죄를 용서해 주셨다는 사실을 '말씀'으로 하셨는데, 우리가 감사드리는 방법은 '찬송'입니다. 하나님의 은혜에 대한 감사 찬송입니다. 이제 감사 찬송을 통해 우리의 죄를 용서해 주신 하나님, 우리의 죄를 위하여 구속역사를 이루신 삼위일체 하나님께 감사를 드립니다. 이제 더욱더 하나님의 계명을 열심히 순종하겠다는 마음의 표현입니다.

이 때 사용하는 찬양은 우리의 죄를 위하여 구속의 성취를 이루신 그리스도의 구속사역을 노래하는 찬양이 좋습니다. 혹은 사죄의 선언에서 사용한 시편말씀으로 된 시편 찬송을 부르는 것이 좋습니다. 예를 들어 시편 51, 103, 130편 등을 부르는 것이 좋습니다.

> 지금까지 공예배에 임하는 자세와 예배 시작 순서에 해당하는 예배 요소들에 대해 배웠습니다.
>
> 이제 본격적으로 공예배의 핵심 요소들을 배울 차례입니다. 4단원에서 만나요!

3단원
회중의 모임과 공예배에서의 태도

1. 다음 중 웨스트민스터 예배모범의 서문이 말하지 않는 것은?

   ㉠. 초기 종교개혁자들은 미신적이고 우상숭배적인 공예배를 바로 잡기 위해 공동기도서를 환영했다. ㉡. 시간이 지나면서 공동기도서는 사람들을 탄압하는 도구로 변질되고 신실한 목사들을 올무 매는 것으로 악용되고 말았다. ㉢. 종교개혁자들은 엄숙한 동맹과 언약에서 약속한 대로 예배의 통일성을 이루기를 원했다. ㉣. 기존 예식을 폐지하고 새 예배모범을 사용하도록 합의했다. ㉤. 이 예배모범은 목사들의 행정에 있어서는 별로 도움이 되지 않을 것이다.

2. 저자는 예배모범의 가르침에 따라 온 회중이 함께 예배드리는 것을 강조하고 있습니다. 그 이유는 무엇인지 간단하게 설명해 봅시다.

3. 주일 예배를 준비하는 조선시대 사람들의 가상 대화입니다. 다음 중 가장 바른 말은?

   ① **김희성** : 나는 오늘 설교만 듣고 가야겠소. 이 몸이 요즘 몹시 바빠서.
   ② **구동매** : 나는 축도할 때 살짝 나갈 참이오.
   ③ **애기씨** : 교회 가는데 화려한 장신구가 웬 말이오. 단정하면 그만이오.
   ④ **함안댁** : 예배 끝나고 밥을 준다카던데. 무슨 찬이 나올지 참말로 궁금합니더.
   ⑤ **유진초이** : 예배당에 도착했는데 인사하기 어색해서 눈감고 기도하는 척 했소.

4. 아래의 예배 순서들 중 눈감고 있어야 하는 시간은?

   ① 예배에의 부름 ② 신앙고백 낭독
   ③ 언약의 10가지 말씀 낭독 ④ 성경낭독 ⑤ 회개기도

이 단원을 마치며, 아래 내용을 직접 적어 보세요.

이전에 알았던 사실	새롭게 깨달은 점	감사할 점

4단원
성경의 공적인 낭독과 설교 전 공기도

"성경은 집에서 각자 읽으면 되지 않나요?
 모여서 낭독할 필요를 못 느끼겠어요."
"구약 성경은 개인적으로 잘 읽지 않아요.
 구약의 하나님은 너무 무서워서 부담스러워요."
"우리 교회는 소설처럼 번역한 성경을 예배시간에 사용해요.
 생동감이 넘쳐서 좋아요."

예배시간에 성경을 읽고 기도하는 순서들이 있습니다. 그런데 가끔은 이런 것이 형식적인 것처럼 느껴질 때가 있습니다. '얼른 본론으로 들어가지 않고 뭐하는 거지?' 하는 생각이 듭니다. 설교 전에 구색을 맞추려고 하는 것처럼 보이기도 합니다. 그래서 몸은 그 자리에 있고 행동은 따라하지만 머리는 딴생각을 하고 있을 때가 있습니다.

이 단원에서는 성경 낭독과 설교 전 공기도 순서에 어떤 뜻과 가치가 담겨있는지 차근차근 살펴보기로 합니다.

가.
공적인
성경낭독의
목적과
담당자

Of Publick Reading of the Holy Scriptures

READING of the word in the congregation,
being part of the publick worship of God,
(wherein .i.we; acknowledge
our dependence upon him, and subjection to him,)
and one mean sanctified by him
for the edifying of his people,
is to be performed
by the pastors and teachers.

Howbeit, such as intend the ministry,
may occasionally
both read the word,
and exercise their gift in preaching
in the congregation,
if allowed by the presbytery thereunto.

성경의 공적인 낭독에 관하여

모임 중에 말씀을 읽는 것은 공예배의 한 부분으로써,
(우리는 하나님께 의존해 있으며 하나님께 복종함을 인식하게 된다.)
주님께서 자기 백성을 세우시기 위하여 거룩하게 하시는 한 방편이요
목사와 교사에 의해서 수행되어야 할 일이다.

그러하나,
장차 목회를 하려고 준비하는 사람은
노회로부터 허락을 받아,
가끔씩 성경을 낭독하거나
설교의 은사를 회중 가운데에서 연습할 수 있다.

읽으며 곱씹으며

그 시절에는 글을 못 읽는 사람이 많았고, 심지어 성경을 갖고 있는 사람도 없는 상황이었기에 대독을 하게 했습니다. 오늘날에는 대독만 고집할 필요는 없습니다. 웨스트민스터 예배모범은 에베소서 4장 11절의 "목사와 교사"를 두 개의 서로 다른 직분으로 이해하고, '교사'를 신학교수로 이해합니다. 여기서 '장차 목회를 하려고 준비하는 사람'은 목사 후보생을 의미합니다.

| 구약과 신약의 모든 정경은 (외경이라고 불리는 것은 아니고) 명확하게 모든 사람들이 듣고 이해할 수 있도록, **대중이 사용하는 언어로**, 가장 훌륭한 공인 번역본으로, 공적으로 읽혀져야 한다. | All the canonical books of the Old and New Testament (but none of those which are commonly called Apocrypha) shall be publicly read in the vulgar tongue, out of the best allowed translation, distinctly, that all may hear and understand. | 나. 정경 사용 및 이해가능한 언어로 읽을 것 |

읽으며 곱씹으며

반드시 정경을 사용해야 하고, 모든 사람들이 듣고 이해할 수 있도록 그 나라 말로 읽도록 하고 있습니다. 중세 교회는 청중이 알아듣든지 말든지 라틴어로 읽었지만, 종교개혁자들은 거기서 완전히 탈피하라고 요구합니다. 성경의 낭독은 종교적 행위가 아니라 하나님의 말씀을 그분의 백성들이 듣게 하려는 분명한 목적에 부합해야 하기 때문입니다. 하나님께서 자기 백성을 세워 가시려고, 자기 백성을 거룩하게 이끄시려고 하시는데, 알아듣지도 못할 언어로 말씀을 들려주면 어떻게 될까요. 주의 백성들이 주님 말씀을 양식 삼아 자랄 수 있을까요? 예배모범은 그것을 지적하고, 목적에 맞도록 원칙과 방향을 잡아주었습니다.

읽으며 곱씹으며

읽고 느낀 점을 적어 보세요.

다.
권고사항 1
낭독 분량

How large a portion shall be read at once,
is left to the wisdom of the minister;

한 번에 얼마만큼의 본문을 읽을 지는
목사의 지혜에 달려있다.

but it is convenient,
that ordinarily one chapter of each Testament
    be read
    at every meeting;

그런데, 모든 모임에서
보통 구약과 신약 중에서
각각 한 장을
읽는 것이 좋으며,

and sometimes more,
    where the chapters be short,
    or the coherence of matter requireth it.

종종 짧은 장이나
내용상 연결이 필요할 때는
더 읽을 수 있다.

읽으며
곱씹으며

장 단위로 읽어 나가라고 권고하는 것도 앞에서 말한 것과 같이 성경낭독의 목적을 달성하기 위한 수단입니다. 한 구절 혹은 대여섯 절 정도로는 해당 성경이 무엇을 말하는지 파악하기 어려운 것이 사실입니다. 말하자면, 앞뒤 문맥을 모르고 부분만 읽을 경우의 문제점을 여기서는 우려한 듯합니다. 그럼에도 불구하고 현장의 청중에 대해 가장 잘 아는 목사의 지혜에 최종 선택을 맡기는 여유를 두고 있는 것이 예배모범의 특징입니다.

우리는 균형을 잘 잡아야 합니다. 교회 일을 할 때는 항상 어느 한 극단으로 치우치는 것을 주의하고 삼가야 합니다. 성경 낭독의 경우에도 목사가 한쪽으로 치우치면 자기 권한을 지나치게 확대해서 공동기도서 시절처럼 성도의 양심을 통제하는 수단이 될 수 있습니다. 또 너무 안일하게 해석하면 말씀 낭독은 예배 중에 시간만 잡아먹는다며 점차 무시되다가 언젠가는 예배 순서에서 아예 사라져버릴지도 모를 일입니다. 원리를 잃지 않고 고수하되, 목적이 달성되도록 부지런히 애쓰고 설득하려는 마음이 예배모범의 본문에서 느껴져서 감동을 받았습니다.

		다.
성경의 전체 구조에 모든 사람들이 더 정통할 수 있도록 하기 위해서 **모든 정경의 책을 순서에 따라 읽는 것**이 필요하다.	It is requisite that all the canonical books be read over in order, that the people may be better acquainted with the whole body of the scriptures;	**권고사항 2** 순서대로 읽되, 필요한 경우 해석해줄 것
그래서 보통 이번 주일에 끝난 부분 뒤부터 다음 주일에 계속 읽어 나간다.	and ordinarily, where the reading in either Testament endeth on one Lord's day, it is to begin the next.	
우리는 **듣는 이들의 건덕을 위하여 시편과 같은 성경을** 더 자주 읽기를 권한다.	We commend also the more frequent reading of such scriptures as he that readeth shall think best for edification of his hearers, as the book of Psalms, and such like.	
목사가 성경을 읽으면서, 어느 부분이라도 **해석해 줄 필요가 있다고 판단될 때**에는, 그것을 한 장 다 읽을 때까지 혹은 시편 낭독이 끝날 때까지 그대로 둬서는 안 된다.	When the minister who readeth shall judge it necessary to expound any part of what is read, let it not be done until the whole chapter or psalm be ended;	

읽으며 곱씹으며

읽고 느낀 점을 적어 보세요.

다.
권고사항 3
시간
안배 원칙

and regard is always
to be had unto the time,
　that neither preaching,
　　nor other ordinances be straitened,
　　or rendered tedious.

항상 주의할 것은,
시간을 잘 생각하여,
설교나 또 다른 규례에
지장이 있거나
==지루하게 만들지 말아야 한다.==

Which rule is to be observed
　in all other publick performances.

이러한 규칙은
다른 모든 공적 순서에서도 지켜져야 한다.

다.
권고사항 4
사적으로
성경읽게
할 것

Beside publick reading of the holy scriptures,
every person that can read, is to be exhorted
to read the scriptures privately,
　(and all others that cannot read,
　if not disabled by age, or otherwise,
　are likewise to be exhorted to learn to read,)
and to have a Bible.

공적인 성경낭독 외에도,
글을 읽을 수 있는 모든 사람들은
==사적으로도 성경을 읽도록 장려==되어야 하며,
(글을 읽을 수 없는 다른 모든 사람들은
나이나 다른 특별한 일로 불가능하지 않는 한,
==글을 읽을 수 있도록 배워야 한다.==)
==성경을 소유하도록 장려==되어야 한다.

읽으며 곱씹으며

이 모든 것들이 앞에서 밝힌 공예배의 목적, 성경낭독의 목적에 부합하고 있습니다.

성경읽기의 소중함을 철저하게 느끼도록 만드는 구절이 보입니다. 글을 읽을 수 없는 사람들은 성경을 읽기 위해 "글을 읽을 수 있도록 배워야 한다."라니, 글을 배우는 목적이 확실합니다.

우리가 인간적인 생각으로 좋다 싶은 것들은 결국 그 시도의 결과가 꼬이고 원리에서 멀어지곤 하는 것을 자주 경험합니다. 처음부터 이처럼 하나님께서 원하시고자 했던 바, 그 목적을 붙들고 그 뜻에 합당한 쪽으로 정성껏 머리를 쓰면 좋겠습니다.

이제부터 예배 순서 중 하나님께서 자신의 말씀으로 우리를 가르치시는 것에 해당하는 요소들을 살펴 보겠습니다.

성경낭독

예배의 핵심은 '말씀'과 '성례'입니다. 이 두 가지 중에 먼저 '말씀'이 주(主)를 이루는 부분이 시작됩니다. 이 부분은 다음의 몇 가지 요소를 생각해볼 수 있는데, 구약성경 낭독, 신약성경 낭독, 설교본문 낭독, 조명을 위한 기도, 설교, 설교 후 기도, 설교 후 찬송, 권징 등입니다. 모든 예배 순서가 중요하지만, 특히 말씀과 관련된 부분은 중요하게 여겨야 합니다. 예배에 참여하는 모든 이는 이 순서를 통해 하나님의 말씀에 귀를 기울여야 합니다.

성경낭독이 예배 순서임을 보여주는 성경구절은 여러가지입니다. 그 중에서 특히 디모데전서 4장 13절에 보면, 바울이 디모데에게 말하기를 "내가 이를 때까지 읽는 것과 권하는 것과 가르치는 것에 전념하라"라고 하였습니다. 여기에서 '읽는 것'이 바로 성경낭독에 해당합니다. 어떤 이들은 여기에서의 읽는 것을 디모데 개인이 성경읽기에 힘쓰라는 것으로 이해하거나 아니면 목사는 독서를 많이 해야 한다고 이해하기도 하는데, 여기에서 읽는 것에 전념하라는 것은 목회자인 디모데로 하여금 예배 중에 성경을 읽어주라는 의미입니다.

이 시간에 무엇을 낭독해야 할까요?

당연히 성경입니다. 그런데 성경 중에서도 무엇을 읽어야 할까요? 대부분은 이 시간에 앞으로 하게 될 설교의 해당본문을 읽는다고 생각할 것입니다. 하지만, 교회 역사 속에서 성경낭독은 크게 3가지였습니다. 구약성경 낭독, 신약성경 낭독, 그리고 설교 본문 낭독입니다. 초대교회 때는 예배 중에 구약과 신약을 모두 낭독하는 전통이 있었습니다. 4세기 말이 되자, 권위 있는 예전 양식에서 성경이 3차례 낭독되었습니다. 그 중 한 번은 구약, 한 번은 복음서, 나머지 한 번은 서신서를 낭독했습니다. 웨스트민스터 예배모범은 "구약과 신약에서 각 한 장씩을 읽는 게 좋다"고 권합니다.

말씀으로 우리를 가르치신다!

종교개혁 당시 성경책이 귀했고 문맹률이 높았기 때문에, 대부분의 신자는 평소에 성경 말씀을 읽거나 들을 기회가 없었습니다. 기회는 오직 한 번, 예배당에 나와 예배드릴 때 뿐이었습니다. 그러다 보니 신자들이 성경 전체를 '들을 수 있도록' 하는 예배 순서가 바로 '구약성경 낭독, 신약성경 낭독'이었습니다. 이 순서를 통해서 성경을 연속적으로 읽어 나가면서 결국 1년에 1회 혹은 2~3년에 1회 꼴로 성경을 1독(讀) 할 수 있도록 했던 것입니다.

오늘날에는 대부분이 성경을 가지고 있고 집에서 성경도 읽으니, 성경낭독의 중요성이 자꾸만 약화되고 있습니다. 그래서 많은 교회에서 예배 중 성경 낭독을 빼버리는 추세입니다. 성경은 누구나 언제든 읽을 수 있고, 또 자주 읽을 것이라고 생각하는 겁니다. 하지만, 실제로는 어떨까요? 너무나 많은 그리스도인들이 집에서 성경을 읽지 않습니다. 이런 농담이 있습니다. "후 탁 성도"들이 있다고 합니다. 지난 주일 예배 때 교회에 들고 갔다가 책상 위에 얹어놓은 뒤에 한 번도 펴보지 않아 먼지가 수북이 쌓인 성경을 "후~" 하고 먼지를 불어 낸 뒤에, "탁" 한 번 치고 성경을 들고 오는 그런 성도들 말입니다. 이런 사람이 많아지면, 구약성경 낭독, 신약성경 낭독 시간을 회복시켜야 합니다. (요즘엔 성경을 들고 갈 필요조차 없습니다. 강단 뒤에 대형 스크린을 보면 되기 때문에 성경을 직접 열어 볼 필요가 없어진 것입니다.)

요즘 글을 다 읽을 줄 아는데, 굳이 예배시간에...? 이게 무슨 의미가 있나요?

성경낭독은 하나님께서 자기 백성에게 찾아오시는 순서입니다. 하나님께서 낭독자를 통해 회중에게 하나님의 말씀을 들려주시는 시간입니다. 그렇기에, 성경낭독의 시간에는 가지고 있는 성경을 함께 읽어나가면서 눈으로 읽어나가지만, 귀로 듣는다는 개념을 갖고 들어야 합니다. 오늘 들을 설교 때문이라기보다는 하나님의 말씀을 듣는다는 개념을 갖고 들어야 합니다. 많은 이들이 이 순서를 다음에 있을 설교 순서의 보조적 순서라고 생각하지만, 성경낭독은 그 자체로 하나의 순서입니다.

웨스트민스터 신앙고백서 제21장 제5절은 성경을 읽는 것을 예배의 한 순서로 봅니다.

> 경건한 두려움으로 하는 성경낭독, 건전한 설교, 분별력과 믿음과 경외심을 가지고 하나님께 순종함으로 말씀을 양심적으로 듣는 것, 마음으로부터 은혜로 시편을 부르는 것, 또한 그리스도께서 제정하신 성례를 시행하고 합당하게 받는 것이 하나님께 드리는 통상적인 예배의 모든 요소다. 이 외에도 종교적 맹세, 서원, 엄숙한 금식, 특별한 경우에 드리는 감사가 있다. 이런 요소들은 그것들의 적절한 시기와 때에 따라 거룩하고 종교적인 방식으로 행해져야 한다.

성경 낭독은 누가 맡아야 하나요?

요즘은 목사와 회중이 교독(交讀)하거나, 회중이 돌아가면서 읽는 경우가 있습니다. 심지어, 각종 연합집회 등에서 성경낭독, 설교, 강복선언을 각각 다른 사람이 나누어 하는 경우도 있습니다. 공평하게 한 사람씩 순서를 나눠 맡으면 좋다는 생각으로 그렇게 하는 듯합니다. 그러나 성경낭독은 본래 목사에게 맡겨진 일입니다. 성경낭독 역시 '말씀의 선포'와 연관된다는 사실을 통해 이해해야 합니다.

웨스트민스터 대교리문답 제156문답에서는 다음과 같이 가르칩니다.

> **156문**: 하나님의 말씀은 모든 사람이 읽어야 합니까?
> 답: 비록 모든 사람이 다 공적으로 회중에게 말씀을 낭독하도록 허락되어 있지는 않지만 모든 사람들이 각각 홀로, 그리고 가족들과 함께 읽어야 할 의무가 있습니다. 이 목적을 위해서 성경은 원어에서 각 민족의 통용어들로 번역되어야 합니다.

> 생각해보기

목사 외에도 공예배에서 성경낭독이 가능한 사람?

누굴까요? 예배모범을 다시 읽어 보면 예외적인 경우가 소개되어 있습니다.

> "모임 중에 말씀을 읽는 것은 공예배의 한 부분으로…… 목사와 교사에 의해서 수행되어야 할 일이다. 그러하나, 장차 목회를 하려고 준비하는 사람은 노회로부터 허락을 받아, 가끔씩 성경을 낭독하거나 설교의 은사를 회중 가운데에서 연습할 수 있다."

목사후보생이 읽을 때가 있는데, 이때도 '허락'을 받아서 할 수 있다고 되어 있습니다. 예배모범이 작성될 당시 웨스트민스터 총회에서는 목사 이외의 사람이 공예배에서 성경을 낭독해도 되는가 하는 논쟁이 있었습니다. 결국 앞으로 목회자가 되기로 준비하는 이들이 때때로 낭독하는 것을 허락하는 것으로 결론 내렸습니다. 어차피 글을 읽는 것인데 누가 맡든지 뭐가 중요하냐고 생각할 수도 있겠지만, 이런 문제는 그 예배 순서의 '의미'를 결정하기 때문에 중요합니다. 성경낭독도 말씀선포의 한 부분이기 때문입니다. 아무나 할 수 있다면 그 순서의 의미는 가벼워질 것입니다.

웨스트민스터 예배모범에 근간을 둔 대한예수교 장로회 각 교단 헌법들은 성경낭독의 권한이 목사에게 있음을 말합니다.

고신 헌법(2011년판)
예배지침 제4장 제17조 '성경봉독'

봉독자는 하나님을 대리하는 자신의 입장을 바르게 인식하고 엄숙히 해야 한다. <u>목사가 성경을 봉독할 때</u> 청중은… (후략)

합동 헌법(2006년판)
예배모범 제3장 '예배 때 성경 봉독'의 제1항

예배 때에 성경 봉독은 공식 예배의 한 부분이니 반드시 <u>목사나 그 밖의 허락을 받은 사람</u>이 봉독한다.

통합 헌법(2006년판)
제4편 '예배와 예식' 2-1-2-4

봉독할 성경의 내용은 목사가 정하되 그 봉독은 <u>목사나 목사의 허락을 받은 사람</u>이 봉독한다. 그리고 봉독자는 미리 준비하여 경건하고 엄숙한 자세로 말씀을 정확하게 봉독해야 한다.

성경낭독자와 회중의 자세

성경낭독은 하나님께서 회중을 향하여 말씀하시는 것을 대신하는 일입니다. 그러므로 성경낭독자는 이 순서가 매우 중요한 순서임을 기억해야 합니다. 그래서 미리 수차례 읽어서 연습해야 합니다. 어떤 단어와 문장이 강조되어야 하는지, 어느 부분에서 쉬어야 하는지를 미리 살펴보아야 합니다. 가장 중요한 것은 본문을 이해하는 것입니다.

낭독할 때에는 중얼거리거나 더듬거려서는 안 됩니다. 듣는 회중을 고려하여 또박또박 읽어야 하고, 문장이나 절에서 강조하고자 하는 단어를 분명히 해야 합니다. 음성의 크기는 사도행전 2:14에서 '소리를 높여'라고 한 것처럼 맨 뒷줄에 앉은 청중들까지도 편하게 들을 수 있도록 해야 합니다. 낭독 속도를 일정하게 유지해야 합니다. 어떤 부분은 보다 깊이 생각하게 하는 속도로 낭독할 필요가 있습니다. 성경낭독자가 성경을 읽을 때에 회중들 역시 엄숙한 태도를 취해야 합니다. 겸허한 마음과 진지한 자세로 하나님의 말씀을 경청하여야 합니다.

찬양대의 찬양 순서는요?

오늘날 많은 교회에서는 성경낭독 후 설교하기 전에 찬양대가 찬양을 하는 모습을 볼 수 있습니다. 어떤 교회에서는 이 순서를 아주 중요한 순서로 여깁니다. '찬양대 입장'을 예배 순서 중 하나로 두는 교회도 있습니다. 한국교회는 교회가 개척되고 어느 정도의 숫자가 생겨나면 가장 먼저 하는 것이 '찬양대 조직'입니다. 심지어 찬양대가 없으면 아직 덜 갖춰진 교회인 것처럼 생각하는 경우도 있습니다. 그러나, 찬양대의 존재는 로마 가톨릭 교회의 영향입니다. 우리의 입장에서 찬양은 어떤 특정한 사람이 부르는 것이 아니라 회중 전체가 부르는 것입니다. 찬양은 온 교회가 함께, 온 언약공동체가 한 마음으로 한 분 하나님께 불러야 할 노래입니다. (중요한 것은, 이런 모범과 원리를 회중 전체가 배우고 이해하는 것입니다. 이것이 지금 당장 예배 순서를 바꾸고 없애는 것보다 훨씬 더 중요합니다.)

성경을 낭독한 후,
공적인 기도 순서가 있습니다.
이 역시 설교할 목사가 회중을
대표하여 진행합니다.
이때 어떤 기도를 해야 하는 게 좋을까요?
예배모범을 계속 살펴보겠습니다.

가. 공적기도의 목적

Of Publick Prayer before the Sermon

AFTER reading of the word,
   (and singing of the psalm,)
the minister who is to preach, is to endeavour
   to get his own and his hearers hearts
      to be rightly affected with their sins,

that they, may all mourn in sense thereof
      before the Lord,
and hunger and thirst after the grace of God
      in Jesus Christ,

by proceeding to a more full confession of sin,
      with shame and holy confusion of face,
and to call upon the Lord
      to this effect:

설교 전 공기도에 관하여

성경 낭독 후, (그리고 시편 찬송을 부른 뒤),
설교할 목사는,
**자신과 듣는 자들의 마음이
자신의 죄를 바르게 깨닫도록 힘쓰며,**

모두 다
주님 앞에서 애통하고,
예수 그리스도 안에 있는
하나님의 은혜에 대해 주리고 목마르며,

부끄러움과 거룩한 떨림의 모습으로
**죄에 대한 더 완전한 고백을 하면서
나아감으로써** 주님을 부른다.
   다음과 같은 내용으로.

읽으며 곱씹으며

공기도를 목사가 주관하도록 명시했습니다. 사실 장로교회 예배는 당회가 주관하도록 되어 있습니다. 그럼에도 예배의 실제 진행은 목사가 맡습니다. 말씀을 직접 다루는 영적 책임 때문에 그렇습니다. 목사와 온 회중이 그 막중한 무게감을 잘 인식한다면, 예배의 분위기는 지금과는 많이 달라질지도 모릅니다.

**나.
기도의
모범 1**
원죄를
고백

**"우리의 큰 죄를 고백하오니,
첫째, 원죄에 의한 것으로,**
원죄는 (우리를 영원한 지옥에
떨어뜨릴 수 있는 죄인데)
다른 모든 죄의 씨로서,

영혼과 몸의 모든 능력과 힘을
부패하여 썩게 만들고,
우리의 최고 행위조차도 더럽히며,

(은혜로 말미암아
우리의 마음이 새롭게 되거나 억제되지 않았다면)
헤아릴 수 없는 많은 범죄와
가장 사악한 인간의 후손에 의해 범해진,
주님에 대항하는
엄청난 반역입니다.

"To acknowledge our great sinfulness,
First, by reason of original sin, which
(beside the guilt that makes us liable to
everlasting damnation)
is the seed of all other sins,

    hath depraved and poisoned
      all the faculties and powers of soul and body,
    doth defile our best actions,

and (were it not restrained,
or our hearts renewed by grace)
would break forth
    into innumerable transgressions,
    and greatest rebellions against the Lord
    that ever were committed
      by the vilest of the sons of men;

**읽으며
곱씹으며**

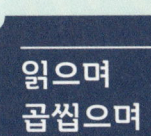

죄의 심각성! 우리 상태의 심각성!
성경과 교리에 대한 선이해 없이, 행사처럼 진행되는 죄의 고백은 신자로 하여금 또다른 감각적 이방 종교행위에 빠져들게 합니다. 구원에 이르게 하는 지식이 우리 안에 새겨있어야 올바른 예배도 가능합니다. 교회는 신자를 가르쳐야 합니다. 이를 위해 시간을 미리 안배하고, 그 시간 내에 '효과적으로' 가르쳐야 합니다.

**읽으며
곱씹으며**

읽고 느낀 점을
적어 보세요.

나. 기도의 모범 2
자범죄를 고백

And next, by reason of actual sins, our own sins, The sins of magistrates, of ministers, and of the whole nation, unto which we are many ways accessory:	다음은 **자범죄에 의한 것**으로, **우리의 죄, 관료와 사역자들의 죄, 나라 전체의 죄,** 여러 면에서 우리는 방조죄를 지었으며,
which sins of ours receive many fearful aggravations, we having broken all the commandments of the holy, just, and good law of God, doing that which is forbidden, and leaving undone what is enjoined;	**우리의 죄는 매우 악화되어서** 거룩하시고, 공의로우시며, 선하신 **하나님의 법의 모든 명령을 어겼고,** 금지된 것은 행했으며 요구된 것은 행하지 않았습니다.* * 금지된 것과 요구된 것이라는 표현은 십계명을 염두에 둔 것입니다. 웨스트민스터 대소요리문답의 십계명 해설은 각 계명에서 요구된 것과 금지된 것을 다룹니다.
and that not only out of ignorance and infirmity, but also more pre sumptuously, against the light of our minds, checks of our consciences, and motions of his own Holy Spirit to the contrary, So that we have no cloak for our sins;	그리고 무지와 결함 뿐만 아니라 성령에 반대되는 우리 마음의 빛과 양심의 가책과 우리 행동의 뻔뻔스러움은 **우리 죄를 숨길 수 없습니다.**
yea, not only despising the riches of God's goodness, forbearance, and long-suffering,	하나님의 선하심과 인내와 오래 참으심의 풍성함을 **멸시하였을 뿐만 아니라**
but standing out against many invitations and offers of grace in the gospel; not endeavouring, as we ought, to receive Christ into our hearts by faith, or to walk worthy of him in our lives.	복음 안에서 주어지는 많은 초청과 은혜의 권면에 **맞서,** 믿음으로 그리스도를 마음속에 영접하거나 우리의 삶에 주님과 동행하려고 **노력하지 않았습니다.**
To bewail our blindness of mind, hardness of heart, unbelief, impenitency, security, lukewarmness, barrenness;	마음의 무지, 마음의 강퍅함, 불신앙, 회개치 않음, 안일함, 미지근함, 결실 없음을 **매우 슬퍼합니다.**
Or not endeavouring after mortification and newness of life, nor after the exercise of godliness in the power thereof;	죄를 죽이고 생명이 새롭게 된 후에도 노력하지 않는 것, 능력 안에서 경건을 연습하지 않는 것을 **매우 슬퍼합니다.**

읽으며 곱씹으며

죄로 인해 우리가 빠져드는 것의 결국이 얼마나 심각한지를 인식해야 합니다. 그리고 슬퍼해야 합니다. 그래야 대조적으로 한없이 큰 주의 은혜에 감격할 수 있습니다. 사랑하는 사이여도, 서로의 관심이 멈추는 순간부터 애정이 식어가듯이, 예배 전에 가져야할 우리의 마음에는 반드시 죄에 대한 바른 지식이 담겨있어야 하겠습니다. 그렇게 갖춰진 상태로 예배를 드릴 때 얼마나 큰 유익이 있을지… 상상해봅니다. 계속 읽어보겠습니다.

나.
기도의 모범 3
회중의 죄 고백

우리들 중 제일 훌륭한 자도
하나님과 꾸준하게 동행하지 않았으며,
우리를 흠 없이 지키지 않았으며,

하나님의 영광을 위한 열심도 없었고,
우리가 마땅히 행해야 할 바
다른 사람의 유익을 위한 열심도 없었습니다.

하나님의 크고 넓으신 자비와
그리스도의 사랑과 복음의 빛과
종교 개혁을 주셨음에도 불구하고
우리의 목적과 약속과
서원과 엄숙한 언약과
다른 특별한 은혜에 **역행하여,**
회중으로서
각자 지은 다른 죄들을
애통해 합니다.

And that the best of us
have not so stedfastly walked with God,
kept our garments so unspotted,

nor been so zealous
   of his glory,
     and the good of others, as we ought:

and to mourn over such other sins
as the congregation
is particularly guilty of,
   notwithstanding the manifold and
   great mercies of our God,
   the love of Christ, the light of the gospel,
   and reformation of religion,
   our own purposes, promises,
   vows, solemn covenant,
   and other special obligations, to the contrary.

나.
기도의
모범 3
회중의
죄 고백

To acknowledge and confess, that, 　　as we are convinced of our guilt, 　　so, out of a deep sense thereof,	우리의 죄에 대해 확신하며, 깊이 인정하고,
We judge ourselves 　　unworthy of the smallest benefits, 　　most worthy of God's fiercest wrath, 　　and of all the curses of the law, 　　and heaviest judgments inflicted 　　　　upon the most rebellious sinners;	우리 스스로 매우 작은 은혜도 받을 자격이 없으며, 하나님의 극심한 진노와 율법의 모든 저주를 받아 마땅하며, 가장 반역적인 죄인에게 내려질 중한 심판을 받기에 마땅함을 인정하고 고백합니다.
and that he might most justly take his kingdom and gospel from us, plague us with all sorts of spiritual and temporal judgments 　　in this life, and after cast us into utter darkness, 　　in the lake that burneth 　　　　with fire and brimstone, 　　where is weeping and gnashing of teeth 　　　　for evermore.	주께서 하나님 나라와 복음을 우리에게서 취하여 가신다고 하더라도 (주님은) 아주 공의로우시며, 이 세상에서 영육간의 모든 종류의 심판으로 우리를 괴롭히실 수 있으며, 우리를 바깥 어두운 데로 불러내어 불과 유황이 타는 호수에 던져 영원히 슬피 울며* 이를 갈게 하셔도 마땅하십니다.

*이 표현은 마태복음 24:51; 25:30;
요한계시록 21:8에 기초합니다.

읽으며 곱씹으며

이 기도문은 그 자체로 아름다운 한 편의 문학이자, 교리적으로 완벽한 가르침입니다. 모든 문장이 주님을 향하고, 모든 결론이 주께로 귀결되고 있습니다. 예배에서 사람이 빠지고 그리스도만 드러날 때, 그 예배는 얼마나 순수하고 아름다울까요? 구원에 있어서 하나님 자신의 의지와 일하심 외에는 어떤 것도 우리가 더할 것이 없다는 확실한 인정을 통해 오히려 강력한 위로와 확신이 생깁니다. 우리의 무력함을 다 덮어버리시는 놀라운 능력과 자비와 은혜에 그저 감탄할 뿐입니다. 이런 아름다운 기도문을 읽는 것만으로도 감동이 됩니다. 이런 구성의 기도가 우리 예배와 사적 영역에서 사용된다면 얼마나 좋을까요…. 바른 예배에 대한 지식이 우리를 단단하게 붙들어주고 자라가게 해줌을 다시 한 번 확인합니다. 종교개혁자들은 그 기쁨을 알았고 또한 분명히 맛보았기에, 이렇게 다른 신자들도 모두가 그 기쁨을 누릴 수 있도록 세심하게 돕고 있습니다. 그 노력이 감사합니다.

이 모든 것에도 불구하고, **우리 아버지와** 　아버지의 오른편에 앉아 계신, 　부요하시고 모든 것에 충분하신, 　유일한 제물이신 **주 예수 그리스도의 속죄와 중보**는 우리를 은혜의 보좌로 가까이 나오게 하시고, 우리의 기도에 대한 은혜로운 응답의 소망으로 **우리를 북돋워주십니다.**	Notwithstanding all which, To draw near to the throne of grace, encouraging ourselves 　with hope of a gracious answer of our prayers, 　in the riches and all-sufficiency of 　　that only one oblation, 　　the satisfaction 　　and intercession of the Lord Jesus Christ, 　　　at the right hand of his Father 　　　　　　　　　　and our Father;	다. 삼위 하나님의 자비를 구하고 확신함
새 언약 안에 있는 자비와 은혜의 크고도 귀중한 약속과, 동일한 중보자를 통한 자비와 은혜를 확신하면서, 우리가 피할 수도 없고 견딜 수도 없는 하나님의 무거운 진노와 저주로부터 면제되도록 간청합니다.	and in confidence of 　the exceeding great and precious promises 　　of mercy and grace in the new covenant, 　through the same Mediator thereof, 　　to deprecate 　　　the heavy wrath and curse of God, 　　　which we are not able to avoid, or bear;	
우리의 유일한 구원자이신 예수 그리스도의 극심한 고통과 귀한 공로만 의지하며 우리의 모든 죄가 값없이, 완전히 면제되도록 겸손하고도 간절히 자비를 구합니다.	and humbly and earnestly to supplicate for mercy, 　　in the free and full remission of all our sins, 　and that only for the bitter sufferings 　and precious merits 　　　　of that our only Saviour Jesus Christ.	

**다.
삼위
하나님의
자비를
구하고
확신함**

That the Lord would vouchsafe
    to shed abroad his love
        in our hearts by the Holy Ghost;
	주님은
	성령으로 우리 마음에
	그분의 사랑을 쏟아 부어 주시고,

seal unto us,
  by the same Spirit of adoption,
  the full assurance of
    our pardon and reconciliation;
	같은 양자의 영으로
	우리를 인치시며,
	용서와 화해의
	완전한 확신을 주시고,

comfort all that mourn in Zion, speak peace to the wounded and troubled spirit, and bind up the broken-hearted:	시온에서 애통하는 자들을 **위로하시며**, 상하고 괴로운 심령에 **평강을 말씀하시며**, 마음이 상한 자를 **고치시고**,

and as for secure and presumptuous sinners,
that he would open their eyes,
convince their consciences,
and turn them from darkness unto light,
and from the power of Satan unto God,
that they also may receive
  forgiveness of sin,
    and an inheritance among them
      that are sanctified by faith in Christ Jesus.
	안일하고 뻔뻔스러운 죄인에 대해서는,
	그들의 **눈을 열어 주시고**
	양심을 설득하시고,
	어둠에서 **빛으로 돌이키시며**,
	사탄의 권세에서부터 **하나님께로 돌이키시며**,
	그들이 죄 **용서를 받게 하시고**,
	그리스도 예수 안에 있는 **믿음으로 말미암아**
	거룩하게 된 자들 가운데서
	기업을 얻게 하소서.

With remission of sins through the blood of Christ, to pray for sanctification by his Spirit;	그리스도의 피를 통해 죄 사함을 받아, 그분의 영으로 거룩하게 되며,

the mortification of sin
  dwelling in
  and many times tyrannizing over us;
the quickening of our dead spirits
  with the life of God in Christ;
	우리 안에 거하여
	자주 우리를 억압하는
	죄를 죽임과,
	그리스도 안에 있는 하나님의 생명으로 인하여
	우리의 죽은 영이 소생하며,

grace to fit and enable us for all duties of conversation and callings towards God and men;	우리에게 은혜를 주셔서 하나님과 사람 사이의 교제와 부르심의 모든 의무를 **감당하게 하시며**,
strength against temptations; the sanctified use of blessings and crosses; and perseverance in faith and obedience unto the end.	유혹으로부터 **이길 힘을 주시고**, 복과 십자가를 거룩하게 사용하게 하시며, 믿음 안에서 **견디며** 끝까지 순종하게 하시기를 기도합니다.

라. 공교회를 위한 기도

그리스도의 복음과 나라가
모든 민족에게 전파되며,
유대인들의 개종과,
이방인의 충만한 수가 돌아오는 것,
적그리스도의 무너짐,
주님의 재림이 속히 이루어지길 위해
기도합니다.

> 이 표현은 웨스트민스터 대요리문답 제191문답의 표현과 유사합니다.

To pray
   for the propagation
      of the gospel and kingdom of Christ
         to all nations;
   for the conversion of the Jews,
   the fullness of the Gentiles,
   the fall of Antichrist,
   and the hastening of
         the second coming of our Lord;

적그리스도적인 파당의 독재와
이슬람교도들의
잔인한 압제와 신성모독으로부터
고통당하는 외국 교회들을
구하여 주실 것,

for the deliverance of
the distressed churches abroad
   from the tyranny of the antichristian faction,
   and from the cruel oppressions
   and blasphemies of the Turk;

개혁교회들 위와,
   특히 엄숙한 동맹과 언약으로
   더 엄격하고도 종교적으로 연합된,
   스코틀랜드, 잉글랜드, 아일랜드의
교회와 왕국 위에
하나님의 복이 임하기를,

for the blessing of God
   upon the reformed churches,
   especially upon the churches and kingdoms
      of Scotland, England, and Ireland,
      now more strictly and religiously united
      in the Solemn National League and Covenant;

세계 먼 지방에 있는
식민지들을 위해,

and for our plantations
   in the remote parts of the world:

더욱 특별하게는
우리의 일원이 되어 있는 교회와
나라를 위하여 (기도합니다.)

more particularly
for that church and kingdom
   whereof we are members,

읽으며 곱씹으며
읽고 느낀 점을 적어 보세요.

라.
공교회를
위한
기도
 	
○●
	that therein God would establish
	   peace and truth,
	   the purity of all his ordinances,
	   and the power of godliness;
		하나님께서 세우시기를,
		   평화와 진리를,
		   그 분의 모든 규례의 순수성과
		   경건의 능력을.

	prevent and remove
	   heresy, schism, profaneness,
	   superstition, security,
	   and unfruitfulness under the means of grace;
		보호해 주시고 제거해 주시며,
		   이단과 분열과 신성모독과
		   미신과 안일함과
		   은혜의 방편 아래에서 열매 없음을.

	heal all our rents and divisions,
	   and preserve us
	   from breach of our Solemn Covenant.
		우리의 모든 찢어진 것과 분열된 것을 **고쳐 주시며,**
		우리의 **엄숙한 언약**이 깨지지 않도록
		우리를 지켜 주시기를 기도합니다.

> **읽으며 곱씹으며**
>
> 공교회를 위한 기도문의 모범을 보고 있습니다. 특이한 점은 온 민족을 향해, 그리고 그리스도의 왕국과 복음 전파를 두고 기도할 때, "엄숙한 동맹과 언약"이 언급되고 있다는 것입니다. 예배모범이 1643년 12월부터 1645년 2월 사이에 작성된 것을 기억하면서 이 대목을 읽을 때, 더욱 절절하게 다가오는 구절들입니다. 사실, 엄숙한 동맹과 언약 자체가 교회의 회복과 개혁과 부흥을 위한 선교적 자세로 맺어진 것입니다. (특강 종교개혁사 제5화를 꼭 읽어보세요!) 당시 잉글랜드와 스코틀랜드의 교회가 얼마나 위태로운 상태에 놓여있었는지를 생각할 때, 이런 기도문의 표현들은 마치 교회를 향해 눈물로 호소하는 것처럼 느껴집니다.

마. **모든** **권세를** **위한 기도** ●○	To pray for all in authority, especially for the King's Majesty;	또 모든 권세를 위하여 기도하되, **특히 국왕을 위하여** 하며,

	that God would
	make him rich in blessings,
	      both in his person and government;
	establish his throne in religion and righteousness,
	save him from evil counsel,
	and make him a blessed and glorious instrument
	   for the conservation
	   and propagation of the gospel,
	   for the encouragement
	   and protection of them that do well,
	   the terror of all that do evil,
	   and the great good of the whole church,
	   and of all his kingdoms;
		하나님께서
		국왕 개인과 정부 모두에 대해
		풍성한 복을 주시며,
		그의 보좌를 신앙과 공의로 세우시고,
		악한 도모로부터 그를 구하시고,
		그를 복되고 영광스러운 도구로 만드소서.
		   복음의 보존과 전파를 위해
		   선을 행하는 자들을 격려하고 보호하며,
		   악을 행하는 모든 자들을 두렵게 하고,
		   온 교회와 온 국가의 커다란 유익이 되는.

		마. 모든 권세를 위한 기도
왕비(찰스1세의 아내)의 회심, **왕자(찰스2세)**와 나머지 왕족의 신앙교육을 위해,	for the conversion of the Queen, the religious education of the Prince, and the rest of the royal seed;	

고난 중에 있는
우리 국왕의 누이 보헤미아 왕비를 위로해주시길,
**라인팔츠의 선제후인
저명한 찰스 왕자**에게
통치와 위엄을
회복시키고 확고히 하시길,
	for the comforting of
	    the afflicted Queen of Bohemia,
	      sister to our Sovereign;
	and for the restitution and establishment
	    of the illustrious Prince Charles,
	    Elector Palatine of the Rhine,
	      to all his dominions and dignities;	

고등법원,
(각 왕국이 개회 중일 때에)
귀족과,
그에 속한 판사와 관리들과
젠트리 계층과
모든 평민들에게
복을 주시길 기도합니다.
	for a blessing upon
	    the High Court of Parliament,
	    (when sitting
	    in any of these kingdoms respectively,)
	    the nobility,
	    the subordinate judges and magistrates,
	    the gentry,
	    and all the commonality;	

이 기도문에 특별히 등장하는 사람들에 대해서는 다음 페이지의 특별자료를 통해 알아보겠습니다.

읽으며 곱씹으며

계속해서, 우리에게는 낯선 인물들을 위한 기도가 이어집니다. 유럽에서 30년 전쟁이 막 끝났고 아직도 마무리가 되지 않았던 시절, 개혁파 교회를 보호해줄 군주들이 세력을 잃거나 약화되었을 때, 예배모범 작성자들은 그것을 단지 바다 건너 남의 나라 이야기가 아니라 자신들의 교회 문제와 직결되는 것으로 인식했습니다. 우리가 세속권력을 위해 기도할 때 염두에 둘 것은, 교회가 권력을 등에 업고 세상에서 잘 나가기 위해서가 결코 아닙니다. 세상의 평화를 통해 택한 백성이 보호받기를 위한 것입니다. (칼뱅)

또한 하이델베르크의 프리드리히 3세가 칼뱅파가 된 사건의 여파가, 1백 년 가까이 이어지고 있는 사실도 인상적입니다. 사람은 각자의 목적을 가지고 움직이다가 인생을 마칠 뿐이지만, 그 모든 생애를 다 사용하셔서 그리스도의 왕국을 완성해 나가시는 하나님의 섭리를 엿볼 수 있는 기도문입니다.

"몰라도 되지만 알면 더 재밌는!"
예배모범의 기도문에 등장하는 저 인물들은 누구일까요?

"고난 중에 있는 우리 국왕의 누이 보헤미아 왕비"
(Queen of Bohemia, 1596~1662)

원래 이름은 엘리자베스 스튜어트입니다. 즉, 스튜어트 왕실 사람이지요. 기도문에 "국왕의 누이"라고 나오는데, 찰스 1세의 누이, 그러니까 제임스 6세 겸 1세(킹 제임스)의 딸입니다. 제임스 6세가 스코틀랜드 왕이기만 하던 시절에 엘리자베스 여왕의 환심을 사서 잉글랜드의 왕관을 물려받고자, 자기 딸 이름을 엘리자베스라고 본따서 지었습니다. ^^ 그녀는 1613년에 팔츠의 선제후 프리드리히 5세와 결혼해서 하이델베르크에서 살았으며, 1619년 프리드리히 5세가 보헤미아(오늘날 체코 부근) 왕이 되면서 자동으로 보헤미아 여왕이 되었습니다. 그래서 웨스트민스터 예배모범에 "보헤미아 여왕"이라고 등장하는 것입니다.

보헤미아 왕비의 남편, 프리드리히 5세
(Elector Palatine of the Rhine(Friedrich V, 1596~1632)

예배모범에 언급되어 있진 않지만, 보헤미아 왕비의 남편인 팔츠의 선제후(선거로 뽑히는 제후) 프리드리히 5세는 하이델베르크 요리문답 제작을 명령했던 프리드리히 3세의 넷째 아들입니다. 칼뱅파(개혁파)였던 아버지가 사망한 뒤 첫째 아들이자 루터파였던 루트비히 6세가 왕위를 물려받는 바람에 칼뱅파가 다 쫓겨났던 적이 있습니다. 당시에는 왕자들 사이에도 종교개혁에 대한 관점이 달랐기에, 이런 격동의 세월을 보내야만 했습니다. 마침 셋째 아들인 요한 카시미르는 칼뱅파였기에, 하이델베르크 요리문답 작성자였던 우르시누스를 따로 챙겨서 보호해주기도 했습니다. 루트비히 6세가 죽은 뒤, 그 요한 카시미르의 아들인 프리드리히 5세가 왕위를 물려받으면서, 또다시 팔츠는 칼뱅파의 보호를 받게 됩니다. 위에서 소개한 보헤미아 여왕의 남편입니다. 이 부분의 역사적 흐름과 프리드리히 집안의 계보는 <특강 하이델베르크 요리문답> 상권 p.107을 참고하시면 도움이 됩니다.

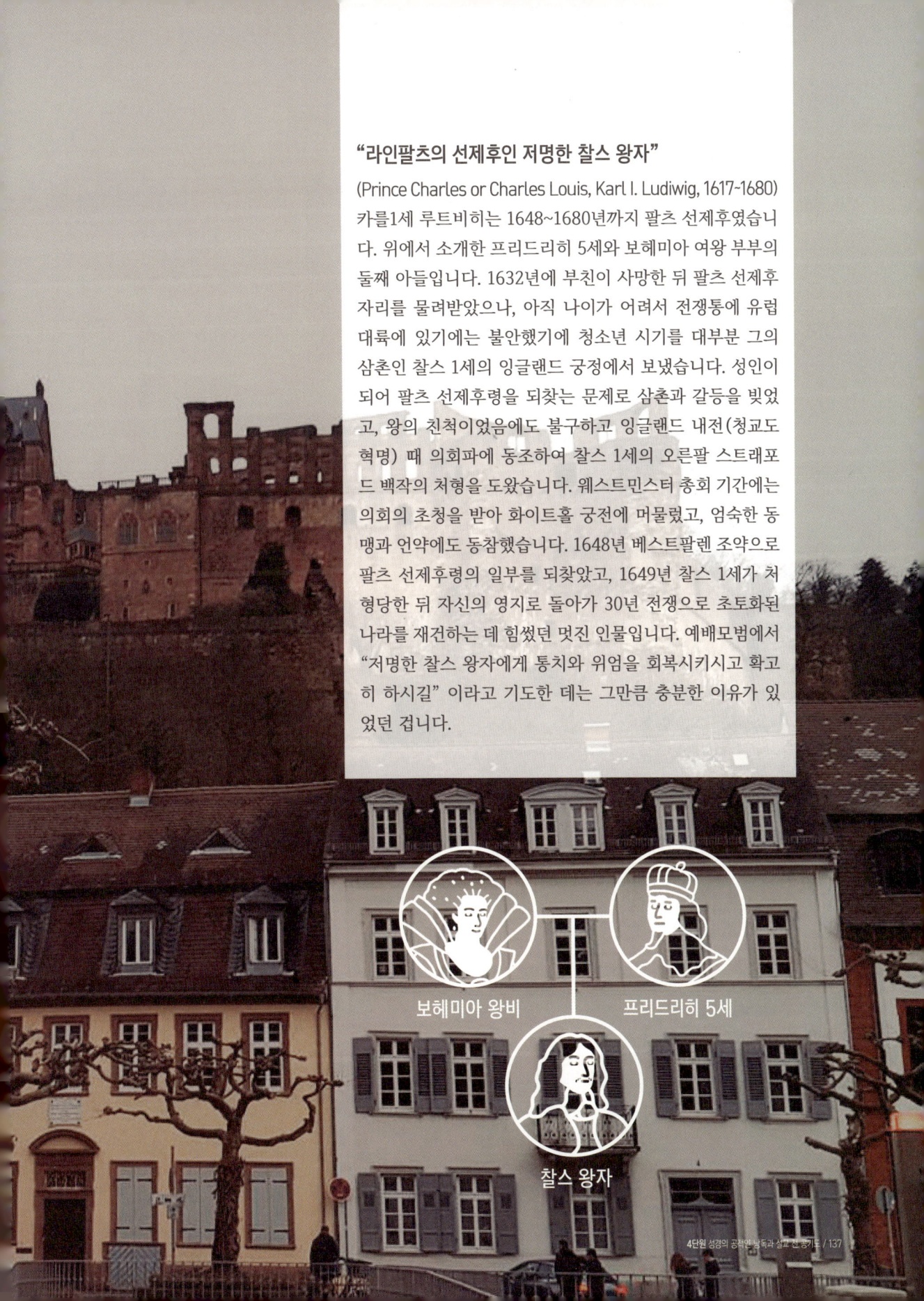

"라인팔츠의 선제후인 저명한 찰스 왕자"
(Prince Charles or Charles Louis, Karl I. Ludiwig, 1617-1680)
카를1세 루트비히는 1648~1680년까지 팔츠 선제후였습니다. 위에서 소개한 프리드리히 5세와 보헤미아 여왕 부부의 둘째 아들입니다. 1632년에 부친이 사망한 뒤 팔츠 선제후 자리를 물려받았으나, 아직 나이가 어려서 전쟁통에 유럽 대륙에 있기에는 불안했기에 청소년 시기를 대부분 그의 삼촌인 찰스 1세의 잉글랜드 궁정에서 보냈습니다. 성인이 되어 팔츠 선제후령을 되찾는 문제로 삼촌과 갈등을 빚었고, 왕의 친척이었음에도 불구하고 잉글랜드 내전(청교도 혁명) 때 의회파에 동조하여 찰스 1세의 오른팔 스트래포드 백작의 처형을 도왔습니다. 웨스트민스터 총회 기간에는 의회의 초청을 받아 화이트홀 궁전에 머물렀고, 엄숙한 동맹과 언약에도 동참했습니다. 1648년 베스트팔렌 조약으로 팔츠 선제후령의 일부를 되찾았고, 1649년 찰스 1세가 처형당한 뒤 자신의 영지로 돌아가 30년 전쟁으로 초토화된 나라를 재건하는 데 힘썼던 멋진 인물입니다. 예배모범에서 "저명한 찰스 왕자에게 통치와 위엄을 회복시키시고 확고히 하시길" 이라고 기도한 데는 그만큼 충분한 이유가 있었던 겁니다.

바.
목사와
교사를 위한
기도

For all pastors and teachers,
That God would fill them with his Spirit,
Make them
    Exemplarily holy, sober, just,
      peaceable, and gracious in their lives;

    sound, faithful, and powerful
      in their ministry;

    and follow all their labours
      with abundance of success and blessing;

And give unto all his people pastors
    according to his own heart;

For the universities, and all schools
And religious seminaries of church and
commonwealth,
    that they may flourish more and more
      in learning and piety;

모든 목사들과 교사들에게
성령으로 충만케 하셔서
그들을
거룩하고, 절제 있고, 공의로우며
평화롭고 은혜로운 생활의 모범을 보이게 하시고,

그들의 사역에 있어서
건전하고 신실하며 능력 있게 하시고,

그들의 모든 수고에
성공과 복이 풍성하게 하시며,

하나님의 모든 백성들에게
하나님의 마음에 합당한 목사를 주시고,

대학교와 모든 학교와
교회와 연방의 신학교에
복을 주시며,
그들의 배움과 경건이
더욱 자라게 하시며,

읽으며
곱씹으며

권세자들에 이어 곧바로 목사와 교사를 언급한 것이 인상적입니다. 특히, 주의 마음에 합당한 목사들을 주의 백성들에게 달라고 기도하는 대목에서 가슴이 저려옵니다. 이 시대 역시 힘들었을 것입니다. 목사든 신자든, 종교개혁 이전의 사제주의에 젖어있던 사람들이 얼마나 많았을지요. 깨우친 신자들은 또한 얼마나 괴로웠을지요. 이 기도문이 마치 통곡처럼 들립니다. 목회자를 배출하는 신학교의 문제조차 심각한 오늘날, 이는 더더욱 간절한 기도제목이 될 것입니다.

		사.

특정한 도시와 회중을 위하여,
 하나님께서
 말씀, 성례, 권징의 사역과
 시민 정부와
 거기에 속한 개인과 가족에
 복을 부어 주시고,
	For the particular city or congregation,
	 That God would pour out a blessing
	    upon the ministry of
	       the word, sacraments, and discipline,
	    upon the civil government,
	    and all the several families and persons
	          therein;
		특정 도시와 회중을 위해

내적으로나 외적으로 고난당한 자에게
 자비를 베풀어 주시고,
 고른 날씨와 열매 맺는 계절을
 때에 필요한대로 허락하시며,
	For mercy to the afflicted
	    under any inward or outward distress;
	 For seasonable weather, and fruitful seasons,
	    as the time may require;	

우리가 느끼거나 두려워하거나
 벗어날 수 없는 심판
 즉, 기근, 전염병, 전쟁과 같은 것을
 막아 주시기를 기도합니다.
	For averting the judgments
	    that we either feel or fear,
	    or are liable unto
	       as famine, pestilence, the sword,
	       and such like.	

읽으며 곱씹으며

여기서 세속적인 평안함을 추구하는 것처럼 보이는 구절들은 결코 기복신앙이 아닙니다. 이것 역시 교회를 보호하기 위함입니다. 신자가 잘 자라가기 위해서는 평화가 필요하고 안전이 필요한데, 일반적으로 현대 교회가 구하는 복의 개념과는 사뭇 다르다는 생각이 듭니다.

어려움에 처한 도시와 회중을 위해 기도하는 대목을 보면서 이분들의 기도에는 공교회를 향한 개념과 인식이 확실하게 자리 잡혀 있구나 하는 것을 느낍니다. 우리는 옆 교회의 아픔이 우리 교회의 아픔이 되고 있을까요? 이웃 지역 교회의 문제를 우리가 얼마나 함께 고민했던가요? 먼 나라 선교지에 세워진 교회의 어려움을 우리가 함께 풀어갈 숙제로 여기고 있었던가요? 반성할 일이 참 많습니다.

아.
주님의
규례를
위해

And, with confidence of his mercy
　　　to his whole church,
and the acceptance of our persons,
through the merits and mediation
　　　of our High Priest, the Lord Jesus,

또한 우리의 대제사장 주 예수의
공로와 중보를 통하여
우리를 받아 주실 것과
온 교회에 주실 그분의 자비에 대한
확신을 가지고,

To profess
that it is the desire of our souls
　　to have fellowship with God
　　　in the reverend and conscionable use
　　　　of his holy ordinances;

==하나님의 거룩한 규례를==
==하나님께 대한 경외함으로 정당하게==
==사용함으로써 하나님과 교제하는 것이==
==우리 영혼의 소망== 임을 고백합니다.

and, to that purpose,
To pray earnestly
　　for his grace and effectual assistance
　　　to the sanctification
　　　　of his holy sabbath, the Lord's day,
　　in all the duties thereof,
　　　publick and private,

그 목적을 위하여,
간절히 기도합니다.
　하나님의 은혜롭고 효력 있는 도우심으로
　주님의 거룩한 안식일인 주님의 날을
　거룩하게 지키게 하사,
공사 간에
모든 의무를 다하게 하시며,

both to ourselves,
and to all other congregations of his people,
　　according to the riches
　　and excellency of the gospel,
this day celebrated and enjoyed.

우리 자신과
주님의 백성의 다른 회중들이
복음의 부요함과 우수함에 따라
이 날을 기뻐하고 즐길 수 있게
해 주시기를 (기도합니다).

읽으며
곱씹으며

또한, 예배에 참석한 신자들이 그 '목적'을 분명히 할 것을 위해서 기도하고 있습니다. 우리는 예배 때 주께서 베푸신 규례들을 사용해서 하나님과 교제하는 것입니다. 이 날이 기념될 뿐 아니라, 기쁘고 즐거운 일이 되어야 한다는 개혁자들의 호소에 또다시 감정이 복받칩니다. 일부에서는 예배를 사람의 즐거움으로 바꾸어 버렸다면, 또 다른 한 쪽에서는 반대로 회중이 하나님과 연합하며 누려야 할 마땅한 즐거움을 빼앗아, 당위성만 강조하여 냉랭한 종교행사로 만들고 있는 것이 우리네 형편이기 때문입니다.

> 자.
> 외적인
> 은혜의
> 방편을 위해

한 때,
우리는 무익한 청중이었고,
그리고 지금도 받아들이지 못하기 때문입니다.
> 하나님의 깊은 것과
> 영적인 분별이 요구되는
> 예수 그리스도의 신비를.

And because we have been unprofitable hearers
  in times past,
and now cannot of ourselves receive,
  as we should,
  the deep things of God,
  the mysteries of Jesus Christ,
    which require a spiritual discerning;

기도하오니,
주께서 우리를 가르쳐 주시고,
외적인 방편과 함께
은혜의 영을 부어 주시기를 기뻐하셔서,
우리 주 예수 그리스도를 아는 지식이
탁월한 정도에까지 이르게 하시고,
그분 안에서
그분의 평강에 속한 일들을 알게 하사
예수 그리스도와 비교할 때
배설물 같이 여기게 하사,

To pray, that the Lord,
who teacheth to profit, would
graciously please to pour out
  the Spirit of grace,
  together with the outward means thereof,
    causing us to attain
      such a measure of the excellency
      of the knowledge of Christ Jesus our Lord,
      and, in him, of the things
        which belong to our peace,
      that we may account all things but as dross
        in comparison of him;

우리가
장차 나타날 영광의 첫 열매를 맛보면서,
주님과 더불어 누릴
더욱 충만하고 온전한 사귐을
사모하게 하시고,
하나님의 오른편에 있는 기쁨과
즐거움의 충만을
누리게 하옵소서.
영원토록.

and that we,
  tasting the first-fruits of the glory
    that is to be revealed,
may long for a more full
and perfect communion with him,
that where he is,
we may be also,
and enjoy the fulness of those joys and pleasures
    which are at his right hand
        for evermore.

| 예배모범 원문 읽기 |

차.
목사를
위한
특별한 기도

More particularly,
that God would
  in a special manner furnish his servant
    (now called to dispense the bread of life
                        unto his household)
  with wisdom, fidelity, zeal, and utterance,
that he may divide the word of God aright,
  to every one his portion,
    in evidence and demonstration
      of the Spirit and power;

더욱 특별하게는
하나님께서 그의 종들에게
특별한 방법으로
(주님의 가족에게 생명의 빵을 나누어 주라고
지금 부르심을 받은 종들)
지혜, 성실, 열심, 언어의 능력을 넣어 주셔서
성령의 증거와 능력 안에서
그에게 맡겨진 모든 이들에게
하나님의 말씀을 바르게
전달할 수 있도록 하시길 (기도하오며),

읽으며
곱씹으며

목사와 회중을 위해 구하면서 기도의 마지막을 맺습니다.
먼저 목사라는 직분이 그리스도께서 맡겨주신 것이기에, 그리스도의 뜻대로 제 기능을 할 수 있기를 다시금 기도하고 있습니다.

카.
(말씀을)
듣는 자를
위한 기도

and that the Lord would
circumcise the ears and hearts of the hearers,
  to hear, love, and receive
    with meekness the ingrafted word,
    which is able to save their souls;

주님께서
듣는 자들의 마음과 귀에 할례를 행하셔서,
자기들의 영혼을 능히 구원하는 하나님의 말씀을
온유함으로
듣고 사랑하고 받아들이게 하시며,

make them as good ground to receive
    in the good seed of the word,
and strengthen them
    against the temptations of Satan,
    the cares of the world,
    the hardness of their own hearts,
    and whatsoever else may hinder
      their profitable and saving hearing;

듣는 자들이 좋은 말씀의 씨앗을 받을 수 있는
좋은 땅이 되게 하시고,
그들을 강하게 하옵소서.
    사탄의 유혹과
    세상의 근심과
    마음의 강퍅함,
    구원 받게 하는
    유익한 말씀을 듣지 못하도록
    방해하는 것에 맞서.

that so Christ may be so formed in them,
and live in them,
  that all their thoughts may be brought
    into captivity
      to the obedience of Christ,
  and their hearts established
    in every good word and work for ever."

그리하여
그리스도께서
그들 안에 들어와 거하시고,
그들의 생각을 사로잡아
주님께 순종하도록 하시고,
그들의 마음을 모든 선한 말씀과 사역 위에
영원토록 세워 주옵소서."

읽으며 곱씹으며

이어서 청중을 위해 기도합니다. 말씀을 듣는 것조차도 하나님의 도우심이 없으면 그 행위가 무익할 뿐 아니라 해로운 곳으로 향한다는 인식. 그러나 삼위 하나님의 도우심 덕택에 우리는 하나님과 교제하는 기쁨을 누릴 수 있습니다. 그 기쁨이 얼마나 충만하며 영원한지… 감사할 뿐입니다.

* 본문 중 할례라는 표현은 비유입니다.

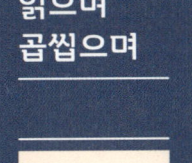

우리는 이것이 일반적인 공기도에 있어서 알맞은 순서가 될 것이라 판단한다.

그러나 목사가 (신중하게 판단하여) 이 기도문 중의 일부를 설교 후로 늦추거나, 혹은 설교 전에 하는 기도에서 나중으로 지정된 감사 기도의 일부로 드릴 수도 있다.

We judge this to be a convenient order,
　in the ordinary public prayer;

yet so, as the minister may defer
　(as in prudence he shall think meet)
some part of these petitions
　till after his sermon,
or offer up to God some of the thanksgivings
　hereafter appointed,
　in his prayer before his sermon.

타.
공기도의
순서는
목사의
재량에 맡김

읽으며 곱씹으며

강제로 규정하지 않는다는 표현. 이것은 말 그대로 모범입니다. 현장의 상황에 따라 목사의 판단에 맡긴다는 표현은, 이 예배모범이 기존의 공동기도서처럼 새로운 율법으로 신자와 교회를 억압하지 않도록 하려는 세심한 배려입니다.

읽으며 곱씹으며

읽고 느낀 점을 적어 보세요.

한 신자가
돌이키기까지…

지금까지, 예배의 처음 부분이라 할 수 있는 "성경의 공적 낭독"에 대한 예배모범의 본문을 살펴보면서, 또한 거기 제시된 하나의 샘플 기도를 읽어봤습니다. 예배모범 작성자들이 지향했던 바가 무엇인지 조금이나마 느끼기 시작했다면 출발이 좋은 것입니다.

예배가 본래 회중과 하나님을 얼마나 가깝게 연결시키는 것인지, 예배가 신자의 영적 생명을 위해 얼마나 소중한 것인지도 확인할 수 있었습니다. 공적 기도를 통해 개혁자들이 추구했던 방향을 우리도 바라보면 좋겠습니다. 신자가 하나님과 깊이 교통하고 연합하기 위해, 그리스도께서 정하신 방식에 최대한 부합하는 공적 규례들과 은혜의 수단들이 우리들의 예배에도 회복되면 좋겠습니다.

그럼에도 불구하고 예배모범은 계속해서 경고합니다. 수단이 목적을 전복시켜, 외형을 구축하려다가 냉랭함과 외식만 남지 않기를. 정책적으로 어떤 예배 형식 한두 가지를 바꾸는 것은 쉽지만, 실제로 신자의 예배 드리는 마음 중심이 바뀌지 않고는 아무 소용이 없습니다. 그래서 개혁자들은 한 사람의 신자가 - 비록 어린 아이라 하더라도 - 그리스도에 대한 충만한 지식을 갖도록 교육시키고자 했습니다.

외형은 더디 바뀌더라도, 혹은 외형이 서로 좀 다르더라도, 그 본질이 목사와 회중 모두에게 지식과 확신으로 남기를 소망합니다. 개혁자들이 원했던 것은 그런 모습일 것입니다.

목회기도란 무엇일까요?

'대표기도'라고도 부르는 이 순서의 정확한 명칭은 '목회기도(Pastoral Prayer)'입니다. '목회기도'란 말 그대로 목사가 자신이 목양하는 회중과 함께 예배드리면서 회중과 더불어 하나님께 드리는 기도입니다. 평소 심방과 교회 안에서의 만남을 통하여 회중의 영적 형편을 알고 있는 목사가 온 회중을 대표하여 하나님 앞에 기도합니다.

이 기도를 통해 목사는 하나님의 무한하신 권위를 의식하여 죄와 허물을 고백하고 은혜로운 임재와 성령님의 도우심과 예수 그리스도의 공로로 일체의 죄를 용서해 주실 것을 구합니다. 이때 기본적으로 꼭 포함되어야 할 내용들이 있는데, '하나님의 영광을 높이는 일, 감사, 회개, 간구, 다른 사람을 위한 기도' 등입니다.

<u>하나님의 영광을 높일 때</u>에는 하나님의 존재, 속성, 사역에 나타나 있는 그분의 영광을 높이는 것이 좋습니다. 이 때 성경에 기록된 본문들을 사용하여 기도하는 것이 유익합니다.

<u>감사</u>에는 하나님이 주신 각양 은혜를 감사하되, 특별히 예수 그리스도로 말미암아 얻은 영생의 소망과 성령의 은혜에 감사합니다.

<u>회개</u>에는 원죄와 자범죄를 회개하되 죄의 근본이 하나님을 떠난 것이며, 그로부터 발생되는 것임을 고백합니다.

<u>간구</u>에는 그리스도의 보혈로 인한 사죄의 은혜로 하나님과의 화목, 그 은혜로 인한 즐거운 생활, 성결하게 하시는 성령의 은혜, 직분에 충성할 수 있는 능력, 고난 중에서의 권고와 안위의 은총, 험악한 땅 위에서 자비를 베풀어 주실 것을 기도하고 이와 같은 은혜로 우리 자신의 신령한 생활을 보호하며 향상하게 해 주신다는 사실을 기억해야 합니다.

<u>다른 사람을 위한 기도</u>는 교회의 회원(출석자와 결석자)만이 아니라 이웃을 위한 기도, 즉 도고기도(禱告祈禱, intercession)를 하는 것이 필요합니다.(딤전 2:1) 그리고 교회가 파송한 선교사와 교회가 돕고 있는 교회를 위해 기도하며, 또한 디모데전서 2:1-3과 베드로전서 2:13-17을 근거로 위정자를 위해 기도해야 합니다.

목회기도는 누가 해야 할까요?

이미 그 명칭에서부터 나와 있듯이 '목사'가 하는 것이 목회기도입니다. 역사적으로 목회기도의 주체는 목사였습니다. 종교개혁 당시 회중이 목회기도를 하는 일은 없었습니다. 최근 일반신도가 공기도에 참여하는 일에 크게 영향을 미친 것은 오순절과 은사주의 운동의 확산입니다. 그 결과로 오늘날 상당수의 한국교회에서는 장로들이 이 순서를 맡습니다. 그런데 이것은 교회 역사와 전통에서 발견하기 어려운 부분입니다.

뒤에서 잠시 언급하겠지만(p.149), 목회의 주체가 목사만이 아니라 당회 전체라는 관점에서 본다면 장로의 기도도 무리는 없겠습니다. 하지만 오늘날의 형편은 그러한 개념을 이해하고 하는 것이 아니라는 점이 문제입니다.

도고기도? 중보기도? 용어의 바른 사용법

도고기도는 흔히 '중보기도'(仲保祈禱)라고 표현하는데, 디모데전서 2장 1절에 사용된 '도고'(intercession)라는 표현을 쓰는 것이 바람직합니다. 중보(mediator)라는 표현은 하나님과 사람 사이의 유일한 중보이신 예수 그리스도에게 적합한 표현이기 때문입니다(웨스트민스터 신앙고백서 제8장 제1, 3, 7절). 물론 중보기도라는 표현을 사용하면서 실제로 예수님의 중보자직과 혼동하는 경우는 거의 없겠습니다. 하지만, "내 기도는 하나님이 잘 들어주셔~", "누구누구 집사님께 기도 받으러 가자~" 이런 식의 표현이 바로 중보기도의 잘못된 사용에서 비롯된 생각과 행동들입니다. 언어 습관이 사고를 지배한다는 점을 고려해서 이제부터라도 고쳐 쓰는 것이 좋습니다.

대한예수교장로회(합동)의 경우 제85회 총회(2000년)에서 "타인을 위한 기도를 '중보기도'라는 용어를 사용치 말고 '부탁기도'나 '이웃(남)을 위한 기도'로 사용하는 것이 합당하다"고 결의하였습니다. 제87회 총회(2002년)에서 '중보기도'라는 표현의 사용을 중단할 것을 결의하고, 제89회 총회(2004년)에서는 '중보기도'라는 용어 대신에 '이웃을 위한 기도'를 사용하기로 한다고 결의하였으며, 제94회 총회(2009년)에서 중재기도 혹은 도고기도로 사용하도록 결의한 바 있습니다. (배광식, 한기승, 안은찬, 『헌법해설서』, 126-127.)

목회기도를 왜 꼭 목사가 해야 하나요?

기도를 목사가 하는 이유는 기도가 '은혜의 방편'이기 때문입니다. 종교개혁 신학은 은혜의 방편으로 말씀, 성례, 기도의 3가지를 언급합니다. 말씀과 성례를 목사가 주도하듯, 기도 역시 목사가 하는 것입니다. 목사는 목회기도를 함에 있어서 자신의 언어나 표현을 사용하기보다는 성경의 언어와 표현을 사용함으로써 마치 말씀을 증거하는 것과 같은 선상에서 기도를 해야 합니다.

합신 헌법(2014년판) 예배모범 제5장 '공예배 시의 기도' 제2절에는 "....그 표현들도 성경적으로 준비해야 된다...."라고 되어 있습니다. 성경으로 예배하고, 성경의 언어로 하나님의 임재를 기원하며, 성경의 시(시편 찬송)로 찬양하고, 성경의 언어로 죄를 자백하고, 성경을 읽고, 성경의 언어로 설교를 하며, 성경의 강복선언으로 예배를 마친다면 그야말로 성경적인 예배입니다. 이러한 예배가 바로 종교개혁적 예배의 아름다움이요, 오직 성경(솔라 스크립투라)의 가르침에 충실한 태도입니다. (오직 성경에 대해서는 p.48에서 다뤘습니다.)

목사가 전하는 성경적으로 풍성한 공기도는 곤경에 처한 사람들을 위로할 수 있고, 걱정이 많은 사람을 진정시킬 수 있으며, 의심하는 사람들에게 답을 줄 수 있고, 불안하여 흔들리는 사람들을 고정시켜 줄 수 있으며, 완고하여 회개하지 않는 사람들을 깨뜨릴 수 있습니다. 이것만으로도 수많은 상담이나 설교의 역할을 대신할 수 있을 정도입니다. 말하자면 목회기도는 설교와 밀접하게 연관된 일종의 또 다른 강단설교입니다. 그래서 기도할 때 성경적인 언어와 표현을 사용하는 것이 좋습니다.

핫지(J. A. Hodge)의 『교회정치문답조례』 제142문을 보면 "교회 안에서 누가 기도하는가?"라는 질문에 대해, "목사가 직접 기도한다."라고 되어있습니다. 그러면서 "목사가 합당하거나 필요하다고 여기면 본 교회 장로나 합당한 교인에게 예배의 한 부분인 기도를 부탁할 수 있고, 그렇다 하더라도 책임은 항상 목사에게 있다"라고 합니다.

대한예수교 장로회(고신) 헌법(2011년판) 예배지침에는 제11조에서 비록 '대표기도'라고 표현하고 있긴 하지만, 이어지는 제13조에서는 "기도의 준비"를 언급하면서 사실상 대표기도가 아닌 '목회기도'이며 그 주체가 '목사'임을 분명히 합니다.

| 예배지침 제13조 | 목사가 예배를 인도하기 전에 설교를 준비하는 것과 같이 기도도 사전에 준비해야 한다. 목사는 반드시 성경을 숙독하고 기도에 관한 서적을 연구 묵상하며 기도의 능력과 정신을 갖추도록 노력할 것이며 자신의 마음을 정돈하고 언어의 선택에도 유념하며 동참하는 성도들에게 유익을 주고 공감할 수 있도록 세심한 주의를 해야 한다. |

대한예수교 장로회(합동) 헌법(2006년판)도 마찬가지입니다.

| 예배모범 제5장 '공식 기도'의 제4항 | 이상과 같이 기도 제목은 그 범위가 넓고 종류가 많으니 그 택하는 것은 당직한 목사의 충성과 생각에 맡긴다. 우리 장로회가 공식 기도의 일정한 모범을 좇을 것은 아니나 목사가 예배석에 나오기 전에 반드시 그 강도를 준비하는 것과 같이 또한 기도할 것도 준비하는 것이 옳다. 목사는 반드시 성경을 숙독하고 기도에 대한 서책을 연구하고 묵상하며 하나님으로 더불어 교통함으로 기도하는 능력과 정신을 얻을 것이요, 그 뿐 아니라 아무 때나 공식 기도를 하려 할 때는 그 전에 자기 마음을 안돈하고 기도할 것 중 어떠한 말이 좋을지 마음 가운데 차례로 준비할 것이니... (후략) |

'목회기도'라는 명칭을 제대로 사용하고 있는 대한예수교 장로회(통합) 헌법(2006년판) 제4편 '예배와 예식' 제2장 '예배의 기본 요소'에서 기도의 주체를 밝히고 있습니다.

| 제4편 예배와 예식 제2장 '예배의 기본 요소' | 1. 말씀의 예전
1-2. 목회기도-목회기도는 예배를 위하여 하나님 앞에 나아와 있는 회중들의 죄용서와 소원을 구하는 중보적 의미를 가진 기도로서 목사에 의하여 드려진다. 목회기도에는 경배, 감사, 자복, 간구, 중보와 같은 요소들이 있어야 한다. |

그러면 장로의 기도는 불가능한가요?

목회기도의 주체가 목사라는 사실을 분명히 하면서도, 목회의 주체가 목사만이 아니라 당회 전체라는 관점에서 본다면 장로의 기도도 충분히 가능합니다. 성경은 장로를 목회의 주체로 봅니다.

> "여러분은 자기를 위하여 또는 온 양 떼를 위하여 삼가라 성령이 그들 가운데 여러분을 감독자로 삼고 하나님이 자기 피로 사신 교회를 보살피게 하셨느니라." 사도행전 20:28

> "사람이 자기 집을 다스릴 줄 알지 못하면 어찌 하나님의 교회를 돌보리요." 디모데전서 3:5

> "너희 중 장로들에게 권하노니 나는 함께 장로 된 자요 그리스도의 고난의 증인이요 나타날 영광에 참여할 자니라. 너희 중에 있는 하나님의 양 무리를 치되 억지로 하지 말고 하나님의 뜻을 따라 자원함으로 하며 더러운 이득을 위하여 하지 말고 기꺼이 하며" 베드로전서 5:1-2

대한예수교 장로회(고신) 헌법(2011년판)도 성경의 가르침을 따라 장로의 직무(교회정치 제66조)에서 아래처럼 언급합니다.

교회정치 제66조 '장로의 직무': 목사와 협력하여 행정과 권징을 관리하는 일, 교회의 영적 상태를 살피는 일, 교인을 심방, 위로, 교훈하는 일, 교인을 권면하는 일, 교인들이 설교대로 신앙생활을 하는 여부를 살피는 일, 언약의 자녀들을 양육하는 일, 교인들을 위해 기도하고 전도하는 일...(후략)

이로써, 장로가 사실상 목회의 동반자임을 분명히 합니다. 단, 이것은 장로가 목사와 함께 양떼들을 돌보는 일을 할 때입니다. 오늘날 대부분의 한국교회에서처럼 장로가 자신들의 본분인 심방을 하지 않는다면, 즉 성도들을 돌아보지 않는다면, 목회기도를 장로가 맡는 것은 적절하지 않습니다.

미리 준비할 것!

설교도 그러하듯이, 공적인 기도인 목회기도는 준비 없이 해서는 안 됩니다. 목사는 설교를 준비하는 만큼 기도 준비에도 힘써야 합니다. 청교도들은 준비된 기도를 강조했고, '연구된 기도'(studied prayer)라는 표현을 사용했습니다. 그들이 기도를 중요하게 생각한 이유는 기도가 은혜의 방편이라는 믿음 때문이었습니다.

목회 기도, 그것이 알고 싶다!

작성한 기도 vs 즉석기도?

기도를 미리 준비해야 한다고 할 때에 단순히 마음의 준비인가 아니면 기도문 전체를 작성한 것이어야 할까요? 이 문제와 관련하여 청교도 존 오웬은 기도문을 작성하여서 기도하는 방식에 대해서 비판적이었습니다. 그러한 방식은 성령님의 사역을 제한하는 것으로 보았습니다. 그래서 그는 형식적인 기도문을 거부하고 즉석기도를 강조하였습니다.

그에 따라 미국의 청교도 존 카튼도 기도문을 작성하는 것을 반대하여, 자유로운 즉석 기도의 필요성을 지지하는 논문을 썼습니다. 카튼은 에베소서 6장 18절 "모든 기도와 간구를 하되 항상 성령 안에서 기도하고…"라는 말씀에 근거하여, 하나님께서 자기 백성에게 명하시는 기도는 성령 안에서 드리는 기도인데, 이 기도는 성령님께서 일으키시는 감동으로 드리는 기도만을 의미하는 것이 아니라 성령께서 우리를 도우시는 사항과 말로 드리는 기도까지 의미한다고 주장하면서 자유로운 기도를 주장했습니다. 게다가 성경 이외에 다른 책을 예배 중에 사용하지 않아야 한다고 주장하며 자유로운 기도를 주장했습니다.

그러나 이런 주장은 로마 가톨릭의 기도문에 대한 반발로 생겨난 또다른 극단이 될 우려도 있습니다. 로마 가톨릭 교회는 그때도 지금도 '기도문'을 사용합니다. 그들의 기도는 기도문을 낭독하는 것으로 대신하는 경우가 많습니다. 그러나 목회기도에서 미리 준비하는 기도문은 그러한 기도문과 다른 것이므로 목회기도가 반드시 즉석기도여야 한다고만 말할 필요는 없겠습니다.

목회기도 중에 회중은 무엇을 해야할까요?

회중은 앉아서 기도를 듣기만 하지 말고 목회자의 기도가 자기 자신의 기도가 되도록 마음을 기울여 기도에 동참하며, 기도가 끝날 때에 '아멘'으로 반응함으로써 자기의 기도로 삼아야 합니다.

확인 질문

4단원
성경의 공적인 낭독과 설교 전 공기도

1. 다음 중 공예배 시간에 공적으로 성경 낭독하는 것에 관하여 예배모범을 오해한 사람 두 명을 고르세요.

   ① **무성** : 성경 낭독은 말씀을 맡은 직분자인 목사님들이 인도해야 해.
   ② **아름** : 신구약 성경을 골고루 읽어야 해.
   ③ **준영** : 구약과 신약 중에 고르되 무조건 한 장씩 읽어야 해.
   ④ **준호** : 성경 말씀을 읽는 사람은 목소리가 제일 좋은 사람이어야 해.
   ⑤ **형석** : 공예배 외에도 개인적으로 성경을 읽기 위해 노력해야 해.

2. 설교 전 공기도에 관한 설명 중 적절하지 않은 설명은?

   ① 대표기도라고 부르기도 하고 목회기도라고 부르기도 한다.
   ② 세속 정부에 대해서는 기도할 필요가 없다.
   ③ 이 순서는 설교자인 목사가 맡는데, 심방을 담당하는 장로가 맡기도 한다.
   ④ 예배모범에서 다룬 기도의 내용 중 일부는 설교 후 기도에서 다루어도 좋다.
   ⑤ 회중들이 타인을 위해 기도할 때 사용하는 중보기도라는 용어는 고쳐 써야 한다.

3. 예배 중 성경낭독 순서의 근거 구절을 직접 찾아 봅시다.

   눅 4:17-19; 딤전 4:13; 살전 5:27; 살후 3:14; 골 4:15,16; 벧후 3:15,16; 계 1:3 등

4. 은혜의 방편에 대한 근거들을 성경과 교리에서 직접 찾아서 확인해 보세요.

   마 28:19-20; 눅 24:13-35;
   웨스트민스터 대교리문답 제154문답;
   웨스트민스터 소교리문답 제88문답;
   하이델베르크 교리문답 제65문답

이 단원을 마치며, 아래 내용을 직접 적어 보세요.

이전에 알았던 사실	새롭게 깨달은 점	감사할 점

5단원
말씀 선포와 설교 후 기도

"유튜브로 설교 듣는 걸 좋아해요.
점점 예배드리러 가는 게 귀찮아지더라구요."
"한국교회 예배 시간은 너무 정적인 것 같아.
설교 시간엔 왜 듣고만 있어야 하는거지?
강연 하듯이 손들고 질문도 하고 답변도 하고 하면
얼마나 세련되고 멋질까?"
"출산 이후엔 설교를 거의 못들은 것 같아요.
어릴 땐 아이가 보채고 가만있질 않으니...
그냥 3년 정도 쉬었다가 다시 나올까봐요."

예배 가운데 실제로 가장 많은 시간을 차지하는 설교에 대해 공부하는 단원입니다. 분량이 많은 단원이지만 학습효과 차원에서는 이 부분을 한번에 공부하시는 것이 좋습니다. 너무 많은 내용 때문에 부담될 수도 있지만, 차근차근 하시면 됩니다. 한번에 다 읽기 어려우면 먼저 예배모범 본문을 보시고, 해설은 다음에 보시는 방법도 좋습니다. 지치지 말고 힘내세요!

Of the Preaching of the Word

말씀 선포에 관하여

가. 말씀 선포의 목적

PREACHING of the word,
   being the power of God unto salvation,
   and one of the greatest
   and most excellent works
      belonging to the ministry of the gospel,
should be so performed,
   that the workman need not be ashamed,
   but may save himself,
   and those that hear him.

말씀 선포는 구원에 이르게 하는 하나님의 능력이 되며, 복음 사역에 있어서 가장 위대하고 탁월한 일 중 하나이므로, 일하는 자가 부끄러워하지 않아야 한다. 오히려 자기 자신도 구원하고 그 말씀을 듣는 자들을 구원하도록 수행되어야 한다.

나. 설교자가 갖춰야 할 은사

It is presupposed,
   (according to the rules for ordination,)
   that the minister of Christ is
     in some good measure gifted
       for so weighty a service,

(명령의 규칙에 따라) 이미 전제된 대로, 그리스도의 사역자는 엄숙한 예배를 위한 어느 정도 좋은 은사가 있어야 한다.

by his skill
   in the original languages,
   and in such arts and sciences
     as are handmaids unto divinity;

즉 원어를 사용할 수 있는 기술과 문학과 과학 같은, 사람이 만든 학문을 신성한 것에 사용할 수 있는 기술을 가져야 한다.

by his knowledge
   in the whole body of theology,

신학의 전체 체계에 대한 지식과

but most of all
   in the holy scriptures,
     having his senses and heart exercised in them
       above the common sort of believers;

무엇보다도 성경 전체에 있어서 감각에서 마음으로의 적용이 일반 신자들보다 높은 수준이어야 한다.

또한 성령의 조명하심을 따라
그리고
(말씀을 읽고 연구하는 것과 함께)
함양된 다른 은사를 통해,
그동안 깨닫지 못했던 진리를
하나님께서 알게 하실 때에는
언제든지 인정하고 받아들일 것을 결심하면서,
늘 기도함으로써
겸손한 마음을 구해야 한다.
	and by the illumination of God's Spirit,
	and other gifts of edification,
	   which (together with reading
	   and studying of the word)
	   he ought still to seek
	      by prayer,
	      and an humble heart,
	         resolving to admit and receive
	           any truth not yet attained,
	whenever God shall make it known unto him.
		나.
		설교자가
		갖춰야 할
		은사

목사는 준비한 것을,
공적으로 전달하기 전에,
목사의 개인적인 준비 과정에서
이 모든 것을 사용하고 증진시켜야 한다.

All which he is to make use of, and improve,
   in his private preparations,
   before he deliver in public
      what he hath provided.

읽으며 곱씹으며

설교가 무엇인지 개념을 잡아줍니다. 복음을 맡은 자에게 속한 가장 위대하고 가장 뛰어난 일 중의 하나. 그런데 이것은 듣는 자들 뿐만 아니라, 설교자 자신의 구원을 위해서도 설교가 베풀어져야 한다고 지적합니다. 설교자를 너무도 잘 아는 사람들이 작성한 문구가 아닐까 싶습니다.

또 하나 중요한 언급은, 설교자는 일반 신자보다 훨씬 더 성경에 능해야 한다는 것. 이것만 보면 당연한 소리가 아닐까 싶은데, 이어지는 표현들을 보면 고개를 끄덕이게 됩니다. 단지 지식이 아니라, 감각과 마음의 모든 훈련에 있어서 그러하다는 겁니다. 그리고 이 모든 것들은 사전 준비가 되어야 한다는 것! 한편으로는 이런 것까지 알려줘야 하나 싶지만, 그만큼 당시의 상황은 심각했을 것입니다. 문장 하나하나를 진지하게 곱씹으며 읽어보시기 바랍니다.

다.
설교 모범 1
주제 선정과
본문 구성

Ordinarily,
the subject of his sermon is
to be some text of scripture,
holding forth
   some principle or head of religion,
   or suitable to some special occasion emergent;
or he may go on
   in some chapter, psalm, or book of the holy scripture,
     as he shall see fit.

일반적으로,
설교의 주제는
신앙의 원리나 표제가 되는
성경 본문에서 나와야 하고,
또는 당시의 특별하고 긴급한 상황에
잘 맞는 내용이거나,
몇몇의 장이나 시편을 계속 다루거나,
목사가 적당하다고 생각하는
성경의 어느 책이 되어야 한다.

Let the introduction to his text
  be brief and perspicuous,
  drawn from the text itself,
    or context,
    or some parallel place,
    or general sentence of scripture.

본문의 서론은
간단명료하게 하되,
본문 그 자체나,
문맥
혹은 병행 본문이나
성경의 일반적인 문장에서 끌어내야 한다.

If the text be long,
   (as in histories or parables
  it sometimes must be,)
     let him give a brief sum of it;

만약 본문이 길다면,
(역사나 비유를 다룰 때에 종종 그렇듯이)
그것을 간단히 요약해 주고,

if short,
   a paraphrase thereof, if need be:

만약 본문이 짧다면,
필요에 따라 말을 바꾸어서 설명해 줄 수도 있다.

in both,
  looking diligently to the scope of the text,
  and pointing at
    the chief heads and grounds of doctrine
      which he is to raise from it.

(길거나 짧거나) 어떤 경우든지
본문의 범위를 부지런히 살피고,
그 본문이 드러내고자 하는
교리의 주요 항목과 근거를
지적해 주어야 한다.

읽으며
곱씹으며

읽고 느낀 점을
적어 보세요.

본문을 분석하고 나눌 때,
단어들보다는
내용의 순서를 더욱 중시한다.

처음부터 너무 많은 대지로
청중의 기억에 부담을 줘서도 안 되고,
모호한 용어로
청중의 마음을
혼란스럽게 해서도 안 된다.

In analysing and dividing his text,
he is to regard more the order of matter
than of words;

and neither to burden the memory of the hearers
in the beginning
with too many members of division,
nor to trouble their minds
with obscure terms of art.

다.
설교 모범 1
주제 선정과
본문 구성

읽으며 곱씹으며

정말 구체적이고 알기 쉽게 설명해줍니다. 설교 준비의 가장 기초적인 원칙을 교육시키는 듯합니다. 게다가 이것은 법적 권위를 주장하려는 문서라고 보기엔, 너무도 따스합니다. 목회 선배들이 후배들에게 마치 유언을 남기듯, 눈높이 교육을 해주는 모습이 연상됩니다. 교육을 시도하면서 눈높이를 낮추는 이유는, 이 문서를 받아 읽고 적용할 수신자들(장로교회 직분자들)의 이해 수준이 고르지 못했음을 반증합니다. 웨스트민스터 총회 당시 공인된 목회자를 긴급 수혈하고 있었음에도 불구하고(총회 기간에 8천 명 가량의 장로교회 목사가 공인됨) 당시 국가 전체를 놓고 볼 때는 제대로 갖춰진 목회자가 턱없이 부족했을 것입니다.

본문 길이에 상관없이 본문이 드러내고자 하는 맥락과 교리를 잘 드러내 주라는 표현, 그리고 동시에 세심한 배려로 청중의 마음을 혼란스럽게 하지 말라는 권고가 있습니다. 단어 순서보다, 사건/내용의 순서를 더 중시하라고 조언한 것은, 뒤에 나오는 문장들을 볼 때, 청중들의 기억력을 배려했기 때문이라 생각됩니다. 무엇보다 이게 다 설교의 목적에 부합하기 위해서 나오는 대책들이란 사실이, 감격스럽습니다. 설교가 신자를 구원에 이르게 하는 하나님의 능력이 되도록! 자기 자신과 회중의 구원을 위해! 설교자는 항상 이 목적을 잃어버리면 안 될 것입니다.

| 예배모범 원문 읽기 |

다.
설교 모범 2
본문에서
교리를
끌어낼 때
유의사항

In raising doctrines from the text,
his care ought to be,
  First, That the matter be the truth of God.
  Secondly, That it be a truth
    contained in or grounded on that text,
    that the hearers may discern
      how God teacheth it from thence.
  Thirdly, That he chiefly insist
    upon those doctrines
      which are principally intended;
    and make most
      for the edification of the hearers.

본문으로부터 교리를 끌어내는 경우에 조심할 것은,
첫째, 그것이 하나님의 진리여야 한다.
둘째, 그 진리는 본문에 포함된 것이거나 본문에 기초한 것이어야 하는 바,
하나님께서 그 본문에서 진리를 어떻게 가르치시는 지를 청중들이 분별할 수 있어야 한다.
셋째, 회중의 덕성 함양에 기여하는 것을 목적으로 하는 교리를 주로 주장하여야 한다.

The doctrine is to be expressed in plain terms;

교리는 평이한 용어로 설명되어야 한다.

---

or, if any thing in it need explication,
it is to be opened,
and the consequence also from the text cleared.

만약 설명이 필요하면,
그것을 공개하고,
본문으로 그 결론을 명백하게 해야 할 것이다.

The parallel places of scripture,
confirming the doctrine,
are rather to be plain and pertinent, than many,
and (it need be)
some what insisted upon,
and applied to the purpose in hand.

교리를 확증하는
병행 본문은
많은 것보다는 오히려 분명하고 적절해야 하며,
그리고 (필요하다면)
목적을 주장하는 본문이거나
의도된 목적에 적합한 것이어야 한다.

읽으며 곱씹으며

설교를 통해 하나님께서 말씀하시고자 하는 뜻, 즉 교리를 잘 드러내라고 합니다. 어떤 사람들은 교리가 마치 성경과 전혀 다른 말을 하는 것처럼 오해하지만, 교리는 하나님의 진리를 말하는 것입니다. 교리를 전달할 때 알아듣기 쉽게 설명하고, 말하고자 하는 바가 분명해야 한다는 설명도 우리가 주목해야 하겠습니다.

다.
설교 모범 3
논증과
예화 사용

논증이나 논거는
견고해야 한다.
또한, 가능한 한 납득할 만한 것이어야 한다.

예화는 어떤 종류이든지
빛으로 가득해야 한다.
청중의 마음에
영적인 기쁨으로
진리가 전달될 수 있도록.

The arguments or reasons are
  to be solid, and,
    as much as may be, convincing.

The illustrations, of what kind soever,
ought to be full of light,
and such as may convey the truth
    into the hearer's heart
      with spiritual delight.

읽으며 곱씹으며

우리가 보통 알아듣기 쉽다고 말하거나, 정말 명연설/명강의라고 여기는 것들은 대개 논증이나 논거가 견고하고 전달력이 좋습니다. 설교 역시 이런 일반적인 기술을 잘 활용해야 합니다. 성령의 조명하심에 기대어서 말입니다. 예화를 사용할 때에도 진리가 찬연하게 빛나게 하고 청중의 마음에 영적인 기쁨과 함께 진리를 전달하라고 당부합니다. 당시 개혁자들이 가졌던 목사 직분에 대한 이해와 소명 의식을 느낄 수 있습니다.

읽으며 곱씹으며

읽고 느낀 점을
적어 보세요.

다. 설교 모범 4
의심에 대한 대응

● ○ ○

If any doubt obvious
　　from scripture, reason,
　　or prejudice of the hearers,
seem to arise,
it is very requisite to remove it,
　　by reconciling the seeming differences,
　　answering the reasons,
　　and discovering and taking away
　　　　the causes of prejudice and mistake.

만약 성경과 논거, 청중의 편견으로부터 **명백한 의심이 일어나는 것처럼 보일 때**에는, 그것을 반드시 제거해줄 필요가 있다.
　외관상의 차이들을 조화시키고 논거들에 답하고, 편견과 오해의 원인들을 발견하여 없앰으로써.

Otherwise
it is not fit to detain the hearers
　　with propounding or answering vain
　　or wicked cavils,
which, as they are endless,
so the propounding and answering of them doth
　　more hinder than promote edification.

그렇지 않고, 쓸데없는 제의(문제 제기)나 답변 또는 사악한 트집잡기로 청중을 옭아매는 일은 적절하지 못하다. 그에 대한 제의나 답변도 끝이 없으므로 청중들의 덕성 함양을 증진하는 데에 훨씬 더 방해가 될 것이다.

읽으며 곱씹으며

청중이 설교를 의심할 경우 어떻게 대응할 것인지까지 적어주고 있습니다. 그리고 그 대응 방식도 수준이 높습니다. 서로 다른 차이를 조화시키라고 하는데, 이것이 가능하려면 실력이 필요합니다. 전제와 주장을 구분하고, 깊이와 넓이에서 나오는 포용력과 여유가 필요합니다. 이유에 대해서 대답할 능력이 되어야 하며, 의심을 표현하는 그 자체가 아니라 표현의 근원을 '발견'해서 제거해주라는 것인데, 보통 실력이 아닙니다. 질문의 근원을 발견하려면 소통이 되어야 하고, 소통이 되려면 기본적으로 대화를 해야하는데, 이게 또 진솔해야 합니다. 즉, 좋은 설교를 위해 목사와 청중 사이에 상호 신뢰 형성이 기본이라는 겁니다. 의문과 의심에 대한 잘못된 대응의 폐해도 적나라하게 밝혀줍니다. 오늘날 교회에서 일상적으로 접하는 일들이 떠오릅니다. 설전과 트집(자존심 싸움), 질문과 상관없는 지식을 뽐내며 자기 과시하기, 질문의 속뜻을 이해하지 못하고 곧바로 변명하기 바쁜 조급함… 이런 것들은 신자에게 도움이 안 된다는 뼈아픈 지적입니다.

160

		다. **설교 모범 4** 의심에 대한 대응 ○●○

설교자는 일반적인 교리에 안주하지 말아야 한다.
비록 분명하거나 확증된 것이 아니라 할지라도,
오히려 청중에게 교리가 적용되도록
특별하게 다루어야 한다.

He is not to rest in general doctrine,
　although never so much cleared and confirmed,
　　but to bring it home to special use,
　　　by application to his hearers:

비록
목사 자신에게는
많은 신중함과 열정,
묵상을 요구하는,
엄청나게 어려운 작업이고,
본성이 타락한 인간이 매우 싫어할지라도.

which albeit
it prove a work of great difficulty to himself,
　requiring much prudence, zeal,
　　and meditation,
and to the natural
and corrupt man will be very unpleasant;

설교자는 그 같은 방법을 감당해야 한다.
이로써 청중들은
하나님의 말씀이 즉각적이며 능력이 충만하여,
마음의 의도와 생각을
감찰하는 것을 느끼게 된다.

yet he is to endeavour to perform it
　in such a manner,
that his auditors may feel the word of God
　to be quick and powerful,
　and a discerner of the thoughts
　and intents of the heart;

또한, 어떤 불신자나
무지한 자일지라도
마음속에
확증된 비밀을 갖게 되고
하나님께 영광을 돌릴 것이다.

and that, if any unbeliever
or ignorant person be present,
　he may have the secrets
　　of his heart made manifest,
and give glory to God.

읽으며 곱씹으며

좋은 설교는 회중석에 불신자와 무지한 자가 앉아있을지라도 그를 하나님께로 돌아오게 할 수 있습니다. 오늘날에는 혹시 있을 불신자와 무지한 자에게 맞춘다며 복음을 희미하게 흐리거나 부담될만한 예전을 제거하는 쪽으로 가고 있지만, 예배모범은 너무도 다른 확신을 주고 있습니다. 그 차이는 영혼의 골수를 쪼개는 말씀의 능력, 삼위 하나님의 일하심을 철저히 믿는 신앙에서 비롯되었을 것입니다.

다. 설교 모범 4
의심에 대한 대응

○○●

In the use of instruction or information
　in the knowledge of some truth,
　which is a consequence from his doctrine,
he may (when convenient) confirm it
　by a few firm arguments
　from the text in hand, and
　other places of scripture,
　or from the nature of
　that common-place in divinity,
　　whereof that truth is a branch.

몇몇 진리의 지식에 있어서 **교훈이나 정보를 사용할 때는, 그 교리로부터 결론이 나와야 한다.**
목사는 (편리한 대로) 이를 확증하되,
몇 가지 견고한 논증을 가지고,
　현재 다루고 있는 해당 본문이나,
　성경의 다른 본문,
　또는 신학 안에 공통으로 존재하는
　핵심 내용으로부터
가지로 뻗어나온 진리를 통해 확증해야 한다.

In confutation of false doctrines,
he is neither to raise an old heresy
　　　from the grave,
nor to mention a blasphemous opinion
　　unnecessarily:

거짓 교리를 논박할 때,
설교자는
**옛날 이단을 무덤에서 꺼내거나
불필요하게 불경건한 의견들을
언급하지 말 것**이다.

---

but, if the people be
　　in danger of an error,
he is to confute it soundly,
and endeavour to satisfy
　　their judgments and consciences
　　　　　　against all objections.

그러나 만약
사람들이 그러한 실수를 범할 위험이 있으면,
목사는 **거짓 교리를 확실하게 반박하고,**
(반박에 대한) 모든 반대에 대해
**그들의 판단력과 양심을
만족시키기 위해 노력**해야 한다.

읽으며 곱씹으며

예배모범 작성자들은 알았습니다. 교리를 특별하게 다룬다는 것이 얼마나 힘든지를. 이를 잘 다뤘을 때 청중들이 하나님의 말씀을 얼마나 잘 느끼게 되는지를. 불신자와 무지한 자들에게 어떤 효과가 있는지를… 숙련된 외과 의사가 상처를 도려낼 때 더 큰 피해 없이 정확한 솜씨로 수술하는 모습이 연상됩니다. 이런 실력과 태도를 갖추지 않은 채로, 성장이 더딘 학습자들의 탓만 해서는 안될 것입니다.

의무를 행하도록 권면할 때는, 그럴 이유가 보이는 대로, 의무를 실행하는 데 도움이 되는 방법들을 잘 가르쳐야 한다.	In exhorting to duties, he is, as he seeth cause, to teach also the means that help to the performance of them.	**다. 설교 모범 5** 권면, 책망, 위안 ●○

간언(諫言, 만류, 단념시킴), **책망, 공적인 훈계를 할 때는,** (이것은 특별한 지혜가 요구되는데)

In dehortation, reprehension, and publick admonition, (which require special wisdom,)

반드시 그럴 만한 이유가 있어야 하고, 청중들로 하여금, 죄의 본성과 심각함, 거기에 따르는 비참함을 발견하게 할 뿐만 아니라, 죄에 정복당하고 죄에 빠지게 되는 위험을 보여주고, 동시에 그것을 해결할 방법과 피할 수 있는 최선의 길까지 제시해 주어야 한다.

let him, as there shall be cause, not only discover the nature and greatness of the sin, with the misery attending it, but also shew the danger his hearers are in to be overtaken and surprised by it, together with the remedies and best way to avoid it.

> **읽으며 곱씹으며**
> 한 단락 한 단락 인간에 대한 이해가 얼마나 세심한지 감탄하게 됩니다. 하나님에 대한 이해는 인간에 대한 이해를 열어줍니다. 어떻게 대해야 인간이 촉진되고, 죄를 단념케 하고, 위안을 받고 회복되는지를 잘 알고 작성한 문구들입니다. 그런 까닭에, 설교자에게는 성경 외에도 일반 학문에 대한 이해가 필요한 것입니다.

위안을 줄 때에는, 모든 유혹에 대하여 일반적인 위로를 하든지, 어떤 특별한 문제나 두려움에 대해 구체적으로 하든지 간에, 상처 입은 마음과 괴로운 심령이 그와 반대로 답할 것에 대비해 주의 깊게 답해 주어야 한다.

In applying comfort, whether general against all temptations, or particular against some special troubles or terrors, He is carefully to answer such objections as a troubled heart and afflicted spirit may suggest to the contrary.

> **읽으며 곱씹으며**
> 의무와 책망에 이어 '위안'을 언급하는데, 놀랍게도 '반대'에 대답할 것을 대비라는 말이 나옵니다. 언뜻 봐서는 갸우뚱하게 됩니다. 그러나 그 반대의 근원에 상처와 괴로움이 있다는 걸 짚어내는, 놀라운 통찰에 감탄합니다. 위안이 필요한 사람의 상태를 너무도 잘 알고 있습니다. 이런 수준의 목회자, 직분자, 성도들과 함께 신앙생활을 한다면 얼마나 든든하고 안심이 될까요?

예배모범 원문 읽기

다. 설교 모범 5
권면, 책망, 위안

○●

It is also sometimes requisite
to give some notes of trial,
   (which is very profitable,
    especially when performed
      by able and experienced ministers,
      with circumspection and prudence,
      and the signs clearly grounded
        on the holy scripture,)

때로는, 고난에 따르는 결과를 알려주는 것도 필요하다. (이것은 매우 유익한데, 능력 있고 연륜 있는 목사들이 신중하고 세심하게 확실한 성경적 근거 아래 수행될 때에 특별히 그러하다.)

whereby the hearers may be able to
examine themselves
   whether they have attained those graces,
   and performed those duties,
   to which he exhorteth,
   or be guilty of the sin reprehended,
   and in danger of the judgments threatened,
   or are such to whom the consolations
      propounded do belong;

이로써 청중으로 하여금 스스로를 검증할 수 있게 한다. 그 은혜를 받았는지, 목사가 권고한 의무를 다했는지, 혹은 책망 받을 죄를 범하였는지, 판단력이 위협을 받았는지, 위로를 받을 자 가운데 속하였는지를.

that accordingly they may be
   quickened and excited to duty,
   humbled for their wants and sins,
   affected with their danger,
   and strengthened with comfort,
     as their condition,
      upon examination, shall require.

이로써 청중들은 의무에 자극을 받아 더 열심을 내게 되고, 자신들의 부족함과 죄에 대해 겸손해지며, 그들의 위험을 깨달을 뿐 아니라, 위안을 통해 힘을 얻고, 어떤 상황에서든지 성찰하게 될 것이다.

읽으며 곱씹으며

위안을 주라는 대목이 계속 이어집니다. 그런데 자꾸만 엇나가면 받게 될 결과를 알려주라는 문구는 놀랍습니다. 내가 죄성으로 인해 불안정하고 비매너적으로 행동할 때, 때로는 신앙 안에서 강력한 권고가 필요합니다. 꼬여 있고 거칠던 감정과 흥분이 가라앉으면서 나를 돌이킬 때가 있습니다. 그 때 드는 감정이 바로 평안함. 위안입니다. 제대로 된 다스림 안에서, 백성의 마음에 위안이 깃드는 것! 설교를 통해 신자들 속에 있는 반대와 거역하고 싶은 마음을 올바른 방식으로 다뤄줄 때, 성도에게 어떤 유익이 있는지를 깨닫습니다. 예배모범, 정말 실제적입니다. 개혁자들은 참 많이도 앞서 있었습니다. 물론 그 시대에도 다수의 설교자들이 그렇게 잘 하지 못했기에, 이런 가이드가 필요했을 것입니다. 능력 있고 연륜 있는 목사들이 신중하고 세심하게 확실한 성경적 근거 아래 설교할 때, 거기엔 참된 위안이 뒤따를 것입니다.

그리고 본문에 있는 모든 교리를 항상 전할 필요는 없기 때문에 **지혜롭게 사용하도록 잘 선택**해야 한다.	And, as he needeth not always to prosecute every doctrine which lies in his text, so is he wisely to make choice of such uses,	**다. 설교 모범 6** 전달할 교리를 선택 할 때의 원리
자신의 양무리들과 생활하면서 대화 나누는 가운데, 가장 필요하고 적절한 것이 무엇인지, 그 중에서도 그들의 영혼을 빛과 거룩함과 위로의 원천이신 그리스도께로 가장 잘 이끌 수 있는 것을 발견해야 한다.	as, by his residence and conversing with his flock, he findeth most needful and seasonable; and, amongst these, such as may most draw their souls to Christ, the fountain of light, holiness, and comfort.	

읽으며 곱씹으며

모든 구절이 눈물 없이는 읽기 어렵습니다. 그들의 영혼을 그리스도께 가장 잘 이끌어 올 방법들을 찾아내라! 우리의 위안이요, 거룩이요, 빛의 원천이신 그리스도께! 이를 위해 양떼와 함께 살고 대화해야 한다... 시대를 초월하여 설교자가 무엇을 해야 하는지, 신자에게 무엇이 필요한지를 정확하게 알려줍니다. 갖춰진 모양은 훨씬 훌륭하지만 그 본질은 허약하고 공허한 현대의 많은 교회들을 떠올리며 눈물이 납니다. 이런 설교를 통해, 그리고 일상의 교제와 심방을 통해 생명의 양식을 풍족하게 먹는 날이 실현되면 얼마나 좋을까요.

이 방법은, 모든 사람에게 혹은 모든 본문에 필수적인 것으로 정해진 것이 아니요,	This method is not prescribed as necessary for every man, or upon every text; but only recommended,	**라. 당부** 강제가 아니라 권고 사항임을 상기시킴
오직 하나님의 크신 복에 근거한 경험과 사람들의 이해와 기억에 도움을 줄 수 있는 것으로서 천거(추천할 만함)되었을 뿐이다.	as being found by experience to be very much blessed of God, and very helpful for the people's understandings and memories.	

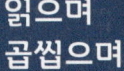

읽으며 곱씹으며

예배모범은 "이대로 해!"가 아닙니다. 공동기도서의 폐해에 대한 대안이자, 공교회를 더욱 강건하게 세워가기 위해 제시하는 간곡한 제안이자, 친절한 도움말입니다. 그 시절에도 교회마다 수준이 달랐을 것입니다. 어느 교회는 이 정도는 쉬웠을 것이고 어느 교회는 여기까지 따라오기엔 버거웠을 겁니다. 웨스트민스터 총회의 결과물들은 철저하게 상향 평준화를 지향하고 있습니다. 어느 영웅적인 한두 교회의 뛰어남을 바라보는 것이 아니라, 주께서 허락하신 교회들의 고른 발전을 추구합니다. 모든 교회들이 하나님께서 각처에 맡겨주신 백성들을 잘 품어내고 길러 나가서, 하나님께서 원하시는 그 자리까지 나아가게 하기 위함입니다.

마. 설교자의 7가지 기본 자세

●○○

But the servant of Christ,
 whatever his method be,
is to perform his whole ministry:

그러나 그리스도의 종은,
그 방법이 무엇이든 간에
그의 전 사역을 다음과 같이 수행할 것이다.

1. Painfully,
not doing the work of the Lord negligently.

1. 수고를 아끼지 않음으로,
주님의 일에 게으르지 말아야 한다.

읽으며 곱씹으며

[방법이 무엇이든 간에 이런 자세로 사역을 감당하라!]라는 단락이 본 주제의 결론부라니... 정말 지혜롭고 감동적인 마무리입니다. 그렇습니다. 동의가 됩니다. 지식이 조금 모자라고 능력이 부족해도, 자세가 올바른 사람에게 순종하게 되는 것이 인지상정입니다.

설교하는 그리스도의 종에게 방법 뿐 아니라 자세와 태도를 가르쳐주는 첫 대목에 무엇을 배치했을까 궁금했는데, Painfully라는 단어가 보입니다. 여기서 감정이 흔들리지 않을 수 없었습니다. 태만하지 않게, 성실하게 주님의 사역을 감당하는 것이 얼마나 고.통.스.러.운. 것인지를 아는 사람의 입에서만 나올 수 있는 표현입니다.

2. Plainly,
that the meanest may understand;
delivering the truth
  not in the enticing words of man's wisdom,
  but in demonstration of the Spirit and of power,
    lest the cross of Christ should be made
      of none effect;

2. 분명하게 하여,
가장 비천한 사람도 이해할 수 있도록 해야 한다.
그리스도의 십자가가 무익하지 않도록 하기 위해서,
사람의 지혜로 말미암은 유혹적인 말로
진리를 전달하지 말고,
성령님의 나타나심과 능력으로
전해야 한다.

abstaining also
  from an unprofitable use of unknown tongues,
  strange phrases,
  and cadences of sounds and words;

또한 삼가야 한다.
 알 수 없는 언어,
 이상한 문구,
 소리와 단어의 운율의 무익한 사용을.

sparingly citing sentences
 of ecclesiastical
 or other human writers,
 ancient
 or modern,
  be they never so elegant.

드물게 인용해야 한다.
 교회적 격언들이나
 다른 인간의 저작,
 고전이나 현대의 것이나.
 품위가 전혀 없으므로.

읽으며 곱씹으며

난이도를 낮추되 복음을 놓치지 말라는 이야기! 엄청난 수고와 훈련이 뒤따르지 않으면 불가능한 목표입니다. 그러나 반드시 추구해야 할 지향점이자, 어느 하나도 포기할 수 없는 기준!

마.
설교자의
7가지 기본
자세

○●○

3. 충성스럽게,
그리스도의 존귀하심을 **바라보면서,**
사람들을
회심, 교화, 구원에 이르게 하되,
(설교자) 자기 자신의 유익이나 영광을
구해서는 안 된다.

그 거룩한 목적을 증진시키기 위해서는
뒤를 돌아보지 말고,

자신의 분깃을 모든 사람에게 **나눠주며,**

그들의 죄에 있어서
　　미천한 자를 무시하거나
　　높은 자에 대해 관대함 없이
모든 사람에게
동등한 관심으로 참아 주어야 한다.

4. 지혜롭게,
모든 가르침과 권면,
특히 책망을
(설교에) 구성하여
가장 설득적인 방법으로 하되,

각 사람의 인격과 지위에
합당한 경의를 표하고,

거기에 자기의 감정이나 고통을
섞지 말아야 한다.

3. Faithfully, looking at
　　the honour of Christ,
　　the conversion,
　　edification,
　　and salvation of the people,
　　not at his own gain or glory;

keeping nothing back
　　which may promote those holy ends,

giving to every one his own portion,

and bearing indifferent respect
　　　unto all,
　　without neglecting the meanest,
　　or sparing the greatest,
　　　in their sins.

4. Wisely, framing
　　all his doctrines,
　　exhortations,
　　and especially his reproofs,
　　　in such a manner
　　　as may be most likely to prevail;

shewing all due respect
　　　to each man's person and place,

and not mixing
　　　his own passion or bitterness

**읽으며
곱씹으며**

신실하게 이러이러한 것들을 바라보라… 한 줄씩 읽다 보면, 이게 가능할까? 라는 생각이 듭니다. 특별히 책망할 때 주의할 점들이 열거되는데, 굉장히 인상적입니다. 당시는 계급사회였음을 기억해야 합니다. 중세 교회는 귀족의 예배당이 따로 있었습니다. 그러나 종교개혁 이후 점차 귀족과 평민이 한 자리에서 예배하게 되어갔는데, 그 과정에서 쉽지 않은 일들이 많았을 것입니다. 수많은 시행착오와 실패를 경험한 선배의 조언이 구구절절 녹아들어 있다 하겠습니다. 또한 설교는 공적인 자리인만큼, 비록 불특정한 사람의 죄를 언급하더라도 감정(bitterness)이 섞여 선포된다면 해악이 클 것입니다. 신중함을 넘어서서 지혜로운 행동이 필요하겠습니다.

마.
설교자의
7가지 기본
자세

5. Gravely,
　as becometh the word of God;
　shunning
　　all such gesture, voice, and expressions,
　　as may occasion the corruptions of men
　　　to despise him and his ministry.

6. With loving affection,
That the people may see all coming from
　　his godly zeal,
　　and hearty desire
　　　to do them good.

And,
7. As taught of God,
and persuaded in his own heart,
　　that all that he teacheth
　　　　is the truth of Christ;

and walking before his flock,
　as an example to them in it;

earnestly, both in private and publick,
recommending his labours to the blessing of God,
And watchfully looking to himself, and the flock
　whereof the Lord hath made him overseer:

So shall the doctrine of truth
　be preserved uncorrupt,
many souls converted and built up,

and himself receive
manifold comforts of his labours
　even in this life,
　　and afterward the crown of glory laid up
　　　for him in the world to come.

5. 엄숙하게,
하나님의 말씀이 되도록 하라.
이를 위해서
모든 몸짓, 목소리, 표현을 삼가라.
　↑ 인간의 타락성으로
　　목사와 그의 목회를 멸시하게 만드는

6. 애정어린 보살핌으로 하라.
목사의 거룩한 열정과,
그가 청중의 유익을 갈망하는
마음의 소원으로부터 나오는 모든 것을
사람들이 볼 수 있도록 해야 한다.

그리고,
7. 하나님이 가르치신대로,
목사의 마음속에 설득하신대로,
그가 가르치는 모든 것은
그리스도의 진리여야 한다.

양무리보다 앞서 걸으면서
그들의 본이 되어야 하고,

진심으로, 사적으로나 공적으로나
자신의 수고에 하나님의 복이 있기를 부탁하며
조심히 살펴야 한다.
　↑ 자기 자신과 주께서 맡기신 양무리들을.

그리하여 **진리의 교리가**
타락하지 않고 보전되어,
많은 영혼들이 회심하여 자기 자신을 세우게 되고

목사 자신도 그 수고로 인하여
이 세상에서 다양한 위로를 받고,
후에 장차 올 세상에서도
자기를 위하여 예비된
영광의 면류관을 받게 될 것이다.

회중 가운데 **한 명 이상의 목사가 있고 그들의 은사가 다른 경우에는,**	Where there are more ministers in a congregation than one, And they of different gifts,	바. 동사 목사가 있을 경우, 권고 사항
그들 안에서 합의된 바에 따라 또한, 각자의 탁월한 은사에 따라 각 자신에게 특별하게 적용하여 가르침 또는 권고를 한다.	Each may more especially apply himself to doctrine or exhortation, according to the gift wherein he most excelleth, and as they shall agree between themselves.	

읽으며 곱씹으며

Gravely라는 단어가 보입니다. 엄숙하게, 하나님의 말씀이 되도록 하라니…. 이런 표현들이 주는 묵직함을 깊이 곱씹어보시기 바랍니다. 그리고 이와는 너무도 거리가 먼 현대의 부흥사들, 목사들을 떠올리며 안타까움에 기도하게 됩니다.

6번 항목은 참 인상적이었습니다. 애정어린 보살핌으로 하여, 목사의 열정과 청중에 대한 마음을 사람들이 알 수 있도록 하라는 것입니다. 이런 항목이 왜 들어갔을까요. 19세기 영미권 문학작품에 묘사되곤 하는 냉혹한 청교도들이 떠올랐습니다. 무척 열심히 맡은 일을 수행하지만, 인간에 대한 이해와 사랑이 부족한 목사들이 늘 있었습니다. 그러지 말라고 지적하는 것입니다. 해 아래 새것이 없고, 사람의 경향성도 비슷해서인지, 오늘날에도 그런 경우가 꽤 있습니다. 옳고 그름을 말하지만 거기서 도무지 애정을 느낄 수 없는 원칙주의자들 말입니다.

웨스트민스터 총회의 종교개혁자들은 스스로 이렇게 주의했습니다. 우리 중에 과연 그분들보다 나은 사람이 있을까요? 그분들보다 못하면서 그분들만도 못한 애정으로 신자를 섬기려 했다면, 크게 반성해야 하겠습니다. 그런 사랑이 있어야 비로소 7번 항목과 같은 본을 보일 수 있고, 또한 따르는 양 떼가 있을 것입니다.

예배 시간의 대부분을 설교가 차지합니다. 왜 이것이 그토록 중요할까요?

설교가 예배 중에 포함되어야 하는 근거 역시 성경 여러 곳에 있습니다. 특별히 부활하신 예수님께서 제자들에게 "가르쳐 지키게 하라"^(마 28:20)라고 하신 것은 곧 설교하라는 말씀입니다.

설교에 관한 가장 명확한 성경 본문은 디모데후서 4:2입니다. "너는 말씀을 전파하라 때를 얻든지 못 얻든지 항상 힘쓰라 범사에 오래 참음과 가르침으로 경책하며 경계하며 권하라" 한국교회는 이 본문을 노방전도에 적용하는 것이 보편화되어 있는데, 사실은 설교를 가리킵니다. "말씀을 전파하라"는 구절을 NIV 성경에서 찾아보면 preach the Word라고 되어 있습니다. preach는 '설교하다'입니다. 사도바울은 목회자인 디모데에게 교회에서 하나님의 말씀을 설교하는 일에 최선을 다할 것을 강조했습니다. 이 본문에 근거하여 목사는 예배 중에 말씀을 설교해야 합니다.

설교가 예배의 핵심이 되어야 하는 이유는 설교야말로 복음을 전하는 수단이며, 설교를 통해 예배에 참여한 자들에게 믿음이 생겨나고, 믿음을 이미 가진 사람들은 그 믿음을 더욱 견고하게 할 수 있기 때문입니다. 복음은 모든 믿는 자에게 구원을 주시는 하나님의 능력입니다.^(롬 1:16) 성경은 구원에 이르는 지혜입니다.^(딤후 3:15; 롬 15:4) 그렇다면 이 믿음과 구원을 일으키기 위해서는 말씀 선포가 필요합니다.

믿음은 들음에서 나며 들음은 그리스도의 말씀으로 말미암는다고 하였습니다.^(롬 10:17) 하나님은 말씀 선포라는 미련한 방법으로 믿는 자들을 구원하기를 기뻐하십니다.^(고전 1:21) 그러므로 설교는 예배에 있어서 가장 핵심입니다.

예배의 중요한 원리 중 하나인 '규정적 원리'는 예배의 구성요소 자체에도 영향을 주지만, 여러 가지 구성요소 가운데 말씀선포를 가장 중요하게 여기는 것에도 중요한 기준이 됩니다. 종교개혁자 칼뱅도 예배에 있어서 말씀선포를 가장 중요한 요소로 보았습니다. 그는 말씀과 바른 교리에 대한 선포가 없으면 예배는 외식으로 변질된다고 강하게 말했습니다. 종교개혁은 은혜의 방편으로서의 말씀을 곧 설교된 복음으로 이해했습니다.

하이델베르크 교리문답 65문

오직 믿음으로만
우리가 그리스도와 그의 모든 은덕(恩德)에 참여할 수 있는데,
이 믿음은 어디에서 옵니까?

답 : 성령님에게서 옵니다.
그분은 거룩한 복음의 강설로
우리의 마음에 믿음을 일으키며,
성례의 시행(施行)으로
믿음을 굳세게 하십니다.

웨스트민스터 대교리문답 155문

말씀이 어떻게 구원에 효력 있게 됩니까?

답 : 하나님의 영이
말씀을 읽는 것,
특히 말씀 선포를 효력 있는 방편으로 삼아
죄인들을 깨닫게 하시고,
확신시키시고,
겸손하게 하시며,
그들을 자기 자신들로부터 몰아내어
그리스도께로 이끄시고,
그들로 하여금 그분의 형상을 본받게 하시며,
그분의 뜻에 복종하게 하시고,
유혹과 부패에 대항하여 그들을 강하게 하시며,
그들을 은혜 안에 자라게 하시고,
구원에 이르는 믿음을 통하여
그들의 마음을 거룩함과 위로로 견고하게 세우심으로
구원을 효력 있게 합니다.

웨스트민스터 신앙고백서 제14장

구원에 이르는 믿음에 관하여

1. 택함 받은 자들이 믿어
그들의 영혼이 구원에 이르게 되는 믿음의 은혜는
그들의 마음속에 계시는 그리스도의 영의 사역이다.
통상적으로는 말씀의 사역에 의해 이루어지고,
또한 성례의 집행과 기도에 의해 증가되며 강화된다.

위의 신앙고백서와 교리문답에서 동일하게 가르치고 있는 것처럼 설교(말씀선포)는 믿음을 일으키고, 은혜를 주는 수단입니다.

설교에서 무엇이 선포되어야 할까요?

하나님의 말씀을 밝히 해석하고 설명하고 증거하는 것이 설교입니다. 설교는 설교자의 신앙 간증이나 다른 사람의 경험담을 말하는 시간이 아니며 설교자의 개인적인 소신을 밝히는 자리가 아닙니다. 설교자는 성경 본문이 말하는 것을 전해야 합니다. 설교는 오직 성경에서 나와야 합니다.

그렇기에 설교의 내용은 삼위일체 하나님, 성경관, 율법과 복음, 하나님의 뜻, 하나님의 작정과 선택, 창조와 섭리, 인간의 본질과 타락과 죄, 은혜언약, 구원의 서정, 부르심, 중생, 칭의, 성화, 믿음과 회개, 선행, 교회, 예배, 성례, 기독교인의 삶, 재림과 최후 심판 등이 포함되어야 합니다. 설교에는 하나님 나라의 풍성하고 광대한 사상이 담겨야 합니다. 그리스도께서 이 세상에서 나타내신 일들, 즉 동정녀 탄생, 지상 생애, 십자가 죽음, 부활과 승천 등 역사적 사실에 대한 제시가 있어야 합니다.(고전 15:3-4) 그리고 이 사실들의 구속적 의미에 대한 제시가 있어야 합니다. 설교에서 삼위 하나님의 하신 일이 증거 되어야 하며, 그리스도의 구원사역이 전파되어야 하고, 아직까지 회심하지 않은 자의 회심을 요청해야 하고, 이미 중생하여 그리스도인으로서 살아가는 자에게는 그 존재에 합당한 삶을 살도록 요구하는 것이 포함되어야 하며, 장차 오실 그리스도에 대한 소망이 담겨야 합니다. 이 모든 것이 골고루 이루어져야 하며, 어느 하나만 강조되어서는 안 됩니다.

설교가 예배의 전부는 아니랍니다!

간혹 오해하는 경우가 있습니다. 설교를 예배의 전부로 생각합니다. 예배를 마치고 예배당 밖으로 나오는 성도들의 입에서 이런 말을 종종 듣습니다. "오늘은 은혜를 못 받았다." 그 말의 의미는 대부분 "오늘 설교가 별로였다."입니다. 이 말에는 예배 전체 중에서 오직 설교만이 은혜를 누릴 수 있는 순서라는 의식이 깊이 깔려 있습니다. 실제로 많은 사람들이 예배의 많은 순서 중 설교만을 생각합니다. 다른 순서들은 생각하지 않고 오직 설교만으로 그날의 예배에 대해 말합니다. 다른 순서는 설교를 '위해' 존재하며, 설교에서 받은 은혜를 북돋아주는 시간 정도로 생각하는 경우가 많습니다.

설교는 예배의 유일한 순서가 아닙니다. 모든 순서는 각각이 의미가 있습니다. 어떤 순서라도 가볍게 여겨서는 안 됩니다. 각 순서들이 모여서 전체를 이룹니다. 설교가 중요하지만, 설교만 중요한 게 아닙니다. 예배는 각 순서들이 균형 있게 조화를 이루고 있습니다.

어떤 본문을 설교해야 할까요?

66권의 방대한 성경 중에서 어떤 본문을 설교할 것인가? 본문을 임의적 방식으로 선정하여 할 수도 있고 정해진 본문을 연속적 방식으로 할 수도 있습니다. 종교개혁 시대 이후부터 개혁주의 교회에서는 설교자가 본문을 자유롭게 선택할 수 있는 자유가 주어졌습니다.

이 때 '자유롭게'라는 것은 '상황에 따라'라는 사실을 기억해야 합니다. 목사는 자신이 목회하고 있는 교회의 특성을 생각하고 그 교회의 형편과 상황을 고려해서 적절한 본문을 선택할 수 있습니다. 그러면서도 가급적이면 성경 전체의 교훈을 골고루 전하기 위해서 힘써야 합니다. 이를 위해서는 우리의 믿음의 선배들이 사용한 '연속 본문 강해설교'라는 방식을 선택하는 것이 좋습니다. 성경 66권 중 어느 책을 선택한 뒤 본문을 빠짐없이 쭉 설교하는 것입니다. 창세기를 선택해서 1장을 설교했으면 그 다음에는 2장, 3장을 이어서 설교합니다.

이렇게 하면 교인들이 성경의 흐름 속에서 본문을 읽을 줄 아는 힘을 기르게 됩니다. 설교자와 함께 본문을 연구하는 입장에 서게 됩니다. 앞서 구약성경낭독과 신약성경낭독을 통해 추구하는 연속적 성경읽기의 목표도 함께 달성할 수도 있다는 점에서 유익합니다. 설교자에게도 유익합니다. 연속 본문을 강해할 경우 설교자는 "오늘은 어떤 본문으로 설교할까?"를 고민하지 않아도 됩니다. 성경해석의 가장 기초인 "문맥"을 벗어난 설교를 하지 않을 수 있습니다. 성경 전체를 골고루 가르칠 수 있습니다. 이미 정해진 본문의 순서를 따라 설교하니, 민감한 주제를 다루더라도 설교자의 어떤 의도가 담겼다고 오해받지 않을 수 있습니다. "어떤 특정한 사람을 향해서 설교한다."는 오해도 피할 수 있습니다. 하나님의 사랑과 공의를, 천국 소망과 지옥 심판을 고루 전할 수 있습니다.

그렇다고 해서 본문을 선택하여 설교하는 방식이 무조건 잘못되었다는 것은 아닙니다. 교회의 형편, 설교자의 상황에 따라 간헐적으로 임의선택 방식도 할 수 있습니다. 때로 '연속적 본문 강해 설교'는 청중을 지겹게 할 수도 있습니다. 그래서 한 시리즈의 호흡을 적당하게 할 필요가 있고 가끔은 제목설교나 주제설교를 하면서 연속 본문 강해를 쉬어가는 것도 유익합니다. 중요한 것은 하나님의 말씀이 순수하게 증거되는 것입니다.

이번 주일엔 나도 한 번 설교를 해볼 수 있을까요?

설교는 아무나 할 수 없고, 아무나 해서도 안 됩니다. 설교는 전문적인 일입니다. 그냥 교인들이 돌아가며 하는 것이 아닙니다. 찬송은 누구나 할 수 있고 누구나 해야 합니다. 특정한 사람만 해서는 안 됩니다. 목회기도를 제외한 기도 역시 누구나 할 수 있고 해야 합니다. 그러나 설교는 특정한 사람만 할 수 있습니다. 설교자로서의 충분한 ⓐ'은사'가 있을 뿐 아니라, 내외적 ⓑ'소명'을 확인하여 ⓒ'신학교육'을 받아 ⓓ'시험을 치러' ⓔ'정식으로 인허 받아 임직한' 강도사(講道使, licentiates)와 목사만 설교할 수 있습니다.

이 내용은 《특강 종교개혁사》 206-213쪽에 잘 소개되어 있습니다.

1. 은사: 설교자는 설교에 대한 은사가 있어야 합니다. 설교자는 말씀을 읽고, 가르치며(딤전 4:13), 전하는 자입니다.(딤후 4:2) 그러므로 설교자는 하나님의 말씀을 읽고 연구하여 가르치고 전할 수 있는 은사가 있어야 합니다.(딤전 4:16) 은사는 최소한의 자격입니다. 독해력이 부족하다든지, 공부와 연구에 관심이 없다든지, 말을 할 줄 모른다든지, 성경과 그 밖의 지식에 대한 기본적인 지식이 부족하다든지 하는 사람은 처음부터 자격미달입니다.

2. 소명: 은사가 있다고 해서 모든 사람이 설교자가 될 수 있는 것은 아닙니다. 이 은사가 설교자로서의 사명으로 이어질 수 있는지 '부르심'이 요구됩니다. 설교자로서의 은사가 부르심으로 확인되어야 합니다.(롬 11:29) 이 부르심은 크게 내적 소명과 외적 소명을 통해 확인되어야 합니다. 하나님이 부르셨다는 사실은 먼저 그 사람의 내적인 마음을 통해 확인됩니다. 이를 내적 소명(internal calling)이라고 합니다. 하지만, 내적 소명은 주관적입니다. 실제로 하나님이 부르신 것이 아닌데 착각할 수 있습니다. 하나님께서 직통 계시로 그 뜻을 알려주시는 시대가 아니기 때문입니다.

외적 소명(external calling)이란 다른 사람을 통해 확인되는 소명입니다. 하나님께서 그 사람을 세우셔서 설교자로 사용하기를 원하시는 지를 교회의 회중을 통해 검증하는 과정입니다. 외적 소명이 필요한 또 다른 이유는 직분이 교회를 세우기 위한 것이므로 개인의 의사에 따라 스스로 성취하는 것이 아니라는 사실 때문입니다.

3. 신학교육: 설교자로서의 은사가 있는 사람이 내적 소명과 외적 소명을 통해 부르심이 확인되었다면, 이미 가진 은사를 더욱더 개발하는 것이 필요합니다. 설교자로서의 직임은 은사만으로는 부족하기 때문입니다. 하나님의 말씀을 연구하고, 가르치는 일은 교육을 통해서 개발되어야 합니다.

역사적으로 장로교회는 '교육받은 목사'의 필요성을 중요하게 여겼습니다. 설교자의 일은 성경의 진리를 권위를 가지고 여러 계층의 청중에게 설명하는 것인데, 이 일에는 균형 있는 판단력과 그 업무를 위해서 훈련과 실천으로 단련된 정신이 필요하다고 여겼기 때문입니다. 특별히 청교도들이 이 부분에 대해 분명하게 인식하고 신학교를 설립하여 언어와 인문학과 신학 교육을 제대로 시켰습니다. 교육받지 않은 무지한 목사를 급조하여 목사로 세우는 것은 종교개혁을 방해하는 일이라고 생각했습니다. 그래서 성경, 성경언어, 신앙고백, 조직신학, 교회사, 인문학(논리학과 철학)을 중요하게 가르쳤습니다.

신학교에 대한 우리의 책임

이런 역사적 경험에 근거해서 장로교회는 신학교를 설립하는 것을 교회의 중요한 역할로 여겼습니다. 교회에 반드시 있어야 할 설교를 위해서 교회는 말씀을 증거 할 자격을 갖춘 사람을 양성해야 했으니, 그 이유는 말씀을 순수하게 잘 보존해야 하기 때문이었습니다. 아무나 설교함으로써 하나님의 말씀을 훼손할 수 있음을 중세시대를 거치면서 확실히 깨달았던 것입니다.

예를 들어 "총신"이라는 신학교가 있는데 이는 원래 "총회신학"의 줄임말입니다. 그래서 사실상 모든 신학대학원은 "총신"인 셈입니다. "총신"이라고 부르는 순간, 이것은 총회의 학교이므로 어느 개인의 학교가 아니라는 뜻이 됩니다. 개인이 사유화해서는 안 되고, 사유화 할 수도 없는 것입니다. 또한 총회는 임시 치리회입니다. 총회 기간에 모여서 일을 처리하고 총회가 끝나면 흩어지는 모임입니다. 그런데 그 임시회가 상설로 하는 유일한 임무가 바로 신학교를 운영하는 일입니다. 그만큼 신학교는 총회와 밀접하며, 이것은 결국 교회를 위하고 설교를 위한 것입니다. 그러므로 신학교 문제는 나와는 상관없는 일이라고 무관심해서는 안 됩니다. 적어도 그 총회에 속한 치리회원이라면 말입니다.

4. 고시: 교육을 받았다고 해서 다 끝난 것은 아닙니다. 교육 받은 것을 제대로 이해했는지 확인하기 위한 시험을 치릅니다. 합당한 은사를 가진 사람이 부르심을 따라 신학교육을 받고 나면, 그 교육을 제대로 받았는지 확인하여 설교자로서의 자질이 구비되었는지 확인하는 작업이 필요합니다. 이 확인은 교회가 합니다. 왜냐하면 직분은 교회를 위한 것이며, 교회로부터 나오기 때문입니다. 교회(노회 혹은 총회)는 그 사람이 교육을 제대로 마쳤는지를 확인하는 시험을 치릅니다. 강도사 고시, 목사 고시 등이 있습니다.

> 일부 교단에서는 '강도사'라는 용어 대신 '준목사'라는 용어를 사용합니다.

5. 인허와 임직: 고시에 합격했다고 해서 직분자가 된 것은 아닙니다. 최종 절차가 하나 남았습니다. 고시에 합격한 사람은 교회의 부름을 받아야 합니다. 그러면 임직하게 됩니다. 이렇게 임직한 직분을 가리켜서 '강도사'라고 합니다. 도(道)를 강론(講論)할 자격, 즉 설교할 수 있는 자격을 공식적으로 얻었다는 것입니다. 오늘날 강도사와 목사가 바로 강도권을 가진 사람입니다.

이처럼, 설교자는 쉽게 세워지지 않으며, 쉽게 세워도 안됩니다.

전도사는 설교할 수 있습니까?

전도사(목사후보생)는 신학대학원(신학교)에서 설교자로서의 자격을 갖추기 위해 준비 중에 있는 사람입니다. 즉, 아직 '강도권'이 허락되지 않았다는 것입니다. 당연히 설교할 수 없습니다. 설교의 권한이 없기 때문입니다. 그래서 주일 공예배에서 설교할 수 없습니다. 이렇게 말씀드리면 어떤 분들은 전도사들이 교육부서에서 '설교'하고 있는 것을 염두에 두면서 "전도사도 설교할 수 있는 것이 아니냐?"라고 합니다. 그러나 교육부서에서의 설교는 공예배의 '설교'가 아닙니다. 우리가 편의상 '설교'라고 부르지만 사실상 '교육' 혹은 '강의'라고 할 수 있습니다. 물론 하나님의 말씀을 가르치는 일을 하지만, 그것은 '공예배에서의 설교'와 구분하여 '권면의 말씀' 정도로 생각하는 것이 바람직합니다. 아주 예외적으로 목사와 당회의 지도 아래 설교를 '연습'할 수는 있다고 할지 모르겠습니다. 배우는 과정에 있으므로 설교를 해 보는 것도 필요하기 때문입니다. 그렇더라도 매우 신중하게 해야 하며, 반드시 목사가 설교의 원고를 검토하고 그 자리에 직접 참여하여 들어야 합니다.

설교자는 어떤 자세로 준비해야 할까요?

설교자는 설교를 준비할 때부터 신중한 자세를 가져야 합니다. 한 주간 하나님의 말씀을 철저히 연구하면서 설교문을 작성해야 합니다. 어려운 내용이더라도 누구나 알아들을 수 있는 쉬운 표현으로 진지하고도 확신 있게 선포해야 합니다. 특히 성경 전체를 골고루 전하려고 해야 합니다.(행 20:27) 즉 성경의 모든 교리를 가르치는 겁니다. 성경의 강조점과 균형에 맞게 선포하되, 청중의 영혼을 진지한 열정으로 사랑하며 선포해야 합니다.

이때 설교자는 자신의 지식과 경험, 학문이나 재능을 자랑하지 말아야 합니다. 설교시간은 목회자의 종교적 신념이나 소신을 밝히는 시간이 아니며, 자신의 신앙적 체험을 전하는 시간도 아닙니다. 자기 성공담을 늘어놓아서도 안 됩니다. 정치, 경제, 사회, 문화 등에 대한 자기 견해를 밝히고 그것을 교인들에게 강요해서도 안 됩니다. 그런 것을 꼭 말할 필요가 있다면 설교시간이 아니라 다른 교육의 기회를 통해 말할 수 있을 것입니다. 설교자의 임무는 하나님의 말씀을 있는 그대로 전하는 것입니다. 교인들의 귀에 듣기 좋은 것을 골라 전하는 것이 아니라 듣기 싫은 죄와 회개에 관한 것도 설교해야 합니다. 설교자의 목적은 사람들이 예수님께로 인도되어 그분을 영접하도록 그분을 밝히 드러내는 것입니다.(이 부분은 웨스트민스터 대교리문답 159문답에 잘 나타나 있습니다.)

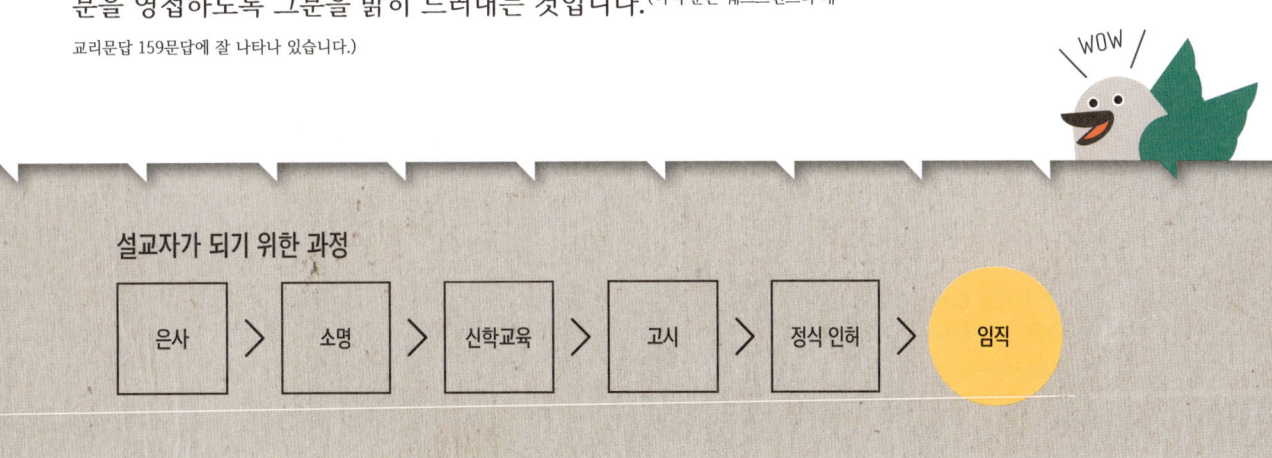

설교자가 되기 위한 과정

은사 > 소명 > 신학교육 > 고시 > 정식 인허 > 임직

설교는 어느 정도의 분량이 좋을까요?

대부분 최대한 짧기를 바랄 것입니다. 성경은 뭐라고 말하고 있을까요? 성경은 설교를 몇 시간 하라고 정확하게 규정하지 않았습니다. 이런 부분은 하나님이 우리에게 주신 이성과 상식에 따라 하면 됩니다. 웨스트민스터 예배모범 역시 설교를 얼마나 길게 하는지에 대해서 다루지 않습니다. 그건 성경이 구체적으로 다루고 있는 것이 아니라고 보았기 때문입니다.

설교는 너무 짧아서도 안 되지만 그렇다고 너무 길어서도 안 됩니다. 너무 짧으면 성경의 가르침을 충분히 전달할 수 없으며, 성경을 바르게 해석할 수가 없고 하나님의 말씀에 대한 경외심이 떨어질 수 있습니다. 반면 설교가 지나치게 길면 교인들이 지루할 수 있고 설교에 대한 부정적인 인식이 생길 수 있습니다. 그래서 설교자의 지혜가 필요합니다. 설교가 공예배의 전부가 아니라 한 부분이라는 점을 염두에 둔다면 공예배 전체에 조화를 이루도록 적절한 시간 배정을 해야 합니다.

설교자가 앉아서 설교할 수 있을까요?

우리 주변에서 볼 수 있는 거의 대부분의 설교자는 설교할 때에 서서 합니다. 앉아서 하는 경우는 거의 볼 수 없습니다. 그러다보니 우리는 '반드시' 서서 설교해야 된다고 생각합니다. 혹여나 어떤 설교자가 예배 인도 중에 서 있다가 설교 시간이 되자 앉아서 설교하기 시작한다면 이상하게 생각할 것입니다. 심지어 "어떻게 감히?"라고 생각하는 사람이 있을지도 모르겠습니다. 우리는 대개 현재 우리가 하고 있는 방식을 절대적인 방식이라고 생각합니다. 그래서 설교자가 서서 설교하는 것 이외의 다른 방법은 상상도 할 수 없습니다. 그러나 과연 그런가요?

초대교회에는 앉아서 설교하는 경우가 일반적이었습니다. 성경에도 앉아서 설교하는 경우를 여러 곳에서 찾아볼 수 있습니다.(마 5:1; 눅 4:20; 5:3; 요 8:2; 행 13:14) 반대로 우리는 '기도' 시간에 모두 앉아서 하는데, 오히려 기도 시간에는 일어서서 하는 경우가 많았습니다. 교회 역사에 보면 회중이 하나님께로 향하는 순서인 찬송, 신앙고백, 기도, 헌상 등의 순서에는 서서 하는 경우가 많았습니다.

설교를 앉아서 해도, 기도를 서서 해도 상관없고, 설교를 서서 하고 기도를 앉아서 해도 상관없습니다. 이런 것에 매이는 것은 규정적 원리를 '잘못' 적용하는 것입니다.

청중은 어떤 자세로 설교를 들어야 할까요?

예배에 있어서 빠지지 말아야 할 것 중 하나는 회중의 적극적인 참여입니다. 이것은 설교에서도 드러납니다. 상당수의 사람들이 설교는 일방적인 시간이라고 생각합니다. 설교시간에는 설교자만 잘 하면 된다고 생각합니다. 그렇지 않습니다. 설교를 듣는 청중도 잘 해야 합니다. 설교는 설교자와 청중의 동시 활동입니다.(히 4:2) 예배 순서에 '설교'라고 된 부분의 담당자를 '목사'라고 해 두었지만, 사실상 '목사와 전체회중'입니다. 목사는 설교를 전달하는 일을 맡았고, 회중은 설교를 듣는 일을 맡았습니다. 요한복음 8:43은 "하나님께 속한 자는 하나님의 말씀을 듣나니 너희가 듣지 아니함은 하나님께 속하지 아니하였음이로다."라고 말씀합니다. 청중은 결코 구경꾼이 아닙니다. 말씀 공동체의 참여자입니다.

웨스트민스터 신앙고백서 제21장 제5절은 예배에 있어야 할 요소를 언급하고 있는데 그 중에 '말씀을 듣는 성도들의 자세'가 포함되어 있습니다.

> **제21장 종교적 예배와 안식일에 관하여**
> 경건한 두려움으로 하는 성경낭독, 건전한 설교, <u>분별력과 믿음과 경외심을 가지고 하나님께 순종함으로 말씀을 양심적으로 듣는 것</u>, 마음으로부터 은혜로 시편을 부르는 것, 또한 그리스도께서 제정하신 성례를 시행하고 합당하게 받는 것이 하나님께 드리는 통상적인 예배의 모든 요소다. 이 외에도 종교적 맹세, 서원, 엄숙한 금식, 특별한 경우에 드리는 감사가 있다. 이런 요소들은 그것들의 적절한 시기와 때에 따라 거룩하고 종교적인 방식으로 행해져야 한다.

이 주제에 대해서는 저자의 다른 책을 추천합니다. 웨스트민스터 대교리문답의 가르침을 토대로 회중의 자세에 대해 살피고 있습니다. 설교를 올바로 듣고자 원하시는 분들께 구체적인 도움이 되기를 바랍니다. 손재익, 『설교, 어떻게 들을 것인가?』(좋은 씨앗, 2018)

청중으로서의 회중은 설교를 들을 때에 두렵고 떨리는 마음으로 임해야 합니다. 설교를 사람의 말로 들어서는 안 됩니다. 설교란 하나님의 말씀이 선포되는 시간입니다. 청중은 설교를 설교자라고 하는 사람의 말로 듣지 말고 하나님께서 직접 말씀하시는 것으로 들어야 합니다.(살전 2:13) 더 나아가 설교자의 설교가 성경의 가르침에 부합하는지 늘 신경 써야 합니다.(행 17:11; 살전 2:13) 가장들의 경우에는 예배 이후에 가정에서 자녀들에게 설교에 대해 질문할 것이므로 보다 더 귀 기울여야 합니다. 전통적으로 예배당에는 회중석에 설교를 노트할 수 있는 책상 같은 선반이 있습니다. 이는 단순히 성경을 올려놓기 위한 곳이 아니라 기록을 위한 공간입니다.

웨스트민스터 대교리문답 제160문답은 설교를 듣는 자의 자세에 대해 아래와 같이 고백합니다.

> 160문: 설교된 말씀을 듣는 사람들에게 요구되는 것은 무엇입니까?
> 답: 설교된 말씀을 듣는 사람들에게 요구되는 것은
> 부지런함과 준비와 기도로 참여하며,
> 그 들은 바를 성경으로 살펴보며,
> 믿음과 사랑과 온유와 준비된 마음으로 진리를 받되,
> 하나님의 말씀으로 받아들이며,
> 그것을 묵상하고, 참고하며, 그것을 그들의 마음속에 간직하고,
> 그들의 삶 속에서 그 열매를 맺는 것입니다.

전하는 자나 듣는 자 모두는 성령님께서 이 말씀을 가지고 역사하시기를 기원하며 기대하고 임해야 합니다. 선포되는 말씀을 가지고 성령님께서 역사하셔서 그 말씀으로 믿음을 일으키시고, 그 말씀을 깨닫게 하시고, 그 말씀에 따라 생각을 바꾸시고 정서적 요소와 행동까지도 바뀌는 일을 하시기를 기원하고 기대해야 합니다. 설교자는 하나님의 말씀 이외에 다른 것을 통해 더 흥미를 제공하려고 해서는 안 됩니다. 청중들은 하나님의 말씀만으로 만족해야 합니다.

청교도들에게 있어서 가정에서의 신앙교육의 시작은 설교를 듣는 일에서부터 였습니다.

알아들을 수 있는 언어로 예배하게 된 것조차
종교개혁의 결과물입니다.

진정한 예배는 예배를 드리는 사람이 이해하는 것이어야 합니다. 설교도 그렇고 찬송과 기도도 그렇습니다. 그래야만 모든 회중이 예배에 적극적으로 참여할 수 있습니다. 무슨 말인지 모르고 어떻게 예배를 드릴 수 있겠습니까? 내가 지금 무슨 일을 하는지도 모르고 하는 일이 무슨 의미가 있겠습니까? 그래서 예배에서 사용되는 모든 말들은 그 예배에 참여하는 자들이 평소에 사용하는 언어로 이루어져야 합니다. 누구든지 쉽게 알아들을 수 있는 말로 예배드려야 합니다.

이 말이 어떻게 보면 너무나 당연한 말이어서 그다지 중요하지 않게 생각될 수 있습니다. 그러나 교회 역사를 보면, 이렇게 당연한 것이 꼭 그렇지만은 않았던 일이 있었습니다. 중세 시대에는 사제들의 특권의식으로 말미암아 회중들은 전혀 그 의미를 알지 못하고 사제들만이 이해할 수 있는 '라틴어'로 설교하고 찬송했습니다.

라틴어는 당시의 평범한 사람들이 모르는 언어였습니다. 마치 조선시대 대부분의 사람들이 한자를 읽을 줄 모르던 것과 같습니다. 소위 배운 사람만 아는 언어가 라틴어였습니다. 게다가 당시는 오늘날과 달리 문맹률이 매우 높던 때입니다. 자기 나라 글도 잘 모르는 사람들이 많던 시대입니다. 하지만, 사제들은 사제주의로 인해 평범한 신자들이 성경을 모르게 하기 위해서 라틴어로 가르쳤습니다. 그 결과 예배는 힘을 잃게 되었고, 회중들은 예배에 참여하기는커녕 구경꾼조차도 되지 못했습니다. 그래서 회중들은 예배를 통해 아무런 은혜도 누릴 수가 없었습니다.

종교개혁은 이러한 문제점을 잘 지적하고 당시의 회중들이 사용하는 일상어로 예배할 것을 강조하였습니다. 그러한 결과로 나타난 여러 가지 중에 하나가 바로 성경 번역입니다.

종교개혁자 마르틴 루터의 가장 큰 공헌 중 하나가 성경 번역입니다. 당시는 라틴어 성경 외에는 없었습니다. 그런데 라틴어는 대부분의 사람들이 읽을 수 없었습니다. 문맹률이 높던 시대에 모국어인 독일어도 어려운데 라틴어는 더더욱 어려울 수밖에 없었습니다. 이를 안타깝게 여긴 루터는 라틴어 성경을 모국어인 독일어로 번역했습니다. 그 이후로 모든 영역에서 자국어를 사용하는 것은 개신교가 지닌 특징 중 하나가 되었습니다.

이러한 역사적인 내용은 웨스트민스터 예배모범 중 '말씀선포에 관하여'에 담겨 있습니다. 이에 근거하여 장로교 헌법은 다음과 같이 자세히 다루고 있습니다.

> 분명하게 하여, 가장 비천한 사람도 이해할 수 있도록 해야 한다.
> 그리스도의 십자가가 무익하지 않도록 하기 위해서,
> 사람의 지혜로 말미암은 유혹적인 말로 진리를 전달하지 말고,
> 성령님의 나타나심과 능력으로 전해야 한다.
> 또한 알 수 없는 언어, 이상한 문구, 소리와 단어의 운율의 무익한 사용을 삼가야 한다.
> 또한 교회적 격언들이나 다른 인간의 저작은
> 고전이나 현대의 것이나 품위가 전혀 없으므로 드물게 인용해야 한다.

대한예수교 장로회(고신) 헌법(2011년판) 예배지침 제4장 '말씀의 선포' 제18조 '설교'

2. 설교의 방법
목사는 항상 기도와 묵상으로 설교를 준비할 것이며 준비 없이는 하지 말아야 한다. 또한 복음의 순수성에 입각하여 언어 구사에서 성경과 일치하고 청중이 이해하기 쉽게 할 것이며 자신의 학문이나 재능을 자랑하지 말아야 한다.

대한예수교 장로회(합동) 헌법(2006년판) 예배모범 제6장 '강도'

3. 강도하는 자는 방법을 많이 연구하고 묵상하며 기도하고 조심하여 예비함이 옳으니 결코 주의(注意)와 예비 없이 하지 말고(삼하 24:24) 복음의 단순한 것을 따라 그 언어(言語)가 성경에 적합하고 듣는 사람 중 무식한 자라도 알아듣기 쉽게 말할 것이요 자기의 학문이나 재예(才藝)를 자랑하지 말고 자기 행실로 자기의 가르치는 도리를 빛나게 하고(딛 2:10) 생각과 말과 사랑과 믿음과 정결함으로 신자의 본이 되어야 한다.

우리는 알아들을 수 없는 특정한 언어로 예배드려야만 했던 아픔의 역사를 간직하고 있습니다. 다시는 그러한 실수를 반복하지 않아야 할 것입니다. (오늘날의 로마 가톨릭 교회는 신자들이 각기 모국어로 미사를 드리는 것을 공적으로 허용하고 있습니다.)

영어예배는 누구를, 그리고 무엇을 위한 것일까요?

이런 실수가 지금도 반복되고 있습니다. 바로 한국교회에서 이루어지는 '영어예배'입니다. 물론 영어가 모국어인데 한국에서 사는 신자들(국내 체류 외국인 등)을 위해 마련된 것이라면 아무런 문제가 없습니다. 그런 것을 문제 삼아서는 안 됩니다. 당연히 여건만 된다면 모국어로 예배를 드려야지요. 종교개혁 당시에도 그런 분들을 위해 외국어 예배가 있었습니다. 로마 가톨릭의 핍박을 피해 이웃 나라로 건너간 피난민들을 위해 그 나라 말로 설교할 수 있는 목회자를 청빙하곤 했습니다. 예를 들어 프랑스 피난민들이 독일 쪽 도시로 많이 이주했을 때, 교회는 그들을 위해 프랑스인 목사를 청하여 모국어로 설교하며 함께 예배를 드리도록 했습니다.

그러나 한국교회에서 행해지는 상당수의 영어예배는 실제로 '예배'에 목적을 두기보다는 '영어교육'에 목적을 둔 경우가 많습니다. 영어예배에 참여함으로써 영어 실력을 키우겠다는 생각입니다. 그러다보니 예배의 참여자들 대부분은 예배에 관심을 두기보다 '영어'에 관심을 둡니다. 그들은 알아듣지 못하는 언어로 예배에 임함으로써 하나님에 대한 관심보다는 '언어'에 대한 관심을 갖게 됩니다. 그러한 예배에서는 하나님을 향한 경외심이 있을 수가 없습니다. 그리고 은혜의 방편들이 알아듣지 못하는 언어로 전달됨으로 아무런 은혜를 받지 못합니다. 이런 식의 예배는 중세 시대로 거슬러 가는 것과 크게 다르지 않습니다.

'교육 효과'란 예배가 가진 가치의 일부입니다. 예배를 통해 하나님께서 우리에게 주시고자 하는 깊고 넓은 은혜를 풍성하게 누리는 것. 예배모범을 작성한 종교개혁자들이 바라보았을 그 지점을 우리도 함께 바라봅시다.

Of Prayer after Sermon

설교 후 기도에 관하여

가. 설교 후 기도의 모범

THE sermon being ended, the minister is

설교가 끝나면 목사는 다음과 같이 기도한다.

"To give thanks
　for the great love of God,
　　in sending his Son Jesus Christ unto us;
　for the communication of his Holy Spirit;

"하나님의 아들 예수 그리스도를
우리를 위해 보내 주신
하나님의 크신 사랑과
성령님의 교통하심에 감사합니다.

　for the light and liberty of the glorious gospel,

영광스러운 복음의 빛과 자유에 감사하며,

　and the rich and heavenly blessings
　　　　　　　　　revealed therein;
　as, namely, election, vocation,
　adoption, justification, sanctification,
　and hope of glory;

그곳에 나타난
하늘의 풍성한 복,
즉, 선택하심과 부르심과
양자 삼으심과 의롭다 하심과 거룩케 하심과
영광의 소망에 (감사합니다.)

　for the admirable goodness of God
　　in freeing the land
　　　from antichristian darkness and tyranny,

적그리스도의 흑암과 압제로부터
이 땅을 자유하게 하시는
하나님의 놀라운 인자하심과,

　and for all other national deliverances;
　for the reformation of religion;
　for the covenant;
　and for many temporal blessings.

모든 나라의 해방과
종교 개혁과
언약과
이 세상의 많은 복에 감사합니다.

읽으며 곱씹으며

읽고 느낀 점을 적어 보세요.

가.
설교 후
기도의 모범

복음과 거기에 있는 모든 규례가
경건, 능력, 자유 안에서
지속되기를 기도합니다.

To pray for the continuance
   of the gospel, and all ordinances thereof,
     in their purity, power, and liberty:

설교의 주되고 가장 유용한 제목들로
청원하고,
그것이 마음에 **심겨져**
열매 맺기를 기도합니다.

to turn the chief and most useful heads
   of the sermon into some few petitions;
and to pray that it may abide in the heart,
   and bring forth fruit.

죽음과 심판을
예비하고
우리 주 예수 그리스도의 오심을
깨어 기다리게 하시고,

To pray for preparation
   for death and judgment,
   and a watching
     for the coming of our Lord Jesus Christ:

우리의 거룩한 것에 대한
우리의 부정함들을
용서해 주실 것과,

to entreat of God
   the forgiveness of the iniquities
     of our holy things,

우리의 큰 대제사장과 구원자이신
주 예수 그리스도의 공로와 중보를 통해
우리의 영적 제사를 받아 주시기를
탄원합니다"

and the acceptance of our spiritual sacrifice,
   through the merit and mediation
     of our great High Priest
       and Saviour the Lord Jesus Christ."

읽으며 곱씹으며

매주 드리는 예배, 매주 선포되는 설교가, 바로 하나님과 우리 사이의 교제요 대화입니다. 어쩌면 우리는 그 사실을 망각하고 그저 무심하게 습관적으로 예배를 대하고 있지는 않은지... 우리에게 주어진 공예배의 순서들이 주께서 선물로 주신 것들이며, 실제로도 주께서 예배 가운데 우리에게 임재하신다는 사실을 우리는 무감각하게 받아들이고 있지는 않은지 돌아보게 됩니다.

나.
당부
주기도문을
교회의
기도로
사용할 것
	And because the prayer
	  which Christ taught his disciples is
	    not only a pattern of prayer,
	    but itself a most comprehensive prayer,
	we recommend it also to be used
	    in the prayers of the church.
		그리고 그리스도께서
		그분의 제자들에게 가르치신 기도는,
		기도의 모형일 뿐만 아니라,
		그것이 바로 가장 포괄적인 기도이므로
		우리는 주께서 가르쳐 주신 기도(주기도문)를
		교회의 기도로 사용할 것을 권한다.

다.
당부
특별한
시기에 특별한
기도를
해야할 때
	And whereas,
	   at the administration of the sacraments,
	   the holding
	     publick fasts and days of thanksgiving,
	   and other special occasions,
	     which may afford
	       matter of special petitions and thanksgivings,
		그리고
		성례를 집례할 때나
		공적인 금식일이나
		감사일,
		그리고 그 밖의 특별한 기간에
		특별한 간구와 감사를
		드려야 할 때에,

	it is requisite to express somewhat
	   in our publick prayers,
	(as at this time it is our duty to pray
	  for a blessing upon the Assembly of Divines,
	  the armies by sea and land,
	  for the defence of the King,
	  Parliament, and Kingdom,)
		우리의 공기도에
		그것들을 표현하는 것이 필요한 바,
		(지금 이 때는
		총회에 복을 내려 주실 것과
		해군과 육군과
		왕, 의회, 왕국의 안보를 위해
		기도하는 것이 우리의 의무이다.)

	every minister is herein
	to apply himself in his prayer,
	  before or after sermon,
	  to those occasions:
		모든 목사들은
		이러한 특별한 기간에 그의 기도에 있어서
		설교 전이나 설교 후에,
		이러한 내용을 담아야 한다.

	but, for the manner,
	he is left to his liberty,
	  as God shall direct and enable him
	   in piety and wisdom
	    to discharge his duty.
		그러나 방법에 있어서는
		목사의 자유에 맡겨져 있다.
		하나님께서 인도하시고
		그 의무를 감당할 경건과 지혜를
		주시는 대로 할 것이다.

기도가 끝나고, 만약 편하다면
시편 찬송을 노래하고,

그 후에
(만약 회중과 관련있는
그리스도의 다른 규례가 더 없다면)
목사는 **엄숙한 강복선언으로
회중을 해산한다.**

The prayer ended, let a psalm be sung,
if with conveniency it may be done.

After which
(unless some other ordinance of Christ,
that concerneth the congregation
at that time, be to follow)
let the minister dismiss the congregation
with a solemn blessing.

**라.
공예배의
마무리**
강복
선언으로
해산할 것

읽으며 곱씹으며

읽고 느낀 점을 적어 보세요.

강복선언(Benediction)은 현대 교회에서도 매 주일 예배를 마칠 때마다 축도라는 이름으로 익숙하게 행해지고 있습니다. 하지만, 그 의미를 우리가 잘 알 필요가 있습니다. 8단원에서 자세히 다루겠습니다. ^^

설교가 끝난 뒤에 무엇을 해야 하나요?

설교 전에 하는 '조명을 위한 기도'(Prayer of Illumination)와 설교 후 기도는 예배의 오랜 전통입니다. 설교 후 기도는 성령님의 역사 안에서 뿌려진 말씀의 씨앗이 성령님의 역사 안에서 결실할 수 있게 해 달라는 기도입니다. 이 기도에서 설교자는 말씀을 주신 것을 감사하고 말씀대로 살 수 있게 해달라고 간단하게 기도해야 합니다. 설교 후 기도를 가리켜서 '적용을 위한 기도'(Prayer for Application)라고도 합니다.

대한예수교 장로회(고신) 헌법(2011년판) 예배지침 제3장 제12조(설교 후의 기도)에는

> **예배지침 제3장 제12조 '설교 후의 기도'**
> 설교 후의 기도는 설교한 내용에 관련되는 내용으로 하며 간략하게 하는 것이 바람직하다.

라고 되어 있고,
대한예수교 장로회(통합) 헌법(2006년판) 제4편 '예배와 예식' 제2장 '예배의 기본 요소'는

> **제4편 예배와 예식 제2장 '예배의 기본 요소'**
> 1-4. 설교 후 기도- 이 기도는 설교자가 선포한 하나님의 말씀이 성령님의 내적 역사에 의하여 말씀을 경청한 회중들에게서 귀한 결실을 맺도록 간구하는 기도이다.

라고 되어 있습니다.

또한, 기도를 마친 뒤에 우리는 찬양을 드립니다.

이 찬양은 방금 들은 설교에 대한 우리의 반응입니다.(예배의 두 가지 원리 중 대화의 원리 때 배운 것 기억나시죠? 2단원을 참조하세요.) 이 반응은 우리에게서 출발하는 것이 아니라 하나님께서 주신 것에 근거합니다. 설교를 통해 알게 된 하나님을 높이는 것이기 때문입니다. 선포된 하나님의 말씀을 그대로 믿고 고백하며 따르겠다는 찬양입니다. 주님께서 우리에게 요구하시는 명령에 순종하겠다는 우리의 다짐을 표현하는 찬양입니다.

권징이 예배 순서 중 하나일까요?

오늘날의 그리스도인에게는 너무도 생소한 이야기일 것입니다. 단어조차 생소합니다. 그러나 이것은 교회의 가장 기본적인 요소 중 하나입니다.

예배 순서 중에 꼭 포함되어야 할 것 중에 하나가 '권징'(勸懲)입니다. 이 말을 들을 때에 독자의 대다수는 의아해 할 것입니다. "예배 순서 중에 '권징'이라는 게 뭐지?"라고 생각할 것입니다. 권징이 사라진 시대에 예배 순서 중에서 '권징'을 볼 기회가 거의 없고, 실제로 이루어지지 않다보니 예배 순서에 포함되지 않은 경우가 대부분이기 때문입니다. 그러나 분명 권징은 예배 순서 중 하나입니다.

종교개혁이 가르치는 교회의 3가지 표지(標識)는 말씀, 성례, 권징입니다.(벨기에 신앙고백서 제29조) 이 3가지는 예배를 통해 드러나야 합니다. 교회의 3가지 표지인 말씀, 성례, 권징은 서로 연결되어 있습니다. 말씀이 선포되는 곳에서는 중생과 회심의 역사가 일어나니 세례가 베풀어질 수밖에 없고, 세례가 베풀어지는 곳에서는 성찬이 배설되는 것이 당연하며, 세례와 성찬이 이루어지는 곳에서는 권징이 있을 수밖에 없습니다. 말씀이 선포되는 곳에서는 그 말씀이 열매를 맺어야 하는데, 그에 대한 결과로서 권고와 징계는 당연합니다. 그러므로 말씀이 선포되는 교회에서는 성례가 시행되어야 하고, 말씀이 선포되고 성례가 시행되는 교회에서는 권징이 이루어져야 합니다. 말씀과 성례가 예배 중에 이루어지니 권징 역시 예배 중에 이루어져야 합니다.

권징이 예배 중에 이루어져야 하는 이유는 권징이 갖고 있는 공적인 성격 때문입니다. 디모데전서 5장 20절을 보면 "범죄한 자들을 모든 사람 앞에서 꾸짖어 나머지 사람들로 두려워하게 하라"고 말씀합니다. 그래서 권징은 모든 사람이 있는 자리, 즉 예배 시간에 합니다. (그러나 예배모범에서 우리가 공부했듯, 이런 요소는 연륜있는 직분자로 구성된 당회에 의해 아주 신중하고 지혜롭게 다뤄져야 그 목적에 부합할 수 있을 것입니다.)

권징은 신중하고 지혜롭게!

> 생각해보기

권징은 누구를 망신주기 위함이 아니라 교회와 신자를 보호하기 위한 것입니다.

권징을 예배 중에 해야 하는 이유는 권징의 목적을 생각해 보면 알 수 있습니다. 권징은 진리를 보호하며 그리스도의 권위와 영광을 옹호하며 악행을 제거하고 교회의 정결과 덕을 세우며 범죄자의 영적 유익을 도모하는 것을 목적으로 합니다. 권징은 죄를 저지른 사람에게 회개의 기회를 주고(고전 5:5), 죄인이 자신의 죄를 부끄럽게 느끼도록 하기 위해 시행됩니다.(살후 3:14) 무엇보다도 교회를 사탄으로부터 보호하고(고후 2:11), 교회 안의 다른 회중에게 그 죄가 번지지 않도록 하기 위한 목적을 갖고 있습니다.(고전 5:6; 갈 5:9; 히 12:15)

그러므로 교회 안에 이미 드러난 죄에 대한 권징은 교회의 공예배를 통해 회중 앞에서 공포되어야 합니다.(딤전 5:20) 이렇게 함으로써 모든 회중들은 어떠한 벌을 받은 자라도 그를 위하여 기도하고 위로해 줌으로써 속히 회개하고 돌아올 수 있도록 지도할 책임을 가질 뿐 아니라 그러한 범죄를 두려워하고 경계하게 됩니다.

가벼운 죄에 대한 권징은 은밀하게 하고 공포하지 않을 수 있으나, 공개된 무거운 죄, 출교 같은 권징은 반드시 공식 예배 시에 회중 앞에서 공포해야 합니다. 권징이 있을 때에 온 교회는 그 죄가 곧 자신의 죄임을 생각하고 함께 슬퍼해야 합니다.

권징은 벌을 내리는 시벌(施罰)도 있지만, 풀어주는 해벌(解罰)도 있습니다. 시벌을 공예배 중에 하듯, 해벌도 공예배 중에 행해야 합니다. 시벌된 자가 그 시벌의 기한을 경과하였거나 회개의 증거가 나타난다고 판단될 때 치리회는 그의 해벌을 결의하고 이를 교회 앞에서 공포해야 합니다. 해벌할 때에 온 교회는 기쁨으로 그 사람을 받아주어야 합니다.

이렇게 공예배 중에 권징을 함으로써 교회의 모든 회중들은 하나님을 경외하는 법과 주님의 몸 된 교회의 거룩함을 배울 수 있습니다.

> 고신, 합신, 합동 교단헌법의 예배지침과 예배모범에도 권징의 시벌과 해벌이 포함되어 있습니다. 권징이 예배의 한 부분임을 잘 보여줍니다.

권징에는 무엇이 포함되어야 할까요?

권징을 매우 좁은 개념으로만 이해하기 쉬운데, 치리와 관련되어 교회 안에 일어나는 많은 문제들을 이 시간에 다룰 수 있습니다. 예컨대, 성도 중에 결혼을 앞둔 경우, 결혼이 있기 수 주 혹은 수개월 전에 공적으로 광고를 합니다. 그런데 이 공포는 다른 시간에 하는 것이 아니라 '권징'의 시간에 합니다. 성도의 결혼이란 교회 치리의 한 부분이기 때문입니다. 정교인의 가입을 받을 때에도 이 순서에 할 수 있습니다.

성도의 결혼은 교회의 치리의 범위 안에 있는 일이므로 이 순서에 행해지는 것이 의미가 있습니다. 특히 '맹세'가 예배의 한 요소라는 점(웨스트민스터 신앙고백서 제22장 제1절)과 관련하여 정교인 가입식을 이 순서에 하는 것이 의미가 있습니다. 교회의 회원이 다른 교회로 이명을 가게 될 때에도 이 시간에 교회 앞에서 선포할 수 있습니다.

청교도들은 새로운 회원을 교회의 회원으로 가입케 할 것인가 하는 결정에 있어서 먼저 장로가 대상자의 기독교 교리에 대한 지식과 신앙에 대해 확인하고 질문한 뒤, 후보자가 자신의 신앙에 대해 고백하도록 하고, 그 이후 모든 회원들이 투표함으로 결정하였습니다. (참고도서 : 홀튼 데이비스, 『청교도예배』(CLC, 1999), 23, 45) 또한, 핫지의 『교회정치문답조례』 제247-251문답에는 교회의 회원을 받는 권한이 당회에게 있음을 말하고 있습니다.

특별히, 권징은 설교 후 성찬 전에 합니다.

권징은 설교사역의 결과요, 또한 성찬과 연관되기 때문입니다. 말씀이 선포되고 그에 대한 결과로 권징이 시행되니 설교 후에 하는 것입니다. 또한 권징에는 수찬정지라는 시벌이 포함되는데, 권징을 통해서 수찬정지의 시벌이 시행된 뒤에 성찬이 시행되어야 앞뒤 순서가 맞게 됩니다. 대한예수교 장로회(고신) 헌법(1992년판) 예배지침 제3장 제8조 "주일 예배의 순서" 부분에 보면 헌금과 축복(강복선언) 사이에 권징을 그 순서에 포함시킵니다.

> 권징이란 말만 듣고 마녀사냥이나 중세 종교재판 같은 것만 떠올렸는데 완전히 다른 이야기였네..

확인 질문

5단원
말씀 선포와 설교 후 기도

1. 말씀 선포에 관한 예배모범 원문을 읽은 후, 가장 인상 깊은 점 세 가지를 적어 보세요. 이에 대해 다른 사람들과 생각을 나누어 보세요.

2. 말씀 선포와 설교 후 예배 순서에 대해 저자가 말한 내용을 읽고 보인 반응으로 가장 적절하지 못한 것은?

① 신학교는 총회의 학교이기 때문에 총회장에게 전적인 관리와 치리를 맡겨두면 되겠구나.
② 설교는 자격을 갖춘 직분자인 목사(강도사 포함)가 해야 하되, 자격 요건이 원래 아주 까다로웠구나.
③ 설교는 예배의 핵심요소이면서, 예배의 유일한 요소는 아니구나.
④ 설교 후 기도를 한 후에, 찬양을 드리는 것은 설교에 대한 우리의 반응을 올려드리는 거구나.
⑤ 권징이라는 것도 공예배 시간에 다루어졌구나.

3. 예배 중에 설교를 해야 한다는 사실의 근거 구절은 많습니다. 해당 구절들을 찾아 읽어 봅시다.

눅 4:20; 행 2: 42; 9:20; 15:21;
딤전 4:6,13; 5:17; 6:2;
딤후 1:14; 2:2; 3:15-17; 4:2; 딛 1:9; 2:1

4. 강도사의 자격과 설교 권한 등에 대한 설명을 직접 찾아 확인해 보세요.

웨스트민스터 대교리문답 159문답

이 단원을 마치며, 아래 내용을 직접 적어 보세요.

이전에 알았던 사실	새롭게 깨달은 점	감사할 점

조선예수교장로회 헌법 1922년판에서부터 지금까지 실려 있는(상당수 교단의 헌법에는 이 내용이 삭제되었다) 내용 중 노회 시찰회가 각 교회를 시찰하면서 목사에게 묻는 질문 중에 이런 것이 있다.

"매일 성경을 연구하기로 예정한 시간이 있으며, 본 교회 교인들이 이 시간을 허락하고 방해하지는 않습니까?"

목회학 교과서에 보면 "목사는 오전을 연구하는 시간으로 정하는 것이 좋으며 당회나 제직회는 책임을 지고 이 시간이 방해를 받지 않도록 일반 교인에게 주지시켜야 하고 조용한 방을 마련하고 목사의 부인도 그의 연구에 온갖 조력을 기울여야 한다"라고 되어 있다.

우리 교회엔 아무도 방해하는 사람이 없다. 그런데 딱 한 교인이 있다. 유아세례 교인인데, 우리 집 어린 아들이다. 주로 집에서 연구할 수밖에 없다 보니 아들이 주 방해꾼이다. 이번 주도 내 방에 자꾸 들어와 괴롭힌다. 책 두세 페이지 읽으면 들어와서 이것저것 만진다. 놀아달라고 한다. 컴퓨터 자판을 두들기고, 성경책을 뒤적인다. 위 질문을 읽어줄까 싶다. ^^

> 현재위치 점검

이제, 예배의 두 축 중 하나인 성례(세례와 성찬)에 대해 다룹니다.

공예배에 참여하는 순간부터 설교에 이르기까지, 각 예배 순서가 어떤 의미이며 어떤 자세로 참여해야 하는지 배웠습니다. 이어지는 6~7단원은 성례에 대해 배울 것입니다. 초대교회부터 공예배의 핵심 축이었던 성례는 오랜 세월 우상숭배와 미신적인 예식에 잠식되어 왔습니다. 중세 사람들은 성례의 본뜻마저 점차 잊어갔습니다. 종교개혁자들은 이런 오해를 교정하고 주님께서 정말로 주고자 하셨던 의미를 우리 가운데 회복시키려고 최선을 다했습니다. 그 결과가 바로 이 예배모범입니다. 하지만 또 다시 세월이 흐르며, 우리는 어느덧 성례를 요식행위처럼 여기고 있습니다. 그런 우리에게 예배모범에 담긴 가르침은 여전히 유효하고 또한 소중합니다.

서문	서문
Part A. 공예배	회중의 모임과 공예배에서의 태도에 관하여
	성경의 공적인 낭독에 관하여
	설교 전 공기도에 관하여
	말씀 선포에 관하여
	설교 후 기도에 관하여
	성례의 집례에 관하여(세례) — **6단원**
	주님의 만찬의 성례에 관하여 — **7단원**
	주님의 날을 거룩히 지키는 것에 관하여
Part B. 기타 사항	엄숙한 결혼 예식에 관하여
	환자의 심방에 관하여
	죽은 자의 매장에 관하여
	공적 금식에 관하여
	공적 감사일에 관하여
	시편 찬송에 관하여
부록	부록 - 공예배를 드리는 날과 장소

세례와 성찬이 대체 무엇이길래…

부활하신 예수님은 당신의 제자들에게 "....하늘과 땅의 모든 권세를 내게 주셨으니 그러므로 너희는 가서 모든 민족을 제자로 삼아 아버지와 아들과 성령의 이름으로 세례를 베풀고 내가 너희에게 분부한 모든 것을 가르쳐 지키게 하라 볼지어다 내가 세상 끝날까지 너희와 항상 함께 있으리라"(마 28:18-20)라고 하심으로 '세례'를 명령하셨습니다. 또한 예수님은 십자가에 달리시기 전날 당신의 제자들과 함께 유월절 음식을 드실 때 빵과 잔을 주시면서 '주의 만찬'을 제정하셨습니다.(마 26:17-29; 고전 11:23-26)

이러한 말씀에 근거해서 세례와 성찬은 예수님께서 친히 제정하신 성례입니다. 이 두 성례는 하나님께서 당신의 백성에게 은혜를 주시는 공식적인 통로로서의 은혜의 방편이며, 참된 교회라면 반드시 있어야 할 교회의 표지입니다.

설교와 함께 성례는 예배의 핵심입니다. 예배는 하나님께서 허락하신 은혜의 방편이 중심이 되어야 하는데, 말씀과 성례는 그 중심입니다. 예배에 말씀과 성례가 빠질 수 없습니다. 말씀의 사역으로 말미암아 거듭난 사람이 세례를 받고, 세례를 받아 그리스도와 연합한 사람이 성찬에 참여합니다. 이러한 논리적 순서에 따라 세례와 성찬이 말씀 선포 다음에 이어집니다.

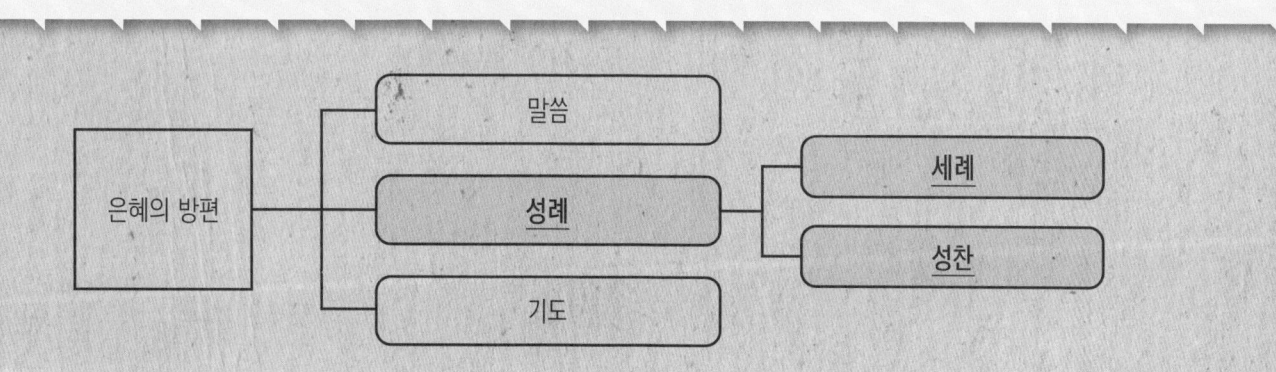

성례로서의 세례와 성찬

성례(聖禮, the sacraments)란 그리스도께서 제정하신 거룩한 규례로, 하나님의 말씀과 복음의 약속의 표(表)sign와 인(印)seal입니다. (롬 4:11; 참조. 창 17:7,10) 이 성례를 통해 그리스도 안에 있는 하나님의 은혜와 은혜 언약이 주는 유익이 신자들에게 제시되고, 인 쳐지고, 적용되며, 신자들은 하나님에 대한 신앙과 충성을 표현합니다. 성례는 우리 안에서 하나님의 말씀의 진실성이 더욱 확실해 지고, 우리의 믿음을 더욱 굳세게 합니다. (기독교강요(최종판) 4권 14장 1절과 6절)

설교가 '들리는 말씀'이라면, 성례는 '눈에 보이는 말씀'입니다. 성례를 통해 주님께서 우리와 연합하신다는 것을 직접 눈으로 보게 됩니다. (기독교강요(최종판) 4권 14장 3절) 성례의 종류에는 오직 그리스도께서 친히 제정하셨고, 교회에게 명하신 세례와 성찬이 있을 뿐입니다.

은혜의 수단으로서의 세례와 성찬

이전 단원에서 이미 배웠듯이, 은혜의 수단 혹은 방편이란 하나님께서 당신의 백성에게 은혜를 주시는 공식적인 통로를 뜻합니다. 은혜의 방편에는 말씀, 성례, 기도가 있습니다.

이 성례는 말씀과 구별되는 은혜의 수단이지만, 말씀과 분리시켜서는 안 됩니다. 말씀을 떠난 성례 자체가 은혜의 방편이 될 수는 없습니다. 왜냐하면 성례는 그 자체가 고유한 의미를 가지는 것이 아니라 하나님의 말씀에 근거하기 때문입니다.

설교 이후에 이루어지는 세례와 성찬

세례와 성찬은 어느 순서에 하는 것이 바람직합니까? 설교 이후의 순서에 하는 것이 합당합니다. '설교-세례-성찬'의 순서가 자연스럽습니다. 왜냐하면 말씀은 믿음을 일으키고 강화시키는 반면, 성례는 믿음을 강화시킬 뿐이기 때문입니다.

성례는 말씀과는 달리 믿음을 일으켜 출발시키기보다는 <u>이미 가진 믿음을 보이는 말씀의 방식으로 증진시키고 강화시킵니다</u>. 그래서 성례식은 설교 이후에 와야 합니다. 믿음을 일으키는 설교가 온 뒤에 그 믿음을 더욱 굳세게 하는 성례가 와야 합니다. 그리고 성례 중에서는 세례가 있고, 그 뒤에 성찬이 있는 것이 바람직한데, 그 이유는 세례는 성찬과 연결되는 것으로서 세례가 그리스도와의 연합의 시작이라면, 성찬은 그리스도와의 연합의 지속이기 때문입니다.

이 사실은 성경이 증언합니다. 사도행전 8장 12절에 보면 "빌립이 하나님 나라와 및 예수 그리스도의 이름에 관하여 전도함을 그들이 믿고 남녀가 다 세례를 받으니"라고 되어 있습니다. 여기에 "전도함을"이라는 말은 '설교했다'는 말입니다. 빌립이 설교를 하니 그것을 들은 사람들에게 '믿음'이 생겨나, 그 결과로 세례를 받았습니다. 사도행전 8장 28절 이하에서도 빌립이 에디오피아 내시에게 세례를 베푸는 데 있어서 35절에서 복음을 전하고, 그 결과 38절에서 세례를 베풉니다. 이 외에도 사도행전 곳곳에는 말씀을 전파하고 그 결과 세례를 베푼 일들이 많이 나옵니다. 그러므로 말씀 선포 이후에 세례를 베푸는 것이 성경의 가르침이라고 할 수 있습니다.

성찬의 경우, 사도행전 20장 7절 이하에 보면 "안식 후 첫날에 우리가 떡을 떼려 하여 모였더니 바울이 ... 강론할쌔 말을 밤중까지 계속하매..."라고 하여 설교를 먼저 한 장면이 나옵니다. 그리고 강론 중에 유두고가 삼층에서 떨어져 죽었다가 바울이 살리는 사건이 나오고 11절에 와서야 "올라가 떡을 떼어 먹고 오래 동안 곧 날이 새기까지 이야기하고 떠나니라"라고 되어 있습니다.

웨스트민스터 예배모범과 대한예수교 장로회 헌법의 예배모범에서도 말씀선포 뒤에 세례와 성찬을 다룹니다. 6단원을 통해 우리가 익숙하게 참여했던 세례와 성찬에 대해 종교개혁자들이 어떻게 가르치고 있는지 배워봅시다.

6단원
성례의 집례(1)
_세례

"제가 아무 것도 모를 때 세례를 받았다고 하는데,
 다시 받을 수는 없나요?"
"교회에 사촌 동생을 데리고 왔는데
 마침 그날 유아세례를 하더라구요. 저는 아무렇지 않았는데,
 사촌 동생에게는 이상한 광경이었나봐요.
 그 날 이후로 교회에 안나와요."
"세례보다 세족식이 더 거룩해 보여요.
 세례를 다른 방식으로 대체할 순 없나요?"

이 단원은 성례에 대해 다루는 두 단원 중 하나입니다. 성례는 세례와 성찬 두 가지이며, 여기서는 먼저 세례에 대해 공부하겠습니다.

이 책을 읽는 여러분 중에는 아직 세례를 받지 않은 분도 계시겠지만, 어렸을 때 세례를 받긴 받았으나 그 뜻과 가치를 정확히 이해하지 못하고 받았던 분들도 계실 것입니다. 예배모범이 구체적으로 보여주는 예배요소로서의 세례를 살펴보면서, 그 복되고 진정한 의미를 이제라도 나의 것으로 삼으시기 바랍니다.

가. 세례 집례 전 유의사항
●○

Of the Administration of the Sacraments

성례의 집례에 관하여

AND FIRST, OF BAPTISM.

첫째, 세례에 관하여

BAPTISM,
as it is not unnecessarily to be delayed,

세례는
필요 없이 늦추어서는 안 되며,

so it is not to be administered in any case
 by any private person,
 but by a minister of Christ,
 called to be the steward of the mysteries of God.

어떤 경우라도 개인이 행해서는 안 된다.
하나님의 비밀을 맡은 청지기로 부르심을 받은
목사에 의하여
행해져야 한다.

Nor is it to be administered
 in private places, or privately,

또한 사적인 장소에서, 사적으로
행해서는 안 되며,

but in the place of publick worship,
and in the face of the congregation,
   where the people may
      most conveniently see and hear;

공예배 장소에서,
회중 앞에서,
즉 사람들이 가장 편하게 보고
들을 수 있는 곳에서 행할 것이다.

and not in the places where fonts,
in the time of Popery,
were unfitly and superstitiously placed.

교황 시대에
부적절하고 미신적으로 설치된
세례반에서도 행하지 않는다.

읽으며 곱씹으며

성례에 대한 설명이 나오는 부분입니다. 여기서는 먼저 세례를 어떻게 베풀 것인지에 대해 종합적으로 설명합니다. 예배모범에 언급된 '하지 말 일'들은 당시의 배경을 알아야 이해하기 쉽습니다. 사적 세례가 만연했던 것도, 중세 로마 가톨릭 시대의 잘못된 가르침 때문이었습니다.

오늘날은 신앙고백이 많이 사라진 시대입니다. 학습 문답을 통해 초신자를 가르치는 것도, 아직 신앙고백을 제대로 할 수 있는 상태가 아니거나, 심지어 아직 믿지도 않는 사람에게도 세례를 베풀어버리는 현실. 우리가 얼마나 세례에 대해 무지하고 소홀한지 모릅니다.

가.
세례 집례 전
유의사항

○●

세례 받을 자녀는 하루 전에 목사에게 통지를 한 후에, 아버지가 데리고 나올 것이요
(만일 그의 아버지가 없는 경우에는) 그 대신 다른 신자 친구가 데리고 나올 것이며, 그 자녀는 세례 받기를 원하는 소원을 진지하게 고백할 것이다.

The child to be baptized
after notice given to the minister
the day before, is to be presented
  by the father,
  or (in case of his necessary absence)
by some Christian friend in his place,
  professing his earnest desire
    that the child may be baptized.

세례 집례 전 **유의사항**

- 늦추지 말라
- 목사가 집례할 것
- 사적 세례 금지
- 세례 대상은 보호자의 인도 아래 신앙을 고백할 것

읽으며 곱씹으며

읽고 느낀 점을 적어 보세요.

예배모범 원문 읽기

**나.
집례 전에
설명 1**
세례의
용도와
목적

Before baptism,
the minister is to use some words of instruction,
touching the institution, nature, use,
and ends of this sacrament,
shewing,

세례에 앞서,
목사는 제정의 말씀을 사용하여
이 성례의
제정과 본질과 용도와 목적에 관하여
다음과 같이 설명할 것이다.

"That it is instituted
by our Lord Jesus Christ:
That it is a seal
of the covenant of grace,
of our ingrafting into Christ,
and of our union with him,
of remission of sins, regeneration, adoption,
and life eternal:

"이 예식은
우리 주 예수 그리스도께서 제정하신 것으로서,
인(印, 도장)입니다.
　은혜 언약과
　그리스도께 접붙인 바 된 것,
　그리스도와의 연합,
　죄 사함을 받은 것, 거듭남, 양자됨,
　영원한 생명에 대한.

읽으며 곱씹으며

이 내용은 세례 때마다 목사가 정확히 가르칠 내용을 담은 것입니다. 예배모범에 이런 내용을 담아놓고 매번 가르치도록 한 것은 온 회중이 동일한 인식과 마음을 갖도록 하려는 의도였습니다. 그 목적은 당연히 온 성도가 이를 통해 "함께 자라가도록" 하려는 것이고요.

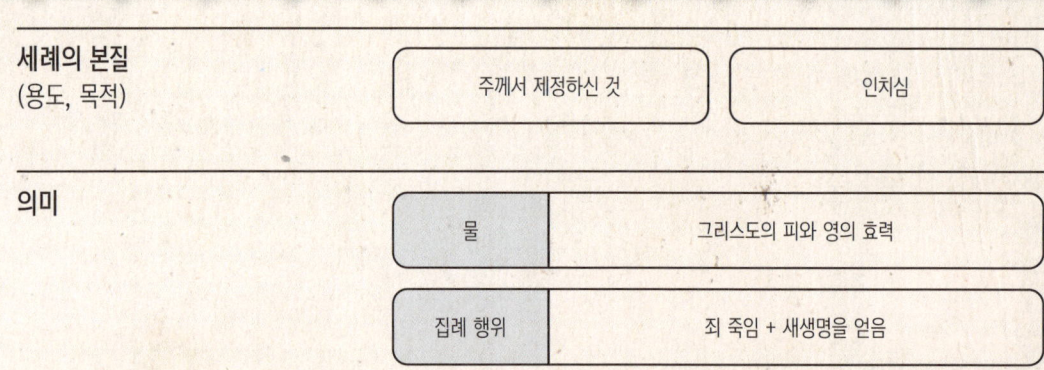

세례 시에 사용하는 물은,
나타내고 상징합니다.
- 원죄와 자범죄의 모든 죄책을 제거하는 **그리스도의 피**와,
  - 우리의 죄된 본성의 부패와
  - 죄의 지배에 맞서 거룩하게 하시는
- **그리스도의 영의 효력**을.

침례나 물을 뿌리는 것 그리고 물로 씻는 것은,
- 그리스도의 피와 공로로
- **죄가 깨끗케 되었음**을 상징합니다.
- 더불어 **죄죽임과 함께**,
  - 그리스도의 죽으심과
  - 부활의 덕택으로
- **죄로부터 새 생명을 얻었음**을 상징합니다.

That the water, in baptism,
representeth and signifieth
Both the blood of Christ,
　　which taketh away all guilt of sin, original and actual;
And the sanctifying virtue of the Spirit of Christ
　　　against the dominion of sin,
　　　and the corruption of our sinful nature

That baptizing, or sprinkling and washing with water,
　signifieth the cleansing from sin
　　　by the blood and for the merit of Christ,
together with the mortification of sin,
and rising from sin to newness of life,
　　　by virtue of the death
　　　and resurrection of Christ:

**나.
집례 전에
설명 1**
세례의
용도와
목적

○●

읽으며 곱씹으며

이토록 중요한 세례가, 복잡하고 까다로운 방식이 아니라 단순한 방식으로 제정되었다는 것에 먼저 감사할 수 있어야 하겠습니다. 만약 이것이 어려운 방식이었다면, 연약한 신자는 이런 은혜를 누릴 엄두를 내지 못했을 것이며, 형편이 어려운 시대에는 아예 사라져버릴 수도 있었을 것입니다. 하지만 이런 단순하고 소박한 방식은 주께서 다시 오실 때까지 계속 시행될만한 강력한 유연함을 갖춘 것입니다. 항상 본질에 집중해야 합니다.

예배모범이 세례의 집례 방식을 자세하게 언급하는 이유는 분명합니다. 당시 세례에 관한 의식들이 이방 관습과 미신적인 풍습을 반영하고 있었기 때문입니다. 이런 것은 애써 제거하지 않으면 좀처럼 없어지지 않습니다. 무엇이든 그렇지만 세례의 방식도 성경에 근거하여 간소하게 집례하는 것, 이것이 종교개혁의 자세입니다.

나.
집례 전에
설명 2
세례의
본질

That the promise is made
　　to believers and their seed;
And that the seed and posterity of the faithful,
born within the church, have,
　　by their birth,
　　interest in the covenant,
　　and right to the seal of it,

이 약속은
신자와 그 후손에게 주신 것으로서,
교회 안에서 태어난
신자의 자손과 후손은,
그들의 **출생과 동시에**
언약에 참예하므로
그 인치심에 참예할 권한이 있고,

and to the outward privileges of the church,
under the gospel,

복음 아래서 **교회의 외적인 특권**에
참예하는 권한을 가지며,

no less than the children of Abraham
　　in the time of the Old Testament;

구약시대의 아브라함의 자손들보다
못하지 않습니다.

the covenant of grace,
　　for substance, being the same;

은혜언약은
그 본질상 같기 때문입니다.

and the grace of God,
and the consolation of believers,
　　more plentiful than before:

하나님의 은혜와
신자들에 대한 위로도
이전보다 더욱 풍성해집니다.

나.
집례 전에
설명 3
유아 세례의
근거, 효력과
세례자의
의무

That the Son of God admitted
　　little children into his presence,
　　embracing and blessing them,
　　saying,
　　　　For of such is the kingdom of God:

하나님의 아들께서는
자기 앞으로 나아온 **어린아이들을 용납**하시고,
그들을 안으시고 복주시면서
"하나님의 나라가 이런 자의 것이니라" 라고
말씀하셨습니다.

That children,
　　by baptism,
　　are solemnly received
　　　　into the bosom of the visible church,
　　　　distinguished from the world,
　　　　and them that are without,
　　　　and united with believers;

그러므로 자녀들도
세례에 의해서
보이는 교회의 품으로 엄숙하게
받아들여져야 하며,
세상과 구별되어
신자들과 연합되어야 합니다.

그리스도의 이름으로
세례를 받은 모든 사람들은
단절을 선언하여,
그들의 세례에 근거하여
마귀와 세상과 육신에 맞서
싸워야할 의무가 있습니다.
	And that all who are baptized
	  in the name of Christ,
	do renounce,
	  and by their baptism
	are bound to fight
	  against the devil, the world, and the flesh:
		나.
		집례 전에
		설명 3
		유아 세례의
		근거, 효력과
		세례자의
		의무

그들은 그리스도인으로서 **세례 전에 이미 언약적으로 거룩하기에,** **세례를 받은 것**입니다.	That they are Christians, And federally holy before baptism, And therefore are they baptized:	

내적 은혜와 세례의 효력은
세례가 베풀어지는 그 순간에만
매여 있는 것이 아니고,
세례의 열매와 권능은
우리 생애 전체에 미칩니다.
	That the inward grace and virtue of baptism is
	  not tied to that very moment of time
	    wherein it is administered;
	And that the fruit and power
	  thereof reacheth to the whole course of our life;	

외적인 세례는 반드시 필요한 것은 아니므로,
비록 유아가 세례를 받지 못하였다고 해도
받을 수 있는 때와 장소가 있었는데
그리스도의 규례를 멸시하거나 무시하지만 않았으면
유아가 멸망의 위험에 빠지는 것도 아니요,
부모에게 죄가 되는 것도 아닙니다."
	And that outward baptism is not so necessary,
	  that, through the want thereof,
	  the infant is in danger
	    of damnation, or the parents guilty,
	if they do not contemn or neglect
	    the ordinance of Christ,
	  when and where it may be had."	

이렇게 또는, 이와 같이 가르침으로써
목사는 자신의 자유와 경건한 지혜를 사용한다.
↑ 세례의 교리에 대하여
   무지와 오류가 있거나,
   또는 사람들의 교화를 위하여 필요할 때,
	In these or the like instructions,
	  the minister is to use
	    his own liberty and godly wisdom,
	  as the ignorance or errors
	    in the doctrine of baptism,
	and the edification of the people, shall require.	

세례의 목적, 본질 + 유아세례 + 세례의 효력

로마 가톨릭은 세례를 받지 못하면 천국에 가지 못할 거라는 두려움을 주었던 것에 반해, 예배모범은 세례 그 자체가 구원에 반드시 필수적인 절차는 아니며, 죄가 되는 건 세례를 경시하는 그 태도임을 시원하게 밝혀줍니다. 인간적인 생각으로, 공포심을 활용하면 신자들을 더 잘 통제할 수 있었겠지만, 개혁자들은 성경이 말하는 것만 말하기를 주저하지 않았습니다.

다.
세례 집례시 권면 1
세례받은 회중들에게

He is also to admonish all
　　　　　that are present,
"To look back to their baptism;
　to repent of their sins
　　　against their covenant with God;
　to stir up their faith;
　to improve and make right use
　　　of their baptism,
　　　and of the covenant sealed
thereby betwixt God and their souls."

또한 목사는 참석한 모든 사람들에게 다음과 같이 권면한다.
"여러분 각자가 세례 받은 때를 회고해 보십시오.
하나님과의 언약을 배반한 죄를 회개한 것,
믿음을 불러일으킨 것,
향상시키고 바르게 한 것을.
　세례와,
　세례를 통해 하나님과 당신의 영혼 사이에
　인친 바 된 언약을."

읽으며 곱씹으며

세례에 참석할 때 회고해야 할 것은 이것! 앞에서 배운 세례의 의미와 본질을 떠올리고, 세례를 받는 당사자가 아니더라도 내가 세례 받았던 때를 상기하면서 지금의 나와 우리 공동체를 돌아보는 시간이 되어야 합니다. 아이들이 세례를 받을 나이가 되었을 때, 그들을 계속해서 이 공동체 안에서 신자답게 거룩하게 잘 살아가도록 돕겠다는 책임감도 더욱 느껴야 하겠습니다.

신자는 서로의 거룩함을 지켜주어야 합니다. 이를 위해 서로 돕는 것이고요. 세례에 참여하면서 우리는 우리가 한 몸임을 진하게 느끼며, 이러한 주의 규례를 통해 보이는 교회뿐만 아니라 보이지 않는 교회 즉, 택자의 모임의 일원이라는 인식을 더욱 가져야 하겠습니다.

다. 세례 집례시 권면 2 부모에게

목사는 부모들에게 다음과 같이 권고한다.

"당신과 당신의 자녀를 향한 하나님의 크신 자비를 기억하십시오. 기독교 신앙에 기초한 지식에 따라 자녀를 양육하십시오. 주님의 교훈과 훈계로 그리 하십시오.

만약 그것을 게을리 하면, 당신과 당신의 자녀를 향한 하나님의 진노의 위험이 있음을 알고, 의무를 이행하기 위한 엄숙한 약속이 필요합니다."

He is to exhort the parent,

"To consider
the great mercy of God to him and his child;
to bring up the child
   in the knowledge
      of the grounds of the Christian religion,"
and in the nurture and admonition of the Lord;

and to let him know the danger of God's wrath
            to himself and child,
if he be negligent:
   requiring his solemn promise
      for the performance of his duty."

읽으며 곱씹으며

부모에 대한 권면이 먼저 별도로 나옵니다. 부모가 자녀의 구원을 위해 부지런히 훈육할 책임이 있다고 강조합니다. 그 책임과 의무를 게을리하면 본인 자신에게도 진노의 위험의 있음을 함께 경고하고 있습니다. 자녀의 신앙교육을 교회에 양도 혹은 위탁해버리는 오늘날과는 무게중심이 꽤 많이 다릅니다.

읽으며 곱씹으며

읽고 느낀 점을 적어 보세요.

라.
세례 집례
모범 1
제정의
말씀과 기도

This being done, Prayer is also to be joined with the word of institution, for sanctifying the water to this spiritual use;	이것을 한 후, 제정의 말씀에 이어서 기도를 한다. 이는 세례 시에 사용할 물의 영적인 용도를 위하여 거룩케 해 주실 것을 위한 것이다.
And the minister is to pray to this or the like effect:	목사는 이러한 취지로 다음과 같이 기도한다.
"That the Lord, who hath not left us as strangers without the covenant of promise, but called us to the privileges of his ordinances,	"우리를 약속의 언약이 없는 이방인들처럼 버려두지 않으시고, 오히려 하나님의 규례들의 특권으로 우리를 불러주신 주님!
Would graciously vouchsafe to sanctify and bless his own ordinance of baptism at this time:	이 시간에 주께서 은혜로 베풀어 주신 세례의 규례를 거룩하게 하시고 복 주시옵소서.
That he would join the inward baptism of his Spirit with the outward baptism of water;	주께서는, 물로 베푸는 외적인 세례를 주님의 성령으로 베풀어 주시는 내적인 세례와 연합하게 하셨나이다.
make this baptism to the infant a seal of adoption, remission of sin, regeneration, and eternal life, and all other promises of the covenant of grace:	유아에게 베풀어지는 이 세례가 표(인)가 되게 하옵소서. 　　양자됨과, 　　죄 사함, 　　거듭남, 　　영원한 생명, 　　그리고 은혜 언약에 있는 　　다른 모든 약속들(의 표).
That the child may be planted into the likeness of the death and resurrection of Christ; and that, the body of sin being destroyed in him, he may serve God in newness of life all his days."	이 아이가 그리스도의 죽으심과 부활을 따라 심겨져, 죄의 실체가 그 안에서 파괴되어 그가 일생 동안 새 생명으로 하나님을 섬기게 하옵소서."

		라.
그리고 나서, 목사는 아이의 이름을 묻고, 대답을 듣고 나면 그 아이의 이름을 부르면서 다음과 같이 말한다.	Then the minister is to demand the name of the child; which being told him, he is to say, (calling the child by his name,)	세례 집례 모범 2 집례 방식
"내가 성부와 성자와 성령의 이름으로 세례를 주노라"	I baptize thee in the name of the Father, and of the Son, and of the Holy Ghost.	
이렇게 말하면서 목사는 아이에게 물로 세례를 베푼다.	As he pronounceth these words, he is to baptize the child with water:	
다른 어떤 의식을 추가하지 않고, 아이에게 물을 흘리거나 뿌리는 것만으로도 그것은 합법적일 뿐 아니라, 충분하고, 가장 적합한 방법이다.	which, for the manner of doing of it, is not only lawful but sufficient, and most expedient to be, by pouring or sprinkling of the water on the face of the child, without adding any other ceremony.	

읽으며 곱씹으며

주께서 친히 임하셔서 이 규례를 거룩하게 해달라는 기도로 집례가 시작됩니다. 기도문을 보면, 세례가 무엇이며 어떤 의미가 있는지를 정확하게 설명합니다. 또한 세례를 통해 성도가 누리는 효력들도 분명하게 나열되어 있습니다.

특별히 유아세례에 대해서도 언급합니다. 비록 당사자인 유아는 자신이 무엇을 하는지 모르고 목사의 말을 알아듣지도 못할 것입니다. 하지만, 온 회중과 부모가 그 자리에 증인이 되어 이 의미를 다시 한 번 새기고, 생명의 말씀으로 받고 삶으로 적용할 것입니다. 아이가 더 성숙한 신자로 자라갈 때까지 온 교회 공동체가 함께 돕는 것입니다. 이것이 우리를 홀로 두지 아니하시고 교회로 부르신 이유이기도 합니다. 교회를 선물로 주신 주의 은혜가 깊고 지혜롭고 신비합니다.

우리는 보통 세례를 집례하는 동안 그것을 지켜보면서 무엇을 하나요? 각자의 이해도에 따라 전혀 다른 방식으로 참여하고 있는 것이 오늘날 현실입니다. 그렇다면 이런 현실을 극복하기 위해 무엇이 필요할까요? 공예배 이외의 공적, 사적인 시간을 들여, 교리와 성경을 부지런히 (그리고 효과적으로!) 교육해야 합니다. 초신자, 어린이, 글을 잘 못 읽는 사람 등 그 누구든지 이런 내용을 자신의 지식으로 삼을 수 있도록 교회의 분위기가 조성되어야 합니다. 포기하지 말고, 온 교인의 상향평준화를 위해, 다양한 방안을 고민해야 하겠습니다.

예배모범 원문 읽기

**마.
세례집례 후
감사기도 1**
세례의 근거가 되시는 하나님의 속성과 일하심

This done, he is to give thanks and pray, 　to this or the like purpose:	이후에 목사는 다음과 같이, 또는 이와 비슷한 목적으로 **감사 기도**를 드린다.
"Acknowledging with all thankfulness, that the Lord is true and faithful 　in keeping covenant and mercy:	"주님은 언약을 지키시고 자비를 베푸시는 데 진실하시고 신실하신 분임을 온전한 감사로 인정합니다.
That he is good and gracious, not only in that he numbereth us among his saints,	주님은 선하시고 은혜로우시며, 우리를 당신의 성도로 받아주실 뿐 아니라,
but is pleased also to bestow upon our children 　this singular token and badge of his love 　　in Christ:	우리의 자녀들까지도 그리스도 안에서 주님의 특별한 사랑의 징표와 표식 주시기를 기뻐하십니다.
That, in his truth and special providence, he daily bringeth some 　　　　into the bosom of his church, 　to be partakers of his inestimable benefits, 　purchased 　　by the blood of his dear Son, 　or the continuance 　　and increase of his church.	하나님의 진리와 특별하신 섭리 가운데서, 당신의 사랑하는 유일하신 아들의 피로 **교회를 값 주고 사셔서** 날마다 교회의 품에 신자들을 데려 오시고 헤아릴 수 없는 유익을 나눠 주시고, **교회를 지속하시며 성장하게 하십니다.**

읽으며 곱씹으며

감사 기도 중에 세례를 받는 아이를 바라보며 우리는 어떤 생각들을 합니까? 이 세례의 주인이 삼위 하나님이심을 인식하고 있는지 스스로를 점검해보시기 바랍니다. 세례가 유효해지는 근거는 하나님의 속성과 하나님의 일하심 덕분입니다. 집례자인 목사에게 어떤 근거가 있는 것이 아니라, '일을 맡은 청지기'에게 그 일을 맡기신 하나님이 친히 세례를 유효하게 만드시는 것입니다.

이 시대에 세상의 지탄을 받는 교회의 현실을 생각하면 가슴이 아픕니다. 그러나 꺼져가는 심지를 보는 듯한 현실 속에서도 소망을 잃지 않을 수 있는 것은, 바로 오늘도 이렇게 주님의 규례를 사용하셔서, 믿는 자들을 교회로 부르시고 데려오시고 양육하시는 하나님께 소망을 두기 때문입니다.

> **읽으며 곱씹으며**
>
> 본문에 나오는 교회의 지속과 성장은 단순히 지교회 하나를 두고 말하는 것이 아니라, 눈에 보이지 않더라도 주님이 다스리시는 온 교회를 말하고 있다는 점은 이제 더 말하지 않아도 아시리라 생각합니다.
>
> 세례를 통해, 그밖의 모든 외적인 규례(설교, 성례, 기도 등 모든 것들)를 통해, 우리는 무엇보다도 그 모든 것의 주인이신 하나님을 밝게 볼 수 있어야 합니다. 교회를 다스리도록 부름 받은 교회와 직분자들은 바로 이것을 위해 힘써야 합니다. 특별히 이런 규례를 직접 집행하고 교육시킬 책무를 지닌 목사는 더욱 잘 준비되고 훈련되어 있어야 하겠습니다.

마. 세례집례 후 감사기도 2
세례 대상자를 위하여

또 기도하오니, 주님께서는 지금도 계속해서 날마다 더욱더 말할 수 없는 은혜를 확증하십니다.	And praying, That the Lord would still continue, And daily confirm more and more 　this his unspeakable favour:
지금 세례를 받아 **엄숙하게 믿음의 가족에 들어왔고** **하나님 아버지의 교육과 보호 아래로 들어 온** **이 아이를 받아 주시옵소서.**	That he would receive the infant 　now baptized, and solemnly entered 　　into the household of faith, 　　into his fatherly tuition and defence,
주님께서 자기 백성들에게 보여주신 은혜로 **이 아이를 기억 하옵소서.**	and remember him with the favour 　that he sheweth to his people;
만약 이 아이가 **유아기에 이 세상에서 취하여 감을 당한다면,** 자비가 풍성하신 주님이시여, 이 아이를 영광 중에 영접하여 주옵소서.	that, if he shall be taken out of this life 　　　　　　　　　in his infancy, the Lord, who is rich in mercy, 　would be pleased to receive him up into glory;

**마.
세례집례 후
감사기도 2**
세례
대상자를
위하여

and if he live, and attain the years of discretion,
that the Lord would
　　so teach him by his word and Spirit,
　　and make his baptism effectual to him,

and so uphold him
　　　　　by his divine power and grace,

that by faith he may prevail
　　against the devil, the world, and the flesh,
till in the end
　　he obtain a full and final victory,

and so be kept
　　by the power of God
　　through faith unto salvation,
　　through Jesus Christ our Lord."

만약 그가 살아서 **분별하는 나이에 이르거든**,
주께서
말씀과 성령님으로 가르치셔서
그가 받은 세례가 효력 있게 하시고,

주님의 거룩한 권능과 은혜로
그를 붙드셔서,

**마지막 때에
완전하고 최종적인 승리를 얻을 때까지**
그가 믿음으로
마귀와 세상과 육신을 이기게 하옵소서.

그리하여
우리 주 예수 그리스도를 통한
구원에 이르는 믿음을 통해
하나님의 능력으로 지켜 주옵소서."

**읽으며
곱씹으며**

세례에 대한 지식이 희박해진 시대에 이런 수준 높은 감사 기도문을 대하니 감격스럽습니다. 그렇습니다. 아이의 인생이 곧 우리의 인생입니다. 그 아이와 우리가 한 몸이기 때문입니다. 신자의 인생이 주님의 손에 붙들려 있으되, 성공과 낙관으로만 가득 찬 것이 아님을 주님의 말씀이 예언하고 있기에, 그런 인생을 살아갈 아이의 모습을 대하는 성도의 마음이 엄숙할 수밖에 없습니다. 주님과 함께 고난 당하나, 마지막 때에 완전한 승리를 바라보며 주님과 함께 기뻐하는 인생, 그 길로 또 하나의 신자가 걸어오기 시작했습니다.

기도문 중에, 유아기에 사망한 아이를 영접해달라는 대목을 읽으며, 은혜 언약 안에 거함이 얼마나 안전하고 단단한 것인지를 다시금 생각해봅니다. 이러한 약속과 그 약속을 지키시는 주님의 신실한 성품이 우리에게 얼마나 큰 위로가 되는지요. 의학이 발달하지 못해 영아 사망이 잦았던 시대에는 더더욱 그랬겠지요.

세례가 무엇이기에 예배의 중요한 요소가 될까요?

세례란 삼위 하나님을 알지 못하던 사람이 그리스도에 대한 믿음과 순종을 고백함으로써 그리스도에게 접붙임을 받아 하나님의 자녀의 일원이 되었음을 드러내는 예식입니다. 세례는 십자가에서 이루신 그리스도의 구속에 근거해서 우리의 죄를 제거해 주심을 상징하고 외적으로 인치는 성례입니다. 세례는 그리스도의 몸인 교회 공동체에 가입되는 '입문의 표시'입니다. (웨스트민스터 대교리문답 제156문답)

세례는 언제 어디서 베풀어야 할까요? 아무도 없는 곳에서, 세례를 베푸는 사람과 받는 사람들만 모여서 하면 될까요? 그렇지 않습니다. 세례는 주일 공예배 시간에 온 교인이 참석한 자리에서 베풀어야 합니다. 새벽기도회나 수요기도회 같은 곳에서 행해지지 않아야 합니다. 왜냐하면 세례는 개인적인 일이 아니라 교회의 규례(ordinance)이기 때문입니다. 세례는 단순히 예수 그리스도를 믿는다는 표만 아니라 교회의 회원이 되겠다는 의식이기 때문입니다. (고전 12:13) 이렇게 모든 성도들이 함께 있을 때 그 공동체 앞에서 세례를 행하는 것은 그 모든 성도들이 모두 다 그 일에 관여하는 것임을 나타냅니다. (『특강 소요리문답(하권)』 18단원의 세례 부분)

세례는 세례를 베푸는 예식과 함께 서약, 공포 등의 순서가 포함됩니다. 즉 세례를 받는 사람이 자신이 기독교 신앙을 믿는다는 사실을 서약하고 앞으로 교회의 회원으로서 본분을 다하겠다는 서약을 합니다. 그리고 세례를 받은 사람이 세례교인이 되었다는 선언을 하는 공포 시간이 있습니다. 그래서 온 교인이 참석할 수 있는 자리인 주일공예배에서 이루어져야 합니다.

또 한 가지 이유가 있는데요, 세례식 때 서약은 세례를 받는 당사자도 해야 하지만, 동시에 그 사람을 교회의 회원으로 받는 회중 전체도 해야 하기 때문입니다. 세례 받는 사람을 교회의 회원으로 받아서 함께 성도의 교제에 함께 힘쓰며 함께 하나님을 예배하며 함께 교회를 세워나가기로 다짐하겠다는 서약을 온 교인이 해야 합니다. 그렇기에 모든 회중이 자리하고 있는 예배 중에 이루어지는 것이 합당합니다.

아하~ 그래서 종교개혁자들은 세례를 제자리로 돌려 놓은 거구나.

중세 로마 가톨릭에서는 미신적인 이유로 직분자 아닌 사람들이 세례를 베풀곤 했거든.

> 헌법 찾아보기

세례는 회중 앞에서

우리는 예배모범을 통해 세례를 회중 앞에서 행해야함을 배웠습니다.

> "개인적인 장소에서 사사로이 행해서는 안되며, 공중 예배 시에 회중 앞,
> 즉 사람들이 가장 편하게 보고 들을 수 있는 곳에서 행할 것이며,"

여기에 근거하여 대한예수교 장로회(합동) 헌법(2006년판) 예배모범 제9장 유아세례 제2항과 대한예수교 장로회(합신) 헌법(2010년판) 예배모범 제8장 2항에는 다음과 같이 되어 있습니다.

예배모범 제9장 유아세례 제2항 / 예배모범 제8장 2항
2. 세례는 교회 안 모든 회중 앞에서 베푸는 것이 통례이다.

대한예수교 장로회(통합) 헌법(2006년판) 제4편 예배와 예식에는 다음과 같이 되어 있습니다.

제4편 예배와 예식
2-2-2-2. 세례는 전체 교회의 행위이므로, 공중예배에서 회중의 참여 가운데 베풀어져야 한다.......

세례를 베풀 때 세례를 받는 사람만 아니라 다른 모든 회중이 있는 자리에서 하는 것이 중요한 이유는 세례를 받는 사람 뿐 아니라 이미 세례를 받은 지 오래된 사람들을 위해서이기도 합니다.

대개 세례는 한 번 받고 나서 그냥 끝이라고 생각합니다. 물론 세례는 한 번 받습니다. 세례는 일평생 딱 한 번 받아야 합니다. 그런데 그렇게 한 번 받은 세례는 그 효력이 평생 지속됩니다. 세례가 평생 지속되는 것은 세례 자체의 의미 때문이기도 하지만, 또한 동시에 다른 사람들이 세례를 받는 장면을 지켜보면서도 이루어집니다. 이 사실은 웨스트민스터 대교리문답 제167문답에 잘 나타나 있습니다.

> 167문: 우리의 세례를 우리가 어떻게 향상시킬 수 있습니까?
> 답: 우리가 받은 세례를 향상시켜야 할 의무는, 꼭 필요하지만 매우 소홀히 해 왔습니다. 이것은 우리가 평생에 걸쳐 행해야 할 것인데, 특별히 시험을 당할 때와 다른 사람들이 세례 받고 있는 자리에 참석했을 때에 해야 합니다.
>
> 세례의 본질과 그리스도께서 그것을 제정하신 목적과 세례에 의해 우리에게 주어지고 보증된 특권과 혜택, 세례 시에 행한 우리의 엄숙한 서약 등을 신중하면서도 감사히 생각함으로써 해야 합니다.
>
> 우리의 죄악 된 더러움과 세례의 은혜와 우리의 맹세에 못 미치고 역행하는 것으로 인해 겸손함으로써 하고, 그 성례 안에서 우리에게 보증된 죄 사함과 다른 모든 축복에 대한 확신에 이르기까지 성숙함으로써 해야 합니다.
>
> 우리가 그리스도와 합하여 세례를 받음으로써 그의 죽음과 부활에서 힘을 얻고, 죄를 무력하게 하며, 은혜를 소생시킴으로써 하고, 믿음으로 살기를 힘쓰며, 그리스도에게 자기들의 이름들을 바친 자들로서, 거룩함과 의로운 생활을 하고, 같은 성령으로 세례를 받아 한 몸을 이룬 자들로서 형제의 사랑으로 행하기를 노력함으로써 할 것입니다.

세례식을 본 적 없는 청년들

오늘날 많은 교회에서 2부, 3부와 같이 예배를 나누어 드릴 때 어떤 예배에서는 세례가 시행되지 않습니다. 이렇게 되다 보니 세례를 통해 누리는 유익을 모든 회중들이 누리지 못하게 되는데, 이는 바람직하지 못합니다. 제가 어떤 교회의 청년들에게 '세례'에 대해서 설명하던 중 놀란 일이 있었습니다. 청년들이 세례를 받는 모습을 한 번도 본 적이 없다는 것입니다. 청년들만 참여하는 예배는 회중 전체가 참여하는 예배가 아니라서 세례식이 시행되지 않고 있었던 것이었습니다. 즉, 이 문제는 앞에서 살펴본 '모든 회중이 참여하는 예배'와 직접적으로 관련된 것이었습니다. 성찬식도 마찬가지였고요.

세례식에도 정해진 순서가 있을까요?

세례식은 다음과 같은 순서대로 시행하는 것이 가장 바람직합니다. (기독교강요(최종판) 4권 15장 19절)

첫째, 세례식을 하기 1년 전 혹은 수 개월 전에 세례를 받을 만한 사람에게 세례를 받도록 권면합니다. 이를 위해서 당회와 온 교회는 항상 세례 받을 만한 사람이 있는지를 살펴야 합니다. 교회에 나오기 시작한 이후 복음을 듣고 회심하여 예수 그리스도를 참으로 고백하고 있는 사람이 있다면, 그 사람이 적절한 때에 세례를 받도록 권면해야 합니다.

둘째, 세례를 받을 만한 사람을 선정하여 세례를 위한 교육을 합니다. 이때는 성경을 1독 이상 하게 하고, 웨스트민스터 소교리문답을 가르치고, 교회생활과 관련한 여러 가지 교육을 합니다. 요즘에는 세례 교육을 3-4주 하는 경우가 있는데, 이건 그야말로 형식적입니다. 세례교육은 6개월 정도 해야 됩니다.

셋째, 세례를 위한 교육이 끝나면, 대상자에 대한 당회 문답을 합니다. 복음의 기본적인 내용을 잘 이해하고 있는지, 구원에 대한 확신이 있는지, 교회의 치리에 복종할 의사가 있는지를 확인해야 합니다. 만약 세례를 받을 만하지 않으면 탈락시켜야 합니다. 한국적인 분위기에서는 대충 허락해 주는 경우가 있는데, 그렇게 하는 것은 부활하신 예수님께서 제정하신 세례를 가볍게 여기는 것입니다. 정중하게 양해를 구한 뒤에 탈락시키고, 다시 한 번 더 기독교 신앙을 교육하는 것이 필요합니다. 이런 과정은 세례를 받기에 합당한 지가 확인될 때까지 계속되어야 합니다.

넷째, 당회 문답에 통과한 사람은 당회 앞에서 서약을 합니다. 서약 내용은 각 교단 별로 나와 있는 내용이 있습니다.

다섯째, 세례식이 있을 것과 누가 세례를 받을 것인지에 대해서 온 교회 앞에 사전에 광고를 합니다. 이렇게 함으로써 온 교회가 누가 세례를 받을 것인지를 알고 준비하게 됩니다.

여섯째, 온 회중이 증인으로 참석한 예배 중에 세례식을 거행합니다.

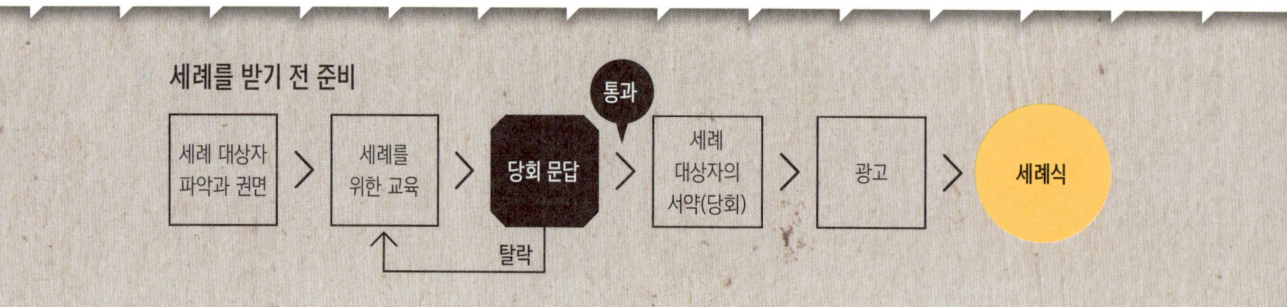

세례를 받을 수 있는 사람이 따로 있을까요?

세례는 누가 받을 수 있을까요? 세례는 성인세례와 유아세례로 나뉩니다.

성인세례

성인세례의 경우 삼위일체 하나님에 대한 바른 지식과 믿음이 있어야 하고, 자신이 죄인이라는 사실에 대한 분명한 자각과 예수 그리스도를 믿는 믿음이 분명해야 합니다. 성경에 대한 기본적인 지식을 갖추고 있어야 합니다. 그리스도를 믿고 주(主)라 시인하며 그분을 향한 순종을 실제로 고백하는 자들에게 베풀어야 합니다. (웨스트민스터 신앙고백서 제28장 제4절; 웨스트민스터 대교리문답 제166문답; 웨스트민스터 소교리문답 제95문답) 그러므로 신앙고백이 선행되어야 합니다. (막 16:16; 행 2:41; 8:37; 16:31-33)

교회는 복음을 전하고 가르침으로써 세례를 받을 만한 사람이 생겨나도록 해야 합니다. 사도신경에 요약되어 있는 기독교 복음을 잘 가르치고, 십계명에 나타나 있는 그리스도의 삶이 무엇인지를 가르쳐야 합니다. 그리고 세례를 베풀어야 할 대상자를 항상 발견하려고 노력해야 합니다. 그렇게 발견된 대상자에 대해 교회가 세례를 권면해야 합니다. 다시 말해 세례를 받는 것은 개체 교회, 나아가서는 보편교회에 가입하는 의미를 지니고 있으므로 개인이 스스로 결단할 수 있는 것이 아닙니다. 어떤 사람이 세례를 받기 원한다고 해서 그에게 세례를 베풀어서는 안 됩니다. 교회가 세례대상자를 찾아야 합니다. 그리고 난 뒤에 당회는 세례를 받을 만한 사람에게 상당한 기간 동안 진리 지식을 배우게 하고 그 후에 세례 받을 이들을 심각하게 문답하여 그들의 신앙과 중생 여부를 자세히 살펴야 합니다. 하나님을 아는 것과 그리스도 신앙이 진실함에 대하여 만족한 증거가 있어야 합니다.

문답의 결과 아직 중생한 증거가 없다면 좀 더 공부하며 기다리도록 해야 합니다. 세례는 함부로 베풀 수 있는 것이 아닙니다. 하나님의 백성이 아닌 이들을 다 하나님 교회의 공식적 회원으로 받아들여서 그들에 의해서 교회가 좌지우지되도록 해서는 안 됩니다. 대한예수교 장로회(합신) 헌법(2014년판) 예배모범 제9장 성인세례 제3항도 이를 반영하고 있습니다.

> **예배모범 제9장 성인세례 제3항**
>
> 세례 후보자의 복음진리 지식을 확인하지 않은 채 쉽사리 세례를 베푸는 것은 성례를 소홀히 여기는 죄이다. 그것은 결국 교회를 부패케 하는 결과도 가져온다.

미국의 2차 부흥운동 동안 불특정 청중이 한 두 번의 설교를 듣고 죄를 고백하면 세례를 베푸는 관례가 생겨났습니다. 여기에서 말하는 '불특정 청중'이란 이전 삶에 대한 파악이나 세례 이후의 신앙을 지도하고 권징하는 아무런 조치가 불가능한, 모였다가 헤어지는 집회에 참석한 사람들입니다. 이후 미국의 국내 전도나 미국 선교사의 선교지에서 이런 쉬운 세례가 정착되고 파급되었습니다. 이런 영향으로 안타깝게도 한국교회도 세례를 가볍게 베푸는 분위기가 형성되었습니다. (유해무, 『헌법해설: 웨스트민스터 신앙고백서/대소교리문답서』 162)

유아세례
유아세례는 부모가 신자인 경우 받을 수 있습니다. (웨스트민스터 신앙고백서 제28장 제4절; 웨스트민스터 대교리문답 제166문답; 웨스트민스터 소교리문답 제95문답; 하이델베르크 교리문답 제74문답) 교회의 회원인 신자의 자녀는 출생과 동시에 세례를 받을 수 있습니다.

유아세례의 경우 성경에 명시적으로 언급하고 있지는 않습니다. 그러다보니 이에 대해 역사적으로 논란이 있었습니다. 고대교회의 터툴리안이나 종교개혁 당시의 재세례파가 문제제기를 했습니다. 특히 어떤 교파의 경우 유아세례를 반대합니다. 그들은 유아세례 대신 '헌아식'(獻兒式)을 하기도 합니다. 하지만 개혁파 교회는 유아세례를 성경적이라고 봅니다. 비록 성경의 어떤 특정 본문이 언급하고 있지는 않지만 성경 전체가 가르치고 있는 바와 일치한다고 생각합니다. 세례를 구약시대 교회의 일원이 되는 것을 상징하던 할례를 대신하여 성도와 그 자녀들에 대한 하나님의 약속을 보증하는 것으로 봅니다. 그러므로 믿는 부모에게서 태어난 유아들에게도 세례를 베풀 수 있는 것입니다.

이렇게 세례를 준비하고 제대로 집례하면, 세례받는 당사자 뿐 아니라 가족과 교회 공동체 모두 함께 그리스도의 은혜를 누리게 되는 것입니다.

유아세례는
언제 베풀어야 할까요?

제가 아는 많은 교회들은 주로 어린이 주일(5월 첫째주)과 성탄절(12월 25일)에 유아세례를 베풉니다. 예를 들어 3월에 태어난 아이의 경우 그 해 12월에 유아세례를 받고 10월에 태어난 아이는 그 다음 해 어린이 주일에 받습니다. 이렇게 첫 출석과 유아세례의 시점이 다르다 보니, 첫 출석 때는 '헌아식'까지는 아니라 할지라도 그것과 다를 바 없는 의식을 합니다. 산모의 산후조리가 끝나고 신생아의 외출이 가능하게 되어 첫 예배에 출석한 때에 '하나님께 바친다'는 의미로 목사에게 나아가고 목사가 아이를 위해서 축복기도를 해 주는 것입니다. 그러나 여기에는 성경적 근거가 없습니다. 전 세계에서 한국교회만 지키고 있는 '어린이 주일'은 5월 5일 어린이날에 근거한 것으로, 성경에서 명령하고 있는 것이 아닙니다. 성탄절에 유아세례를 베푸는 관습은 아기 예수님과의 연관성 때문인 듯한데, 사실 유아세례는 아기 예수님과 관련된 것이 아닙니다.

교회는 언제든지 유아세례를 베풀 수 있도록 해야 합니다. 아기가 태어난 이후 교회에 처음 출석하는 주일에 받는 것이 좋습니다. 유아의 언약의 근거는 출생과 동시에 발생하는 것이기 때문입니다.

역사적으로 유아세례는 출생 후 가능한 한 빨리 시행하도록 하였습니다. 키프리아누스가 의장이었던 카르타고 회의(Carthago, 252년)에서는 유아세례를 태어난 지 8일 이전에 시행해도 되는가라는 문제를 논의했고, 유아들이 가능한 한 빨리 - 출생 후 둘째 날 또는 셋째 날에 - 세례를 받아야 한다고 결정했습니다. 도르트 교회법(1619) 제46조에 의하면 유아세례는 출생 후 2-3주째 주일에 베풀도록 하고 있습니다. 여기에 근거하여 캐나다 개혁교회의 교회질서 제57조와 호주자유개혁교회의 교회질서 제52조는 신자에게서 태어난 자녀의 경우 가능한 한 신속하게 세례를 받도록 해야 한다고 되어 있습니다. 이처럼 대륙(네덜란드 계열)의 개혁교회에서는 산모의 산후조리가 끝나고 신생아의 외출이 가능하게 되어 첫 예배에 출석한 바로 그 때에 유아세례를 받도록 권장합니다.

대한예수교장로회(합신) 헌법 예배모범 제8장 1항에는 "유아세례는 공연히 지체할 것도 아니요……"라고 되어 있습니다. 그러므로 유아세례는 산모의 산후조리가 끝나고 신생아의 외출이 가능하게 되어 유아가 첫 예배에 출석한 바로 그 때에 행하는 것이 가장 바람직합니다. 즉, 최대한 빨리 말입니다.

세례를 베풀 수 있는 사람이 따로 있을까요?

세례는 누가 베풀 수 있을까요? 물을 머리에 붓는 것이 세례니까 물을 머리에 부을 수 있는 사람, 그래서 아무나 베풀 수 있을까요? 아닙니다. 예배모범이 말하듯이, 세례는 아무나 베풀 수 없습니다. 세례는 사사로운 개인이 할 수 있는 것이 아닙니다.

웨스트민스터 신앙고백서 제28장 제2절은 "합법적으로 부름 받은 복음 사역자에 의해" 베풀어져야 할 것을 고백하고 있습니다.

제네바 교리문답서 제366문답도, 말씀의 설교와 성례는 서로 결합되어 있기 때문에 교회에서 공적으로 가르칠 책무를 맡은 자가 성례를 베풀어야 한다고 가르칩니다.

로마 가톨릭은 주교와 사제 이외에 부제, 심지어는 세례 받지 않은 사람, 특별한 경우에는 불신자까지도 세례집전에 요구되는 의도를 가지고 있는 사람이면 누구나 세례를 줄 수 있다고 합니다.(『가톨릭 교회 교리서』, 1256, 1284) 왜 이렇게 생각할까요? 세례가 곧 구원이라는 잘못된 견해에서 비롯된 것입니다. 세례를 받아야만 구원받으니까 혹시나 급한 상황, 즉 누군가가 죽기 직전에 있을 경우 등에는 누구라도 세례를 베풀고 봐야 된다고 생각합니다.

목사만 세례를 베풀 수 있다는 것을 오해해서는 안됩니다. 목사에게 대단한 경건이나 어떤 신비로운 능력이 있기 때문에 목사만 베풀 수 있는 것이 아닙니다. 목사가 말씀과 성례를 맡은 직분자이기 때문입니다. 심지어 목사라 하더라도 그가 개인 자격으로 세례를 베푸는 것이 아니고, 당회의 결의에 따라 세례를 베푸는 것임을 잊지 말아야 합니다.

반드시 "물"로 베풀어야 할 세례

세례는 그리스도께서 지정하신 대로 물로 베풀어야 합니다. (웨스트민스터 신앙고백서 제28장 제2절; 하이델베르크 교리문답 제69,72,73문답) 그 외에 다른 것을 사용해서는 안 됩니다. "당연한 것 아닌가요? 뭐 이렇게 당연한 것을 일일이 설명합니까?" 이렇게 말씀하실지도 모르겠습니다. 그렇다면 이건 어떻습니까? "세례 때 사용하는 물은 어떤 물이어야 할까요?" 하늘에 가서 신령한 물을 가져온 것일까요? 세례용 물을 기독교백화점에서 따로 팔까요? 그런 게 아닙니다. 그냥 수돗물입니다. 정수기 물을 쓰는 경우도 있겠지요. 지하수도 괜찮습니다. 다시 말하면, 평범한 물입니다.

이런 설명을 드린 이유는 로마 가톨릭 교회는 세례식 때 사용하는 물을 '성수'(聖水)라고 하기 때문입니다. 그들은 세례를 위해 사용하는 물은 미리 거룩하게 구별된 물이어야 한다고 생각했습니다. 깨끗하고 품위 있는 그릇에 담긴 깨끗한 자연수를 사용해야 한다는 겁니다. 신실한 종교개혁가인 루터조차도 로마 가톨릭의 영향 하에 있었기에 세례 시에 사용되는 물을 보통의 물로 생각하지 않고, 말씀을 통하여 은혜로운 생명의 물, 중생의 씻음이 된 물이 된 것이라고 생각했습니다.

로마 가톨릭은 단지 물이 거룩하다고 생각한 것만이 아닙니다. 그리스도께서 친히 제정하신 물로 세례를 주는 것을 비천하게 여기고 양초, 기름, 침, 소금 등을 사용했습니다. 심지어 제마의식(exorcism)처럼 하기도 했습니다. 하지만 그러한 생각들은 잘못입니다. 반드시 물을 사용해야 합니다. 물이 아닌 다른 것을 사용하거나, 물을 사용하지 않고 손만 얹는 것은 바람직하지 않습니다.

물을 사용하면서도 물 자체에 신비로운 능력이 있다고 믿어서는 안 됩니다. 물이 사람의 죄를 씻거나 물의 능력으로 구원을 받는다고 생각해서는 안 됩니다. (엡 5:26; 딛 3:5) (기독교강요(최종판) 4권 15장 2절) 물이라는 상징이 중요하긴 하지만 물로 세례 받는 것이 아니라 삼위 하나님의 이름으로 세례 받습니다.

세례요한처럼, 물에 빠뜨려야 할까요?

세례는 어떻게 베풀까요? 세례의 방식에는 관수, 쇄수, 침수가 있습니다. 침수는 물에 완전히 빠뜨리는 방식이고, 쇄수는 물을 뿌리는 방식이며, 관수는 물을 붓는 방식입니다. 침례교회의 경우 '침수'를 통한 세례만이 유일한 방식이라고 믿습니다. 그렇게 하지 않으면 안 된다고 믿습니다. 그래서 침례교회라고 합니다. 침례만 유일한 세례의 방식이라고 믿기 때문이죠.

그러나 성경에는 '물로 세례를 베푼다' 외에 다른 것에 대해서 구체적인 언급이 없습니다. 단지 역사적 정황에 비추어 짐작할 뿐입니다. 개혁주의 신학, 특히 장로교회 신학은 '오직 침례'를 거부합니다. 장로교회는 반드시 침례여야 할 필요도, 반드시 침례가 아닐 필요도 없다고 봅니다. 다시 말하면 장로교회는 '침례' 자체를 반대하지 않습니다. '오직 침례'를 반대할 뿐입니다.

웨스트민스터 신앙고백서 제28장 제3절은 다음과 같이 고백합니다.

제28장 세례에 관하여
3. 수세자를 물속에 잠기게 할 필요는 없다.
그 사람에게 물을 붓거나 뿌림으로
세례를 올바르게 시행할 수 있다. 10)

10. 막 7:4; 행 2:41; 16:33; 히 9:10; 19-22

미국 북장로교 1834년 총회는 "장로교회 목사가 침례로 세례를 베푸는 것이 합당한가?"라는 질문에 "신앙고백에 위배되지는 않는다"고 했습니다. 칼뱅도 기독교강요에서 그렇게 가르쳤습니다. (핫지, 『교회정치문답조례』, 제166문, 기독교강요(최종판) 4권 15장 19절 참고)

우리는 어떤 태도로
세례를 받아야 할까요?

세례는 베푸는 주체도 중요하지만 받는 사람이 더 중요합니다. 세례를 누가 받느냐 하는 것이 중요하고, 세례를 받는 사람의 태도가 역시 중요합니다.

사도행전 8:14-24를 보면, 사도들이 사마리아로 내려갔습니다.^(14-15절) 16절에 의하면 그곳에 있는 사람들은 "주 예수의 이름으로 세례를 받은 자들"입니다. 그런데 아직 성령께서 임하지 않으셨습니다. 그래서 17절에서 베드로와 요한은 안수를 통하여 성령을 부어주고 있습니다. (이 부분에 대해서는 따로 해석이 필요한 부분이 있지만, 일단 세례와 관련해서만 생각해 봅시다.) 18절에 보면 시몬이 사도들이 안수로 성령을 주는 것을 보고는 돈을 줍니다. 그러면서 19절에서 말하기를 "이 권능을 내게도 주어 누구든지 내가 안수하는 사람을 성령을 받게 하여 주소서"라고 말합니다.

시몬은 16절에 포함된 사람이므로 주 예수의 이름으로 세례를 받은 사람입니다. 그런데 그는 지금 돈으로 성령님의 능력을 사려고 하고 있습니다. 그래서 20-22절에서 베드로가 말합니다.

> "**20**....네가 하나님의 선물을 돈 주고 살줄로 생각하였으니 네 은과 네가 함께 망할지어다
> **21** 하나님 앞에서 네 마음이 바르지 못하니 이 도에는 네가 관계도 없고 분깃될 것도 없느니라
> **22** 그러므로 너의 이 악함을 회개하고 주께 기도하라 혹 마음에 품은 것을 사하여 주시리라"

주 예수의 이름으로 세례를 받은 시몬에 대하여서 "이 도에는 네가 관계도 없고 분깃될 것도 없느니라"라고 말합니다. 세례를 받는다고 해서 그 자체로 다 됐다고 생각해서는 안 된다는 사실을 잘 기억합시다.

세례를 받는 사람은 세례 자체가 중요하지만 또한 동시에 그 세례를 우리가 향상시켜야 할 의무가 있다는 사실을 알아야 합니다. 이와 관련해서 웨스트민스터 대교리문답 제167문답을 통해서 좀 더 분명한 가르침을 얻을 수 있습니다. 정말 중요한 이야기인데 다소 낯설 수 있으니, 한 구절 한 구절을 자세히 읽어봅시다.

167문: 우리의 세례를 우리가 어떻게 향상시킬 수 있습니까?
답: 우리가 받은 세례를 향상시켜야 할 의무는, 꼭 필요하지만 매우 소홀히 해 왔습니다
이것은 우리가 평생에 걸쳐 행해야 할 것인데, 특별히 시험을 당할 때와
다른 사람들이 세례 받고 있는 자리에
참석했을 때에 해야 합니다.

세례의 본질과 그리스도께서 그것을 제정하신
목적과 세례에 의해 우리에게 주어지고 보증된 특권과 혜택,
세례 시에 행한 우리의 엄숙한 서약 등을 신중하면서도
감사히 생각함으로써 해야 합니다.

우리의 죄악된 더러움과 세례의 은혜와
우리의 맹세에 못 미치고
역행하는 것으로 인해 겸손함으로써 하고,
그 성례 안에서 우리에게 보증된 죄 사함과 다른 모든 축복에 대한
확신에 이르기까지 성숙함으로써 해야 합니다.

우리가 그리스도와 합하여 세례를 받음으로써 그의 죽음과 부활에서 힘을 얻고,
죄를 무력하게 하며, 은혜를 소생시킴으로써 하고,
믿음으로 살기를 힘쓰며,
그리스도에게 자기들의 이름들을 바친 자들로서, 거룩함과 의로운 생활을 하고,
같은 성령으로 세례를 받아 한 몸을 이룬 자들로서
형제의 사랑으로 행하기를 노력함으로써 할 것입니다.

세례를 여러 번 받아도 될까요?
지난 번에 너무 대충 받은 것 같아요. ㅠㅠ

세례는 평생에 단 한 번 받는 것이지만, 단 한 번으로 평생에 효력을 발생합니다. 그래서 한 번 받은 세례에 근거하여 하나님께서 우리에게 허락하신 약속을 붙들고 믿음을 더욱 굳세게 해야 합니다. 아울러 그렇게 하기 위해 세례를 잘 활용해야 하는데, 다른 사람들이 세례를 받을 때에 그 세례를 보면서 더욱 세례가 우리에게 주는 은혜를 생각해야 합니다.

세례식에 참석한 사람은 모두가 증인이자 한 가족

세례식 때 세례를 받는 사람만이 주인공인 것은 아닙니다. 그 자리에 참여하고 있는 모든 사람도 세례식에 실제로 참여하는 것입니다. 거기엔 책임과 의무가 따릅니다.

세례를 받는다는 것은 교회의 회원이 된다는 것으로 교회 공동체의 일원이 되는 겁니다. 따라서 세례를 받는 사람뿐만 아니라 그를 회원으로 받는 교회 공동체의 책임이 있습니다. 이미 세례를 받아 교회가 된 회중은 새롭게 회원이 되는 사람이 세례 때 서약한 대로 믿음의 생활을 이어갈 수 있도록 도와야 합니다. 또한 유아세례를 받은 아이에 대해서는 그 아이의 부모와 함께 그 아이가 장성하여 입교할 때까지 신앙에 대해 함께 양육해야 합니다.

이 사실을 대한예수교 장로회(통합) 헌법(2006년판) 제4편 예배와 예식에는 다음과 같이 잘 설명하고 있습니다.

제4편 예배와 예식

2-2-2-7. 회중들은 전 세계 교회를 대신하여 세례자들이 그리스도인의 생활을 영위하도록 기도와 사랑으로 도와야 할 책임이 있다. 유아세례의 경우도 부모는 수세자가 성장하여 자신의 신앙을 고백할 때까지 신앙공동체 안에서 양육과 지도의 책임을 진다.

확인 질문

6단원
성례의 집례(1)
_세례

1. 세례에 관하여 다룬 예배모범의 가르침과 가장 일치하는 생각을 가진 사람은?

① 환희 : 세례는 구원과 직결되는 것이기 때문에, 최대한 미루는 게 좋을 것 같아.
② 종득 : 맞아. 그래서 급한 경우엔, 목회자가 아닌 사람도 세례를 줄 수 있어야 해.
③ 천국 : 세례는 거룩한 것이니까 부목사님이나 협동 목사님보다 담임 목사님께 받아야 제일 은혜로울 것 같아.
④ 원범 : 세례식에 참여할 때마다 내가 이전에 받은 세례를 떠올리면서 유익을 얻게 되더라구.
⑤ 민철 : 자녀가 믿지 않을 지라도 부모의 체면과 교회의 건덕을 위해 세례를 줘야 하지 않겠어?

2. 다음 중 세례에 대한 저자의 설명과 맞지 않는 것은?

① 세례는 그리스도가 제정하신 대로, 물로 베풀어져야 한다.
② 세례를 쉽게 주는 것은 20세기 한국 교회에서 나타난 독특한 현상이다.
③ 세례는 그리스도의 몸인 교회 공동체에 가입되는 '입문의 표시'와도 같다.
④ 세례는 개인사가 아니라 교회의 규례이기 때문에 주일 공예배에서 베풀어야 한다.
⑤ 세례식에 참여한 회중도 세례 받은 사람을 교회의 회원으로 받아서 성도의 교제와 건덕을 위해 힘써야 한다.

3. 세례의 성경적 근거는 다음과 같습니다. 몇 개를 골라서 직접 찾아 읽어봅시다.

요 3:26; 마 28:19; 막 16:15,16; 행 2:37-41; 8:35-38; 9:18; 10:44-48; 16:13-15; 16:30-34; 18:8; 19:1-7; 롬 6:3; 고전 1:14,16; 6:11; 갈 3:27-28; 벧전 3:21

4. 성례의 종류에는 오직 그리스도께서 친히 제정하셨고, 교회에게 명하신 세례와 성찬이 있을 뿐입니다. 내용을 찾아 봅시다.

웨스트민스터 신앙고백서 제27장 제4절;
웨스트민스터 대교리문답 제164문답;
웨스트민스터 소교리문답 제93문답;
하이델베르크 교리문답 제68문답

이 단원을 마치며, 아래 내용을 직접 적어 보세요.

이전에 알았던 사실	새롭게 깨달은 점	감사할 점

지난 3월부터 수요기도회(우리교회의 정식명칭은 평일 모임)에서 기독교 고전 및 양서 읽기를 시작했다. 그 첫 책으로 아우구스티누스의 "고백록"을 읽었다.

6월부터 시작될 두번째 책으로 이 책을 선택했다. "아이들의 회심 이야기" (지평서원) 나는 이 책을 비교적 늦은 2008년 1월에 읽었는데, 그 이후 가끔 꺼내 읽는다.

그러면서 내 자신을 돌아본다. 17-18세기를 살았던 어린 아이들의 신앙고백을 통해 나 자신을 돌아볼 수 있기 때문이다. 5살, 7살 정도에 불과한 아이들이 자기의 죄를 고백하고, 그리스도의 긍휼을 구하며 하나님의 영광을 바라보며 죽음을 대하는 모습을 볼 때마다 부끄럽고 겸손해지기 때문이다.

그래서 이번에 이 책을 통해 우리 교회도 어린 아이와 같은 고백에 참여하기를 기대한다.

배경 사진 : 타보르 박물관, 체코 프라하
체코의 종교개혁자 얀 후스가 처형 당하자, 로마 가톨릭에 항거한 신교도 무리가 타보르 지역에 모여 얀 쥐스카 장군을 중심으로 저항했습니다. 그들은 전쟁이 이어지는 동안, 지하에 동굴을 파고 생활하면서도 그들의 신앙을 유지하기 위해 애썼습니다.

7단원
성례의 집례(2)
_성찬

"주일학교 교사로 일하느라 공예배 참석 못 한 지 오래됐어요. 그렇다 보니 성찬식에 참여한 적도 거의 없어요."

"성찬 때문에 예배 시간만 더 길어지는 것 같아요. 예배 대신 성찬식만 하든지, 아무튼 뭔가 개선되면 좋겠어요."

"어떤 교회는 전도집회에 온 안 믿는 사람들에게 전도용으로 성찬 떡과 잔을 나눠 주던데, 어떤 사람은 그러면 안된대요. 왜 그럴죠?"

성찬도 예배의 중요한 요소입니다. 그러나 교회생활이 낯선 사람들에게 어쩌면 가장 이상한 행동처럼 보이는 것이 바로 성찬일 것입니다. 어떤 면에서는 교회를 오래 다닌 사람들도 마찬가지입니다. 성찬에 담겨있는 풍성한 의미와 은혜와 소망의 기쁨을 알지 못하고 누리지 못한다면, 그 시간이 되어 앉아있을 때 왠지 모를 어색한 느낌을 지울 수가 없을 것입니다.

예배모범이 성찬에 대해 무엇을 가르치고 있으며 어떤 모습으로 성찬을 베풀고 참여하도록 안내하는지 자세히 살펴보시기 바랍니다. 그리고 성찬에 대해 그동안 궁금했지만 차마 물어볼 수 없었던 각종 의문들을 이번 단원에서 시원하게 풀어보도록 합시다.

예배모범 원문 읽기

Of THE CELEBRATION OF THE COMMUNION, OR SACRAMENT OF THE LORD'S SUPPER

주님의 만찬의 성례에 관하여

가. 성찬 횟수와 시기

THE communion, or supper of the Lord, is frequently to be celebrated;

성찬 혹은 주님의 만찬은 <mark>자주 행해져야 한다.</mark>

but how often, may be considered and determined by the ministers, and other church-governors of each congregation,

<u>그러나</u> 얼마나 자주 해야 하는지는 목사와 각 교회의 치리자들(장로들)이 고려하고 결정하되,

as they shall find most convenient for the comfort and edification of the people committed to their charge.

저희에게 맡겨진 사람들을 **위로하고 교화하는 데 있어** **가장 적합한 대로** 결정할 것이다.

And, when it shall be administered, we judge it convenient to be done after the morning sermon.

그리고 성찬식을 거행할 때는, 오전 설교 후에 하는 것이 적당한 줄로 우리는 판단한다.

읽으며 곱씹으며

성찬의 횟수를 당회가 정하라고 밝히는 지점에 주목합시다. 여기서 중요한 것은 사람을 배려하고 있는 점입니다. 가장 잘 모일 수 있게 하자는 것이 중요한 기준입니다. 중세교회는 성찬이 더럽혀지는 것을 막고자 성찬에 참여할 기회를 줄이는 방식으로 대처했는데(떡은 주되 잔을 주지 않는 사례가 대표적임) 주께서 제정하신 규례가 회중에게 얼마나 유익한 줄을 안다면 그렇게 막는 것만이 능사가 아님을 알 수 있습니다.

나.
성찬식 전에
준비할 것

| 무지한 자와 불명예로운 자는 주님의 만찬의 성례를 받기에 합당치 않다. | The ignorant and the scandalous are not fit to receive the sacrament of the Lord's Supper. |

이 성례를 ==자주 시행하기 여의치 않은 곳에서는,== 반드시 성찬식 거행 1주일 전에 공적으로 공고하는 것이 **필수적**이다.

Where this sacrament cannot with convenience be frequently administered, it is requisite that publick warning be given the sabbath-day before the administration thereof:

그리고 그 때 혹은 그 주간 어느 날이라도, 그 규례와 정당한 준비와 참여에 관한 것들이 **가르쳐져야 한다.**

and that either then, or on some day of that week, something concerning that ordinance, and the due preparation thereunto, and participation thereof, be taught;

하나님께서 그 목적으로 거룩하게 하신 모든 방편들을 공적으로나 사적으로 부지런히 사용하여, ==모든 사람들이 좀 더 잘 준비되어, 천국 잔치에 나아오게 한다.==

that, by the diligent use of all means sanctified of God to that end, both in publick and private, all may come better prepared to that heavenly feast.

읽으며 곱씹으며

관심의 초점이 어디 있는지 자세히 읽어봅시다. 무지한 자, 불명예스러운 자를 성찬에서 배제하여 나머지 회중에게 공포심을 주는 방식으로 성례를 보호하는 것이 아닙니다. 오히려 무지한 상태, 죄를 범한 상태로 성찬에 참여하지 않도록 미리 준비시간을 알려 가르치고 겸비케 하는 시스템으로 개선한 것이 종교 개혁입니다. 종교개혁 이전에 비해 훨씬 더 많은 교육기회를 제공했으며, 낙오자가 없이 모두가 함께 더 자라가도록 노력했습니다. 이런 정신을 우리가 배워야 하는 것입니다. 성찬은 함께 누려야 할 천국 잔치이기 때문입니다.

다.
(설교와
공적기도 후)
성찬에
대해 설명

When the day is come for administration,
the minister, having ended his sermon and prayer,
shall make a short exhortation:

성찬식을 거행하는 당일이 되면,
목사는 설교와 기도를 하고 난 뒤에
다음과 같이 간단한 권고를 한다.

"Expressing the inestimable benefit
we have by this sacrament,
together with the ends and use thereof:

"우리가 **이 성례를 통하여 받는
측량할 수 없는 유익을 설명**하되,
성찬의 목적과 용도를 같이 설명하고,

setting forth the great necessity
of having our comforts and
strength renewed thereby
in this our pilgrimage and warfare:

우리의 순례와 싸움 중에도,
**성찬을 통하여 주시는
새롭게 하시는 능력과 위로의
위대한 필요**에 대해 말하며,

how necessary it is that we come unto it
with knowledge, faith, repentance, love,
and with hungering and thirsting souls
after Christ and his benefits:

우리에게 얼마나 필요한 지에 대해 말한다.
지식, 믿음, 회개, 사랑으로
나아가야 하는 것과
그리스도와 그분의 유익에 대해
영혼의 굶주림과 목마름으로
나아가야 하는 것.

how great the danger
to eat and drink unworthily.

얼마나 위험한 지도 설명한다.
합당하지 않게 먹고 마시는 것이.

**읽으며
곱씹으며**

읽고 느낀 점을
적어 보세요.

| 예배모범 원문 읽기 |

다음으로, 목사는 그리스도의 이름으로 **한편으로는 경고하고,**	Next, he is, in the name of Christ, On the one part, to warn all such as	라. 경고와 초대

다음으로, 목사는
그리스도의 이름으로
한편으로는 경고하고,
　무지한 자, 불명예로운 자, 불경건한 자,
　혹은 자신의 지식이나 양심에 대하여 거슬러
　죄 가운데 사는 모든 것에 대해.

Next, he is,
in the name of Christ,
On the one part, to warn all such as
　are ignorant, scandalous, profane,
　or that live in any sin or offence
　　　against their knowledge or conscience,

이러한 자들은
거룩한 식탁에 나아올 수 없는 것으로 여겨야 하며,

that they presume
　　not to come to that holy table;

보여주어야 한다.
　합당하지 않게 먹고 마시는 것은
　자신들에 대한 심판을 먹고 마시는 것임을.

shewing them,
　that he that eateth and drinketh unworthily,
　eateth and drinketh judgment unto himself:

다른 한 편으로,
목사는 특별한 방식으로
초대하고 격려한다.
　자기의 죄의 무거운 짐과
　진노의 두려움을 지고
　고통 가운데 있는 자,
　그들이 할 수 있는 것보다
　은혜 안에서 더 크게 진전하고자 사모하는
　모든 자들을 주님의 식탁에 나아오도록.

And, on the other part, he is in an especial manner
to invite and encourage
　all that labour under the sense
　　of the burden of their sins,
　　　and fear of wrath,
　and desire to reach out
　　unto a greater progress in grace
　　　than yet they can attain unto,
　　　　to come to the Lord's table;

그리고 예수 그리스도의 이름으로,
확신을 준다.
　약하고 지친 그들의 영혼을
　새롭고 강하게 하신다는.

assuring them,
in the same name,
　of ease, refreshing,
　and strength
　　to their weak and wearied souls."

읽으며 곱씹으며

이처럼 목사가 경고를 주고, 초대하고, 격려하고, 확신을 줄 수 있는 근거는 바로 예수 그리스도이십니다. 눈에 보이는 성례는 사람들이 주도하는 것처럼 보이지만, 이 예식을 제정하신 분도 그리스도요, 실제적인 효력도 그로부터 나오는 것임을 거듭 강조합니다. 그런데 이 귀한 것을 현대 교회는 잘 누릴 수가 없습니다. 천국 잔치의 즐거움을 잃어버렸다랄까요. 성찬에서 경건함을 강조하다 보니 장례식 분위기처럼 진행하는 문제, 횟수를 너무 줄여놓고 그나마도 왜 하는지 모르면서 억지로 하는 문제, 심지어 이것을 전도의 기회로 삼아서 불신자에게도 떡과 잔을 돌리는 문제(남용) 등은, 본질을 놓쳐서 치우친 사례입니다. 주님의 백성들이 마땅히 누려야 할 본질을 속히 회복해야 하겠습니다.

예배모범 원문 읽기

마. 성찬 집례 모범 1
빵과 포도주 분배

After this exhortation, warning, and invitation, the table being before decently covered, and so conveniently placed, that the communicants may orderly sit about it, or at it,

이러한 권면과 경고, 초대를 한 후에, 단정하게 덮여 있고 적절하게 놓여 있는 **성찬상 주변에 또는 성찬상에, 성찬참여자들이 질서 있게 앉는다.**

the minister is to begin the action with sanctifying and blessing the elements of bread and wine set before him, (the bread in comely and convenient vessels, so prepared, that, being broken by him, and given, it may be distributed amongst the communicants; the wine also in large cups,)

목사는 자기 앞에 차려져 있는 **빵과 포도주를 성별하여 축사하는 것으로 예식을 시작한다.** (빵을 적당하고 편리한 그릇에 준비하여 목사가 떼어 주면, 성찬 참여자들에게 분배될 것이고, 포도주도 큰 컵에 담아 분배한다.)

Having first, in a few words, Shewed that those elements, Otherwise common, Are now set apart and sanctified to this holy use, by the word of institution and prayer.

그는 첫째, 간단한 말로, 알려 주어야 한다. **이 빵과 포도주는 보통 것과 같은 것인데, 이제 제정의 말씀과 기도로** 이 거룩한 목적에 쓰이도록 **구별되어 거룩하게 된 것임을.**

Let the words of institution be read out of the Evangelists, or out of the first Epistle of the Apostle Paul to the Corinthians, Chap. 11:23. I have received of the Lord, &c. to the 27th Verse, which the minister may, when he seeth requisite, explain and apply.

목사는 **제정의 말씀**으로 복음서나, 사도 바울이 고린도인들에게 보낸 첫 번째 서신 (고린도전서) 11장 23절을 읽는다. "내가 주께 받은 것이니…"부터 27절 까지를 읽는다. 목사가 보기에 **필요하다 싶으면, 설명과 적용**을 해도 좋다.

읽으며 곱씹으며

"성찬상 주변에 또는 성찬상에, 성찬참여자들이 질서 있게 앉는다."
웨스트민스터 예배모범이 작성되던 당시 논의가 많았던 부분입니다. 특강 종교개혁사에서 충분히 다룬 것처럼, 세 왕국의 관습이 조금씩 달랐기 때문에, 총회는 이러한 모범을 통해 작은 차이들은 서로 인정하면서 보다 중요한 본질을 향해 하나가 되고자 노력했습니다. 이런 표현들은 바로 그렇게 '함께 하는 종교개혁'의 시도와 일치의 노력을 잘 보여줍니다.

		마.
빵과 포도주에 대한 기도와 감사와 축복을 다음과 같은 취지로 한다.	Let the prayer, thanksgiving, or blessing　of the bread and wine,　　　　be to this effect:	**성찬 집례 모범 2** 빵과 포도주에 대한 기도 ●○○

"겸손함과 진심어린 고백으로
우리의 비참함이 엄청남에 대해.
　어떤 인간이나 천사라도
　우리를 구원할 수 없을 만큼
또한, 우리가 엄청나게
무가치한 존재임을 고백하며
　하나님의 모든 자비 중에
　가장 작은 것을 받기에도
하나님의 모든 유익에
감사기도 합니다.

"With humble and hearty acknowledgment
　of the greatness of our misery,
　　from which neither .i.man;
　　nor angel was able to deliver us,
and of our great unworthiness
　of the least
　　　of all God's mercies;
to give thanks to God
　for all his benefits,

특별히,
구원의 크신 은총,
하나님 아버지의 사랑,
하나님의 아들 주 예수 그리스도의 고난과 공로,
그로 말미암아
우리가 받은 구원으로 감사하며,

and especially
for that great benefit of our redemption,
the love of God the Father,
the sufferings and merits of
　　　the Lord Jesus Christ the Son of God,
　　　　by which we are delivered;

모든 은혜의 방편들,
즉 말씀과 성례에 감사하며,

and for all means of grace,
the word and sacraments;

특별히 그리스도에 의해서
당신의 모든 혜택을
우리에게 적용하고 인치는
이 성례에 대하여 감사할지니,
어떤 이들에게는 부인되었고,
너무나 오랫동안 남용된 것을,
큰 자비 속에 우리는 계속해서 받게 된 것에
감사드립니다.

and for this sacrament in particular,
by which Christ,
and all his benefits,
　are applied and sealed up unto us,
　　which, notwithstanding the denial of them
　　　　unto others,
　are in great mercy continued unto us,
　　after so much and long abuse of them all.

마.
성찬 집례
모범 2
빵과
포도주에
대한 기도

To profess that there is no other name under heaven by which we can be saved, but the name of Jesus Christ,	오직 예수 그리스도의 이름 외엔, 천하에 우리를 구원할만한 다른 이름이 없음을 고백하오며,
by whom alone we receive liberty and life, have access to the throne of grace, are admitted to eat and drink at his own table,	그 이름만 의지하여 우리가 자유와 생명을 얻고, 은혜의 보좌에 나아감을 얻고, 주의 식탁에서 먹고 마실 것을 허락 받았으며,
and are sealed up by his Spirit to an assurance of happiness and everlasting life.	하나님의 성령으로 말미암아 행복과 영생의 확신을 인친 바 된 것을 고백합니다.

읽으며 곱씹으며

또다시 멋진 기도문 예시가 등장했습니다. 그분의 만찬에 우리가 함께 참여할 수 있다는 큰 특권! 이런 감사기도를 통해 성찬에 대해 신자가 어떤 마음가짐으로 임해야 하는지를 엿볼 수 있습니다. 현대 교회가 성찬을 대할 때는 주님의 고난에만 초점을 두면서, 고난과 관련된 찬송을 부르면서 슬퍼하는 장면을 종종 볼 수 있지만, 오히려 그로 인하여 감사하라고 하고 있습니다. 그리스도의 공로로 구원받은 우리가 자유와 생명을 얻고 그분께 인친 바 되고 접붙인 바 되어 자라가는 기쁨. 비록 이 땅에서 애매히 당하는 고난으로 신자의 믿음이 잠시 흔들릴지라도, 성찬에 참여하여 우리들의 진짜 지위를 다시금 확인하고, 영원한 것에 대한 확신을 다질 수 있습니다. 이런 성찬의 기쁨이 회복된다면 우리들의 예배가 얼마나 복될까요? 하나님이 얼마나 기뻐하실까요?

읽으며 곱씹으며

읽고 느낀 점을 적어 보세요.

마. 성찬 집례 모범 2
빵과 포도주에 대한 기도

○○●

모든 자비의 아버지이시요,
모든 위로의 하나님이신
하나님께
간절히 기도할 것은,
	Earnestly
	to pray
	   to God, the Father of all mercies,
	   and God of all consolation,

그분의 은혜로운 임재와
그분의 성령께서 우리 가운데
효력 있게 역사해 주시길 기도합니다.
	to vouchsafe
	   his gracious presence,
	   and the effectual working of his Spirit in us;

또한 빵과 포도주를 거룩하게 하시고,	and so to sanctify these elements both of bread and wine,
주님의 규례에 복 주사, 십자가에서 우리를 위해 못 박혀 죽으신 예수 그리스도의 몸과 피를 믿음으로 받아서,	and to bless his own ordinance, that we may receive by faith the body and blood of Jesus Christ, crucified for us,
그를 먹고 마심으로 주님이 우리와, 우리가 주님과 하나 되게 하시고,	and so to feed upon him, that he may be one with us, and we one with him;
주님이 우리 안에, 우리가 주님 안에 거하게 하시고,	that he may live in us, and we in him,

우리를 사랑하사
우리를 위해 자신을 내어 주신
주님을 위해 살도록 해 주시기를 기도합니다."
	and to him
	   who hath loved us,
	   and given himself for us."

읽으며 곱씹으며

이어서 하나님께서 이 규례에 함께 해주실 것을 간구하고 있습니다. 성찬에 대해 교리적으로도 완벽한 기도의 모범을 제시했습니다. 무엇보다 그리스도께서 영적으로 임재하셔서 우리에게 성찬이 실제적인 효력이 있기를 기도합니다.

예배모범이 제시하는 기도문을 통해 성찬이라는 규례가 우리에게 영적으로 어떤 유익을 끼치는지를 보시기 바랍니다. 그리고 실제로 성찬에 참여하실 때, 이런 유익들을 묵상하며 감사하시기 바랍니다. 종말의 그날까지 온 교회가 주님 안에서 살아가도록 돕기 위해 주께서 친히 정해주신 규례가 성찬입니다. 그리고 그리스도께서는 지금도 그 자리에 영적으로 함께하신다는 사실을 잊지 않고 기억해야 합니다. 그렇다면, 비록 떡과 포도주를 나누어 먹는 간단한 규례일지라도, 그 자리는 참으로 큰 영광의 자리가 될 것입니다.

마. **성찬 집례** **모범 3** 빵과 포도주를 먹고 마심	All which he is to endeavour to perform with suitable affections, answerable to such an holy action, and to stir up the like in the people.	목사는 거룩한 행동에 일치하는 적절한 감정으로 이 모든 것을 수행하도록 노력하여, ==사람들에게도 같은 감동을 주어야 한다.==
	The elements being now sanctified by the word and prayer, the minister, being at the table, is to take the bread in his hand, and say, in these expressions, (or other the like, used by Christ or his apostle upon this occasion:)	성찬의 요소들은 말씀과 기도로 이제 성별되었으니, 목사는 성찬상에서 빵을 들어서 다음과 같은 표현으로 말한다. (혹은 그리스도나 그분의 사도들이 이 예식에서 사용하였던 표현을 해도 된다.)
	"According to the holy institution, command, and example of our blessed Saviour Jesus Christ, I take this bread, and, having given thanks, break it, and give it unto you; (there the minister, who is also himself to communicate, is to break the bread, and give it to the communicants;)	"거룩한 제정하심과, 명령하심, 우리의 복되신 구주 예수 그리스도의 본을 따라, 내가 이 빵을 취하여 사례하고 떼어 여러분에게 나눠주고자 합니다. (거기에서 목사는 자신이 먼저 성찬에 참여하고, 빵을 떼어 수찬자들에게 나눠준다.)
	"Take ye, eat ye; this is the body of Christ which is broken for you: do this in remembrance of him."	==이것을 받으십시오. 이것을 먹으십시오.== ==이 빵은 여러분들을 위하여== ==찢기신 그리스도의 몸입니다.== ==이것을 행하여 그분을 기념하십시오."==

같은 방식으로 목사는 잔을 취하고 다음과 같은 표현으로 말한다. (혹은 동일한 경우에 그리스도나 사도들이 이 예식에서 사용한 방법으로 한다.)	In like manner the minister is to take the cup, and say, in these expressions, (or other the like, used by Christ or the apostle upon the same occasion:)	마. 성찬 집례 모범 3 빵과 포도주를 먹고 마심
"제정하심과 명령하심과, 우리 주 예수 그리스도의 본을 따라, 내가 이 잔을 취하여 여러분에게 나눠주고자 합니다. (여기에서 목사는 수찬자들에게 나눠준다.) **이 잔은 많은 죄를 사하게 하려고 흘리신 그리스도의 피 안에 있는 새 언약입니다. 이것을 다 마시십시오."**	"According to the institution, command, and example of our Lord Jesus Christ, I take this cup, and give it unto you; (here he giveth it to the communicants;) This cup is the new testament in the blood of Christ, which is shed for the remission of the sins of many: drink ye all of it."	

읽으며 곱씹으며

어떤가요? 앞에서 기도와 말씀을 통해 우리는 성찬의 의미를 제대로 되새겼습니다. 신자는 이제 그런 지식을 갖춘 상태로 지금 이 성찬에 임하게 되는 것입니다. 감동과 유익의 차원이 다르지 않겠습니까?

성찬이 얼마나 소중한지 아는 사람의 감정은 성찬을 집례하는 행동에서 드러나고, 회중은 이를 또한 눈으로 보고 공감할 것입니다. 만일 온 교회의 교인들이 함께 이 유익에 참여하지 못한다면, 애통해야 합니다. 몸 된 지체 모두가 천상의 유익에 참여하도록 격려하고 교육해야 합니다. 별로 중요한 것이 아니라며 포기해버리지 말아야 합니다. 결국 그러한 포기는 교회 모두의 큰 손실입니다.

**바.
성찬 후,
권고와
감사기도**

After all have communicated,
the minister may,
in a few words, put them in mind,

모든 사람이 성찬에 참여한 뒤에,
목사는 몇 마디 말로
그들의 마음에 기억하도록 해야 한다.

"Of the grace of God in Jesus Christ,
held forth in this sacrament;
and exhort them to walk worthy of it."

"이 성례 안에 나타난
예수 그리스도 안에 있는
**하나님의 은혜에 대하여 기억하고,
그에 합당하게 행하기를 권고합니다.**"

The minister is to give solemn thanks to God,

목사는 하나님께 엄숙한 감사를 드린다.

"For his rich mercy,
and invaluable goodness,
vouchsafed to them in that sacrament;

"이 성례 가운데 허락하여 주신
풍성한 자비와
헤아릴 수 없는 선하심에 감사합니다.

and to entreat
for pardon for the defects of the whole service,
and for the gracious assistance of his good Spirit,

전체 예배 가운데
부족함이 있는 것을 용서하여 주시기를 간구하며,
하나님의 선하신 성령님께서 은혜로 **도와주셔서,**

whereby they may be enabled to walk
  in the strength of that grace,
    as becometh those who have received
      so great pledges of salvation."

모든 사람이 오늘 그렇게
구원의 크신 약속을 받은 자들로서 **합당하게,
그 은혜의 권능 속에서
행할 수 있도록 해 주옵소서.**"

**읽으며
곱씹으며**

성찬을 마친 뒤에 능력 있게 살아가야 합니다. 배우고 느낀 바대로 살아갈 힘은 역시 주께서 주셨습니다. 주께서는 우리에게 늘 가장 좋은 방식으로 다가오셨습니다. 스스로를 알리시고, 또한 올바로 섬길 수 있는 지식을 주시는 것이, 피조물인 인간에게 얼마나 감사한 일인지요. 듣고 믿을 수 있으니, 그 선물은 누구에게나 주어질 수 있는 일상적인 것입니다. 신비주의는 일상적인 방식을 멸시하지만, 그리스도께서 제정한 방식은 이렇게 단순하고 소박한 것이며, 그럼에도 그 속에 담긴 보화는 세상이 결코 줄 수 없습니다.

The collection for the poor is
  so to be ordered,
    that no part of the publick worship
      be thereby hindered.

**가난한 자들을 위한 연보는
공예배의 어느 부분도
그것 때문에 방해 받지 않도록
순서를 정해야 할 것이다.**

연보는 260쪽에서
자세히 다루겠습니다.

성찬은 무엇이며, 왜 예배의 중요한 요소가 될까요?

성찬이란 우리 주 예수 그리스도께서 친히 제정하신 성례입니다. 성경에는 성찬이라는 표현보다는 '주님의 만찬'(고전 11:20)이라고 합니다. 주님의 만찬은 주님의 몸을 의미하는 빵과 피를 의미하는 포도주를 먹고 마심으로써 주님의 초림과 생애와 고난과 죽으심과 부활과 승천과 재림을 상징하는 예식입니다. 하나님은 주님의 만찬을 통해 하늘의 신령한 양식을 공급해 주시니, 그리스도야말로 우리에게 참된 양분을 공급해 주시는 참된 양식과 참된 음료이심을 깨닫게 됩니다.(기독교강요(최종판) 4권 17장 4절과 5절) 나아가 주님의 만찬은 단순한 상징이 아니라 하늘에 계신 그리스도의 신성이 이 땅 가운데 영적으로 임재하는 예식이기에 주님의 만찬에 참여함으로 인하여 은혜 가운데 자라게 됩니다.

주님의 만찬에 참여하는 성도들은 자신이 그리스도의 사역으로 말미암아 구원받았다는 사실을 기억하며, 참여하는 다른 사람들과 하나의 교회를 이루면서 신비로운 사귐을 나누고 있다는 사실을 기억하게 됩니다.

성찬은 잔치입니다.(벨기에 신앙고백서 제35조) 왜냐하면 그리스도의 죽음으로만 제정된 것이 아니라 그리스도의 부활과 더불어 제정된 것이기 때문입니다. 사람들은 그리스도의 죽음만 기억하는 예식이라고 생각하지만, 아닙니다. 그리스도께서 죽으시기만 하고 부활하지 않으셨다면 우리는 애초에 주님의 만찬을 먹고 마실 수 없습니다. 시체가 되신 살과 피는 먹고 마실 수 없습니다. 다시 사시고 지금도 부활의 몸을 입고 계신 주님의 살과 피를 먹고 마시는 것입니다.

또한 성찬을 통해 성도가 서로 연합합니다.(고전 10:17) 참여하는 자들이 그리스도 안에서 한 몸이요, 하나의 교회를 이루고 있음을 다시금 확인하는 순서입니다. 빵이 하나의 빵에서 찢어진 것이요, 잔이 하나의 잔에서 나누어진 것이라는 점에서, 참여하는 자들 모두가 하나입니다. 사도 바울은 "떡이 하나요 많은 우리가 한 몸이니 이는 우리가 다 한 떡에 참예함이라"(고전 10:17)라고 말씀하였습니다.

성경에서는 예배 중에 중요한 순서로 '성찬'을 분명하게 명령하고 있습니다.

> 16 우리가 축복하는 바 축복의 잔은 그리스도의 피에 참여함이 아니며 우리가 떼는 떡은 그리스도의 몸에 참여함이 아니냐
> 17 떡이 하나요 많은 우리가 한 몸이니 이는 우리가 다 한 떡에 참여함이라
> 18 육신을 따라 난 이스라엘을 보라 제물을 먹는 자들이 제단에 참여하는 자들이 아니냐
> 19 그런즉 내가 무엇을 말하느냐 우상의 제물은 무엇이며 우상은 무엇이냐
> 20 무릇 이방인이 제사하는 것은 귀신에게 하는 것이요 하나님께 제사하는 것이 아니니 나는 너희가 귀신과 교제하는 자가 되기를 원하지 아니하노라
> 21 너희가 주의 잔과 귀신의 잔을 겸하여 마시지 못하고 주의 식탁과 귀신의 식탁에 겸하여 참여하지 못하리라
> 22 그러면 우리가 주를 노여워하시게 하겠느냐 우리가 주보다 강한 자냐
>
> 고린도전서 10:16-22

개념 정리! 성찬은 교회적으로!

바꿔 말하면, 예배에는 두 가지 설교가 있습니다.
1. 눈에 보이지 않는 설교(invisible word)인 말씀 선포(설교)
2. 눈에 보이는 설교(visible word)인 성례

이처럼 성찬을 거행하는 것 자체가 예배로서의 큰 의미를 가집니다. 성찬은 교회에서 이루어지는 공예배의 중요한 순서입니다.

성찬에는 누가 참여할 수 있을까요?

복음은 모두에게 열려 있습니다. 누구나 복음을 들을 수 있습니다. 복음을 들어서는 안 되는 사람은 아무도 없습니다. 설교 시간에 "당신은 듣지 마십시오"라고 할 수 없습니다. 예배당에 들어오는 사람에게 "당신은 출입금지"라고 말할 수 없습니다. 반면 성찬은 모두에게 허락되지 않습니다. 성찬은 "제한적"입니다. 성찬식 때는 "당신은 참여하실 수 없습니다"라고 말할 수 있습니다.

누구에게 성찬이 허락되며 누구에게 성찬이 제한됩니까? 성찬은 자신이 죄인이라는 사실을 인정하고 예수 그리스도를 자신의 구주로 믿어 세례를 받아 교회의 지체가 된 자들에게만 허락됩니다. 왜 그럴까요? 성찬이 좋은 것이라면 왜 성찬 참여를 제한합니까? 그 이유는 고린도전서 11:27 말씀 때문입니다. "누구든지 주의 떡이나 잔을 합당하지 않게 먹고 마시는 자는 주의 몸과 피에 대하여 죄를 짓는 것이니라." 이 말씀에 의하면 빵과 잔을 '합당하게' 먹고 마셔야 합니다. "합당하지 않게"라는 말은 "그리스도를 믿는 참된 믿음이 없거나 성찬에 대한 적절한 이해나 지식 없이 성찬에 참여하는 것"을 말합니다. 고린도전서 11:28-29에는 "사람이 자기를 살피고 그 후에야 이 떡을 먹고 이 잔을 마실지니 주의 몸을 분별하지 못하고 먹고 마시는 자는 자기의 죄를 먹고 마시는 것이니라"라고 말씀합니다. 자기를 살필 줄 안다는 것은 자기의 죄를 분별할 줄 안다는 것으로서 곧 세례를 받았다는 것을 의미합니다.

> 로마 가톨릭은 회중의 참여여부와 상관없이 사제들이 날마다 성찬 제사를 거행합니다.
> 한국 천주교 주교회의, 『미사 경본 총지침』, 21(제1장 성찬례 거행의 중요성과 존엄성 19번).

사적 성찬?

종종 수련회나 일반 모임에서 성찬을 하는 사람들이 있습니다. 그것을 하는 사람들은 그리스도인들 사이의 유대를 강화하고 돈독하게 하니까 유익하다고 말합니다. 그러나 성찬은 예배모범에서 배웠듯이 '그리스도의 몸'이라는 측면에서 교회 공동체에서 이루어져야 합니다. 아무리 좋은 뜻을 가진 성도들의 모임이나 훌륭한 조직체일지라도, 성찬의 본질을 오해하게 하거나 제대로 살리지 못하는 방식이라면 유익이 되지 못합니다.

성찬과 세례가 서로 무슨 관련이 있기에 세례 받은 사람만 성찬에 참여하나요?

앞서 다룬 것처럼 교회가 누군가에게 세례를 베풀 때에 아무에게나 베풀지 않습니다. 중생(重生)과 회심(回心)의 증거가 분명한 사람, 자기 스스로 죄인임을 인정하고 고백하는 사람, 그 죄로 인하여 영원한 심판을 받아야 할 자라는 사실을 인정하는 사람, 그 죄를 해결받기 위해서는 하나님의 독생하신 아들 예수 그리스도를 구주로 영접해야만 한다는 것을 믿는 사람, 그래서 예수님을 자신의 구주로 믿는 사람에게 세례를 베풉니다. 그렇기에 세례를 받았다고 하는 것은 그 자체로 이미 자신이 죄인이라는 사실을 인식하고, 예수 그리스도만이 우리의 죄를 해결해 주실 수 있는 유일한 구주시라는 고백을 가졌다는 것을 의미합니다.

그러므로 '세례를 받은 사람'은 고린도전서 11:27에서 말씀하는 주의 몸과 피를 합당하게 먹을 수 있는 사람으로 여깁니다. '세례를 받은 사람'은 고린도전서 11:28-29에서 말하는 자기를 살필 줄 알고, 주님의 몸을 분별할 줄 아는 사람으로 여깁니다. 그렇기에 '세례를 받은 사람'이 곧 성찬에 참여할 조건이 되는 것입니다. 이러한 성경의 가르침에 따라 교회는 성찬의 참여를 제한합니다.

성찬의 참여 제한에 대해서는 웨스트민스터 신앙고백서 제29장 8절에 잘 나타나 있습니다.

제29장 주님의 만찬에 관하여
8. 무지하고 사악한 자들은
성례의 외적인 요소들을 받는다하더라도,
그 요소들이 의미하는 것은 받지 못한다.

오히려 **합당하지 않게 나아옴으로써**
주님의 몸과 피에 대하여 죄를 지어 스스로 멸망에 이르게 된다. (후략)

여기에서 무지하다는 말은 복음의 진리에 대한 올바른 이해와 이에 준하는 신앙고백이 없는 경우를 말합니다. 복음에 대한 지식이 없거나 부족한 경우 혹은 바르지 않은 거짓 교리를 믿고 있는 경우를 말합니다. 또한 성찬에 대한 올바른 이해가 없거나 잘못된 지식을 갖고 있는 경우도 포함합니다.

웨스트민스터 대교리문답 제171문답에서도 설명하고 있습니다.

> 171문: 성찬의 성례를 받고자 하는 사람들은 성찬에 참여하기 전에 어떠한 준비를 해야 합니까?
> 답: 성찬의 성례를 받고자 하는 사람들은 성찬에 참여하기 전에,
> 자신들이 그리스도 안에 있는 지, 자신들의 죄와 부족함,
> **자신들의 지식, 믿음, 회개의 진실성과 분량에 대해,**
> **하나님과 형제들에 대한 사랑, 모든 사람에 대한 긍휼,**
> **자신에게 잘못한 사람들에게 대한 용서와 그리스도를 향한 자신들의 열망과**
> **자신들의 새로운 순종에 대해 스스로를 살펴야합니다.**
>
> 그리고 진지한 묵상과 간절한 기도로
> 이 은혜들의 실천을 새롭게 함으로써
> 성찬 준비를 해야 할 것입니다.

하이델베르크 교리문답 제81문답도 봅시다.

> 81문: 누가 주님의 상에 참여할수 있습니까?
> 답: **자기의 죄 때문에 자신에 대해 참으로 슬퍼하는 사람,**
> 그러나 그리스도의 고난과 죽음에 의해 자기의 죄가 사하여지고
> 남아 있는 연약성도 가려졌음을 믿는 사람,
> 또한 **자신의 믿음이 더욱 강하여지고**
> **돌이킨 삶을 살기를 간절히 소원하는 사람**이 참여할 것입니다.
> 그러나 외식(外飾)하거나 회개하지 않는 사람이 참여하는 것은
> 자기가 받을 심판을 먹고 마시는 것입니다.

세례를 받은 사람은 무조건 통과인가요?

세례를 받았다 하더라도 예외가 있습니다. 교회로부터 수찬정지의 징계를 받은 사람(웨스트민스터 대교리문답 제173문답)과 유아 때에 부모의 언약을 따라 세례를 받았으나 아직 공적 신앙고백을 통해 입교하지 않은 사람은 참여할 수 없습니다.(고전 11:28-29; 웨스트민스터 대교리문답 제177문답)

하이델베르크 교리문답 제82문답도 마찬가지입니다.

> **82문**: 자신의 고백과 생활에서 믿지 않음과 경건치 않음을 드러내는 자에게도 이 성찬이 허용됩니까?
> 답: 아닙니다. 그렇게 되면 하나님의 언약이 더럽혀져서 하나님의 진노가 모든 회중에게 내릴 것입니다.
>
> 그러므로 그리스도와 그의 사도들의 명령에 따라,
> 그리스도의 교회는 천국의 열쇠를 사용하여
> **그러한 자들이 생활을 돌이킬 때까지 성찬에서 제외시킬 의무가 있습니다.**

"유아들에게 세례를 베풀 수 있다면, 그들이 주의 만찬에 참여하는 것도 당연하지 않을까?" 라고 생각될 수 있습니다. 이 문제를 유아성찬론(Paedocommunion)이라고 하는데, 개혁주의 전통에서는 "주의 몸을 분별하지 못하고 먹고 마시는 자는 자기의 죄를 먹고 마시는 것이니라"(고전 11:29)라는 말씀에 근거하여 성인이 되어 영적 지혜와 분별력을 가질 때까지 성찬 참여를 허락지 않습니다.

고민이 될 때엔, 규정적 원리, 대화의 원리 그리고 교회 역사를 떠올려 보세요! (헷갈리면, 1, 2단원을 복습합시다.)

이를 분별하는 일은
교회가 맡은 중요한 책임입니다.

지금까지 살펴본 내용에 근거해서 한 가지 적용을 해봅시다. 교회는 성찬에 참여할 수 있는 사람에 대하여 항상 살펴야 합니다. 하나님께서는 교회에 그 일을 맡기셨습니다. 교회는 먼저 성찬에 참여할 수 있는 사람을 교회의 회원으로 받습니다. 이 때 가장 기본적인 방식은 '세례'입니다. 복음을 알지 못하다가 교회의 설교를 통하여 복음의 진리를 깨닫게 된 사람에게 교회는 세례를 베풀어서 교회의 회원으로 받아들입니다. 그리고 그 사람을 성찬에 초청합니다. 교회는 아무에게나 세례를 베풀어서도 안 되고, 세례를 베푼 뒤에도 성찬을 행함에 있어서 매우 신중할 필요가 있습니다. 다시 말하면 세례를 잘 베풀어서 세례를 받은 사람으로 성찬 참여의 자격을 제한해야 하고, 세례를 받았다 하더라도 때로는 그 사람의 신앙과 생활의 상태에 따라 성찬에 참여하지 못하도록 해야 할 필요가 있다는 것입니다.

과거에는 그런 일이 많지 않았으나, 오늘날과 같이 교통이 발달하고 거주의 이동이 많으며 무분별한 교회 이동이 많은 경우에 고려해야 할 부분이 있습니다. 다른 교회의 성도인데 잠시 교회를 방문하여 성찬에 참여할 경우입니다. 미국 초기 청교도의 교회에서는 다른 교회 회원들은 증명서를 갖고 오는 때에만 성찬에 참여가 허용되었습니다. 오늘날에도 네덜란드와 미국, 호주의 전통적인 개혁교회에서는 다른 교회 회원이 예배에 참석하였을 때에는 세례 교인임과 수찬정지를 받은 일이 없음을 증명하는 증명서를 갖고 있는 경우에만 성찬에 참여할 수 있습니다. 그러한 증명이 없으면 과연 그 사람이 성찬에 참여할 만한 사람인지를 확인하기 어렵기 때문입니다.

이렇게 성찬 참여를 제한하는 이유는 성찬에 참여하는 것은 개인의 판단에 의해서만 결정되는 것이 아니라 성찬 배설의 주체인 교회의 판단이 중요하다는 성경의 가르침에 따릅니다. 그렇지 않고 아무에게나 성찬을 베풀 경우에 그 성찬으로 인하여 오히려 우리가 죄를 먹고 마시는 일이 될 수도 있음을 기억합시다. (고전 11:28-32)

예배에 대해 배우면 배울수록, 우리 시대는 예배 모범의 가르침에서 너무 멀어진 것 같아. ㅠㅠ

그러게...

성찬에 참여하려면 무엇을 준비해야 할까요?

세례를 받는 태도가 중요하듯 성찬에 참여하는 태도도 중요합니다. 고린도전서 11:28은 "사람이 자기를 살피고 그 후에야 이 떡을 먹고 이 잔을 마실지니"라고 말씀합니다. 사람이 자기를 살피고 그 후에 빵과 잔을 먹고 마셔야 하는데, 물론 우리는 빵과 잔 바로 앞에서도 그렇게 할 수 있지만, 그보다는 한 주 전에 미리 자신을 준비하는 것이 더 유익합니다. 그리고 이 본문에 근거하여 역사적으로 교회는 성찬에 참여하기 한 주 전에 준비하는 것을 전통으로 이어왔습니다. 이 말씀에 따라 웨스트민스터 대교리문답 제171문답에서는 다음과 같은 내용을 다룹니다.

> **171문: 성찬의 성례를 받고자 하는 사람들은 성찬에 참여하기 전에 어떠한 준비를 해야 합니까?**
> 답: 성찬의 성례를 받고자 하는 사람들은 성찬에 참여하기 전에, 자신들이 그리스도 안에 있는지, 자신들의 죄와 부족함, 자신들의 지식, 믿음, 회개의 진실성과 분량에 대해, 하나님과 형제들에 대한 사랑, 모든 사람에 대한 긍휼, 자신에게 잘못한 사람들에게 대한 용서와 그리스도를 향한 자신들의 열망과 자신들의 새로운 순종에 대해 스스로를 살펴야 합니다. 그리고 진지한 묵상과 간절한 기도로 이 은혜들의 실천을 새롭게 함으로써 성찬 준비를 해야 할 것입니다.

웨스트민스터 예배모범의 해당 부분을 다시 읽어 볼까요?

> ".........반드시 성찬식 거행 1주일 전에 공적으로 공고하는 것이 필수적이다. 그리고 그 때 혹은 그 주간 어느 날이라도 그 규례와 정당한 준비와 참여에 관한 것들이 가르쳐져야 한다. 하나님께서 그 목적으로 거룩하게 하는 모든 방편들을 공적으로나 사적으로 부지런히 사용하여, 모든 사람들이 좀 더 잘 준비된 천국 잔치에 나아오게 한다......"

이러한 고백에 따라 스코틀랜드 장로교회에서는 성찬이 있는 주 중에 '준비 의식'을 갖는 전통이 있었습니다. 이 준비 의식에서 성도들은 주일에 성찬상에 참여할 수 있는 허가를 나타내는 증표를 받았습니다. (브라이언 채플, 『그리스도 중심적 예배』, 85.)

성찬에 대한 공적인 광고를 들은 뒤에 성찬에 참여하기 전까지
다음과 같은 항목을 살피는 것이 필요합니다.

첫째, 자신이 과연 그리스도 안에 있는지, 자신의 죄와 부족함에 대하여 깊이 생각하고,
죄 때문에 자기 자신을 미워하고 하나님 앞에서 자신을 낮추어야 합니다.
죄에 대한 책임으로 인하여 하나님의 진노 아래 있음을 철저하게 묵상해야 합니다.

☐ 예!

둘째, 하나님의 거룩하심과 엄위하심, 하나님의 무한하신 지혜와 한없으신 사랑, 예수 그리스도의 다함이 없으신 사랑하심, 하나님과 우리 사이에 맺어진 영원한 언약에 대해 심도 있게 묵상해야 합니다.

☐ 예!

셋째, 예수 그리스도께서 고난 받으시고 죽임 당하심으로 나의 모든 죄를 용서하시고 그리스도의 의를 우리에게 입혀 주시고 선물로 주신다는 하나님의 약속을 믿고 있는지 살펴야 합니다.

☐ 예!

넷째, 교회 안에 속한 다른 지체들과 거룩한 사귐을 나누고 있는지, 그들 중 누구와 불화(不和)는 없는지를 생각해야 합니다. 혹시나 있다면 간절한 기도로 회개하고 서로 용서해야 합니다.

☐ 예!

모두 체크하셨나요?   ☐ 예   ☐ 아니오

서명 _____

성찬식에 사용하는 재료

세례에서는 물 하나만 사용되지만 성찬의 재료는 빵과 포도주입니다. 빵은 그리스도의 살을 상징하며, 포도주는 그리스도의 피를 상징합니다.

① 빵

예수님께서 '주님의 만찬'을 제정하신 것은 유월절 식사를 통해서였습니다. 원래의 유월절 식사에는 빵이 아닌 무교병입니다. 그런데 예수님은 새언약의 식사에서는 빵으로 재료를 바꾸셨습니다. 그러므로 우리는 빵을 사용하는 것이 좋습니다.

빵의 사용은 특별히 '음식'을 의미합니다. 빵은 우리의 생명을 물리적으로 유지시켜 주는 음식입니다. 예수님은 이 음식을 사용하심으로써 자신이야말로 우리를 위한 참된 영적 음식이심을 나타내셨습니다.(요 6장)

로마 가톨릭은 무교병을 종이처럼 얇은 웨이퍼(면병, paper thin wafers)로 바꾸었는데 그 이유는 화체설의 영향입니다. 웨이퍼는 부스러지지 않기 때문에 거룩하게 변화된 그리스도의 몸이 땅에 떨어져 밟히는 일이 없다는 것이었습니다. 하지만 종교개혁자들은 로마 가톨릭의 미사에서 웨이퍼를 사용하는 것에 대해 반대하였습니다. 왜냐하면 거기에는 '음식'이라는 생각이 사라지기 때문입니다.

② 포도주

포도주를 사용하는 가장 기본적인 이유는 예수님께서 포도주를 사용하셨기 때문입니다. 뿐만 아니라 성경에서 '포도주'가 의미하는 바가 있기 때문입니다. 레위기 말씀은 포도 추수할 때를 완전한 안식과 평화의 때로 봅니다.

> "너희의 타작은 포도 딸 때까지 미치며 너희의 포도 따는 것은 파종할 때까지 미치리니 너희가 음식을 배불리 먹고 너희의 땅에 안전하게 거주하리라. 내가 그 땅에 평화를 줄 것인즉 너희가 누울 때 너희를 두렵게 할 자가 없을 것이며 내가 사나운 짐승을 그 땅에서 제할 것이요 칼이 너희의 땅에 두루 행하지 아니할 것이며"
>
> 레위기 26:5-6

시편 말씀은 포도주를 가리켜 사람의 마음을 기쁘게 하는 것이라고 말합니다.

> "사람의 마음을 기쁘게 하는 포도주와 사람의 얼굴을 윤택하게 하는 기름과 사람의 마음을 힘 있게 하는 양식을 주셨도다"
>
> 시편 104:15

칼뱅은 포도주의 의미를 '기쁨'으로 보았습니다.(기독교강요(최종판) 4권 17장 3절) 이사야 25:6은 장차 있을 안식에 대하여 "만군의 여호와께서 이 산에서 만민을 위하여 기름진 것과 오래 저장하였던 포도주로 연회를 베푸시니..."라고 표현합니다. 예수님은 이 말씀에 대한 성취로 자신의 맨 처음 이적을 '혼인 잔치에서의 포도주 사건'으로 시작하셨습니다.(요 2:1-11) 또한 포도주는 잔치를 의미합니다. 성전 축제에서 포도주가 사용되었습니다.(신 14:26) 잔치의 음료였고(욥 1:13), 결혼식의 음료였습니다.(요 2:13) 여호와께서 그의 백성을 위해 베푸신 연회의 일부였습니다.(사 25:6)

이처럼 포도주는 '언약', '평화', '안식', '기쁨'을 상징합니다. 예수님께서는 당신의 만찬에서 포도주와 언약의 피를 연결시킴으로써 예수님이야 말로 참된 평화, 안식, 기쁨임을 드러내셨습니다. 그러므로 우리는 포도주를 마실 때마다 그리스도와 우리가 맺은 언약을 기억하며, 우리의 평강이 되신 예수 그리스도를 기억합니다. 우리는 '포도주'를 마시는 것이 아니라 '평화와 안식과 기쁨'을 마십니다. 그리고 장차 임할 땅에서 누릴 완전한 안식을 기대합니다.(참조. 마 26:29; 막 14:25; 눅 22:18)

> 생각해보기

성찬식에 사용한 빵과 포도주, 그 동안 정말 궁금했어요!

중세 교회는 왜 신자들에게 빵만 주고 포도주는 주지 않았던 것인가요?

성찬식의 재료는 빵과 포도주 둘 다이지, 어느 것 하나만 사용해서는 안 됩니다. 우리에게는 너무나 당연한 것이지만, 꼭 그렇지 않았던 적이 있습니다. 중세 시대에는 성도들에게 잔을 주지 않았습니다. 지금도 로마 가톨릭은 잔을 성도들에게 주지 않습니다. 그들은 화체(化體)설의 영향을 받아 빵과 포도주가 실제 그리스도의 몸과 피가 된다고 생각합니다. 빵은 떨어뜨리면 다시 먹을 수 있지만 포도주는 흘리면 어떻게 할 수 없으니 그리스도의 피를 흘릴 수 있다는 두려움에서 신자들에게 빵만 베풀고 잔을 베풀지 않습니다. (콘스탄스 회의에서 신자에게 잔을 주는 것이 금지되었다가, 제2차 바티칸 공회(1962-1965) 이후로 빵과 포도주가 직분 없는 신자에게도 허락되었습니다. 하지만 언제나 빵과 포도주를 신자들에게 주는 것은 아닙니다.)

떡을 떼어 나눠 먹는 것처럼 포도주도 한 잔으로 나눠 마셔야 하는 것 아닐까요?

원래의 성찬식은 하나의 잔을 온 회중이 나누어 마셨습니다. 그런데 위생과 관련하여 19세기에 많은 교회들이 공동의 잔(communal cup)을 개인 잔으로 바꾸었습니다. 공동의 잔을 반드시 사용해야 하는 것은 아니지만, 개인주의가 교회공동체를 위협하는 시대에서는 성찬에 참여하는 자들이 진정으로 한 몸에 속하였음을 나타내기 위해서 공동의 잔의 의미를 기억하는 것이 필요합니다.

> 포도주도 술이잖아요? 술은 마시면 안 되는 거 아닌가요?

> 19세기 이후 미국에서는 주류 폐기 운동으로 인하여 포도주가 아닌 '포도즙'으로 대신하려는 경향이 있었습니다. 이에 대해 프린스턴의 신학자 찰스 핫지는 매우 강하게 비판하였습니다. 예수님께서 제정하신 그대로 해야 한다는 이유 때문이었습니다. 신자가 건전한 일상을 위해 가급적 술을 마시지 말도록 권하는 것과 성찬의 요소로 포도주를 사용하는 것은 완전히 다른 문제입니다.

> 성찬식 마치고 남은 빵과 포도주는 어떻게 해야 하나요?
> 쓰레기통에 버리긴 좀 그렇더라구요. 교회 화단에 묻어야 하나요?
> 저희 교회에는 화단이 없는데…

> 성찬식을 하고 난 뒤에 남은 빵과 포도주를 어떻게 처리할 것인가? 하는 문제가 있습니다. 로마 가톨릭의 경우 성체(聖體)라고 하여 그것을 보관하고 성찬에 참여한 뒤의 '그릇을 어떻게 해야 하는지'에 대한 규례까지 담고 있습니다. 미사경본 총지침에 의하면 "거룩한 그릇은 사제나 부제 또는 직무를 받은 시종이 영성체 다음이나 미사가 끝난 뒤에 되도록 주수상에서 씻습니다. 성작은 물 또는 물과 포도주로 씻으며 씻은 사람이 마십니다. 성반은 보통 성작 수건으로 닦는다."라고 되어 있습니다. (한국 천주교 주교회의, 『미사 경본 총지침』, 100(제4장 미사 거행의 여러 형태 279번)을 참조하세요.)

오늘날 한국의 개신교회 중에는 성찬에 대한 무지로 인하여 땅에 파묻는 경우도 있습니다. 하지만, 빵과 포도주 자체가 신성한 것이 아니므로 지나치게 미신화하는 것을 유의해야 합니다. 빵과 포도주는 성찬이 시행되는 중에만 의미가 있는 것이지 끝나고 난 뒤에는 일반 빵과 포도주와 다를 바 없습니다. 그러므로 예배를 모두 마치고 음식으로 먹어도 됩니다. 단, 혹여나 믿음이 연약한 분들이 오해할 수 있으니 평소에 성도들에게 잘 가르치는 것이 중요합니다.

성찬식은 1년에 몇 번 해야할까요?

성찬은 자주 시행하는 것이 좋습니다. 매주 혹은 매월 1회, 아무리 적어도 3개월에 1회 이상은 하는 것이 바람직합니다. 종교개혁자 칼뱅은 1년에 한 번 시행하는 당시의 성찬을 비판하면서 매주 1회 시행을 주장했습니다.

이 부분도 너무 엄격하게 정할 필요는 없습니다. 웨스트민스터 예배모범의 다음 구절을 유념할 필요가 있습니다.

"……성찬 혹은 주의 만찬은 자주 행해져야 한다. 그러나 얼마나 자주 해야 하는지는 목사와 각 교회의 치리자들이 저희에게 맡겨진 사람들을 위로하고 교화하는 데 가장 편리한 대로 결정할 것이다……"

이러한 영향을 따라 각 교단 헌법들은 다음과 같이 되어 있습니다.

대한예수교 장로회(고신) 헌법(2011년판) **예배지침 제5장 제22조 1항**	1. 성찬예식의 횟수 성찬의 횟수는 각 교회 당회가 정하되 덕을 세우기에 합당한 대로 정한다.
대한예수교 장로회(합동) 헌법(2006년판) **예배모범 제11장 성찬예식 제1항**	1. 성찬을 종종 베푸는 것이 좋으나 1년에 몇 회를 거행하든지 각 교회 당회가 작정하되 덕을 세우기에 합당한 대로 정한다.

성찬을 받을 때, 무릎을 꿇는 문제

종교개혁 이후 영국교회에서는 빵을 받을 때 무릎을 꿇고 받을지 그냥 앉아서 받을지 논쟁이 있었습니다. 국교도들은 단지 그리스도에 대한 예를 표하는 것이기 때문에 무릎 꿇는 것을 허용할 수 있다고 보았습니다. 이들의 주장은 로마 가톨릭이 빵을 받을 때 절하는 것에서 영향을 받은 것인데 이는 화체설에 근거한 것입니다. 청교도들은 이것을 거부했습니다. 이미 그리스도의 몸이 된 우리가 성찬의 음식 혹은 그것을 주는 집례자에게 예를 표하는 행위처럼 되기 때문입니다. 같은 이유로 빵과 포도주를 숭배하기 위해 높이 들거나, 그것에 대해 절하거나, 그 앞에 무릎을 꿇는 등의 행위를 반대했습니다.

성찬상에 나아오는 문제

한국교회의 대부분은 성찬식 때 자리에 앉아 있으면 목사님이나 장로님들이 직접 빵과 포도주를 갖다 드리는 방식을 씁니다. 그런데 이 문제로 웨스트민스터 예배모범을 작성할 당시 스코틀랜드 장로교파와 잉글랜드 회중주의자들 간에 첨예한 대립과 논쟁이 있었습니다. 성찬을 받을 때 회중석에 앉아서 받을 것이냐 아니면 성찬상 주위에 둘러서서 혹은 앉아서 받을 것이냐 하는 것이었습니다.

스코틀랜드 장로교파는 성찬상에 나와서 빵과 잔을 받아야 한다고 주장했습니다. 잉글랜드 회중주의자들은 분병(分餠) 예식과 분잔(分盞) 예식을 나누어서 진행했는데 먼저는 빵을 나누고 그 다음에 회중석에 앉아 있는 성도들에게 잔을 돌렸습니다. 두 주장이 대립되었는데, 3주간의 논의 끝에 '성찬상 주변에나 성찬상 앞에'(about the table or at it)라는 표현으로 정리되었습니다.

무엇이 옳을까요? 사실 성경에 보면 비스듬히 누워서 먹었습니다.(마 26:20; 눅 22:14) 이런 사실을 생각해 보면 어떤 방식이 가장 절대적이라고 하는 것은 조심해야 합니다. 다만 가장 적합한 방식대로 하는 것이 좋은데, 저는 스코틀랜드 장로교파의 주장대로 성찬상에 나와서 먹는 것이 바람직하다고 봅니다.(참조. 고전 10:21; 웨스트민스터 대교리문답 제172, 173문답) 왜냐하면 이 방식은 '주의 만찬'이 곧 '식사'라는 사실을 잘 드러내며, 또한 이 식사가 장차 있을 천상에 계신 하나님의 거룩한 식탁에 나아가 그리스도를 먹고 마실 날을 고대함을 잘 드러내는 방식이라는 점 때문입니다.

성찬식 진행 과정

설교가 끝나면 이어서 성찬식을 진행합니다. 세례식이 있다면 세례식이 끝난 뒤에 성찬식을 진행합니다. 모든 예배참석자들은 성찬상에 놓여 있는 빵과 포도주를 바라봅니다. 목사가 성찬의 의미에 대해 설명합니다. 목사는 성찬에 담긴 약속과 그 의미를 성도들에게 설명합니다. 마태복음 26:26-28; 마가복음 14:22-24; 고린도전서 11:23-26 등의 말씀을 사용하여서 성찬 제정의 말씀을 합니다. 그러면서 빵을 떼고 포도주를 성도들에게 보여줍니다. (웨스트민스터 대교리문답 제169문답)

특히 '빵을 떼는 일'을 보여주는 것이 매우 중요한데, 성찬의 제정에 관한 모든 기록들(공관복음, 고전 11장; cf. 행 2:42; 20:7)에는 "떡을 떼는 것"을 말하고 있습니다. 떼는 행위는 성찬의 일부입니다. 예수님은 빵을 떼는 것, 주는 것, 받는 것, 먹는 것에 대해 중요한 의미를 부여하셨습니다. 예수님께서 제자들이 보는 앞에서 빵을 떼었다는 점 때문에 "떡을 떼는 행위"를 성도들이 보는 앞에서 하는 것이 역사적으로 중요하게 여겼습니다. 이 행위를 통해 그리스도의 몸이 우리를 위해 찢어졌음을 드러내는 것입니다.

참석자들은 진행되는 모든 것을 눈으로 잘 봐야 합니다. 한국교회에서는 성찬식이 진행되는 동안 눈을 감고 경건하게 앉아있는 경우가 많은데, 성찬은 눈에 보이는 말씀이기 때문에 눈을 감고 있는 것이 아니라 오히려 눈을 크게 뜨고 성찬의 진행을 바라보아야 합니다.

성찬 제정의 말씀을 마친 뒤에 목사는 성찬을 위해 기도를 합니다. 그리고 성찬에 참여할 자를 성찬상으로 초대합니다. 목사와 장로는 성찬 참여자에게 빵과 포도주를 각각 나눠 줍니다.

성찬에 참여하면서 모든 성도는 그리스도의 구원사역을 생각하며, 한 덩어리의 빵과 한 잔의 포도주를 먹고 마신다는 사실을 생각하면서 교회의 한 몸 됨을 기억해야 합니다. 무엇보다 믿음으로 참여해야 합니다. 성례가 은혜의 방편이지만, 믿음으로 받아들이지 않으면 아무런 유익이 없습니다. 믿음이 없는 사람에게는 빵과 포도주일 뿐입니다. 믿음으로 나아오는 사람들에게는 우리에게 자신을 주시는 주님의 최고의 방식이 됩니다.

모두 마친 뒤에 성찬 감사 찬송을 부릅니다. 성찬에 참여한 것으로 끝나서는 안 됩니다. 성찬에서 받은 이 은혜가 계속되기를 간구하며, 이 은혜에서 떨어져 다시 되돌아가지 않도록 주의하며, 소생함과 위로를 받았으면 그것으로 인해 하나님을 찬송해야 합니다. (웨스트민스터 대교리문답 제175문답)

설교 때는 평상복, 성례 때는 가운을…?

앞서 예배의 역사적인 내용을 살피는 중에 목사의 가운 착용에 대해서 다룬 적이 있습니다. 기본적으로 목사의 가운 착용은 종교개혁이 우리에게 가져다 준 유산에 반대됩니다. 그럼에도 불구하고 상당수의 목회자들이 가운을 입는데, 특히 설교 시에는 평상복이면서 성례를 집례할 때는 가운을 입는 경우를 볼 수 있습니다. 그렇게 하는 이유는 대개 성례를 더 거룩하고 신비로운 예식으로 생각하기 때문입니다.

하지만, 설교와 성례 중 무엇이 더 중요합니까? 설교는 들리는 말씀, 보이지 않는 말씀이요, 성례는 보이는 말씀입니다. 설교와 성례 둘 다 중요합니다. 성찬이 거룩하다면 말씀 선포도 거룩하고, 그 외에 예배 중에 거행되는 모든 순서가 다 거룩합니다. 그러므로 성찬식에만 유독 가운을 입는 것은 다른 예식보다 성찬을 더 귀하게 생각하는 것이 되고, 그런 의식이 심해지면 로마 가톨릭과 같은 방향으로 갈 수 있습니다. 설교 시와 성례 집례 시의 복장이 다른 것은 어색합니다. 입으려면 두 경우 다 입고, 벗으려면 두 경우 다 벗어야 하지 않을까요?

성찬에 참여할 때엔, 눈 크게 뜨고~!

응!

성찬 보와 흰 장갑, 꼭 사용해야 할까요?

한국교회는 일반적으로 성찬 상에 빵과 포도주를 놓을 때에 '성찬 기'(성찬용 빵과 포도주를 담는 그릇)를 사용하여 보관합니다. 먼지가 앉는 것을 막고, 빵과 포도주를 나누어 줄 때에 용이하게 하기 위함입니다. 그리고 성찬 기가 놓여진 성찬 상에 다시 "나를 기념하라"라는 빨간 글씨가 쓰여 있는 하얀 천(성찬 보)을 덮습니다. 그리고 성찬을 집례 하는 목사는 평소와 달리 목사 가운을 입습니다. 손에는 흰 장갑을 착용합니다. 이렇게 하는 것이 과연 바람직할까요? 한번 생각해 봅시다.

먼저, 성찬 보를 생각해 보면, '성찬 기'로 이미 먼지가 앉는 것을 보호하고 있는데 굳이 다시 덮는 것이 필요한지를 생각해 보아야 합니다. 그렇게 함으로써 '눈으로 보이는 말씀'인 성찬을 덮어 버려서 은혜를 가리고 있지는 않는지를 생각해 보아야 합니다. 성찬 보나 성찬 기로 덮어 버리는 것보다는 예배 시간 내내 빵과 포도주가 보이도록 해서 성찬을 받도록 허락된 자들에게는 성찬을 바라보며 은혜를 누리고, 성찬이 허락되지 않은 자들에게는 성찬을 바라보며 그 은혜를 경험하게 될 날을 사모하고 간절히 바라도록 하는 것이 더 나을 것입니다.

2015년에 나온 고신총회의 『예전예식서』에는 "성찬상을 보로 덮을 때에 성찬을 미신적으로 오해할 수 있고, 또 흰 보로 덮음으로써 성찬을 자칫 추도식과 같은 분위기로 조성할 우려가 있으며, 더구나 성찬의 빵과 포도주는 '가시적인' 표와 인이기에 회중의 눈에 더 잘 보이도록 하는 것이 바람직하다고 할 수 있다"라고 되어 있습니다.

다음으로 흰 장갑입니다. 성찬식 때만 아니라 세례식 때, 흰 장갑을 낍니다. 결혼식, 장례식, 임직식 때도 흰색 면장갑을 사용합니다. 다른 때는 안 끼는데, '행사'라는 느낌이 있는 때는 낍니다.

왜 굳이 흰 장갑을 낄까요? 불편할 텐데 말입니다. 흰 장갑을 끼고 세례를 베풀면 물이 장갑에 묻어서 더 불편한데 말입니다. 흰 장갑을 끼고 성경이나 설교원고를 넘기려면 불편한데 말입니다. 상당수의 사람들이 왜 끼는지 생각하지 않고 그냥 남들이 하니까 합니다. 이 문제는 성찬 때만 아니라 교회에서 행하는 많은 의식과도 관련됩니다.

언제부터 한국교회에서 사용되었는지는 정확히 알 수 없습니다. 분명한 것은 흰 장갑을 사용하는 것은 성경적, 역사적으로 근거를 찾기 어렵다는 사실입니다.

그렇다면 우리에게 익숙한 흰 장갑의 유래는 무엇일까요? 일본에 의한 식민지 역사와 깊은 관련이 있다고 봅니다. 일본인들의 의식 가운데는 모든 식전(式典)에는 흰 장갑을 끼는 관습이 있습니다. 이것을 그대로 교회도 수용하여 성례식이나 그 밖의 교회에서 시행되는 의식에서 사용하게 되었습니다. 이것을 한국교회에서도 아무런 생각 없이 문화적인 것으로 받아들여서 세계에 없는 흰 장갑을 사용하는 우리나라만의 전통이 만들어졌습니다. (대신총회발행 교회생활 바른용어집 55번)

성찬과 관련하여 예배모범은 헌금에 대해 언급합니다.

과거에는 주로 연보(捐補)라고 불렀습니다. 요즘은 주로 헌금(獻金)이라고 부릅니다. 봉헌(奉獻)이라고 부르기도 하고, 헌상(獻上)이라는 표현을 사용하는 교회도 간혹 있습니다. 헌금, 연보, 봉헌, 헌상, 과연 어떤 표현이 적합할까요? 성경에선 이 단어들이 상황에 따라 다양하게 사용됩니다. 헌금(獻金)은 '돈'(金)을 드린다는 개념이 강하고, 연보(捐補)는 남을 돕는다는 개념이 강합니다. 봉헌과 헌상은 바친다는 개념이 강합니다. 이 중에서 헌금, 연보는 예배 순서의 풍성한 뜻을 축소시킬 수 있습니다.

헌금은 드리는 내용을 제한한다는 점에서 한계가 있습니다. 우리는 이 시간에 돈(金)을 드릴 수도 있겠지만^(대하 34:9), 꼭 돈이어야 하는 것은 아닙니다. 물건^(패물, 손목 고리, 인장 반지, 귀고리, 목걸이)을 드릴 수도 있습니다.^(민 31:50) 한 때 한국교회에서 성미(誠米)라고 부르는 곡식을 바치기도 했습니다. 이런 점에서 헌금이라는 표현은 아쉽습니다. '헌금'이라는 용어가 굳어지게 될 때 사람들은 반드시 '돈'만 드려야 한다는 생각을 가질 수 있기 때문입니다. 돈이 아닌 다른 것을 드리는 사람을 의아하게 생각하는 경향으로까지 이어질 염려가 있습니다.

연보는 용도를 제한한다는 점에서 한계가 있습니다. 우리가 드린 것은 반드시 다른 사람을 돕기 위해서만 사용되는 것은 아닙니다. 목사생활비, 성찬 음식 구입비, 교육비, 선교비, 교회당 유지비 등에도 사용됩니다. 연보라는 용어가 굳어지면 이 순서에 바쳐진 모든 것들은 반드시 다른 사람을 돕기 위해서만 사용해야 한다는 주장이 나올 수 있습니다. 봉헌과 헌상이 적당한 표현입니다. 둘 다 '바친다'는 의미를 갖고 있기 때문입니다.

헌상에 대한 다양한 표현
물론 오늘날 대부분의 성도들이 돈을 드리니 '헌금'이라는 용어를 써도 무방하다고 볼 수 있지만, 언어는 관념을 지배한다는 측면에서 좀 더 바람직한 용어를 사용하는 것이 좋겠습니다.

봉헌이란 '삼가 공경하는 마음으로 바침'이라는 뜻입니다. 헌상이란 '위로 헌신하여 드림', '바치어 올려 드림'이라는 뜻입니다. 그것은 헌금이 될 수도 있고, 헌물이 될 수도 있습니다. 연보로 사용되기도 하고 다른 목적으로도 사용됩니다. 이 모든 내용을 포괄하는 말이 봉헌(혹은 헌상)입니다. 예배 시간에 이 순서가 있는 것은 예배란 하나님으로부터 받는 시간이요 또한 동시에 하나님께 드리는 시간이기 때문입니다.

무엇을 드립니까?

우리의 모든 것을 드립니다. 예배라는 것 자체가 그렇지만, 이 순서를 통해 우리의 모든 것이 우리의 것이 아니라 하나님께서 주신 것이라는 의미를 담아냅니다. 우리 모든 소유 중에 한 부분에 불과한 물질을 드리지만, 이 순서를 통해 "지금 제가 드리는 물질을 하나님께서 사용해 주실 뿐만 아니라 나의 삶 전체를 하나님께서 사용해 주십시오."라는 의미를 드러냅니다. 나 자신의 매일 매일의 삶과 나의 삶 전체를 하나님께 드립니다. 자신의 생명이나 물질이나 가능성이나 무엇이든 다 하나님께서 영광스럽게 써 주시기를 바라는 큰 소망과 기대를 가지고서 이 순서에 참여해야 합니다.

아래의 교단 헌법들을 확인해 봅시다.

대한예수교 장로회(합신)
헌법(2014년판)
예배모범 제7장
헌금 1항

1. 성경이 가르치는 대로 모든 사람과 물건의 소유주는 하나님이시다. 우리는 우리의 생명이나 재산을 관리하는 관리인에 불과하며, 그 소유권은 하나님께만 있다. 이 사실을 인정하는 신자는 예수 그리스도의 교회를 통해서 주님의 사업이 널리, 올바로 성취되도록 하기 위하여 자기 수입 중 얼마(적어도 10분지 1 이상)를 헌금함으로 하나님을 경배하는 일단(一端)으로 삼는다. 그리고 나머지는 그리스도 신자답게 바로 사용해야 한다. (고후 9:5-7)

대한예수교 장로회(통합)
헌법(2006년판)
제4편 예배와 예식

2-2-4-1. 봉헌은 죄인을 구속해 주신 하나님의 은총에 대한 감사의 표시이며, 모든 것이 주께로부터 온 것임을 고백하는 신앙적 행위이다. 아무것도 가지고 온 것이 없었으나 오늘도 일용할 양식으로 채워주신 하나님 앞에 우리의 물질 뿐만이 아니라 우리의 몸과 마음과 정성도 드리는 것은 당연하다.

받기 위해 드린다?

봉헌은 나의 어떤 목적을 이루기 위해 드리는 것이 아닙니다. 하나님께서 나를 향해 행하신 일 때문에 드리는 것입니다. 받았기에 드리는 것입니다. 받은 것으로 드리는 것입니다. 그런데 간혹 어떤 이들은 감사헌금을 드릴 때에 이미 이루어진 것에 대한 감사가 아니라 "이렇게 해 주세요"라는 제목으로 드리는 경우가 있습니다. 이렇게 하는 것은 매우 위험합니다. 그건 마치 하나님께 협박하는 것과 같습니다. "하나님! 내가 하나님께 돈을 드렸으니 이제는 내가 원하는 것을 해 주세요"라고 하는 것이 됩니다. 봉헌은 하나님과 교회 앞에서 자신을 과시하고 영향을 더 끼치려고 드리는 것이 아닙니다. (행 5:1-11)

참고로 초대 기독교인들은 감사의 예물들을 사도들의 발 앞에 놓았기 때문에 모든 사람들이 볼 수 있었습니다. (행 5:2)

헌금이 꼭 예배 순서에 들어가야 하나요?

언젠가부터 많은 교회에서 예배당 입구에 '봉헌함'을 비치하기 시작했습니다. 예배 순서 중에 봉헌하기보다는 예배당에 들어오기 전에 '봉헌'을 하라는 것입니다. 예배에 참여하는 성도들이 예배 시작 전 예배당에 들어가면서 '헌금행위'를 한 뒤에 예배를 드리는 경우들이 나타나고 있습니다.

이렇게 하게 된 이유는 예배 순서 중에 헌금을 담당하는 이들이 헌금바구니를 돌리는 '수집'(collection, 참조. 고전 16:2) 행위를 마치 헌금을 강요하는 것이라고 오해할 수 있다는 경계에서 비롯됐습니다. 물론 이해됩니다. 하지만 그렇다고 굳이 그렇게 하는 것은 바람직하지 않습니다. 봉헌은 예배의 한 순서로서 행해져야 합니다.

예배가 시작되기 전 예배당에 들어올 때에 봉헌하는 것은 어색합니다. 그렇다면 예배당에 들어오면서 찬송하고 그래서 예배 중에는 찬송을 안 해도 되고, 예배당에 들어오면서 기도하고 그래서 예배 중에는 기도를 안 해도 된다는 논리로 이어질 수 있습니다. 예배의 순서로서 찬송, 기도가 있습니다. 봉헌도 마찬가지입니다. 예배 중에 이뤄져야 합니다. 예배에의 부름과 강복선언 사이의 순서 중에서 행해져야 합니다. 예배를 드리기 전에 하게 되면 봉헌의 예배적 의미를 제대로 드러낼 수 없습니다. 그렇기에 봉헌이라는 순서를 예배의 한 순서로 두어야 합니다.

다음 헌법들은 봉헌을 예배 순서 중 하나로 명시하고 있습니다.

> 헌법 찾아보기

대한예수교 장로회(고신) 헌법
예배지침 제3장
제14조 '예배와 헌금'

1. 모든 신자는 예배 시에 하나님으로부터 받은 은혜를 기억하고 <u>예배의 일부분으로서</u> 헌금을 드려야 할 의무를 가진다.

대한예수교 장로회(통합)
헌법(2006년판)
제4편 예배와 예식

2-2-4-3. 예물의 봉헌은 <u>예배 중의 순서로</u> 정중히 행해져야 하며……

봉헌되는 헌금은 누가 수집해야 할까요?

집사가 해야 합니다. 아무나 하면 안 될까요? 집사가 해야 합니다. 왜냐하면 집사 직분이 바로 그 일을 위해 존재하기 때문입니다.

성경과 장로교 헌법이 가르치는 바에 의하면 집사는 교회의 재정을 맡은 직분자입니다. 재정을 모으고 재정을 사용하는 직분자가 집사입니다. 그러므로 봉헌되는 헌금은 집사가 수집하여 집사가 관리하는 것이 성경적입니다. 헌금을 관리하는 집사가 헌금을 수집하는 것이 성경적입니다. 직분과 은사, 직임(봉사)은 서로 연결되어야 합니다. 예배는 직분적 봉사가 잘 드러나는 현장이어야 합니다.

> **이 주제에 관한 참고도서**
> 이승구, "헌상에 대한 성경신학적 이해", 『한국교회가 나아갈 길: 기독교 세계관적 교회론 탐구』(SFC, 2007), 73-74; 임경근, "헌금(봉헌)이란 무엇인가?," 『담임목사가 되기 전에 알아야 할 7가지』(공저; 세움북스, 2016), 158-176.

봉헌은 자발적이어야 합니다.

간혹 봉헌을 강요하는 경우가 있습니다. 하지만 봉헌은 자발적이어야 합니다. 물론 봉헌을 하도록 가르칠 필요는 있습니다. 왜 해야 하는지? 어떻게 해야 하는지? 드려진 것을 교회는 어떻게 사용하는지 가르쳐야 합니다. 그러나 그것이 '강제적 요구'가 되어서는 안 됩니다. 자발성을 이끌어내는 가르침이 되어야 합니다. 봉헌의 중요한 원리는 '자발성'에 있습니다.

이 사실은 성경이 분명히 가르칩니다. 로마서 15:26 "기쁘게 얼마를 동정하였음이라"와 로마서 15:27 "저희가 기뻐서 하였거니와"라는 말에서 '기쁘게'라는 말이 2번 반복되는 것은 헌금은 반드시 기쁜 마음, 즉 자발적인 마음으로 해야 함을 보여줍니다. 고린도후서 8:3 "저희가 힘대로 할 뿐 아니라 힘에 지나도록 자원하여"에서 '힘대로... 할 뿐 아니라 힘에 지나도록'이라는 말은 '자원하여'라는 말과 연결되어 자발성이 강조됩니다. 고린도후서 8:8 "내가 명령으로 하는 말이 아니요 오직 다른 이들의 간절함을 가지고 너희의 사랑의 진실함을 증명코자 함이로다"에서 바울은 어떤 강제를 통해서 고린도교회에 헌금을 요구하기보다는 오히려 그들의 감정을 조심스럽게 자극합니다. (참조. 몬 8-9,14) 고린도후서 8:11 "마음에 원하던 것과 같이 성취하되 있는 대로 하라"에서 "마음에 원하던 것과 같이"라는 말은 '기꺼이' 라는 말과 '자원하는 것'이라는 말로 요약할 수 있습니다. 고린도후서 9:5 "내가 이 형제들로 먼저 너희에게 가서 너희의 전에 약속한 연보를 미리 준비케 하도록 권면하는 것이 필요한 줄 생각하였노니 이렇게 준비하여야 참 연보답고 억지가 아니니라"라는 말씀은 자원하여 드리는 것의 중요성을 강조합니다. 고린도후서 9:7 "각각 그 마음에 정한대로 해야 할 것이요 인색함으로나 억지로 하지 말지니 하나님은 즐겨 내는 자를 사랑하시느니라"라는 말씀 역시 마찬가지입니다.

성도는 각자의 힘과 원하는 바에 따라서 준비하여 봉헌해야 합니다. 인색함으로나 억지로 하는 것은 즐겨내는 것이 아니며, 주님께서 원하시는 바도 아닙니다.

자발적이지만 의무적인 봉헌

봉헌이 '자발적'이라고 하니, "안 해도 그만"이라는 생각을 가지는 이들이 있습니다. 하지만 그러한 생각은 '자발성의 원칙'을 악용하는 것입니다. 봉헌을 강요하는 것보다 더 나쁜 일입니다. 봉헌에 있어서의 자발적인 원칙은 "봉헌을 하든지 안하든지 자유다"라는 의미가 아닙니다. 봉헌은 하나님 앞에서 기꺼이 해야 할 부분입니다. 누군가의 강제에 의해서가 아니라 자발적으로 기쁘게 해야 합니다.

봉헌을 통해 드리는 물질에는 일종의 '회비'의 성격도 있다는 사실을 기억해야 합니다. 어떤 단체에 소속된 사람이 그 단체를 위해 마땅한 짐을 지는 것처럼, 교회에 속한 지체는 교회의 회원으로서 봉헌을 통해 교회가 필요로 하는 물질을 드리는 것이 마땅합니다. 헌금은 하나님께 드리는 의미도 있지만, 회원으로서 짐을 함께 지는 성격도 있습니다. 내가 속한 교회가 필요로 하는 부분을 몸된 지체로서 일정 부분 감당하는 것입니다. 교회가 존재하기 위해서는 말씀사역자의 생활비와 예배당 운영비, 기타 점심식사비 등 지출해야 할 것이 많이 있는데 그에 대한 '짐'을 지지 않으려고 하는 것은 바람직하지 않습니다. 교회의 회원으로서 마땅히 져야 할 짐입니다. 부담은 나눠서 지지 않고 권리만 누리려고 하는 것은 바람직하지 않습니다.

금액은 어느 정도가 적당할까요?

'회비'와 다른 점은 '강제적'이지 않다는 것과 '금액'에 있어서 '자발적'이고 '차등적'이라는 것입니다. 대개 회비는 회원마다 일정한 금액을 냅니다. 하지만 교회의 회비라는 성격을 가진 봉헌은 소득과 형편에 따라 다르며 신앙 양심과 믿음의 분량에 따라 다르다는 점에서 단순한 회비는 아닙니다. 하지만, 가급적이면 소득에 비례하여 내는 것이 성경의 원리에 합당합니다. 소득과 재산이 많다면 많이 내고 그렇지 않다면 적게 내어야 합니다. 이렇게 함으로써 성경이 가르치는바 평균케 함의 원리(고후 8:13-15)를 실천할 수 있습니다.

그런 점에서 당회나 집사회는 성도들이 구체적으로 얼마의 헌금을 하는지까지를 알 필요는 없으나 헌금생활을 제대로 하고 있는지 살필 필요는 있습니다. 성도가 공예배에 참석하지 않으면 권면해야 하고, 찬송을 부르지 않거나 기도를 드리지 않으면 그에 대해 지적해야 하듯이, 예배 중에 봉헌하지 않으면 그에 대해 지적하는 것은 당연한 일입니다. 봉헌이 예배와 관련 없고 신앙과 관련 없는 부분이라면 모르겠지만, 예배의 한 순서요 신앙의 일부라고 한다면, 교회는 교회의 회원이 마땅한 봉헌을 하지 않는 것에 대해 잘 지도할 필요가 있습니다.

봉헌한 사람의 이름을 일일이 불러주어야 할까?

봉헌 순서 이후에 헌금한 사람의 이름을 부르고, 헌금봉투에 적혀 있는 헌금을 한 이유를 읽어주는 경우가 있는데, 바람직하지 않습니다. 생각해 봅시다. 봉헌은 예배에 참석한 모든 사람이 하는 일인데 봉헌한 사람의 이름을 부른다는 것은 마치 그분들만 봉헌을 한 것처럼 여기는 것이 됩니다. 차라리 예배에 참석한 사람 전체의 이름을 불러야 맞겠지만, 그런 행위는 불필요한 것입니다. 만일 일정 금액 이상의 헌금을 한 사람만 이름을 불러 주는 것이라면 더욱 문제가 되겠습니다.

또한 어떤 특정한 감사의 제목을 불러준다면 그것 역시 마찬가지입니다. 우리가 헌금을 하는 이유는 이 세상을 살아가면서 경험하는 특정한 '복'에 대한 감사 때문이 아닙니다. 우리를 구원하신 하나님의 은혜 전체에 대한 감사요, 하나님의 자녀로서 마땅한 의무행위요 당연한 감사의 반응행위입니다. 우리가 헌금하는 것은 교회의 회원으로서 마땅히 행할 바를 하는 것입니다. 그러므로 굳이 이름을 불러주거나 헌금한 이유를 읽어줄 필요가 없습니다.

더 중요한 것은 헌금의 관리와 사용!

봉헌도 중요하지만 그와 동시에 봉헌된 헌금을 관리하는 것도 중요합니다. 성경은 재정 관리 주체에 대해 분명한 지침을 줍니다. 집사 제도입니다. 장로교회는 집사회가 교회의 재정을 관리하고 집행합니다.(이 때 당회의 지도를 받을 수는 있겠으나 당회가 그 일을 대신 하는 것은 아닙니다.) 봉헌된 헌금을 어디에 사용해야 할지에 대해서는 말씀봉사자의 생활비(고전 9:4-14; 고후11:8-9; 빌 4:15-16; 딤전 5:17-18), 구제(행 4:32-37), 선교(빌 4:15-19), 다른 교회를 돕는 일(행 11:27-30; 롬 15:26; 고전 16:1-4; 고후 8:13; 9:9,12) 등에 주로 사용할 것을 말씀하고 있습니다. 교회 건물을 치장하고 유지하는 일에는 될 수 있으면 적은 돈이 들 수 있도록 노력해야 합니다. 교회의 건물이 예배와 교육과 교제를 위해 필요할 수 있으나 이것에 너무 많은 헌금이 들어가도록 하는 것은 교회로서 마땅히 해야 할 구제와 선교, 교육과 전도, 목회자의 생활비를 감당하는 일을 등한시하는 결과가 될 것입니다.

대한예수교 장로회(통합) 헌법(2006년판) 제4편 예배와 예식에는 다음과 같이 되어 있습니다.

> **제4편 예배와 예식**
>
> 2-2-4-4. 봉헌된 예물은 당회의 감독 하에 주님의 복음 사업에 사용되도록 특별히 주의를 기울일 것이며 모든 성도들이 그 과정과 결과를 알 수 있도록 해야 한다.

재정보고

모두 다 그렇진 않겠지만, 대개 교회의 규모가 커질수록 회중들은 재정에 무관심해집니다. '누군가 알아서 잘 하고 있겠지'라고 생각하는 겁니다. 그런데 이것은 의무만 다할 뿐, 정작 권리는 행사하지 않는 모습이 됩니다.

반면, 작은 교회에서는 모두가 재정에 관심을 가지는 편입니다. 현재 소수의 인원이 모여있는 우리 교회는 분기마다 재정보고를 하는데, 저는 "재정보고 때 모두 참석하세요."라는 말을 거의 한 적이 없습니다. 다만, "오늘 재정보고 있습니다." 정도로 광고할 뿐인데, 우리 교회는 어린아이들까지 재정보고 때 다 앉아있습니다.

재정의 유용 문제로 분란이 있는 교회의 소식을 종종 듣곤 합니다. 그때 간혹, 문제의 피해자는 그 교회 교인들이라는 반응들이 있습니다. 하지만 제가 볼 때 교인들도 공동 책임자이며, 가해자라고 볼 수 있습니다. 자기들이 낸 헌금이 잘못 쓰이고 있는데도 남의 일처럼 생각하는 것이 문제입니다. 대부분의 상식적인 교회는 헌금이 어떻게 쓰이는지 공개하고 있으며, 언제든지 열람할 수 있습니다. 재정보고를 쉽게 여기지 마시고 적극 관심을 두고 참여하는 것은 교인의 의무이자 권리입니다.

교회 재정 관리와 사용의 큰 원칙은 **투명성**!

확인 질문

7단원
성례의 집례(2)
_성찬

1. 성찬에 관한 예배모범의 권면과 가장 어울리는 것은?

① 성찬의 횟수에 대해서는 당회원들이 결정하되, 새신자들이 받을 수 있는 문화적 충격을 최소화하는 것을 제일 중요하게 고려해야 한다.
② 사회적 물의를 일으켰을지라도 성도를 천국 잔치인 성찬에서 배제해선 안 된다.
③ 성찬 전에 목사는 성찬의 목적과 용도, 유익을 설명하고 경고하고 초대한다.
④ 성찬은 눈에 보이는 말씀이기 때문에, 전도 집회에 참여한 불신자들을 대상으로 베풀어져도 좋다.
⑤ 주님이 돌아가시기 전 마지막 만찬을 떠올리며, 회중은 슬픈 마음으로 성찬에 임해야 한다.

2. 성찬과 봉헌(혹은 헌상)에 대해서 저자가 말하고자 하는 바로 적절하지 않은 2가지는?

① 성찬은 믿는 자나 믿지 않는 자 모두에게 제한 없이 열려 있습니다.
② 주님의 만찬은 단순한 상징이 아니라 하늘에 계신 그리스도의 신성이 영적으로 임재하는 예식입니다.
③ 그리스도야말로 우리에게 참된 양분을 공급해 주시는 참된 양식과 참된 음료이심을 깨닫게 됩니다.
④ 헌상 순서를 통해 우리의 모든 것이 우리의 것이 아니라 하나님께서 주신 것이라는 의미를 담아냅니다.
⑤ 회비라는 개념이 있기 때문에 봉헌하는 금액의 액수는 당회의 결정에 따라 정해집니다.

3. 성찬의 성경적 근거는 다음과 같습니다. 본문에서 언급한 성경 구절 외에 다른 근거구절들도 찾아 읽어 보세요.

마 26:26-28; 막 14:22-24; 눅 22:19-20; 행 2:42; 20:7; 고전 11:23-32

4. 성찬이 가진 의미와 회중이 받는 유익들에 대해 신앙고백서들이 말하는 바는 무엇인가요? 신조와 교리문답을 직접 찾아 읽고 발견한 것들에 대해 나누어 봅시다.

웨스트민스터 신앙고백서 제27장 제4절; 제29장 제1절; 웨스트민스터 대교리문답 제168문답, 171문답; 벨기에 신앙고백서 제35조

이 단원을 마치며, 아래 내용을 직접 적어 보세요.

이전에 알았던 사실	새롭게 깨달은 점	감사할 점

예배모범의 전반부를 거의 마쳤습니다.

예배모범의 전반부를 통해 우리는 공예배를 어떻게 회복해야 할지, 어떤 수준까지 끌어 올리고자 했는지 공부했습니다. 자기가 다니는 교회 뿐만 아니라 공교회적으로 모든 교회의 일치를 위해 이 내용이 작성되었음을 다시 한 번 새길 필요가 있겠습니다.

8단원에서는 예배모범 전반부의 마지막 항목인 주일성수에 대해 다루면서, 특별히 Part B에 들어있는 시편 찬송을 미리 다룹니다. 앞서 배웠듯이 시편 찬송은 공예배에 있어 중요한 요소이기 때문입니다. 오늘날 그 의미가 희미해져버린 강복선언도 비중있게 다루었습니다. 우리가 매주 드리는 예배 순서마다 얼마나 큰 은혜가 깃들어 있는지 그 감격을 함께 나누는 시간 되시길 바랍니다.

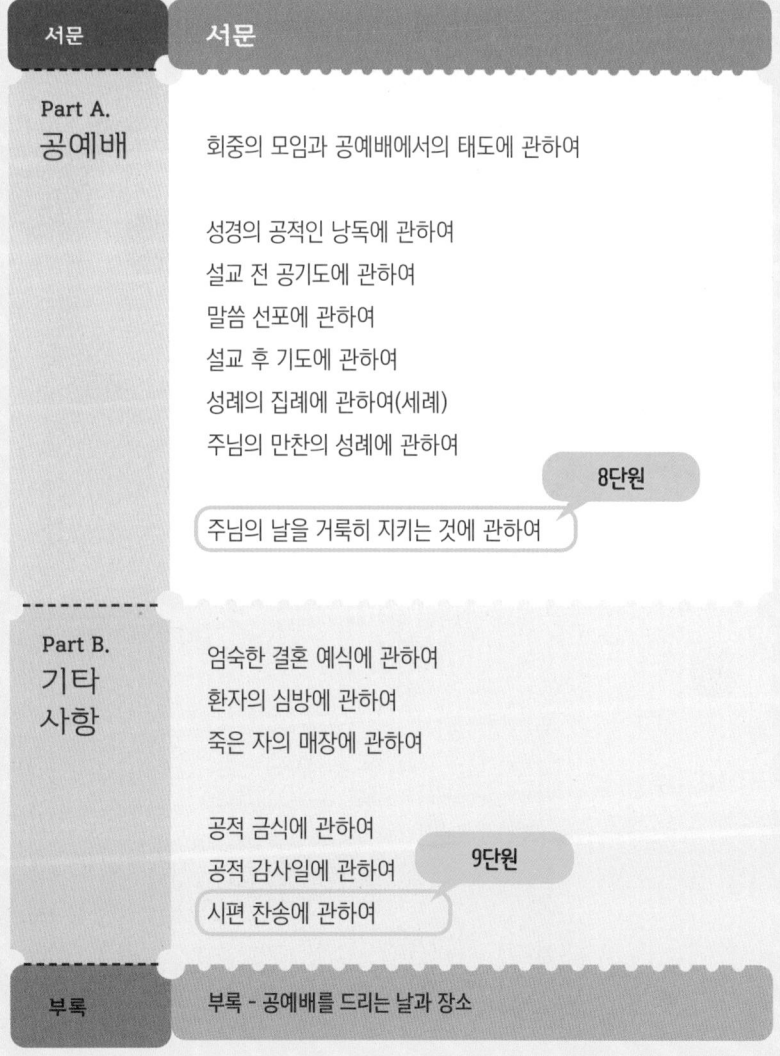

8단원
시편 찬송, 강복선언, 주일성수

"찬송가 가사를 보면, '우리 열심히 해보자' 이런 내용이 대부분 아닌가? 그게 왜 하나님을 찬양하는 것이지? 어릴 때부터 궁금했어."

"전 공예배 때 담임 목사님 축도를 받고 나면 은혜가 되어서 눈물이 날 정도예요. 그런데 부목사님 기도는 별 감흥이 없고 무덤덤해요."

"나는 간호사라서 주일날 자주 예배에 빠지게 되니 고민이야. 사람들은 날더러 직업을 바꾸래. 나는 내 직업이 정말 좋은데, 답을 모르겠고 속상해."

"주일날 온 가족이 부서 활동, 봉사 활동하느라 바빠서 서로 얼굴 보기도 어려워. 저녁에 모이면 모두 녹초가 되곤 해."

예배의 나머지 요소들을 살펴봅니다. 시편 찬송은 우리에게 어쩌면 가장 낯설고 어색한 항목이 아닐까 합니다. 그래서 이 단원에서는 찬송이라는 것이 과연 무엇인지부터 차근차근 살펴보겠습니다. 그리고 보통 축도라고 말하는 강복선언에 대한 설명이 이어지며, 끝으로 공예배가 이루어지는 '날'인 주일을 어떻게 지낼 것인지에 대한 예배모범의 가르침을 계속 살펴보겠습니다.

Of Singing of Psalms
시편 찬송에 관하여

가.
시편 찬송은 그리스도인의 의무

IT is the duty of Christians
　to praise God publickly,
　　by singing of psalms together
　　　in the congregation,
　　and also privately in the family.

회중이 함께 시편 찬송으로 하나님을 찬송하는 것은 그리스도인의 의무다.
공적으로 모인 자리에서,
또한 사적으로 가정이 모인 자리에서.

나.
유의할 점
가사를 이해하고, 마음으로 할 것

In singing of psalms,
　the voice is
　　to be tunably and gravely ordered;

but the chief care must be to sing
　with understanding,
　and with grace in the heart,
　making melody unto the Lord.

시편으로 찬송할 때에,
목소리는
곡조에 맞게 엄숙해야 한다.

그러나 **가장 주의해야 할 것은 가사를 이해하고 마음에서부터 은혜로, 주님께 노래해야만 하는 것**이다.

읽으며 곱씹으며

회중이 함께(together). 계속 등장하는 단어입니다. 종교개혁의 산물입니다. 음악의 전문성에 치우친다거나 감각적인 자극을 중시한 것이 아니라, 가사를 이해하고 고백하듯 마음으로부터 부르도록 하는 것이 목적입니다. 중세교회와 완전히 구별되는 정책입니다. 온 회중이 찬양에 참여하는 것은 그 자체로 획기적인 개혁이었습니다. 그런데 이런 개혁은 바로 성경에서 그 원리를 찾은 것입니다.

다.
온 회중의
참여를 위한
방안

| 온 회중이 다 함께 참여해야 하므로 글을 읽을 줄 아는 모든 사람은 시편 찬송가를 가지고 참여할 것이요, | That the whole congregation may join herein, every one that can read is to have a psalm book; |

나이나 다른 이유로
글을 읽을 수 없는 이들은
글을 읽는 법을 배우도록 권면한다.

and all others, not disabled
by age or otherwise,
    are to be exhorted to learn to read.

그러나 현재로는
회중의 많은 수가 글을 읽지 못하므로,
목사나,
혹은 목사와 다른 당회원에 의해 임명된
다른 적합한 사람으로 하여금
찬송을 부르기 전에
한 줄씩
시편을 읽는 것이 좋다.

But for the present,
where many in the congregation cannot read,
it is convenient
    that the minister,
    or some other fit person appointed
        by him and the other ruling officers,
        do read the psalm, line by line,
            before the singing thereof.

읽으며 곱씹으며

중세교회가 설교의 질을 떨어뜨려 신앙교육의 시스템을 망가뜨렸다면, 종교개혁자들은 설교의 질을 높이며 동시에 철저한 교육을 통해 회중의 무지함을 극복하려 했습니다. 그래야 제대로 된 예배를 드릴 수 있다고 보았기 때문입니다. 오늘날에는 대부분의 사람들이 글을 읽을 수 있지만 실질적 문맹률이 높다는 평가도 있습니다. 만약에 현재의 구조 속에서 교회가 이런 일을 직접 감당할 수 없다면, 시간을 내서 세상에서라도 교육 기회를 가져야 하겠습니다. 이는 신자들을 세상에 뺏기는 게 결코 아닙니다. 오히려 성경을 더 잘 읽고 묵상하게 하는 것입니다. 이런 인식의 변화가 선행되어야 고백이 삶으로 이어질 것입니다.

찬송이 왜 예배의 요소일까요?

> "이 백성은 내가 나를 위하여 지었나니 나를 찬송하게 하려 함이니라"
> 이사야 43:21

> "너희 의인들아 여호와를 즐거워하라 찬송은 정직한 자들이 마땅히 할 바로다"
> 시편 33:1

> "호흡이 있는 자마다 여호와를 찬양할지어다 할렐루야"
> 시편 150:6

> "시와 찬송과 신령한 노래들로 서로 화답하며 너희의 마음으로 주께 노래하며 찬송하며"
> 에베소서 5:19

> "그리스도의 말씀이 너희 속에 풍성히 거하여 모든 지혜로 피차 가르치며 권면하고 시와 찬송과 신령한 노래를 부르며 감사하는 마음으로 하나님을 찬양하고"
> 골로새서 3:16

찬송은 단순한 노래가 아닙니다. 하나님께 드리는 찬미의 제사요 입술의 열매입니다.(히 13:15) '예배'가 갖고 있는 성격을 가장 잘 드러내 주는 것 중 하나가 바로 찬송입니다. 설교 없는 예배가 없듯, 찬송을 빼고 예배를 드릴 수 없습니다. 구약 시대에서부터 신약에 이르기까지 찬송은 설교와 더불어 예배의 중심축이었습니다.

찬송은 하나님을 높이는 일입니다. 삼위 하나님의 존재, 속성, 사역, 영광을 높이는 일이요, 그가 세우신 교회의 영광을 노래하는 일입니다. 나아가 하나님 앞에 선 죄인의 연약함을 고백하는 일입니다. 그러므로 찬송에서는 사람의 그 어떤 공로도 언급될 수 없습니다. 오히려 사람의 죄악 됨과 무익함, 그 가운데서도 역사하시는 하나님의 은혜를 높여야 합니다. 오직 하나님께 영광(Soli Deo Gloria)이라는 종교개혁의 정신이 찬송에서 드러나야 합니다. 찬송은 사람을 향한 노래가 아니라 하나님을 향한 노래입니다.

온 회중이 함께 힘써 불러야 할 찬송
찬송은 예배에 참석한 모든 교우들이 힘써 불러야 합니다. 예배의 요소 중 '말씀'과 관련된 예배의 부름, 십계명 선포, 성경낭독, 설교, 강복선언과 목회기도를 제외한 나머지 모든 요소는 전체 회중이 함께 해야 합니다.

이렇게 모든 회중이 다함께 찬송에 참여한다는 것은 특별히 종교개혁이 우리에게 전수해 준 것으로, 중세 시대에는 특정한 사람만이 찬송을 불렀지만, 종교개혁은 회중찬송을 회복했습니다.

찬송은 가사의 뜻을 제대로 이해하고 마음을 다해서 불러야
아래 성경 구절을 다시 보면 찬송을 부를 때 "마음을 다해" 부를 것을 강조합니다.

> "시와 찬송과 신령한 노래들로 서로 화답하며 너희의 마음으로 주께 노래하며 찬송하며"
>
> 에베소서 5:19

> "그리스도의 말씀이 너희 속에 풍성히 거하여 모든 지혜로 피차 가르치며 권면하고 시와 찬송과 신령한 노래를 부르며 감사하는 마음으로 하나님을 찬양하고"
>
> 골로새서 3:16

위 성경구절에 근거해서 웨스트민스터 신앙고백서 제21장 제5절은 "마음으로부터 은혜로" 찬송할 것을 강조합니다.

> 경건한 두려움으로 하는 성경낭독, 건전한 설교, 분별력과 믿음과 경외심을 가지고 하나님께 순종함으로 말씀을 양심적으로 듣는 것, 마음으로부터 은혜로 시편을 부르는 것, 또한 그리스도께서 제정하신 성례를 시행하고 합당하게 받는 것이 하나님께 드리는 통상적인 예배의 모든 요소다.

이 표현은 종교개혁 당시의 상황을 생각하면 이해가 쉽습니다. 중세 시대에는 대부분이 찬송에 참여하지 못했습니다. 찬송에 참여하더라도 자기가 무슨 노래를 부르는지 잘 알 수 없었습니다. 왜냐하면 라틴어로 찬송했기 때문입니다. 이러한 정황에서 종교개혁자 칼뱅은 말씀에 기초해 찬송은 입술에서 나오는 것이 아니라 마음으로부터 나와야 한다고 강조했습니다. 그리고 이렇게 마음으로부터 나오는 찬송이 되기 위해서는 가사를 제대로 이해하고 불러야 한다고 생각했습니다. 가사를 이해하지 못하고 찬송을 부르는 것은 주문을 외우는 것과 다를 바가 없다고 보았습니다. 칼뱅은 찬송이 마음 깊은 곳에서부터 나오는 것이 아니라 단순히 목과 입술에서만 나오는 것이라면, 그것은 거룩하신 하나님의 이름을 남용하는 것이며 하나님의 존엄성을 조소하는 것이라고까지 했습니다.

바른 찬송은 얼마나 아름다운 곡조를 솜씨 있게 뽑아내느냐에 달려있지 않습니다. 만약 그렇다면 찬송은 노래 잘 부르는 사람, 전문적인 성악가만 불러야 할 것입니다. 찬송은 가사의 영적 의미를 얼마나 이해하고 감사하는 가운데 하나님께 마음으로부터 은혜로 찬송하느냐에 달려있습니다. 가사의 뜻을 충분히 이해해야 합니다. 마음을 다해서 불러야 합니다. 마음 깊은 곳에서 우러나오는 찬송이야말로 하나님께서 기뻐하시는 찬송입니다.

여기에서 한 가지 꼭 언급하고 싶은 것이 있습니다. 오늘날 미디어의 발달로 인하여 상당수의 교회들이 빔 프로젝터를 이용해 찬송가 가사를 화면으로 제공해 줌에 따라 찬송가를 소지하지 않고 예배를 드리는 경우가 있는데, 장로교회 헌법은 찬송가책을 준비하는 것이 온 교우들이 해야 할 의무임을 가르치고 있습니다. 찬송가의 모든 가사를 파악하면서 전체 주제와 가사의 뜻을 음미하는 것이 유익하기 때문입니다.

회복되어야 할 시편 찬송

웨스트민스터 신앙고백서, 웨스트민스터 예배모범은 계속해서 "시편 찬송"에 대해 언급합니다. "시편 찬송"이 무엇인지 잘 모르는 분들이 많을 것입니다. 시편 찬송은 장로교회가 전통적으로 부르던 것인데, 한국교회는 처음부터 그 전통을 잘 받지 못했습니다. 이 말씀의 가르침에 따른 교회들은 시편 찬송을 불러왔습니다.

프랑스의 개혁교회와 스코틀랜드의 장로교회 주일 예배 순서를 비교해 보았습니다. 예배 순서가 조금씩 다르긴 했지만, 예배의 핵심 요소들은 다 갖추고 있었습니다. 두 곳 모두 공통적으로 별도의 찬양대 없이 전교인이 시편 찬송을 하는 모습이 인상적이었습니다. 특히 스코틀랜드 장로교회는 반주 없이 남녀노소 전교인이 시편송을 외워서 부르고 있었습니다. 오랜 세월 시편송을 가르쳐왔음을 알 수 있는, 놀라운 장면이었습니다.

해외 탐방

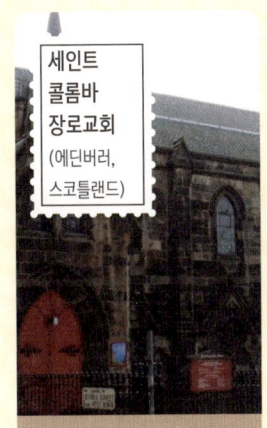

세인트 콜롬바 장로교회 (에딘버러, 스코틀랜드)

파리 오라투아 개혁교회 (파리, 프랑스)

예배 기본 순서

예배에 사용하는 시편 찬송가

한국교회와 시편 찬송

한국의 장로교회가 시편 찬송의 전통을 이어받지 못했지만, 전혀 못 받은 것은 아닙니다. 장로교 헌법의 예배모범에 보면 그 흔적을 볼 수 있습니다. 대한예수교 장로회(합동) 헌법(2006년판) 예배모범 제4장은 제목이 '시와 찬송'입니다. 대한예수교 장로회(합신) 헌법(2014년판) 예배모범 제4장도 제목이 '시와 찬송'입니다. 이는 한국 장로교회의 헌법에 기록된 예배모범이 웨스트민스터 예배모범을 기초로 하고 있었다는 것을 잘 보여줍니다. 그러나 오늘날의 장로교회들은 전통에서 많이 멀어졌습니다.

대한예수교장로회 합동 교단은 서창원 목사의 노력으로 2007년 10월에 총회신학부에서 '시편 찬송가 편찬위원회'를 구성하여 2009년 7월『칼빈의 제네바 시편 찬송가』(Calvin's Genevan Psalter, 1562)를 제작했습니다. 또, 양의문교회(김준범 목사)와 대한예수교장로회 고려개혁 교단도 2016년에 스코틀랜드 시편 찬송가(고려서원)를 완역하여 한국교회에 소개했습니다.

공예배에서 쓸 수 있는 악기가 따로 있나요?

공예배 시 찬송을 부를 때 어떤 악기를 사용할 수 있느냐에 대해서 여러 가지 논의가 있습니다. 공예배 시간에 드럼을 칠 수 있느냐, 전자기타를 사용해도 되느냐 하는 논의가 있습니다. 심지어는 예배 중에 악기를 절대로 사용해서는 안 된다는 '무악기파'도 있습니다.

이에 대해서는 자세히 다루지는 않겠습니다. 중요한 것은 종교개혁의 취지가 경건한 예배의 회복이라는 가치에 있었다면, 그 가치를 이루기 위해 우리가 어떻게 할 것인가에 초점을 두는 것입니다. 그에 비하면 어떤 악기를 얼만큼 쓰느냐 마느냐의 논의는 지엽적인 것일 뿐입니다. (경건한 예배의 회복을 위해 개혁자들이 따랐던 원리는 2단원에서 다루었습니다.)

4세기에 활동했던 교부 아타나시우스는 시편을 노래할 때 음정의 굴절을 적게 사용함으로써 성악을 한다기 보다는 말하는 것처럼 들리도록 해야 한다고 했습니다. (기독교강요(최종판) 3권 20장 32절) 아우구스티누스는 '음악은 가볍거나 경박해서는 안 되며 권위와 위엄을 지녀야 하고 온건한 것으로 절제되어야 한다', '교회 음악은 단지 듣기에 감미롭게만 작곡되어서는 안 되고....노래를 부르는 동안에 사람의 마음에서 최상의 것은 음악이 아니라 무엇이 노래되어지는가 하는 가사에 비중을 두어야 한다'고 했습니다.

칼뱅은 음악(악기)이 인간의 마음을 보다 열정적이고 열렬한 열의로 하나님께 간구하고 찬양하도록 자극하고 일으키는 위대한 힘과 열정을 가지고 있다는 사실을 인정하면서도 주의를 기울여 선택해야만 한다고 경고합니다.

악기 사용 문제에서 중요한 것은, 찬송이 '사람을 즐겁게 하는 수단'이 아니라는 점입니다. 찬송이 사람의 감정을 자극하는 수단이 되어서는 안 됩니다. 찬송은 오직 하나님을 높이기 위한 수단이요, 하나님께 영광을 돌리기 위한 방편입니다. 그러므로 그 목적에 맞는 음악적 요소를 세심하게 고려하여 적절하게 사용해야 합니다. (물론, 공예배가 아닌 다른 모임에서는 훨씬 더 자유롭게 악기를 사용할 수 있겠지요?)

공예배에서 악기 사용이 뜨거운 논쟁 거리가 된 것은 비교적 최근의 일입니다. 시간이 지나면서 공예배의 개념이 무엇인가에 대한 전제가 서로 달라졌기 때문입니다. 전제가 다르면 의견이 충돌하고 분열이 생기는 것은 어쩌면 당연한 일입니다. 예배모범이 만들어졌을 때도 이와 같았습니다. 공교회적으로 분열과 갈등이 심해지면 본질은 잊혀지고 교회는 타락할 위험에 빠집니다. 그래서 종교개혁자들은 예배모범을 통해 '일치'를 호소한 것입니다. 성경적 원리를 추구하되 방식에 있어서는 다양성을 포용해야 합니다.

설교 후 기도에 관하여	Of Prayer after Sermon.	라. 공예배의 마무리 강복 선언으로 해산할 것
기도가 끝나고, 만약 편하다면 시편 찬송을 노래하고,	The prayer ended, let a psalm be sung, if with conveniency it may be done.	
그 후에 (만약 회중과 관련있는 그리스도의 다른 규례가 더 없다면) 목사는 엄숙한 강복선언으로 회중을 해산한다.	After which (unless some other ordinance of Christ, that concerneth the congregation at that time, be to follow) let the minister dismiss the congregation with a solemn blessing.	

예배의 마지막 순서 : 강복선언 (Benediction)
용어 정리 : 기도인가? 말씀선포인가?

4단원 '설교 후 기도에 관하여(p.187)'에서 잠깐 언급됐던 '강복선언' 기억나시죠?

'강복선언'이라고 하면 무슨 말인지, 낯설지도 모르겠습니다. '축도'라고 하면 고개를 끄덕일 것입니다. 한국교회에서는 거의 대부분 축도(祝禱)라고 하는데 이 단어는 '축복기도'의 줄임말입니다. 그런데 축도라고 하느냐, 강복선언이라고 하느냐에 따라 이 순서의 의미가 완전히 달라집니다. 축도라고 하면 기도가 되어버리지만, 강복선언이라 하면 말씀선포의 느낌입니다.

'강복(降福)선언'(Benediction)이 맞는 표현입니다. 한국천주교회가 이 표현을 정확하게 사용하고 있습니다. 우리는 로마 가톨릭의 교리에 대부분 동의하지 않지만, 그들이 잘하고 있는 점까지 버릴 필요는 없습니다. 참고로, 예장 고신 헌법해설에는 축도보다 강복선언이 바람직한 표현이라고 설명합니다. (고신총회, 『헌법해설: 예배지침/교회정치/권징조례』 (서울: 총회출판국, 2014), 제1부 제3장 제8조 제18문답)

왜 축도가 아니라 강복선언일까요?

축복(祝福)이라는 말은 '빌, 기원할' 축(祝)자를 써서 "복을 빈다"는 말인데, 축복기도란 "하나님 우리를 위해서 복을 빌어주세요."라는 것이 되어 버려 하나님이 우리를 위해서 다른 어떤 대상에게 복을 달라고 빌어야 한다는 의미가 되어 그 의미가 이상해집니다. 하나님은 축복하시는 것이 아니라 복을 주십니다. 이런 점에서 '축복기도'라는 말은 바람직하지 않고, 그것을 줄인 '축도'라는 말 역시 바람직하지 않습니다. 오히려 하나님은 복을 내려 주십니다. 그래서 내릴 강(降)을 써서 강복(降福)이라고 합니다. 하나님이 복을 내려 주신다는 것을 선언하는 것입니다. 즉 하늘에 계신 하나님께서 땅에 있는 우리들을 위해 복을 내려 주신다는 것을 목사가 대신해서 선언하는 것입니다.

실제 강복선언에서 주로 사용되는 말씀이 "주 예수 그리스도의 은혜와 하나님의 사랑과 성령의 교통하심이 너희 무리와 함께 있을지어다(고린도후서 13:13)"입니다. 이 말씀을 그대로 사용해서 삼위일체 하나님의 복을 선언하는 것이 강복선언입니다.

강복선언에 담긴 의미는 무엇일까요?

강복선언의 기원은 구약 시대에 제사장들이 제사를 마치고 나온 뒤에 백성들에게 복을 선포한 것에 있습니다.(레 9:22-23; 삼하 6:17-18; 대상 16:1-2) 그리고 부활하신 예수님께서 제자들에게 복을 선포하신 것과도 관련이 있지요.(눅 24:50-51) 또한 이 순서는 단순히 예배의 '폐회'를 선언하는 것이 아니라 예배를 마치고 떠나는 하나님의 백성들에게 삼위 하나님의 임재를 약속하는 하나님의 복을 선언하는 순서입니다. 하나님의 말씀을 듣고 세상이라는 현장으로 나아가는 자들에 대한 '파송'의 성격이 있습니다.

사용할 수 있는 성경구절

강복선언은 하나님의 말씀을 그대로 선포하는 것이므로 성경구절에 살을 보탤 필요가 없습니다. 미사여구를 길게 늘여 기도처럼 사용하기도 하지만, 그보다는 기록된 말씀을 그대로 선언하는 것이 바람직합니다. 마치 성경낭독을 하는 것같이 하면 됩니다. 다른 말을 첨부하는 것은 오히려 하나님의 말씀의 권위를 떨어뜨리는 일입니다.

강복선언에 사용되는 성경 구절들은 다음과 같습니다.

민수기 6:24-26; 고린도후서 13:13; 로마서 15:13; 로마서 15:33; 고린도전서 16:23-24; 에베소서 6:23-2; 데살로니가전서 5:23; 데살로니가전서 5:28; 데살로니가후서 2:16-17; 데살로니가후서 3:16; 데살로니가후서 3:18; 디모데후서 4:22; 빌레몬서 1:25; 히브리서 13:20-21; 요한이서 1:3; 유다서 1:24-25; 요한계시록 22:21

눈을 감는 시간이 아니라, 오히려 눈을 떠야 하는 시간

대부분의 한국교회에서는 기도라고 생각해서 목사와 회중이 모두 눈을 감고 이 시간에 참여합니다. 그러나 만약 이것이 기도라면 목사도 손을 모아 기도해야 할 것입니다. 그러나 그렇지 않고 팔을 듭니다. 여러 가지 면에서 모순입니다. 이 순서는 축복기도가 아니라 강복선언이며, '기도'가 아니라 '말씀선포'입니다. 그렇기에 눈을 감지 않아도 됩니다.

아니, 오히려 눈을 뜨고 잘 보아야 합니다. 무엇을 잘 보아야 할까요? 목사의 양 팔을 보아야 합니다. 강복선언 때에 목사가 손을 드는 건 나머지 사람들이 보라고 하는 것입니다. 목사는 하나님의 위임을 받아 복을 선언하면서 손을 듭니다. 하나님이 위로부터 우리 모두에게 복을 내려 주신다는 것을 시각적으로 보여 주는 것입니다. 이것은 개혁교회가 로마 가톨릭의 시각적인 우상숭배에 반대하면서도 하나님의 복을 보여주기 위해 선택한 몇 안 되는 시각적인 효과 중의 하나입니다. (판 도른, 『예배의 아름다움』(SFC, 1994), 68.)

이 시간에 목사와 회중은 눈을 감지 않습니다. 목사는 말씀을 선포할 때와 마찬가지로 온 회중을 바라보면서 강복선언을 해야 합니다. 회중들은 목사의 손을 바라보면서 부활하신 예수님께서 하늘로 올라가실 때에 손을 들고 제자들에게 복을 내려 주신 것(눅 24:50-51)처럼 지금도 하늘의 복을 내려 주고 계심을 기억해야 합니다. 귀는 목사의 입에서 선언되는 하나님의 복을 들으며, 눈은 목사가 크게 벌린 양 팔을 바라보아야 합니다.

강복선언은 아무나 할 수 있을까요?

이 순서를 '기도'라고 생각한다면 누구든지 할 수 있을 것입니다. 기도는 특별한 자격이 요구되는 것이 아니라 신자라면 누구나 가능하기 때문입니다. 그래서인지 어떤 사람들은 이 순서를 아무나 해도 상관없다고 주장하기도 합니다. 하지만, 강복선언은 기도가 아니라 말씀 선포입니다. 그러므로 말씀을 증거하는 자로 공적으로 임직 받은 목사만이 할 수 있습니다. 뿐만 아니라 강복선언은 예배의 다른 순서인 성경낭독과 설교와 연결됩니다. 그러므로 목사가 해야 할 뿐 아니라 설교를 맡은 목사가 해야 합니다. 종종 설교자와 별도로 축도자가 있는 경우가 있는데 바람직하지 않습니다.

강복선언을 마치면 무엇을 어떻게 해야할까요?

강복선언은 이 세상으로 나아가 세상 속에서 하나님의 백성으로 살고자 하는 성도들에게 하나님은 '내가 너희와 함께 하겠다'는 약속을 우리에게 주시는 의미가 있습니다. 이 선언은 하나님의 복과 평화와 은혜와 함께 하심이 모든 날들 동안에 우리와 함께 하실 것이라는 하나님의 선언과 약속입니다.

강복선언은 그것을 들었다고 해서 무조건 복이 임하는 것은 아닙니다. 이 복에 온전히 참여하기 위해서는 그 복을 들은 신자의 책임이 있습니다. 예배에 참여했다고 무조건 은혜가 임하는 것은 아닌 것과 같습니다. 예배에 바르게 참여해야 하고 예배 순서 순서마다 의미를 갖고 참여해야 하듯, 강복선언도 마찬가지입니다.

강복선언을 통해서 세상에서 삼위 하나님의 뜻을 행하라는 책임을 부여받고 예배당을 떠난 성도들은 세상에서 자신에게 맡겨진 일에 대한 자신과 기쁨이 충만한 상태로 교회를 떠나야 합니다.

결혼식, 장례식, 신학교 경건회, 가정심방 등에서 강복선언을 해도 되나요?

강복선언은 공예배 중의 순서입니다. 나머지 모임 때는 할 필요가 없습니다. 강복선언을 축복기도라고 생각한다면 아무데서나 해도 상관없을 것입니다. 오늘날 한국교회의 형편이 그러합니다. '강복선언'을 남발합니다. 이 부분에 있어서 한국교회는 너무나 많은 모순을 보이는데, 새벽기도회, 수요기도회, 금요기도회 등에서는 강복선언을 하지 않으면서 개업식, 생일잔치, 결혼예식, 심방 등에서는 강복선언을 합니다. 하려면 다 하고 안 하려면 다 안해야 하는 것 아닐까요?

넉넉히 채워 돌려보내시는 하나님

예배의 마지막 시간에 하나님의 복을 받고 돌아가는 우리들은 이제 삼위 하나님의 임재를 체험하면서 한 주간을 살아가야 합니다. 그리고 다시 매주간의 첫날에 모여서 그 하나님이 우리와 함께 하셨노라고 온 교회가 노래하고 예배합니다. '삼위 하나님께서 함께 하시는구나' 다시 한 번 깨닫고 돌아갑니다.

이러한 일이 계속적으로 반복되는 것입니다. 하나님의 임재를 느끼지 못하던 우리들이지만 하나님이 함께하신다는 약속만을 붙들고 한 주간을 살아갑니다. 약속을 신뢰하지 못하였던 우리들을 하나님이 다시 부르십니다. 약속을 확인시켜 주십니다. 우리가 예배를 한 번만 드리는 것이 아니라 매주 드리는 이유가 바로 여기 있습니다.

축도는 기도가 아니라 우리를 향해 주시는 하나님의 약속의 말씀입니다. 목사가 손을 들지만, 그 목사의 손을 들게 하시는 이는 부활하셔서 지금도 하나님의 우편에서 우리를 지켜 보호하여 주시는 예수 그리스도이십니다. 축복은 목사가 주는 복이 아니라 하나님께서 주시는 복입니다.

예배를 시작할 때에 우리는 빈손으로 왔을까요? 아니죠. 우리의 죄를 들고 나아왔습니다. 그러나 예배를 마치고 돌아갈 때 우리는 죄 씻음을 얻고, 또한 하나님의 복을 들고 돌아갑니다. 고작 죄만 들고 나아왔던 우리를, 하나님은 맨손으로 돌려보내지 않으십니다. 오히려 당신의 복으로 넉넉히 채워 돌려보내십니다. 강복선언이란 예배 순서에는 이런 뜻이 담겨 있는 것입니다.

예배의 모든 순서가 그저 은혜로 꽉꽉 채워져 있었구나!

생각 해보기

광고는 언제 해야 할까요?
예배 중간에 해야 할까요,
아니면 다 끝나고 하는 게 좋을까요?

광고를 예배 시간에 둘 것이냐 아니면 예배가 시작되기 전 혹은 예배가 끝나고 난 뒤에 할 것이냐 하는 문제로 논란이 되는 경우가 가끔 있습니다. 예배를 수직적인 의미로만 생각한다면 예배 시간 이외에 하는 것이 좋을 것입니다. 하지만, 예배는 수평적인 의미도 포함하고 있습니다. 예배에 참여하는 회중과의 관계도 중요합니다.

이런 점에서 광고를 무조건 예배 시간 외에만 해야 한다는 주장은 경직된 주장입니다. 물론 예배적 행위와 상관없는 내용에 대한 광고는 예배 시간 외에 하는 것이 바람직합니다. 하지만, 예배에 참여하는 자들과 관련된 광고는 예배 중에 할 수 있습니다. 예컨대 그동안 함께 예배드리던 사람이 다른 교회로 이명하게 될 때에 예배 순서 중에서 한 순서로 광고를 할 수 있습니다. 결혼예식을 통해 새로운 가정이 된 경우에도 광고할 수 있습니다.

예배에는 교제의 의미가 포함됩니다. 성찬(고전 10:14-17; 11:17-34), 찬송(엡 5:19; 골 3:16), 헌금(롬 15:26; 고후 8:4; 9:13) 등은 '교제'의 의미가 있습니다. 그러므로 예배 중에 그리스도 안에서의 서로에 대한 교제와 사랑을 격려하며, 그러한 것을 말하는 것은 적절합니다.

예배의 각 순서와 그 의미에 대한 설명을 마치며
끝날 때까지는 끝난 게 아니다!

예배는 여러 가지 구성 요소 하나하나가 의미를 가지고, 그것들이 모여서 하나를 이룹니다. 각 구성요소가 하나하나 중요하고, 각 순서들이 모여 있는 것이 중요합니다. 그렇기에 예배의 순서 중 어느 것 하나가 빠졌다면 사실상 예배를 드리지 않은 것이라고 할 수 있으며, 예배의 순서들이 독립적으로 존재한다고 해서 예배가 되는 것이 아닙니다.

예컨대, 예배 중에 찬송이 있고 기도가 있었으나 설교가 없었다면 그것을 예배라고 할 수 없습니다. 예배 중에 설교는 있었으나 찬송이 없었다면 그것을 예배라고 할 수 없습니다. 그래서 예배 시간에 찬송은 불렀는데 기도를 안했다면 사실 예배를 안 드린 것입니다. 예배 중에 설교는 들었는데 찬송을 안했다면 그 사람은 사실 예배를 드리지 않은 것입니다. 예배 시간에 봉헌에 참여하지 않았다면 예배를 안 드린 것입니다.

하나님의 복이 선언되는 강복선언의 시간에 성경책의 지퍼를 잠그면서 정돈하고 집에 갈 준비를 한다든지, 외투를 입는다든지, 아예 자리에서 일어나 밖으로 나간다든지 하는 것은 하나님께 큰 무례를 범하는 일입니다. 심지어 점심을 준비하는 분은 아예 예배를 드리지 않는 것을 보기도 했습니다. 이 문제를 진지하게 생각해보시기 바랍니다. 끝날 때까지 끝난 게 아닙니다. 강복선언을 마칠 때까지 예배는 끝나지 않습니다.

종종, 설교 이전의 순서는 설교를 위한 순서, 설교 이후의 순서는 설교에서 받은 은혜를 북돋아주는 순서로 생각하는 경우가 있습니다. 설교 외의 모든 순서는 설교를 돕기 위한 보조적인 순서에 불과하다고 생각하는 것이죠. 아주 잘못된 생각입니다.

모든 순서는 각각이 의미가 있기 때문에 어떤 순서라도 가볍게 여겨서는 안 됩니다. 순서 각각이 의미가 있을 뿐 아니라 각 순서들이 모여서 전체를 이루어서 하나의 예배가 된다는 점을 잊어서는 안 됩니다. 그래서 설교를 다른 예배 순서 중에서 지나치게 강조하는 것도 바람직하지 않습니다. 예배는 각 순서들이 서로 균형 있게 조화를 이룹니다. 최근에 동영상으로 '설교'만을 제공하는 서비스(?)는 이런 측면에서 과연 바람직한 것인지를 생각해 보아야 합니다.

예배모범 원문 읽기

Of the Sanctification of the Lord's Day

가. 주님의 날을 거룩히 지킬 것

THE Lord's day ought to be
so remembered before-hand,
as that all worldly business
   of our ordinary callings may be so ordered,
and so timely and seasonably laid aside,

as they may not be impediments
   to the due sanctifying of the day
       when it comes.

The whole day is to be celebrated
   as holy to the Lord,
   both in publick and private,
   as being the Christian sabbath.

주님의 날을 거룩히 지키는 것에 관하여

주님의 날은 **미리 기억하여**
지켜져야 하며,
우리 일상의 모든 세상적인 생업은
잘 정리하여,
적시에 그리고 적절한 때로 제쳐 놓아야 한다.

주님의 날이 오면,
그 날을 거룩하게 지키는 데 있어서
방해가 되지 않도록 해야 한다.

하루 종일을
주님께 거룩하게 지키되,
공적으로나 사적으로
그리스도인의 안식일로 지켜야 한다.

읽으며 곱씹으며

읽고 느낀 점을 적어 보세요.

나. 주일을 준비할 것

그 목적을 위하여 요구되는 바, 모든 불필요한 노동으로부터 **그 날 쉬고 거룩하게 멈추어야 한다.**	To which end, it is requisite, that there be a holy cessation or resting all that day from all unnecessary labours;
또한 삼가야 한다. 모든 운동과 오락 뿐만 아니라 모든 세상적인 말이나 생각도.	and an abstaining, not only from all sports and pastimes, but also from all worldly words and thoughts.
그날의 식사는 미리 준비하여 종들이 공예배에 불필요하게 늦지 않도록, 또한 그 날을 거룩하게 하는 데 방해받는 사람이 없도록 한다.	That the diet on that day be so ordered, as that neither servants be unnecessarily detained from the publick worship of God, nor any other person hindered from the sanctifying that day.
각 개인과 가족은 개인적인 준비를 하되, 자신들을 위한 **기도**와, 목사를 위한 하나님의 도우심과 그 사역에 복이 임하도록 **기도**하고,	That there be private preparations of every person and family, by prayer for themselves, and for God's assistance of the minister, and for a blessing upon his ministry;
이와 같은 **다른 경건한 훈련**을 통해 **하나님의 공적인 예전에 하나님과 더욱 편안히 교제하도록 자기 자신을 더욱 준비**해야 한다.	and by such other holy exercises, as may further dispose them to a more comfortable communion with God in his public ordinances.

웨스트민스터 예배모범이 작성되던 시대에는 종(servants)이 있었으나, 신실한 청교도들은 제4계명(출 20:10) "일곱째 날은 네 하나님 여호와의 안식일인즉 너나 네 아들이나 네 딸이나 네 남종이나 네 여종이나 네 가축이나 네 문안에 머무는 객이라도 아무 일도 하지 말라"는 말씀에 따라 종들도 주일을 지키도록 하였습니다.

읽으며 곱씹으며

지금까지 공예배에 관한 모범이었다면, 여기서는 그 공예배를 드리는 주일을 어떻게 잘 준비할 것인지 설명합니다. 앞에서 공예배를 준비하는 자세에 대해 언급하되 목회자에 더욱 해당하는 이야기였다면, 여기서는 신자 모두에게 해당하는 이야기가 집중되어 있습니다. 예배를 하나님과 교제하는 것이라고 명시한 부분을 읽으면서 우리의 예배를 반성합니다. 그런 예배가 되도록 최선을 다해야 하겠다는 다짐도 해봅니다.

다. 공예배 참석

That all the people meet so timely
　for publick worship,
that the whole congregation
　may be present at the beginning,

모든 사람은 시간에 맞게 공예배에 참석하여, **온 회중이 시작부터 참석해야 한다.**

and with one heart
solemnly join together
　in all parts of the publick worship,
and not depart
　till after the blessing.

공예배의 모든 순서에 엄숙하게 한 마음으로 **다 같이 참여하며,** 강복선언이 끝날 때까지 **떠나서는 안 된다.**

읽으며 곱씹으며

시간을 지키기 위해 준비할 것을 말하는 부분을 읽으며 그때도 이게 쉽지 않았구나 싶습니다. 잦은 야근 등으로 피로 사회를 사는 우리에게도 민감한 주제입니다. 그러나 새신자일 때부터 지속적으로 가르치고 온 회중이 함께 힘을 내어 모범을 보인다면 조금씩 개선될 일이라 생각합니다.

읽으며 곱씹으며

읽고 느낀 점을 적어 보세요.

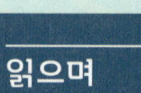

라. 나머지 시간 활용과 가정의 할 일

공적인 엄숙한 모임들 사이에, 혹은 모임 후에 <mark>빈 시간이 있을 경우,</mark> <u>설교를 읽고, 묵상하고, 반복하는 데 시간을 보내도록 한다.</u>	That what time is vacant, between or after the solemn meetings of the congregation in publick, be spent in reading, meditation, repetition of sermons;
특별히 <mark>가족들을 불러서</mark> 그들이 들은 바를 설명하고,	especially by calling their families to an account of what they have heard,
<u>요리문답을 공부시키고, 거룩한 의논을 하고, 공적 규례에 주실 복을 위해 기도하고, 시편을 노래하며,</u>	and catechising of them, holy conferences, prayer for a blessing upon the publick ordinances, singing of psalms,
<u>환자를 방문하고, 가난한 자를 구제하며,</u> <mark>그와 같은 경건과 사랑과 자비의 의무를 하여 안식일을 기쁨으로 여길 것</mark>이다.	visiting the sick, relieving the poor, and such like duties of piety, charity, and mercy, accounting the sabbath a delight.

읽으며 곱씹으며

여기서는 설교가 가정으로 이어지도록 권고하고 있습니다. 공예배를 마친 뒤에 나머지 시간들을 경건과 사랑과 자비를 드러내는 일에 사용하는 것입니다. 물론 아직 가정을 이루지 않은 사람이라도 개인적으로 적용해야 하며, 교제하는 이들과 함께 적용하는 것도 가능합니다.

환자심방에 대해서는 다음 장에서 자세히 다룰 것입니다.

예배는 어느 요일에 드려야 할까요?

예배는 언제 드려야 할까요? 아무 날이나 우리가 원하는 때, 적정한 날을 정해서 드리면 될까요? 아닙니다. 성경의 가르침을 따라 예배드리는 날을 정해야 합니다. 언제 예배드려야 하는지는 십계명 중 제4계명에 잘 나타나 있습니다. 제4계명은 예배의 '요일'을 다루는 계명입니다.

제4계명은 "안식일을 기억하여 거룩하게 지키라 엿새 동안은 힘써 네 모든 일을 행할 것이나 일곱째 날은 네 하나님 여호와의 안식일인즉 너나 네 아들이나 네 딸이나 네 남종이나 네 여종이나 네 가축이나 네 문안에 머무는 객이라도 아무 일도 하지 말라 이는 엿새 동안에 나 여호와가 하늘과 땅과 바다와 그 가운데 모든 것을 만들고 일곱째 날에 쉬었음이라 그러므로 나 여호와가 안식일을 복되게 하여 그 날을 거룩하게 하였느니라"는 명령입니다. 여기에서의 '안식일'은 기본적으로 토요일입니다. 하나님은 태초에 천지를 창조하실 때에 일요일을 첫째 날로 시작하셔서 여섯째 날인 금요일에 사람을 창조하신 뒤에 제7일 토요일에 안식하셨습니다. 그래서 구약시대의 하나님의 백성들은 토요일을 안식일로 지켰습니다.

토요일을 안식일로 지키던 것이 일요일로 바뀌게 됩니다. 그 분기점은 예수님의 부활입니다. 예수님은 금요일에 돌아가셔서 일요일 새벽에 부활하셨습니다. (마 28:1; 막 16:2; 눅 24:1; 요 20:1) 성경은 이 날을 "안식 후 첫 날"이라고 표현합니다. 이제 점점 토요일을 안식일로 지키던 전통이 사라지고 일요일을 안식일로 지키게 됩니다.

> 더 깊은 이해를 위한 추천 도서 :
> 손재익, 『십계명, 언약의 10가지 말씀』(디다스코, 2016), 166-196

사도행전 20:7⁽개역한글⁾에 보면 "안식 후 첫날에 우리가 떡을 떼려 하여 모였더니 바울이 이튿날 떠나고자 하여 저희에게 강론할쌔 말을 밤중까지 계속하매"라고 말씀합니다. 여기에서 "떡을 떼다"라는 말이 "성찬식을 한다"는 말입니다. 성찬식은 예배의 한 부분입니다. 그런데 성찬식을 "안식 후 첫날"에 합니다. 주님께서 부활하신 날에 합니다. 고린도전서 16:2에 "매주 첫날에 너희 각 사람이 수입에 따라 모아 두어서 내가 갈 때에 연보를 하지 않게 하라"라고 하는데 여기에 "연보"는 "봉헌"입니다. 봉헌은 예배의 순서 중 하나입니다. 그런데 이 순서를 "매주 첫날"에 합니다. 바로 일요일입니다.

예수님이 오셔서 죽으시고 부활하신 이후에는 이제 더 이상 구약의 안식일⁽토요일⁾이 필요가 없게 되었습니다. 주님의 죽으심과 부활로 인하여 '일요일'로 바뀌게 됩니다. 이후 초대교회는 계속해서 일요일에 예배를 드립니다. 그렇게 일요일을 예배의 날로 모이다 보니 AD. 321년에 콘스탄틴 황제는 일요일을 로마의 휴일로 정했습니다.

예배를 토요일에 드리는 교회도 있던데요?

주일인 일요일이 아닌 다른 요일에 예배를 드리는 이들이 있습니다. 유대인들과 제7일 안식일 예수 재림교인들입니다. 유대인들은 예수 그리스도를 믿지 않습니다. 유대인들은 신약성경을 믿지 않습니다. 예수 그리스도께서 부활하신 날인 일요일이 그들에게는 전혀 중요하지 않습니다. 그렇기에 그들은 주일이 아닌 토요일을 여전히 안식일로 지킵니다. 제7일 안식일 예수 재림교인들의 경우 예수 그리스도를 믿습니다. 신약성경도 믿습니다. 그러나 그들은 토요일을 안식일로 여기고 그 날에 예배합니다. 그들의 공식 명칭에 그들의 믿음이 잘 드러납니다. 성경에 "일요일을 지켜라"라고 문자적으로 말하고 있지 않다는 이유로 그렇게 합니다. 제7일인 토요일을 영원불변한 안식일로 믿습니다. 그러나 이들은 제4계명을 잘못 지키고 있는 것입니다.

> 이 주제에 대해 더 깊은 이해를 위한 추천 도서 :
> 최낙재, 『영원한 안식과 주일』(크리스천다이제스트, 1997)

이 단원을 마치며

교리공부와 시편을 노래하는 게 어떤 의미가 있을까요? 구제와 환자 방문은 또한 얼마나 효과가 있을까요? 시대적인 격차가 많이 느껴지는 대목입니다. 만약 목회자라면 어떨까요? 과연 이것이 주일에 목회자에게 가능할까 의문입니다. 주일이 '일하는 날'이 되어버리고 오히려 가장 바쁜 날이 되어버린 오늘날의 현실은 생각해볼 부분이 참 많습니다.

그러나 생각의 방향을 바꿔봅시다. 예배모범이 제시하는 것이 참된 안식을 주는 것이라고 믿는다면, 그런 안식을 정말로 우리도 주일마다 누릴 수 있다면, 신자의 삶은 어떠할까 상상해봅시다. 특히 이것은 교회의 어느 부서, 교역자가 하는 것이 아니라 각 가정에서 혹은 사적으로도 행할 수 있는 일입니다. 그리고 이걸 전부 하라는 게 아니라, 이런 것들을 하는 게 좋겠다는 권면입니다. 그리고 그것이 기쁨이 된다고 합니다. 예배가 회복되고 우리 안에 말씀이 충분한 양식이 된다면 천상의 기쁨을 매주일 보고 듣고 체험하게 될 것입니다. 그렇게 온 교회가 자라가고, 아픈 자도 가난한 자도 소외된 자도 은혜를 함께 누리게 될 것입니다.

물론 쉽지 않을 것입니다. 그래서 기도해야 합니다. 주께서 주신 주일의 놀라운 안식을 실제로 우리 삶에도 허락하시기를 위하여 기도하며 다짐합시다. 또한 함께 노력합시다. 그 기쁨을 포기하지 말고 지켜냅시다.

이제 예배모범에 대한 공부가 거의 끝나갑니다. 마지막 두 단원 남았습니다. ^^

힘내세요!

시편 찬송 의뢰서

To. 친애하는 프란시스 라우스님.

예전에 말씀 드렸던 전국 교회의 공예배에서 사용할 시편 찬송의 샘플을 의뢰합니다. 아래의 조건에 부합하면 좋겠습니다. 공교회의 일치와 평화, 사랑의 확증, 그리고 하나님의 영광을 위해 늘 애써주셔서 감사합니다.

1. 가사는 시편 51편, 103편, 130편 중 하나를 골라서 사용하되 1~4절 구성
2. 남녀노소 전교인이 함께 부를 수 있도록 쉽고 익숙하며 경박하지 않은 곡조로

From. 웨스트민스터 총회 시편 찬송가 편찬위원회

9단원
결혼 예식, 환자 심방, 죽은 자의 매장

"교회 열심히 다니던 어머니께서 장기 투병하시느라 병원에 계신데 찾아오는 발길이 뚝 끊기더라구요. 많이 외롭고 서운해 하셨어요."

"장례를 처음 치르느라 정신이 없어서 장례식장에서 하라는 대로 했는데 마음이 찜찜했어요. 관에 노잣돈을 넣어라, 좋은 길 가야하니 비싼 수의를 입혀야 한다 등등.."

"교회에 가면 모르는 사람들이 훨씬 많고, 담임 목사님 한 번 뵙기도 힘들어요. 그렇다고 교회 공동체에 들어가면 사회 못지 않게 스트레스 받을까 봐 주저하게 됩니다."

여기서부터는 예배모범의 후반부, 즉 공예배의 요소 그 자체에 대한 설명이 아니라 기타사항에 대한 모범들이 소개됩니다. 어쩌면 예배 순서보다도 실제로 우리들을 더욱 골치아프게 하는 문제들인데요. 예배모범은 그것을 하나씩 정면으로 다루면서 이상적인 모범을 제시합니다.

무척 실제적이고 구체적인 사례들을 다룰 것입니다. 이 부분을 읽을 때 우리는 실수를 하기 쉽습니다. 거듭 말씀 드리지만, 예배모범은 율법이 아닙니다. 예배모범이 만들어진 당시에도 그랬고 지금도 마찬가지지만, 이대로 완전히 똑같이 할 수 없을 것이고, 반드시 똑같이 해야만 하는 것도 아닙니다. 많은 경우, 우리는 결혼을, 심방을, 장례를, 이렇게 저렇게 했다, 라며 세상에 기준을 제시하고는 그에 미치지 못하는 것을 판단하고 정죄하거나 멸시하곤 합니다. 그러라고 만든 문서가 아님을 명심합시다.

Of the Solemnization of Marriage | 결혼 예식에 대하여

가. 결혼 예식을 지도 해야하는 이유

ALTHOUGH marriage be no sacrament,
nor peculiar to the church of God,
but common to mankind,
and of publick interest in every commonwealth;

==결혼은 비록 성례가 아니요==
하나님의 교회에만 고유한 것도 아니며
인류 전체에 보편적이며
모든 사회의 공적인 관심이지만,

yet, because such as marry are
    to marry in the Lord,
and have special need
    of instruction, direction, and exhortation,
        from the word of God,
            at their entering into such a new condition,

==결혼은 주님 안에서 이루어져야 한다.==
또한, 새로운 상태로 들어가는 바,
하나님의 말씀으로부터
교훈과 지도와 권고가
특별하게 요구된다.

and of the blessing of God upon them therein,
we judge it expedient
    that marriage be solemnized
        by a lawful minister of the word,
    that he may
        accordingly counsel them,
    and pray for a blessing upon them.

또한, 그들에게 하나님의 복이 임해야 하므로 우리는 마땅하다고 판단한다.

> 합법적인 말씀의 사역자에 의해
> 결혼을 엄숙히 올리는 것,
> 목사가 그들에게 적절하게 조언하고,
> 그들 위에 하나님의 복이 임하기를
> 기도하는 것을.

읽으며 곱씹으며

예배모범 전체에서도 오늘날과 아주 많이 다른 항목 중 하나입니다. 로마 가톨릭 시대에 성례 중 하나로 다뤄지던 결혼을 종교개혁자들은 일반 사회제도로 돌려놓았습니다. 그러나 동시에 신자의 결혼에 대해 교회가 말씀으로부터 교훈하고 지도할 것을 권했습니다. 성도들이 당회의 치리 가운데 결혼하기 때문에 더더욱 교회 공동체와 밀접한 문제입니다. 오늘날 당회의 치리가 희미해졌고, 치리가 있더라도 정치적 싸움이나 독재로 흘러가는 것이 현실이나, 그럼에도 불구하고 이런 내용을 교회는 지향해야 합니다. 마치 가정의 모습과도 같습니다. 가정이 항상 행복할 수는 없지만 화목한 가정을 늘 지향하고 노력해야 하는 것처럼, 말입니다.

결혼은 **한 남자와 한 여자 사이에서만 이루어지는 것이다.**	Marriage is to be 　betwixt one man and one woman only;	**나.** **결혼 전** **권고사항 1** 당사자에 관해
그리고, **하나님의 말씀에 의해 금지된** 가까운 친척이나 인척 관계 내에서는 결혼해서는 안 된다.	and they such as are 　not within the degrees of consanguinity 　or affinity prohibited 　　by the word of God;	
또한 (당사자들은) 자기 스스로 선택할 수 있는 판단력이 있는 연령이거나 건전한 근거 위에서 **상호 간의 동의**가 있어야 한다.	and the parties are to be 　of years of discretion, 　fit to make their own choice, 　or, upon good grounds, 　to give their mutual consent.	

어떤 사람들간에라도 결혼을 거행하기 전에, 결혼의 의사를 공포하되, 목사가 하고, **3주 정도** **온 회중에게** 하고, 그들이 가장 자주 주로 머무는 장소에서 각각 공포해야 한다.	Before the solemnizing of marriage 　　between any persons, the purpose of marriage shall be published 　by the minister 　three several sabbath-days, 　in the congregation, 　　at the place or places 　　　of their most usual and constant abode, 　　　　respectively.	**나.** **결혼 전** **권고사항 2** 회중에게 결혼의 의사를 공포할 것
이렇게 함으로써 결혼으로 그들을 맺어줄 목사는 **결혼식을 거행하기 전까지** **충분한 증거를 확보하는 것이다.**	And of this publication the minister who is to join them in marriage shall have sufficient testimony, 　before he proceed to solemnize the marriage.	

예배모범 원문 읽기

**나.
결혼 전
권고사항 3**
보호자의
동의와 혼인
기록

Before that publication of such their purpose,
(if the parties be under age,)
the consent of the parents,
or others under whose power they are,
(in case the parents be dead,)
is to be made known
to the church officers of that congregation,
to be recorded.

결혼의 의사를 공포하기 전에,
(만약 당사자들의 연령이 미달하였으면)
부모나
(부모가 죽었을 경우) **보호자의 동의를
교회의 직분자들에게 알리고
이를 기록으로
남겨야 한다.**

The like is to be observed
in the proceedings of all others,
although of age,
whose parents are living,
for their first marriage.

결혼 당사자들이
(충분히) 나이가 찼고
(결혼에 동의할) 그 부모가 생존해 있더라도
앞에서 말한 것과 같은 절차를
밟아야 한다.

And, in after marriages of either of those parties,
they shall be exhorted
not to contract marriage
without first acquainting their parents with it,
(if with conveniency it may be done,)
endeavouring to obtain their consent.

그리고 당사자들은 결혼 후에
**부모에게 알리기 전에
결혼 신고를 하지 않도록 하되**
(만일 그들이 임의대로 결혼한 경우,)
**부모의 동의를 얻기 위해
노력해야 한다.**

Parents ought not to force their children
to marry
without their free consent,
nor deny their own consent
without just cause.

(부모들은)
**자기 자녀들의 자유로운 결정을 무시한 채
결혼을 강요해서는 안 되며,
정당한 이유없이
그들의 동의를 거부해서도 안 된다.**

**읽으며
곱씹으며**

연령과 상호 동의, 부모 동의까지를 다루는 것이 놀랍습니다. 결혼은 당사자 두 사람만의 행사가 아니라, 교회 공동체가 증인으로 있는 가운데 언약으로 맺어지는 출발입니다. 그래야 두 사람의 관계가 더욱 견고할 수 있으며, 주님 앞에 바로 선 가정이 될 수 있습니다. 오늘날 결혼식은 당사자들의 기쁨과 행복감을 분출하거나 체면을 과시하는 목적으로 하는 듯합니다. 축하객 역시 증인으로서 참석한다기보다는 혈연 지연 학연의 인간관계로 엮인 사람들이 서로서로 초청받는 방식입니다. 그래서 이들은 결혼하는 두 사람의 이후 삶에 아무런 책임의식을 갖지 않습니다.

하지만, 교회의 교훈과 지도 아래 맺어지는 결혼은 다릅니다. 상호 책임이 주어집니다. 새로운 언약 가정의 탄생은 새로운 언약 백성의 탄생과 연결되며, 주일에 베풀어지는 공예배와 성례를 통해 실질적으로 한 몸으로서 함께 자라갑니다. 예배모범이 지향하는 결혼이 얼마나 아름다운지 계속해서 살펴보겠습니다.

**나.
결혼 전
권고사항 4**
시기

결혼하려는 의사와 약속이 공포된 후, **결혼은 너무 오래 지체되어서는 안 된다.**	After the purpose or contract of marriage 　hath been thus published, the marriage is not to be long deferred.
그러므로 (목사는) 　적절한 충고를 하고 　결혼을 방해하는 어떠한 것도 없는 가운데, **공예배를 위한 권위에 의해 지정된 장소에서 공적으로 결혼을 거행**하되,	Therefore the minister, 　having had convenient warning, 　and nothing being objected to hinder it, is publickly to solemnize it 　in the place appointed 　by authority for publick worship,
합법적인 숫자의 믿을만한 증인들 앞에서, 공적 애도의 날을 제외하고는 일 년 중 어느 때라도, 하루 중 적합한 시간에 거행하도록 한다.	before a competent number 　　of credible witnesses, 　at some convenient hour of the day, 　at any time of the year, 　except on a day of publick humiliation.
그리고 우리가 조언하기로는 ==주일에는 결혼식을 하지 말아야할 것이다.==	And we advise 　that it be not on the Lord's day.

읽으며 곱씹으며

예배모범을 보면 결혼은 당회의 주관으로 이루어집니다. 비록 오늘날 현실을 볼 때 한국 사회에서 당장 도입하기 어려운 지점이 있겠지만, 성도와 당회 간에 성숙한 대화와 상호 신뢰가 이루어진다면 본질을 살릴 수 있을 것입니다.

오늘날 시장바닥같은 결혼식 장면들을 떠올려보면 암담합니다. 심지어 당사자를 잘 모르는 주례자에 의해, 당사자들을 잘 모르는 회중 앞에서 보여주기식 행사로 구성되기도 하는 지금의 결혼식… 예배모범이 그려내는 결혼은 그런 것들과는 아주 거리가 먼 이야기입니다. 당회는 결혼을 주관할 책임과 그에 따른 능력을 갖추어야 할 것이며, 회중은 이 결혼으로 탄생할 가정을 보호하고 신자로서 더욱 책임 있게 자라가도록 도울 책임과 그에 따른 능력을 갖추어야 할 것입니다.

아울러 오늘날 미성숙한 상황에서 이런 것을 성급하게 시도한다면 자칫 도덕적 잣대로 한 가정의 결혼을 방해하는 방식이 될 수도 있으므로 주의가 필요하겠습니다. 당회원들이 먼저 가정의 머리로서 가정을 잘 다스리는 연습이 되어야 이런 내용의 치리가 교회에서 이루어질 수 있을 것입니다. 다스림에는 노하우(Know-How)가 필요합니다. 가정이 새로워지고 교회가 새로워지는 것은 서로 별개의 것이 아니라 연결된 일입니다.

예배모범 원문 읽기

다. 결혼예식 모범 1
기도

● ○

And because all relations are sanctified by the word and prayer, the minister is to pray for a blessing upon them, to this effect:	모든 관계는 말씀과 기도로 거룩해지기 때문에, 목사는 그들을 위해서 다음과 같이 기도한다.
"Acknowledging our sins, whereby we have made ourselves less than the least of all the mercies of God, and provoked him to embitter all our comforts;	"우리 죄로 인하여 하나님의 모든 자비하심의 최소한도 받을 수 없고, 우리에게 있는 모든 위로를 나쁘게 만들어 하나님의 진노를 불러일으키는 우리임을 고백합니다.
earnestly, in the name of Christ, to entreat the Lord (whose presence and favour is the happiness of every condition, and sweetens every relation)	진실로, 그리스도의 이름으로 간절히 주님께 구하는 것은 (주님의 임재와 은총은 모든 상황 가운데서 행복이요 모든 관계 속에서의 즐거움입니다.)
to be their portion,	그들의 분깃이 되시고,
and to own and accept them in Christ, who are now to be joined in the honourable estate of marriage, the covenant of their God:	하나님께서 언약하신 영광스러운 결혼 상태로 이제 맺어지는 그들을 그리스도 안에서 받으셔서 당신의 소유 삼아 주소서.

읽으며 곱씹으며
읽고 느낀 점을 적어 보세요.

다.
결혼예식
모범 1
기도

주님의 섭리로
그들을 연합시키셨으니,
당신의 영으로 그들을 거룩하게 하소서.

and that, as he hath brought them together
　　by his providence,
he would sanctify them by his Spirit,

그들에게 주소서.
　새로운 생활에 맞는 새 마음의 틀을.

giving them
　a new frame of heart fit for their new estate;

모든 은혜로 풍성하게 하사
　그로써, 저희가 의무를 감당하고
위로를 누리며,
근심을 참고,
그리스도인으로서
모든 상황 가운데 오는
유혹을 이기게 하소서."

enriching them with all graces
　whereby they may perform the duties,
　enjoy the comforts,
　undergo the cares,
　and resist the temptations
　　which accompany that condition,
　　as becometh Christians."

읽으며
곱씹으며

결혼을 위한 기도문을 보면 가장 먼저 죄부터 다룹니다. 왜냐하면 우리는 애초에 죄로 인하여 결혼 같은 것을 생각할 겨를도 없었던 존재였기 때문입니다. 하나님의 모든 자비가 우리에게 부당한 것이었습니다. 그러나 이제 그 모든 자비는 그리스도 안에서 우리의 분깃이 되었습니다. 결혼을 맺어 주시는 주체도 그래서 사람이 아니라, 그 가정의 머리가 되시고 그 가정을 소유하시는 그리스도이심을 분명히 밝혀줍니다.

원리가 이러하다면, 신자들의 결혼 예식도 그 모양이 참 많이 달라져야 할 것입니다. 허례허식은 사라질 것입니다. 이 모든 원리를 교회 공동체가 인식하고 있다면, 교회에 속한 가족 친지들이 이미 다 알고 있다면, 그리고 그 가운데 탄생하는 새로운 젊은 가정들이 이런 인식에서 맺어지고 출발한다면 얼마나 복될까요, 상상해봅니다.

**다.
결혼예식
모범 2**
간단한
말씀선포

The prayer being ended, it is convenient that the minister do briefly declare unto them, out of the scripture,	기도가 끝나면, 목사는 성경 말씀을 토대로 다음과 같이 그들에게 간단하게 선포하는 것이 좋다.
"The institution, use, and ends of marriage, with the conjugal duties, which, in all faithfulness, they are to perform each to other;	"결혼에 관한 제도, 관습, 목적은 모든 신실함 속에 부부 상호 간의 의무로 서로에게 대할 것을 말하고 있습니다.
exhorting them to study the holy word of God, that they may learn to live by faith, and to be content in the midst of all marriage cares and troubles,	하나님의 거룩한 말씀을 배우도록 권하고, 믿음으로 사는 법을 배워야 하고, 결혼 생활 가운데 찾아오게 되는 모든 걱정과 근심 속에서도 만족하며,
sanctifying God's name, in a thankful, sober, and holy use of all conjugal comforts;	감사함과 진지함으로 부부 상호 간의 모든 위로를 거룩하게 사용함으로써 하나님의 이름을 거룩하게 하며,
praying much with and for one another;	서로를 위하여 함께 많이 기도할 것과,
watching over and provoking each other to love and good works; and to live together as the heirs of the grace of life."	서로 살피고 독려하여 서로를 사랑하고, 선을 행하며, 생명의 은혜를 상속받을 자로서 함께 살 것을 권합니다."

읽으며 곱씹으며

읽고 느낀 점을 적어 보세요.

		다. **결혼예식 모범 3** 약속과 언약
결혼하는 이들에게 그들이 약혼이나 다른 어떤 요소로 인해 ==합법적으로 결혼을 진행할 수 없는 이유가 있으면,== 　모든 사람들의 마음을 감찰하시며 　마지막 날에 　각자가 그 앞에서 행한 대로 심판하시는 ==크신 하나님 앞에서== ==지금 공개==하라고 엄숙히 말하고,	After solemn charging 　　of the persons to be married, before the great God, 　who searcheth all hearts, 　and to whom they must give a strict account 　　at the last day, that if either of them know any cause, 　by precontract or otherwise, why they may not lawfully proceed to marriage, That they now discover it;	
(목사는) (어떤 방해가 없는 것으로 인정되면) 남자에게 오른손을 들어 아내로 맞이하도록 하며, 다음과 같이 말한다.	the minister 　(if no impediment be acknowledged) shall cause first the man to take the woman 　by the right hand, saying these words:	
(나(신랑 이름))는 그대(신부 이름)를 나의 아내로 삼아, 하나님께서 우리를 죽음으로 갈라놓으실 때까지, 그대를 사랑하고 그대의 신실한 남편이 될 것을 ==하나님 앞과 이 회중 앞에서== ==약속하고 언약합니다.==	I N. do take thee N. to be my married wife, and do, in the presence of God, and before this congregation, promise and covenant 　to be a loving and faithful husband unto thee, 　until God shall separate us by death.	
그 다음, 여자도 오른손을 들어 남편을 맞이하도록 하며, 다음과 같이 말한다.	Then the woman shall take the man 　by the right hand, and say these words:	
(나(신부 이름))는 그대(신랑 이름)를 나의 남편으로 삼아, ==하나님께서 우리를 죽음==으로 갈라놓으실 때까지, 그대를 사랑하고 그대의 사랑스럽고, 신실한, 순종하는 아내가 될 것을 ==하나님 앞과 이 회중 앞에서== 약속하고 언약합니다.	I N. do take thee N. to be my married husband, and I do, in the presence of God, and before this congregation, promise and covenant 　to be a loving, faithful, 　and obedient wife unto thee, 　　until God shall separate us by death.	

> **읽으며
곱씹으며**
>
> 예식이 단순하고 소박합니다. 목적이 하나님과 회중 앞에서의 언약이니 그러할 것입니다. 예식 이후 축하 잔치 등은 별도로 있겠지만, 그것은 예배모범이 다룰 문제가 아니라 알아서 건전하게 하면 되겠습니다. 예식은 하나님과 회중 앞에서의 무게감에 맞춰져 있습니다.

다.
결혼예식
모범 4
성혼
선포와
기도로 마침

Then, without any further ceremony, the minister shall, in the face of the congregation, pronounce them to be husband and wife, according to God's ordinance;	더 이상의 다른 순서 없이, 목사는 회중 앞에서 그들이 **하나님의 규례대로 남편과 아내가 된 것을** 선언하고
and so conclude the action with prayer to this effect:	다음과 같은 기도로 예식을 마친다.
"That the Lord would be pleased to accompany his own ordinance with his blessing, beseeching him to enrich the persons now married,	"주님께서 주님의 규례에 복 내리시기를 기뻐하셔서 **지금 결혼하는 그들을 부요케 하시기를** 간청하며,
as with other pledges of his love, so particularly with the comforts and fruits of marriage, to the praise of his abundant mercy, in and through Christ Jesus."	주님의 사랑의 다른 서약들처럼, 특별히 결혼의 위로와 열매로 충만케 하사, 그리스도 예수 안에서와 그리스도 예수를 통해서 **풍성한 자비가 찬송 받으시기를** 원합니다."

읽으며 곱씹으며

"더 이상의 다른 순서 없이"라는 표현이 보입니다. 공예배가 아니기 때문에 간소합니다. 마치는 기도 역시, 막 결혼한 부부를 주님의 은혜에 맡기고 주님을 찬송하는 것으로 맺고 있습니다.

또한 '회중 앞에서'라는 표현도 중요합니다. 예배모범은 결혼식만 다루는 것이 아니라 결혼 이후에 어떻게 살 것인지에 대해서도 관심을 갖고 있습니다. 사실 결혼식 그 자체보다 결혼 이후가 더 중요하지요. 예식에 참여한 교회의 모든 회원들 역시 이 가정을 도울 책임이 있습니다.

결혼 당사자들의 이름과 결혼 날짜를 **명부에 분명하게 기록하여** 관계된 모든 사람들이 읽을 수 있도록 잘 보관해야 한다.

A register is to be carefully kept,
wherein the names of the parties so married,
with the time of their marriage,
are forthwith to be fairly recorded in a book
provided for that purpose,
for the perusal of all whom it may concern.

라.
열람 가능하도록 기록 보관

모든 사람이 읽을 수 있어야 한다는 표현이 독특합니다. 이런 기록을 보면, 교인 명부를 작성하고, 교인이 이사 갈 경우에 옮겨가는 교회에 이명증서를 발부하여 신자가 방치되지 않고 제대로 치리를 받을 수 있도록 하는 등, 신자와 공동체 서로를 보호하는 기본적인 시스템이 오늘날에도 꼭 필요하다는 것을 느낄 수 있습니다.

읽으며 곱씹으며

읽고 느낀 점을 적어 보세요.

9단원 결혼 예식, 환자 심방, 죽은 자의 매장 / 305

결혼 : 하나님께서 직접 세우신 최초의 제도

하나님은 태초에 남자와 여자를 만드셨습니다.(창 1:26-27) 그리고 두 사람을 결혼시키셨습니다. 이렇게 하신 뒤에 오고 오는 모든 사람들이 첫 부부와 같이 결혼하게 하셨습니다. 이 사실을 강조하기 위해서 창세기 2:24는 "부모를 떠나"라는 표현을 강조합니다. 부모가 없던 아담과 하와의 결혼을 말하면서 "부모를 떠나"라는 표현을 사용함으로써 오고 오는 모든 인류가 이 제도를 이어가야 함을 말해줍니다. 이렇게 결혼은 어떤 사람이나 천사가 만든 제도가 아닙니다. 결혼은 하나님께서 제도화시키신 최초의 규례입니다. 게다가 다른 제도와 달리 타락 이전에 제정되었습니다.

하나님께서 결혼 제도를 제정하신 목적은 웨스트민스터 신앙고백서 제24장 제2절에 잘 나타나 있습니다.

> 2. 결혼은 남편과 아내가 서로 돕기 위해서,[1]
> 합법적인 방식을 통한 인류의 번성과 거룩한 자손들을 통한 교회의 확장을 위해서,[2]
> 부정(不貞)을 막기 위해서 제정되었다.[3]
>
> **1.** 창 2:18, **2.** 말 2:15, **3.** 고전 7:2,9

위 고백에 의하면 결혼의 제정 목적은 크게 3가지입니다. 첫째, 남편과 아내가 서로 돕기 위해서. 둘째, 합법적인 방식을 통한 인류의 번성과 거룩한 자손들을 통한 교회의 확장을 위해서. 셋째, 부정(不貞)을 막기 위해서.

그 중에서 두 번째 목적에 따르면 결혼은 교회와 관련됩니다. 그러므로 결혼은 교회의 한 예식으로 행해집니다.

결혼할 때 지켜야 할 조건이 있나요?

그리스도인의 결혼은 한 남자와 한 여자가 하는 것을 원칙으로 합니다.(창 2:24) 한 남자가 여러 여자와 결혼하거나 한 여자가 여러 남자와 결혼할 수 없습니다. 근친(近親)과 결혼해서도 안 됩니다.(레 18:1-21; 고전 5:1) 이에 대해서는 웨스트민스터 신앙고백서 제24장 제1절과 제4절에 잘 나타나 있습니다.

---

1. 결혼은 한 남자와 한 여자 사이에 이루어지는 것이다. 그래서 남자가 동시에 두 사람 이상의 아내를 두는 것이나, 여자가 동시에 두 사람 이상의 남편을 두는 것은 합법적이지 않다.[1]

1. 창 2:24; 마 19:5,6; 잠 2:17 (고전 7:2; 마 10:6-9)

---

4. 말씀에 금지된 가까운 친척이나 인척 관계 안에서는 결혼할 수 없다.[1]
그러한 근친혼은 어떠한 인간의 법이나 당사자들의 동의로도 합법화될 수 없으므로 그들이 남편과 아내로서 함께 살 수 없다.[2]
남자는 자신의 가까운 혈족과 결혼할 수 없는 만큼 자기 아내의 가까운 혈족과 결혼할 수 없고, 여자는 자신의 가까운 혈족과 결혼할 수 없는 만큼 자기 남편의 가까운 혈족과 결혼할 수 없다.[3]

1. 레 18장; 고전 5:1; 암 2:7, **2.** 막 6:18; 레 18:24-28, **3.** 레 20:19-21

결혼 예식에 관한 웨스트민스터 예배모범에 근거하여, 교단의 헌법은 다음과 같이 다룹니다. 자세히 읽어봅시다.

대한예수교장로회(고신) 총회 헌법(2011년판) 헌법적 규칙 제6조 '결혼식'

3. 결혼의 대상
혼인은 1남 1녀로 하고 성경에서 금한 친족 범위 안에서는 하지 말아야 한다.

고신 헌법은 '결혼예식'에 관한 내용을 이전 판(1992년판)에서는 '예배지침'에서 다루던 것을 2011년판에서는 '헌법적 규칙'에서 다루고 있습니다. 아마도 '결혼'이 '예배'가 아니라는 관점에서 그렇게 바꾼 것으로 보입니다. 하지만, 웨스트민스터 예배모범의 양식대로 '예배지침'(더 정확하게는 예배모범)에 포함시키는 것이 더욱 바람직해 보입니다.

대한예수교 장로회(합동) 헌법(2006년판) 예배모범 제12장 혼례식

3. 혼인은 다만 1남 1녀로 하고
성경에 금한 혈족과 친족 범위 안에서는 못한다.

대한예수교장로회(합신) 총회 헌법(2014년판) 예배모범 제18장 '혼인예식'

3. 혼인은 다만 1남 1녀로 하고,
성경과 국법에서 금한 대로 혈족과 친족 범위 안에서는 못한다.

그리고 그리스도인은 신자와 결혼해야 합니다. (창 34:14; 신 7:1-3; 삿 3:6; 느 13:25-27; 말 2:11-12; 고후 6:14)

웨스트민스터 신앙고백서 제24장 3절도 이 부분을 분명하게 고백합니다.

> 3. 판단력을 가지고 자기의 동의를 표할 수 있는 모든 사람들이 결혼하는 것은 합법적이다.[1]
> 그러나 오직 주 안에서 결혼하는 것이 신자의 의무이다.[2]
> 그러므로 참된 개혁 신앙을 고백하는 사람은 불신자, 로마 가톨릭 신자, 그 외의 우상숭배자와 결혼해서는 안된다. 또한 경건한 자는 그 생활에 있어서 심각하게 악한 사람이나 저주받을 만한 이단 사상을 주장하는사람과도 결혼하여 멍에를 같이 해서는 안된다.[3]
>
> **1.** 히 13:4; 딤전 4:3; 고전 7:36-38; 창 24:57,58 **2.** 고전 7:39
> **3.** 창 34:14; 출 34:16; 신 7:3,4; 왕상 11:4; 느 13:25-27; 말 2:11,12; 고후 6:14

이에 근거하여 장로교 헌법은 다음과 같이 다루고 있습니다.

대한예수교장로회(고신)
총회 헌법(2011년판)
헌법적 규칙 제6조
'결혼식'

2. 결혼예식의 주례
성도들은 마땅히 주 안에서 결혼할 것이며 혼례에 특별한 훈계와 적당한 기도로 행하기 위하여 목사나 교역자로 주례하게 함이 옳다.(단, 주례는 학습인 이상이어야 할 수 있다.)

대한예수교장로회(합동)
총회 헌법(2006년판)
예배모범 제12장
'혼례식'

2. 성도들은 마땅히 주 안에서 결혼할 것이니 혼례에 특별한 훈계와 적당한 기도로 행하기 위하여 목사나 그 밖의 교역자로 주례(主禮)하게 함이 옳다.

대한예수교장로회 (합신)
총회 헌법(2014년판)
예배모범 제18장
'혼인예식'

2. 성도들은 마땅히 주 안에서(참으로 믿는 자들 간에) 결혼할 것이다. 그렇게 함으로 그들이 성경에서 혼례에 대한 훈계와 기도를 받게 된다. 주례는 목사나 그밖에 교역자로 하게 함이 옳다.

참고로, 네덜란드 개혁교회의 교회법 제63조에 보면 "당회는 교회 성원들이 주 안에서만 이 결혼을 하도록 하고, 목사는 하나님의 말씀에 따른 결혼만을 주례하도록 책임을 져야 한다."라고 규정합니다.

성례는 아니지만 예식의 형태로!

결혼예식을 웨스트민스터 예배모범에서 다루니, 결혼예식이 예배인가? 하는 의문이 생길 수 있습니다. 게다가 결혼예식에는 '맹세' 혹은 '서약'의 순서가 있는데 이 순서들은 웨스트민스터 신앙고백서 제22장 제1절의 가르침에 의하면 공예배의 한 요소입니다. 그래서 혼돈이 생깁니다.

결혼예식이 예배는 아닙니다. 예배는 신자들이 드리는 것이며, 그리스도의 구속사역에 근거한 것이어야 하는데, 결혼은 그렇지 않습니다. 그럼에도 불구하고 로마 가톨릭은 혼인성사(婚姻聖事, matrimony)라고 하여 결혼을 성례로 보았습니다. 그래서 '미사'로 진행합니다.

종교개혁자들은 결혼은 성례가 아니라고 보았습니다. 그러면서도 교회에 있어서 매우 중요한 것으로 보았습니다. 그 이유는 그리스도인에게 있어서 결혼은 개인의 일이 아니라 교회의 일이기 때문입니다. 결혼이란 하나님께서 친히 제정하신 제도요, (창 2:18-24; 마 19:6) 하나님께서 결혼을 제정하신 목적에는 '교회의 확장'이 포함되어 있기 때문입니다. 웨스트민스터 예배모범의 본문을 다시 확인해보세요.

> "결혼은 비록 성례가 아니요 하나님의 교회에만 고유한것도 아니며, 인류 전체에 보편적이며 모든 사회의 공적인 관심이지만, 결혼은 주님 안에서 이루어져야 하며, 새로운 상태로 들어가며 그들 안에 하나님의 복이 임해야 하므로……"

예식? 예배?

예식은 예배와 구분됩니다. 예배는 하나님께 드리는 것으로 좁게는 공예배, 넓게는 수요기도회 등이 해당될 수 있습니다. 예식은 하나님 앞에서 행하는 것이지만, 교인의 교회생활이나 개인적 신앙생활과 관련된 것입니다. 다만 그 시간을 통해 공개적으로 하나님께 영광을 돌려드리는 행위라고 볼 수 있습니다. 대표적인 예식은 결혼예식, 임직예식 등이 있습니다.

결혼식은 '예배'는 아니지만 '예식'입니다. '예배'로 드리지는 않지만, 성경낭독, 말씀선포(권면)와 기도, 찬송, 서약과 공포 등의 예배에서 사용되는 형식적 요소들이 사용된 '예식'으로 진행되어야 합니다. 당회는 결혼예식이 하나님의 말씀과 교회의 규례에 따라 적절히 진행될 수 있도록 주관해야 하며, 결혼 날짜를 전체 회중에게 알리고 회중들이 결혼예식에 참여하도록 해야 합니다.

이에 근거하여 대한예수교 장로회(고신) 헌법(2011년판) 헌법적 규칙 제6조 (결혼식) 제1항 '결혼예식'과 대한예수교 장로회(합동) 헌법(2006년판) 예배모범에도 제12장 혼례식의 제1항에는 다음과 같이 되어 있습니다.

헌법적 규칙 제6조 (결혼식) 제1항 '결혼예식'	1. 결혼예식 결혼예식은 성례가 아니요, 그리스도의 교회에만 있는 것도 아니나, 하나님이 세우신 신성한 예법이다.
예배모범 제12장 혼례식 제1항	1. 혼례는 성례도 아니요 그리스도의 교회에만 있는 것도 아니나 하나님이 세우신 신성한 예법이다. 국가는 국민의 유익을 도모하기 위하여 혼인 규칙을 제정하여 모든 국민으로 지키게 한다.

> 결혼식은 예배가 아니라 예식입니다. 그러므로 결혼식에서 성찬을 행할 수 없습니다. 고신총회, 『헌법해설: 예배지침/교회정치/권징조례』, 제95문답.

결혼예식, 집례는 목사에 의해...

결혼식은 예배는 아니지만 말씀사역자이면서 또한 동시에 당회장인 목사의 주례에 의해 이루어지는 것이 바람직합니다.(핫지, 『교회정치문답조례』, 제179문답.) 간혹 그리스도인들 중에 자신이 존경하는 목사나 교수 혹은 지인을 주례자로 선택하는 경우가 있는데, 신랑과 신부 중 소속된 교회의 당회장인 목사에 의해 하는 것이 옳습니다. 만약 어쩔 수 없는 경우라면, 소속교회의 목사가 아니라 하더라도 목사로 하여금 주례하게 함이 옳겠습니다.

예배모범을 다시 봅시다.

> "우리는 결혼은 합법적인 말씀의 사역자에 의해 엄숙히 올리는 것이 마땅하다고 판단하며, 목사는 그들에게 적절하게 조언해야 하고, 그들 위에 하나님의 복이 임하기를 기도하는 것이 마땅하다고 판단한다."

이에 근거하여 각 교단 헌법들은 다음과 같이 되어 있습니다.

대한예수교 장로회(고신) 헌법(2011년판) 헌법적 규칙 제6조 '결혼식'	2. 결혼예식의 주례 성도들은 마땅히 주 안에서 결혼할 것이며 혼례에 특별한 훈계와 적당한 기도로 행하기 위하여 목사나 교역자로 주례하게 함이 옳다(단, 주례는 학습인 이상이어야 할 수 있다).
대한예수교 장로회(합동) 헌법(2006년판) 예배모범 제12장 '혼례식'	2. 성도들은 마땅히 주 안에서 결혼할 것이니 혼례에 특별한 훈계와 적당한 기도로 행하기 위하여 목사나 그 밖의 교역자로 주례(主禮)하게 함이 옳다.
대한예수교 장로회(합신) 헌법(2014년판) 예배모범 제18장 '혼인예식'	2. 성도들은 마땅히 주 안에서(참으로 믿는 자들 간에) 결혼할 것이다. 그렇게 함으로 그들이 성경에서 혼례에 대한 훈계와 기도를 받게 된다. 주례는 목사나 그밖에 교역자로 하게 함이 옳다.

결혼을 개인 간의 사회계약이라고 보는 세상 관점과 많이 다르구나.

... 그리고 합당한 증인 앞에서!

결혼예식은 비밀리에 이루어질 수 없고, 당사자와 부모, 일가친척뿐만 아니라 소속된 교회의 회중이 증인으로 참여하는 것이 바람직합니다. 당회는 결혼예식을 앞두고 전체 회중에게 광고하여 참여토록 하며, 교회의 회중은 두 사람의 결혼의 증인이 되어야 합니다. 결혼예식에 '증인'이 요구되는 건 '결혼'을 '언약적'으로 생각하기 때문입니다. 결혼은 '교회의 일'이므로 교회 회원 모두의 관심과 참여가 요구됩니다. 웨스트민스터 예배모범의 본문을 다시 확인해보세요.

> "공예배를 위한 권위에 의해 지정된 장소에서 엄숙하게 공적으로 결혼을 거행하되, 합법적인 숫자의 믿을만한 증인들 앞에서, 공적 애도의 날을 제외하고는 일 년 중 어느 때라도, 하루 중 적합한 시간에 거행하도록 한다. 그리고 주일에는 결혼식을 하지 않도록 권한다."

이에 근거하여 각 교단 헌법들은 다음과 같이 되어 있습니다.

대한예수교 장로회(고신) 헌법(2011년판) 헌법적 규칙 제6조 '결혼식'
7. 결혼증서의 발급
혼인은 충분한 증인들 앞에서 행할 것이며,
주례자는 그 요구를 따라 혼인증서를 발부할 것이다.

대한예수교 장로회(합동) 헌법(2006년판) 예배모범 제12장 '혼례식'
7. 혼인은 충분한 증인의 앞에서 행할 것이며
목사는 그 요구를 따라 혼인 증서를 준다.

대한예수교 장로회(합신) 헌법(2014년판) 예배모범 제18장 '혼인예식'
7. 혼인은 충분한 증인 앞에서 행할 것이며,
목사는 그 요구를 따라 혼인 증서를 준다.

> 그렇지, 결혼예식에 '증인'이 요구되는 것도 '결혼'을 '언약적'으로 생각하기 때문이야. 이제 환자심방에 대해 배워볼까?

Of concerning Visitation of the Sick

환자 심방에 관하여

가. 목사의 직무와 신자의 요청

IT is the duty of the minister
not only to teach the people
    committed to his charge
in publick,
but privately;

목사의 의무는
자기에게 맡겨진 자들을
가르침에 있어서
공적으로만 아니라
사적으로도 하는 것이다.

and particularly
to admonish, exhort, reprove, and comfort them,
    upon all seasonable occasions,
so far as his time, strength,
and personal safety will permit.

특히
시간과 힘과 개인적인 안전이 허락하는 한,
모든 경우에
그들을 권면하고, 권고하고,
책망하고, 위로하는 것이다.

He is to admonish them,
    in time of health,
    to prepare for death;

목사는
그들이 건강할 때에
죽음을 준비하도록 권면해야 하고,

and, for that purpose,
they are often to confer with their minister
    about the estate of their souls;

그러한 목적으로
그들은 자기의 영혼 상태에 관해
목사와 자주 의논해야 한다.

and, in times of sickness,
to desire his advice and help,
    timely and seasonably,
        before their strength and understanding
                                    fail them.

아플 때는
힘과 이해력이 없어지기 전에
시기 적절하게
목사의 충고와 도움을
요청해야 한다.

읽으며 곱씹으며

환자 심방에 대한 내용이 굉장히 많습니다. 그런데 정말 실용적인 내용들이 많이 적혀있습니다. 현대 의학이 발전하기 전에는 작은 질병이라도 치료를 제대로 하지 못하면 죽음으로 이어지는 경우가 많았습니다. 당시 환자 심방이 얼마나 중요한 일이었는지 짐작할 수 있습니다. 오늘날에도 적용할 점들이 참 많이 있습니다. 한 줄 한 줄 곱씹으며 읽어가시기 바랍니다.

나. 환자 심방의 본질과 목적

아프고 고통스러운 때는 지친 영혼들에게 말씀을 전하게 하시는 하나님의 특별한 기회다.	Times of sickness and affliction are special opportunities put into his hand by God to minister a word in season to weary souls:
왜냐하면 그 때 사람의 양심은 영원에 대한 그들의 영적 상태가 어떠한지를 더 생각해 보도록 일깨우는 때이기 때문이다.	because then the consciences of men are or should be more awakened to bethink themselves of their spiritual estate for eternity;
사탄도 역시 이 때 더욱 괴롭고 힘든 유혹으로 그들에게 짐을 지우도록 이용한다.	and Satan also takes advantage then to load them more with sore and heavy temptations:
그러므로 목사는 부름을 받아 환자의 회복을 위해 가면, **모든 부드러움과 사랑으로 환자의 영혼에 영적인 유익을** 다음과 같이 줄 것이다.	therefore the minister, being sent for, and repairing to the sick, is to apply himself, with all tenderness and love, to administer some spiritual good to his soul, to this effect.

읽으며 곱씹으며

읽고 느낀 점을 적어 보세요.

**다.
심방 모범 1**
병의 영적인
의미와 원인

He may, 　from the consideration of the present sickness, instruct him out of scripture, that diseases come 　not by chance, 　or by distempers of body only, 　but by the wise and orderly guidance 　　　of the good hand of God 　　to every particular person smitten by them.	목사는 현재의 병을 생각해 보고 **그에게 성경으로 가르치되,** 질병은 우연히 혹은 육체의 이상으로만 오는 것이 아니라 **모든 인간 개개인들에게** **하나님의 선한 손길의** **지혜롭고 질서 있는** **인도하심에 의한 것임**을 가르친다.
And that, whether it be laid upon him out of displeasure 　for sin, 　for his correction and amendment, 　or for trial and exercise of his graces, 　or for other special and excellent ends,	또한, 그가 질병에 놓인 것이 죄로 인한 것이든 그를 바로잡고 고치시려는 것이든 하나님의 은혜에 의한 시련과 연단을 위한 것이든 다른 특별하고 탁월한 목적을 위한 것이든,
all his sufferings shall turn to his profit, and work together for his good,	만일 하나님의 징계를 얕보거나 하나님의 바로잡으심을 불쾌해 하는 것이 아니라,
if he sincerely labour 　to make a sanctified use of God's visitation, 　　neither despising his chastening, 　　nor waxing weary of his correction.	**하나님의 방문하심*의** **거룩한 용도를 사용하려고** **그가 진정으로 노력한다면,** **모든 고난들이 그의 유익으로 변하며** **합력하여 선을 이룰 것임**을 가르친다.

종교개혁자들은 대체로 심방을
'하나님의 방문하심'으로 보았습니다.

읽으며 곱씹으며
읽고 느낀 점을 적어 보세요.

다.
심방 모범 2
무지한 자일 경우

만약 **환자가 무지하다고 의심되면**, 신앙의 원리, 특히 회개와 믿음에 관하여 시험해야 한다.	If he suspect him of ignorance, he shall examine him in the principles of religion, especially touching repentance and faith;
그가 원인을 알게 되면 **그에게 가르쳐야 한다.** 은혜의 본질, 용도, 탁월함, 필요성을.	and, as he seeth cause, instruct him in the nature, use, excellency, and necessity of those graces;
또한 가르쳐야 한다. 은혜 언약과 하나님의 아들이자 중보자이신 그리스도에 관하여 그분 안에서 믿음으로 말미암아 죄 용서 받음에 대해.	as also touching the covenant of grace; and Christ the Son of God, the Mediator of it; and concerning remission of sins by faith in him.
목사는 환자에게 **권고해야 한다.** **자신을 스스로 검증하도록** 권고해야 하고, 이전의 행위와 하나님 앞에서 자신의 상태에 대해, **살펴보고 조사하도록.**	He shall exhort the sick person to examine himself, to search and try his former ways, and his estate towards God.

읽으며 곱씹으며

이상하게도, 환자가 장기투병 생활을 할 때, 막상 가장 필요한 심방이 실제로는 거의 이뤄지지 않는 것이 오늘날 한국 교회의 형편인 듯합니다. 저만 그런 경험을 한 것이 아니라 많은 분들이 비슷한 경험을 나누곤 합니다. 그러면 환자와 가족은 어떻게 할까요? 지푸라기라도 잡는 심정으로 치유 은사를 가졌다는 이들을 찾아 다닙니다. 영적으로 연약해지기 쉬운 시기이므로 분별력이 떨어지는 것입니다. 그럴 때 더욱 단단히 붙들고 세워주어야 하는데, 오히려 방치하는 것이 우리네 형편입니다.

현대 교회는 소위 '활동이 가능한 신자' 위주로 관심을 가지는 경향이 있습니다. 나이 많은 신자들의 구원 문제에 관심을 두는 교회가 생각보다 적은 것도 비슷한 이유에서입니다. 하지만 예배모범은 이생의 끝자락에 약해질 대로 약해진 병자들을 찾아가 어떻게 영적으로 섬기고 세워주는지 상당히 많은 비중을 두어 구체적인 모범을 보여주며 독려합니다.

다.
심방 모범 3
불안정
하거나
회개가
필요한 경우

And if the sick person shall declare
    any scruple, doubt,
    or temptation that are upon him,
instructions and resolutions shall be given
    to satisfy and settle him.

만약 환자가
어떤 양심의 가책, 불신,
유혹이 있다고 밝히면,
그를 지도하고 해결해 주어
만족하고 안정케 해준다.

If it appear that
he hath not a due sense of his sins,
endeavours ought to be used to convince him
    of his sins, of the guilt and desert of them;
    of the filth and pollution
        which the soul contracts by them;
    and of the curse of the law,
    and wrath of God, due to them;

만약 환자가 자기 죄에 대한 마땅한 인식이 없다면,
그로 하여금 깨닫도록 노력해야 한다.
    자신의 죄와 죄책과 댓가,
    그리고 그로 인하여
    영혼에 묻은 불결함과 오염,
    거기에 따르는 율법의 저주와
    하나님의 진노를.

that he may be truly
    affected with and humbled for them:

환자가 진실로
그 죄로 인하여 감동되어 자신을 겸비하게 한다.

and withal make known the danger
    of deferring repentance,
    and of neglecting salvation at any time offered;

동시에 회개를 미루는 것과
어느 때에든지 주어진 구원을 무시하는 것의
위험을 알게 하고,

to awaken his conscience,
and rouse him up
    out of a stupid and secure condition,

이로써, 그의 양심을 깨우고
어리석고 안일한 상태로부터
그를 불러 일으켜서,

to apprehend the justice and wrath of God,
Before whom none can stand,
But he that, lost in himself,
    layeth hold upon Christ by faith.

자기를 버리고 믿음으로
그리스도를 붙잡는 자 외에는
누구도 감히 그 앞에 설 수 없는
하나님의 공의와 진노를
이해하도록 할 것이다.

비록 많은 실패와 연약함이 있어도, 하나님을 바르게 섬기고 거룩한 길로 행하려고 **환자가 노력하거나,**	If he hath endeavoured To walk in the ways of holiness, And to serve God in uprightness, although not without many failings and infirmities;	**다.** **심방 모범 4** 노력하는 자와 낙담한 자
혹은 **죄에 대한 인식으로** **그의 영이 깨졌거나,**	Or, if his spirit be broken with the sense of sin,	
하나님의 은혜에 대한 인식의 결핍으로 인해 **그가 낙담하였다면,**	Or cast down through want of the sense of God's favour;	

그를 일으켜 세워주는 것이 합당하되,
  하나님의 은혜의 너그러움과 충만함,
  그리스도 안에 있는 의의 충분함,
  복음 안에 있는 은혜로운 공급을
그 앞에 제시함으로 한다.
	Then it will be fit to raise him up,
	  by setting before him
	    the freeness and fulness of God's grace,
	    the sufficiency of righteousness in Christ,
	    the gracious offers in the gospel,	

즉 자기 의를 부정하고,
  그리스도를 통한 하나님의 자비에
  모든 마음을 다하여
  회개하고 믿는 모든 자는,
주님 안에서
생명과 구원을 소유한다는 복음을 보여준다.
	that all who repent, and believe
	  with all their heart
	  in God's mercy through Christ,
	  renouncing their own righteousness,
	shall have life and salvation
	  in him.	

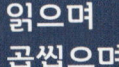

이 대목을 읽으며 감동을 받았고, 작성자들이 참 사려깊다는 생각을 했습니다. 실패와 연약함 중에 있는 사람들을 대할 때, 종교개혁자들은 이 사람이 거기서 노력하고 있는 모습에 주목하고 있습니다. 잘 해보려고 하는 의지를 인정해줍니다. 그러나 그조차도 힘겨워 쓰러질 수 있는데, 그럴 때 우리는 마치 영혼이 깨진 듯한 느낌을 받거나, 좌절하여 낙담하기도 합니다. 우리는 이런 사람들을 너무 쉽게 정죄하거나, 혹은 힘내라는 말 몇 마디로 그저 그가 기적적으로 회복되기를 바랍니다. 쉽게 회복되지 않는 사람을 가혹하게 대하기도 합니다. 하지만, 개혁자들은 좀 더 면밀히 주의를 기울여 더욱 깊이있는 보살핌을 주라고 가르칩니다. 낙담한 환자에게 그와 우리가 이미 소유하고 있는 바른 믿음의 지식들을 다시 한 번 제시합니다. 우리 생명을 살리는 바른 믿음은 결국 바른 지식에서 나오기 때문입니다.

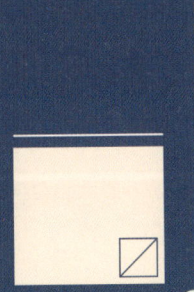

**다.
심방 모범 4**
노력하는
자와
낙담한 자

It may be also useful to shew him,
   that death hath in it
      no spiritual evil to be feared
         by those that are in Christ,

또한, 그리스도 안에 있는 자에게
**죽음에는
두려워할 영적인 악이 없다**는 것을
알려주는 것이 유익하다.

because sin, the sting of death,
is taken away by Christ,
   who hath delivered all that are his
      from the bondage of the fear of death,
   triumphed over the grave,
   given us victory,
   is himself entered into glory
        to prepare a place for his people:

왜냐하면 죄, 즉 죽음의 쏘는 것이
그리스도로 말미암아
제거되었기 때문이다. (고전 15:55-56)
   죽음에 대한 두려움의 속박으로부터
   건지셨고,
   무덤을 이기고
   우리에게 승리를 주셨으며,
   자기 백성을 위한 장소를 예비하시려고
   스스로 영광 가운데 들어가신.

so that neither life nor death shall be able
to separate them
   from God's love in Christ,

그러므로 생명이나 죽음이
그리스도 안에 있는 하나님의 사랑으로부터
분리시킬 수 없으며(로마서 8:38-39),

   in whom such are sure,
      though now they must be laid in the dust,
to obtain a joyful and glorious resurrection
           to eternal life.

이것을 확신하는 자들은
비록 흙에 묻힐지라도,
기쁘고 영광스러운 부활로
영원한 생명을 얻을 것이다.

읽으며 곱씹으며

죽음 앞에 위축되고 두려워하는 신자에게 무슨 말을 할 수 있을까요? 예배모범은 그들에게 무엇보다도 그리스도 안에 있음을 상기시키고, 힘과 용기를 주라고 권합니다. 죽음 앞에서 결국 허무한 것들로부터가 아니라 그리스도로 말미암아, 이젠 죽음조차도 더 이상 두려움의 대상이 아니라는 것이지요. 그리스도께서 우리를 대신하여 죽음을 이기셨다는 사실에 근거해서 말입니다.

신자에게 죽음은 형벌이 아님을 알려주고, 그리스도의 품에서 부활을 바라보도록 안내하며, 마지막까지 신자의 믿음을 굳게 지키도록 돕고 있습니다. 한 영혼을 끝까지 살리고자 애쓰는 목회자의 모습이 예배모범에 잘 담겨있습니다.

또한 자비에 대한
잘못된 근거에 기반한 신념이나
자신의 선행에 근거해 천국에 간다는
<mark>잘못된 근거에 기반한 신념에 대해</mark>
<mark>주의하도록 경고하고,</mark>
	Advice also may be given,
	as to beware of an ill-grounded persuasion
	   on mercy,
	   or on the goodness of his condition
	      for heaven,
		다.
		심방 모범 5
		구원에 대한 잘못된 교리를 교정하되 주의할 것

그리하여 자신의 모든 공로를 스스로 부인하고,
진실함과 성실함으로 나아오는 자를
결코 내쫓지 않겠다고 약속하신
예수 그리스도의 유일한 공로와 중보 안에 있는
하나님의 자비를
전적으로 바라고 의지하게 해야 한다.
	so to disclaim all merit in himself,
	and to cast himself wholly upon God for mercy,
	in the sole merits and mediation of Jesus Christ,
	  who hath engaged himself
	     never to cast off them
	  who in truth and sincerity come unto him.	

또한 조심할 것은,
회개하는 모든 신자마다
소망의 문을 주시는
그리스도와 그분의 공로를 알려주어도
환자가 진정되지 않는 것과 같이,
   죄로 인한 하나님의 진노에 대한
  ↓ 강한 표현으로 인해,
<mark>환자가 절망하여</mark>
<mark>낙담하지 않도록 주의</mark>해야만 한다.
	Care also must be taken,
	that the sick person be not cast down into despair,
	  by such a severe representation
	     of the wrath of God due to him
	        for his sins,
	as is not mollified
	  by a sensible propounding of Christ and his merit
	    for a door of hope
	      to every penitent believer.	

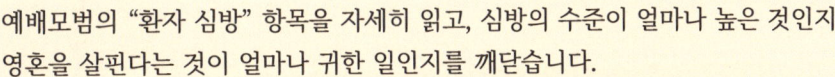

읽으며 곱씹으며

예배모범의 "환자 심방" 항목을 자세히 읽고, 심방의 수준이 얼마나 높은 것인지, 영혼을 살핀다는 것이 얼마나 귀한 일인지를 깨닫습니다.

잊지 말아야 할 것은, 심방은 주일에 각 성도들이 사적으로 해야 할 일이기도 하다는 점입니다. ("주일 성수에 관하여" 참조) 연약한 자들을 살피는 일을 성도들도 사적으로 하되, 그런 방문이 되려 환자와 가족들을 시험에 들게 한다면 안 가느니만 못한 것입니다. 실제로 심방을 잘 할 수 있는 사람이 되도록, 지적으로나 성품으로나 필요한 준비를 해야 합니다. 성숙한 심방을 할 수 있도록 평소에 시간을 내서 훈련해야겠습니다.

라. 심방 기도 모범 1
안정된 환자를 위한 기도

● ○ ○ ○

When the sick person is best composed, may be least disturbed, and other necessary offices about him least hindered,	환자가 가장 잘 진정되고, 최소한으로 마음이 어지럽지 않을 때, 또, 다른 일로 인해 방해 받을 것이 적을 때,
the minister, if desired, shall pray with him, and for him, to this effect:	목사는, (환자가) 원한다면, 환자와 함께 환자를 위하여 다음과 같이 기도한다.
"Confessing and bewailing of sin original and actual;	"원죄와 자범죄를 고백하고 슬퍼하오니,
the miserable condition of all by nature, as being children of wrath, and under the curse;	본질상 진노의 자녀로 태어나 비참한 상태에 있으며, 저주 아래 있음을 고백하고 슬퍼합니다.
acknowledging that all diseases, sicknesses, death, and hell itself, are the proper issues and effects thereof;	모든 질병과 아픔과, 죽음과 지옥이 그로 인한 당연한 결말이며 결과임을 인정합니다.
imploring God's mercy for the sick person, through the blood of Christ;	그리스도의 피를 통하여 환자를 위한 하나님의 자비를 간청하며,
beseeching that God would open his eyes, discover unto him his sins,	하나님께서 그의 눈을 열어 자기 죄를 발견케 하시기를 간절히 원하며,
cause him to see himself lost in himself, make known to him the cause why God smiteth him,	자신이 길을 잃은 이유와 하나님께서 왜 그를 치셨는지 이유를 알게 하시고,

읽으며 곱씹으며

질병의 원인이 죄에 있음을 지적하는 기도를 하는데, 독특한 표현이 보입니다. "환자가 원할 때" 이 기도를 사용하라고 권합니다. 왜 그럴까요? 이것은 타협이 아니라, 환자의 영혼을 세심하게 살피려는 목회적 의도가 담긴 표현입니다. 구원의 길로 제대로 인도하려고 최선을 다하는 지혜로운 목사의 모습이 연상되는 표현입니다. 죽음 직전에 환자를 낙담시켜, 그를 시험에 빠지게 하는 것은, 직분자가 할 일이 아닙니다. 예배모범은 교회의 직분자가 그리스도께서 부탁하신 양을 다루는 자세를 정말 잘 보여주고 있습니다.

그의 영혼에 의와 생명을 위한 예수 그리스도를 계시하시고,	reveal Jesus Christ to his soul 　　for righteousness and life,	**라. 심방 기도 모범 1** 안정된 환자를 위한 기도

성령을 주셔서,
　그리스도를 붙잡을 수 있는
　믿음을 창조하시고 강화시켜 주시고,

give unto him his Holy Spirit,
　to create and strengthen faith
　　to lay hold upon Christ,

　그분의 사랑의 편안한 증거가 역사하며,

to work in him
　comfortable evidences of his love,

　유혹에 대하여 무장하게 하시고,
　그의 마음이 세상으로부터 벗어나며,

to arm him against temptations,
to take off his heart from the world,

　현재의 고난*을 거룩하게 하시며,
　인내와 힘을 주사
　견디게 하시며,
　믿음으로 끝까지
　인내하게 하소서.

to sanctify his present visitation,
to furnish him with patience and strength
　　　　to bear it,
and to give him perseverance in faith
　　　　to the end.

> 현재 당하고 있는 질병으로 인한 고난을
> '심방'이라는 뜻으로도 사용되는 'visitation'으로
> 표현하고 있음에 유의하세요.

읽으며 곱씹으며

읽고 느낀 점을 적어 보세요.

라.
심방 기도
모범 1
안정된
환자를 위한
기도

○○●○

That, if God shall please to add to his days,
he would vouchsafe to bless and sanctify
    all means of his recovery

만약 하나님께서
그의 수명 더하시기를 기뻐하시면,
회복시키시는 모든 방편들에
복 주시고 거룩하게 하셔서,

---

to remove the disease,
renew his strength,
and enable him to walk worthy of God,

병을 제거하시고,
그의 힘을 새롭게 하시고,
하나님께 합당히 행하게 하소서.

---

by a faithful remembrance,
and diligent observing of such vows
and promises of holiness and obedience,

as men are apt to make in times of sickness,
that he may glorify God
    in the remaining part of his life.

사람이 아플 때에 으레 하듯,
그가 남은 평생 동안,
하나님께 영광 돌리겠다 하는 것처럼,

거룩함과 순종함에 대해
맹세하고 약속한 것들을 부지런히 지키고,
신실하게 기억함으로써,
합당히 행하게 하소서.

And, if God have determined to finish his days
    by the present visitation,
he may find such evidence
    of the pardon of all his sins,
    of his interest in Christ,
    and eternal life by Christ,
as may cause his inward man to be renewed,
while his outward man decayeth;

그리고 만약 하나님께서 **현재의 고난으로**
그의 일생을 마치기로 결정하셨다면,
그로 증거를 찾게 하소서.
겉사람은 낡아지나
속사람은 새롭게 하시는 것처럼(고후 4:16),
그리스도로 말미암는 영원한 생명과
그리스도 안에 있는 그의 분깃과
모든 죄 용서의 증거를 찾게 하소서.

읽으며
곱씹으며

읽고 느낀 점을
적어 보세요.

		라.

죽음을 두려움 없이 보게 하시고,
 의심 없이 전적으로 자기를
 그리스도에게 **의지하며,**
	That he may behold death without fear,
	   cast himself wholly upon Christ
	     without doubting,
		심방 기도
		 모범 1
		 안정된
		 환자를 위한
		 기도

사모하게 하소서.
   몸을 떠나 그리스도와 함께 있기를(고후 5:8).
	desire
	   to be dissolved and to be with Christ,
		○○○●

또한 받게 하소서.
   그의 믿음의 결국인
   영혼의 구원을(벧전 1:9).
	and so receive
	   the end of his faith,
	   the salvation of his soul,	

우리의 유일한 구원자요
   완전한 구속자이신
   주 예수 그리스도의
   유일하신 공로와 중보를 통하여."
	through the only merits and intercession
	   of the Lord Jesus Christ,
	   our alone Saviour
	   and all sufficient Redeemer."	

읽으며 곱씹으며

죽음을 앞둔 신자에게, 죽음이 신자에게는 전혀 두려울 것이 없음을 알려주고, 인간의 생사화복을 주관하시는 하나님의 일하심을 전하고 있습니다. 참으로 이것이 정답일 것입니다. 신자가 할 수 있는 것은 일생을 되돌아보며 회개하고 믿음과 소망을 가지는 것 뿐입니다. 하지만 죽음 앞에서 온갖 연약함으로 인하여, 정작 바라볼 것을 놓치는 경우가 많은데, 바로 그것을 잘 붙들어주는 것이 신자에게 가장 큰 은혜일 것입니다. 이 기도의 모범을 통해 신자가 평안 가운데 죽음을 기다리도록, 예배모범은 구체적으로 돕고 있습니다.

읽으며 곱씹으며

읽고 느낀 점을 적어 보세요.

예배모범 원문 읽기

마. 죽음을 앞둔 환자와 주변인들에게 권고할 사항

The minister shall admonish him
  also (as there shall be cause)
  to set his house in order,
  thereby to prevent inconveniences;

목사는 그에게 권고할 것이다.
(이유가 있으면)
집을 정리하여
불편이 없도록 한다.

to take care for payment of his debts,
and to make restitution or satisfaction
  where he hath done any wrong;

**빚을 갚도록 하고,
잘못한 것에 대해
보상하거나 갚도록 한다.**

to be reconciled to those
  with whom he hath been at variance,
and fully to forgive all men
  their trespasses against him,
as he expects forgiveness at the hand of God.

불화가 있던 사람들과는
화해하도록 하고,
자신이 하나님께 용서를 바라는 대로,
**자기에게 잘못한 모든 사람들을
완전히 용서하도록** 해야 한다.

Lastly, The minister may improve
  the present occasion
to exhort those about the sick person
  to consider their own mortality,
  to return to the Lord,
  and make peace with him;
  in health to prepare
    for sickness, death, and judgment;

마지막으로 목사는
**이때를 활용하되,
환자 주변 사람들에게**
자신의 죽을 수밖에 없음을 생각하도록 권하고,
주님께 돌아와
주님과 더불어 화평을 누리며,
건강할 때
병, 죽음, 심판을 예비하도록 권면한다.

and all the days of their appointed time so
to wait until their change come,
  that when Christ, who is our life, shall appear,
  they may appear with him in glory.

그들의 정해져 있는 생애 동안
우리의 생명이신 그리스도께서 나타나실 그 때에
그들도 주님과 함께 영광 중에
나타날 변화를 기다리게 한다(골 3:4).

읽으며 곱씹으며

생의 마지막 순간에 그 신자의 영혼을 하나님 앞에 인도하면서 그의 삶을 덕스럽게 마무리하도록 가르치는 부분입니다. 잘못에 대한 보상, 화해 그리고 용서… 또한, 신자의 죽음을 확실하게 인식할 주변 사람들까지도 가르치는 기회로 삼고 있습니다. 이 마지막 단락을 우리들은 주로 장례 때 유족들에게 사용하는데, 그 때는 이별의 슬픔과 번잡한 장례 일정 등이 겹치면서, 정작 이런 내용을 귀담아 들을 수가 없을 것입니다. 지혜가 필요하겠습니다.

예배, 교회와 밀접한 신자의 삶

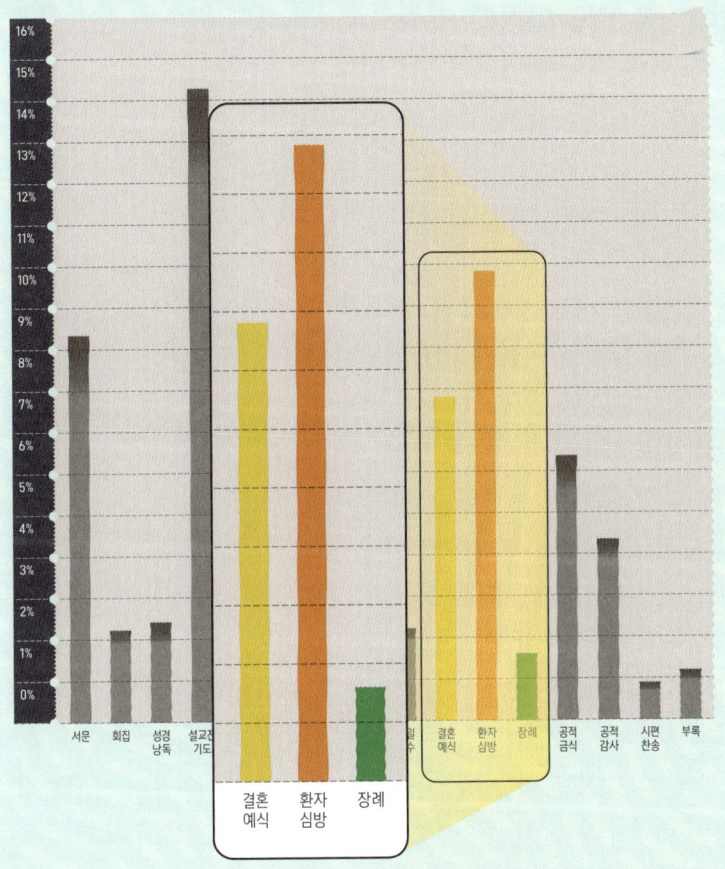

이 그래프는 앞에서 봤던 것인데 (p.74), 예배모범에서 환자 심방에 대한 설명이 얼마나 많은 분량을 차지하고 있는지 보여줍니다. 병중에서 고통 받거나 죽음을 기다리는 신자들의 영혼을 이토록 중요하게 살피도록 했다는 점에서, 그래프를 보면서 감동했습니다.

현실에서 우리는 결혼식과 장례식은 성대하게 치르지만, 환자 심방은 소홀하기 쉽습니다. 오히려 예배모범은 결혼과 장례보다는 병상에서 가장 연약해진 환자들의 영혼을 위해 섬겨야 한다고 가르치며, 또한 길고 상세하게 다루고 있습니다. 웨스트민스터 표준문서들은 결코 차갑거나 딱딱하지 않습니다. 대단히 목회적입니다.

그 당시 열악한 의료 지식으로 인해 병에 걸리면 죽는 이가 많았습니다. 이토록 자세한 매뉴얼이 존재한다는 것은 그만큼 이 문제가 대처하기 어려운 문제였으며 또한 신자들의 삶과 밀접한 문제였음을 반증합니다. 짧게 다룬 내용들(ex.시편 찬송)은 그때 이미 잘 정착이 되어서 굳이 많은 말로 설명할 필요가 없는 주제였을 것입니다.

예배모범이 교회가 바라보고 나아가야 할 지향점을 보여준다는 점에서 이것은 과거의 종교개혁을 위해 사용되었던 문서이자 동시에 우리에게도 무척 유익한 가이드입니다. 서로의 탓을 하지 않고, 저 멀리 보이는 푯대를 향해 우리도 함께 독려하며 나아가도록 합시다.

예배모범에 왜 환자 심방이 등장할까요?

우리는 지금 예배에 대해 공부하고 있습니다. 그런데 느닷없이 '환자의 심방'에 대한 이야기가 나옵니다. 왜 그럴까요? 좀 이상하지 않습니까?

웨스트민스터 총회 당시에도 이 항목을 따로 다룰 필요가 있을까 하는 의견이 대부분이었습니다. 그런데, '죽은 자의 매장에 관하여'라는 항목을 토의하는 중에 이 항목을 따로 만들자는 의견이 나왔고, 논의 끝에 결국 이렇게 기록되었습니다. (토마스 레쉬만, 『웨스트민스터 예배모범』(예배와 설교 아카데미, 2002), 131.)

어떻게 보면 예배와 무관해 보이는 항목이지만, 전혀 무관하다고만 볼 수는 없습니다. 왜냐하면 예배 인도, 설교, 성례의 집례를 맡은 목사에게 맡겨진 또 다른 중요한 역할에 환자를 심방하는 일이 있기 때문입니다. 목사는 교인의 영혼을 담당하는 의사로서, 병환에 있는 교인들을 심방하여 그들의 영혼을 살필 의무가 있습니다.

여기에서 한 가지 기억할 것은 웨스트민스터 예배모범이 작성되던 때는 1640년대라는 사실입니다. 현대 의학이 발달하기 전입니다. 그 당시는 상당수의 질병이 사람을 곧장 죽음에 이르게 하던 때입니다. 오늘날에는 쉽게 고칠 수 있는 병도 그 때는 원인을 모른 채 죽어가기 쉬운 시대였습니다.

이러한 때에 목사는 예배에 참석하지 못한 환자를 심방하여 그의 영혼을 살펴야 할 책임이 있었습니다. 언제 죽을지 모르는 환자에게 빨리 찾아가 그의 영혼의 상태를 점검해야 할 필요가 있었고요. 죽음을 앞둔 교인에게 복음을 전해야 할 필요가 있었습니다. 혹여나 아직 회심하지 않은 이들이 있을 수 있기 때문입니다.

목사는 교인들이 건강할 때 죽음을 미리 준비하도록 권면해야 합니다. 설교를 통해 죽음에 대해 자주 강조해야 합니다. 그러다가 아플 때는 더더욱 죽음과 죽음 이후의 삶에 대해 가르쳐야 합니다. 병중에 있는 성도의 영혼의 상태가 어떠한지를 점검하고, 혹시나 죄에 대한 깨달음과 인식이 없다면 그에게 죄의 심각성과 복음의 필요성을 가르쳐야 합니다. 그리하여 하나님과 예수 그리스도를 더욱 의지하도록 가르쳐야 합니다.

목사는 병환에 있는 교인을 고칠 수 없습니다. 지금이나 그때나 그 몫은 의사에게 있습니다. 목사는 육체의 질병을 해결할 수는 없지만 영혼을 치료할 수는 있습니다. 웨스트민스터 예배모범은 이 일에 목사가 최선을 다해야 함을 가르치고 있습니다.

오늘날 우리들은 목사가 이 일을 할 수 있도록 돕되, 사소한 병, 단순한 치료 등의 경우에 목사를 자주 요청하는 것은 도리어 더 중요한 일을 하지 못하게 만드는 방해가 된다는 점을 기억해야 합니다. 웨스트민스터 예배모범이 말하는 환자란 상당히 심각한 병에 이른 경우를 의미합니다.

목사가 정작 할 일을 할 수 있도록 배려해야

무엇보다 이 일은 목사가 잘 이끌어야 합니다. 그런데 현대 교회는 목사가 해야 할 일을 할 수 없을만큼 바쁘게 굴러갑니다. 정작 가르치는 일, 설교하는 일, 영혼을 구하는 일에 매진할 수 없도록, 늘 어딘가로 불려다니는 일에 바쁩니다. 예배모범은 우리에게 목사가 하는 일이 무엇인지를 계속해서 알려줍니다. 그리고 그 일이 효과적으로 이뤄지면 교회와 신자들에게 얼마나 좋은지도 충분히 느낄 수 있도록 해주었습니다.

우리는 언제부턴가 하던 대로, 듣던 대로, 보던 대로 교회를 운영하고 있었습니다. 모범이 있다고 생각하지 못했기에, 모범을 찾거나 따를 생각을 하지 못했습니다. 그런 행동이 당연시되면서, 본질과 참 많이도 멀어지고 말았습니다. 본질적인 일에 매진해야 하는 사람들을 다른 일에 바쁘게 소진시켜 버리고 각종 염려와 근심으로 일할 수 없게 되었습니다. 안타까운 일입니다. 그리고 아무도 이 결과에 책임을 지려는 사람은 없게 되었습니다. 웬만한 일들은 성도들이 알아서 할 수 있도록 하고 정말 해야할 일/중요한 일을 목사가 할 수 있도록 해야, 결국 우리들의 종교개혁은 첫 발을 뗄 수 있을 것입니다.

가. 매장에 대한 권고와 하지 말 일

Of concerning Burial of the Dead

죽은 자의 매장에 관하여

WHEN any person departeth this life,
let the dead body,
　upon the day of burial,
be decently attended
　from the house
　to the place appointed for publick burial,
and there immediately interred,
　without any ceremony.

사람이 이 세상을 떠나면,
시신은
매장하는 날에
집에서부터
공적으로 정해져 있는 매장지까지
정중하게 옮기고
다른 의식 없이
즉시 묻는다.

And because the custom
　of kneeling down,
　and praying by or towards the dead corpse,
　and other such usages,
　　in the place where it lies
　　before it be carried to burial,
are superstitious;

왜냐하면,
매장지로 옮기기 전에
시신이 놓여 있는 장소에서
시신의 옆이나 그것을 향해
무릎을 꿇거나 기도하는 관습,
그 밖에 이와 유사한 다른 관습들은
미신적인 것이기 때문이다.

　and for that praying, reading, and singing,
　both in going to and at the grave,
　　have been grossly abused,
　are no way beneficial to the dead,
　and have proved
　　many ways hurtful to the living;
therefore let all such things be laid aside.

또한, 무덤으로 가는 동안과 무덤에서,
기도하고 성경을 읽고 찬송을 부르는 것도
지나치게 남용되어 왔는데,
그렇게 하는 것은
죽은 자에게 아무런 유익이 없고,
따라서, 유가족에게도
여러 가지 면에서 해로운 것으로 증명되었으니,
그와 같은 모든 일은 중지하도록 한다.

읽으며 곱씹으며

읽고 느낀 점을 적어 보세요.

나.
할 수 있는
일들과 당부

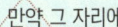 그러나
우리는 적절하다고 판단한다.
　공적으로 정해져 있는 매장지까지
　시신과 동행한
　그리스도인 친구들이
　그러한 상황에 합당한
　묵상과 토론을 하는 것은.

Howbeit,
we judge it very convenient,
that the Christian friends,
 which accompany the dead body
　to the place appointed for publick burial,
do apply themselves to meditations
and conferences
　suitable to the occasion

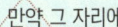 만약 그 자리에
목사가 참석한 경우,
다른 때와 마찬가지로
그들의 의무를
기억케 할 것이다.

and that the minister,
 as upon other occasions,
 so at this time,
 if he be present,
 may put them in remembrance of their duty.

그렇다고 해서
매장할 때에
살아생전의 지위나 신분에 적합한
사회적 존경이나 경의를
부인하라는 것으로
확대해서는 안 된다.

That this shall not extend
　to deny any civil respects or deferences
　　　　　at the burial,
　suitable to the rank
　and condition of the party deceased,
　　　　while he was living.

읽으며 곱씹으며

매장에 대한 예배모범의 본문은 이게 전부입니다. 아주 짧습니다. 종교개혁자들은 대체로 장례와 매장을 교회의 공적 업무가 아닌 것으로 봤습니다. 이것은 기본적으로 유가족이 감당할 문제로 보았습니다. 로마 가톨릭과 대비되는 지점이기도 합니다. 종교개혁자들은 성도가 살아있을 때 평소에 영적으로 충분히 격려하고, 환자일 때 자주 심방하며 위로하는 것을 더 중시했습니다.

기독교적 장례라는 것이 있을까요?

성경에 '죽은 사람'에 관한 이야기나 그에 대한 애도(哀悼), '시체'를 처리하는 일에 관한 언급이 있지만, 장례에 관한 일정한 규범이나 절차를 다루지는 않습니다. 게다가 그것들은 당시의 시대적 상황에서 이루어진 일이기에 일반화하여 적용하기는 어렵습니다. 성경에서 기독교적 장례의 모범을 찾기는 어렵습니다. 이 문제는 성경 자체에서 답을 찾으려고 하기 보다는 교회 역사 속에서 어떻게 이해했는지를 살필 필요가 있습니다.

결혼의 경우 '결혼 예식에 관하여'라고 표현하는데, 매장에 관해서는 '예식'(Solemnization)이라는 표현을 사용하지 않습니다.

웨스트민스터 예배모범은 '죽은 자의 매장에 관하여(Of the Burial of the Dead)'라는 제목을 써서, '장례예배 혹은 장례예식' 등의 표현을 쓰지 않습니다. 이것은 개혁주의 교회에서 장례를 어떻게 이해했는지를 보여줍니다. 개혁교회에서 장례는 교회의 일이 아니라 가족의 일입니다. 장례식은 교회가 해야 할 예식이 아니라 유가족의 일입니다. 유아세례는 성례요 결혼예식은 성례는 아니라도 교회의 일이지만, 장례는 교회의 일이 아닙니다. 사망자는 사망과 동시에 교회의 회원이 아니라 하늘나라의 백성이 되기 때문입니다. 교회는 죽은 사람이 아니라 살아있는 사람을 대상으로 하기 때문입니다.

이에 따라 도르트 교회정치(1619년) 제65조는 "교회의 공식적인 장례예배는 없다"고 규정합니다. 심지어 목사와 장로가 유족의 초청으로 장례식을 주관한다고 할지라도 주일 공예배에서 선포되는 설교와 같은 식의 설교는 금지하였습니다. 이때 목사가 전하는 것은 설교라기보다는 일종의 위로와 권면이나 교훈이라고 하였습니다. 도르트 교회정치의 영향을 받은 네덜란드 개혁교회(해방파) 질서(1982년판) 제71조는 "장례 예배는 없음"이라는 제목으로 "장례 예배는 드리지 않는다."라고 간단하게 명시하며, 캐나다 개혁교회 질서 제65조는 "장례식은 교회적인 사안이 아니라 가정 사안이며, 그러므로 그에 맞게 행해져야 한다"라고 명시합니다.

예배모범은 사람이 죽으면 다른 의식 없이 즉시 묻을 것을 강조합니다. 특히 시신을 운구하는 과정에 기도하거나 찬송을 부르는 행위가 미신적인 것이 될 수도 있음을 강조합니다. 심지어 "만약 그 자리에 목사가 참석한 경우"라는 언급처럼 목사의 집례가 반드시 있어야 하는 것도 아니라는 점을 강조합니다. 목사가 집례하지 않는 장례를 생각하기 어려운 한국적 정서에서 이해가 되지 않을 수 있으나 이것이 개혁교회와 장로교회의 전통입니다.

장례와 관련해 종교개혁자들은 미신적인 행습을 매우 경계했습니다. 죽은 사람을 높이는 일이 일어날 가능성을 원천적으로 차단하려고 노력했습니다. 청교도들은 '형식을 갖춘 장례예식'은 금지되어야 한다고까지 주장하였습니다.

한국 교회의 일반적인 장례 문화는 다양한 사상이 혼재된 결과물

우리나라 형편은 유교적이고 미신적인 장례 문화가 뒤섞여있는 데다가, 거기에 기독교 장례문화까지 반영된 상태입니다. 오늘날 상당수의 한국교회는 혼합된 전통의 장례를 시행하고 있습니다. 미신적이지는 않다 하더라도 유교적 풍습이 상당히 많이 남아 있어서 반드시 장례를 목사가 집례해야 한다고 생각합니다. 특히 장례와 관련하여 '입관, 발인, 하관예배'(최소 3회의 예배)를 드리며 그러한 용어를 사용하는데, 유교적 전통을 고스란히 차용한 것입니다. 유교적 장례절차에 설교와 찬송이라는 기독교적 요소만 덧붙여 하는 형국이지요. 이러한 형태의 예배는 조선예수교장로회가 결정한 것에 근거한 것으로 제13회 총회(1924년)에서 장례예식을 임종식, 입관식, 발인식, 하관식 등의 4단계 예식으로 하는 것을 채택하였습니다. (이성웅, 『헌법예배. 예식론』, 423; 임택진, 『기독교 가정의례지침』(한국문서선교회, 1985), 91.)

공예배와 거의 비슷한 순서로 진행되며 강복선언을 하기도 합니다. 결혼예식은 '예식'이라 하면서도 '장례'는 '장례예배'라고 하여 예배의 한 종류로 구분합니다. 한 사건을 두고 가장 많은 예배를 드리는 게 장례입니다. 게다가 조문(弔問) 할 때 영정(影幀) 사진 앞에 국화를 두면서 헌화(獻花)를 하기도 합니다. '인격'이 아닌 '시체'나 '사진'을 향해 꽃을 바치는 것(獻花)이 미신이 될 수 있음에도 불구하고 말입니다. 발인 시 시체를 운구하면서 찬송을 부르거나 성경을 낭독하기도 합니다. 발인예배를 드린 지 불과 몇 분이 지나지 않았는데도 하관예배를 또 드립니다. 불교와 유교의 상례(喪禮)가 상당 부분 혼용되고 있습니다.

장례는 예배도 예식도 아닌, 가족의 일로 처리했구나.

이러한 방식은 성경과 신앙고백, 예배모범에서 찾아볼 수 없는 방식입니다. 개혁자들과 웨스트민스터 예배모범이 반대하는 일입니다.

장로교회 헌법의 예배모범이 웨스트민스터 예배모범을 상당부분 반영한 것과 달리 장례와 관련해서 한국은 한국적인 요소들을 더 많이 집어넣음으로서 예배모범의 본래 정신에서 상당히 벗어나 버렸습니다. 예컨대, 대한예수교 장로회(합신) 헌법(2014년판)은 제5부 예배모범 제19장 장례식에서 '입관예배', '하관예배', '복토'(覆土) 등을 언급하고 있는데, 성경과 종교개혁의 전통에 근거하지 않은 것입니다. 굳이 헌법 속 예배모범에 포함시켜야 할 필요가 없어 보입니다.

장로교회의 장례는 지나치게 많은 '예배'(?)로 행할 것이 아니라 최후 심판의 주체이신 그리스도를 전하고, 신앙 안에서 죽은 자의 가족을 위로하는 일과 몸의 부활 신앙을 드러내는 것으로 충분합니다. 한국적 문화를 충분히 고려하면서도 장로교 정신에 충실한 방식으로 행해져야 할 것입니다. 최근 들어 이러한 문제의식을 가지고 한국교회의 장례 방식을 바꾸어야 한다는 주장이 많아지고 있습니다.

> 장례 문화 개선도 우리의 숙제! ^^

예배모범의 가르침을 귀감으로 삼자!

장례는 대부분 갑자기 찾아옵니다. 그래서 우리는 장례 때 정신 없는 가운데 세속 문화에 휩쓸리기 쉬우며, 그래서 자신의 신앙이나 의지와 상관없이 장례식과 관련해서 허례허식을 하게 되곤 합니다. 시신의 의상과 유족의 의상, 장례식장을 꾸미는 것, 매장지를 결정하는 것 등 모든 것이 "장례산업"이라는 말까지 나올 정도로 거품이 많습니다. 사실 이런 문제는 오래 전부터 비판이 있었지만 쉽게 고쳐지지 않습니다. 교회조차도 장례 때마다 다양한 예배를 두고 일종의 종교서비스를 행하고 있습니다. 그런 우리에게 이 지극히 단출한 예배모범의 가르침은 귀감이 될 것입니다.

8, 9단원
**시편 찬송, 강복선언, 주일성수/
결혼 예식, 환자 심방,
죽은 자의 매장**

1. 시편 찬송과 강복선언에 관한 내용을 읽고 바르게 이해한 내용으로 적절하지 않은 것은?

   ① 종교개혁자들은 시편으로 찬송하는 것을 필수가 아닌 선택으로 생각했구나.
   ② 공예배는 강복선언으로 마치되, 목사가 하나님의 복을 선언하는 순서이니 눈을 뜨고 있어야겠구나.
   ③ 주보에 예배의 마지막 순서로 '축도'라고 적혀 있어도, 강복선언으로 생각하며 참여해야겠구나.
   ④ 찬송에 있어서 중요한 점 중 하나는 가사를 이해하는 것이기 때문에, 이를 위해 종교개혁자들은 글을 가르칠 정도였구나.
   ⑤ 강복선언을 들은 회중은 확신을 가지고 세상으로 파송된 자처럼 주중에 지내야겠구나.

3. 결혼 예식, 환자 심방, 죽은 자의 매장에 관한 예배모범의 가르침과 일치하는 것은?

   ① 결혼은 성례 중 하나이다.
   ② 결혼은 주님 안에서 이루어져야하기 때문에 교회의 지도와 권고가 필요하다.
   ③ 환자 심방은 목사나 장로가 아니라 집사의 고유한 의무이다.
   ④ 아프고 고통스러울 때는 말씀이 귀에 들어오지 않기 때문에 심방의 유익이 적다.
   ⑤ 매장지에서 기도하고 찬송을 부르는 것은 적극 권장할 사항이다.

2. 주님의 날을 거룩히 지키는 것에 관한 예배모범의 설명 중 서로 관련없이 묶인 것은?

행동	이유
ㄱ. 생업을 미리 정돈한다.	A. 설교를 되새기고 시편으로 찬송하고 기도하기 위해서
ㄴ. 식사 준비는 미리 준비해 둔다.	B. 종들이 주일에 일하지 않도록 배려하기 위해
ㄷ. 주일 전날에 가족들과 모인다.	C. 주일을 거룩히 지키는 데 방해되지 않도록
ㄹ. 주일에 가족들을 불러 모은다.	D. 공예배의 모든 순서에 엄숙하게 참여하기 위해서
ㅁ. 회중은 공예배에 제 시간에 참석한다.	E. 환자를 방문하고 어려운 사람들을 구제하기 위해서

① ㄱ, C ② ㄹ, A ③ ㄴ, B ④ ㅁ, D ⑤ ㄷ, E

이 단원을 마치며, 아래 내용을 직접 적어 보세요.

이전에 알았던 사실	새롭게 깨달은 점	감사할 점

10단원
공적 금식과 공적 감사일
(부록) 공예배를 드리는 날과 장소

"내 친구는 최대 3일까지 금식하는 걸 봤어.
  엄청 대단해 보이더라구."
"친구네 교회는 광복절 즈음에 예배당에 태극기를 게양한다나.
  이상하게 느껴지긴 하지만, 그게 왜 문제냐고 물어보면
  대답하지 못하겠더라고."
"우리 교회는 어버이 주일에 한 편의 공연처럼 예배를 짜서
  교회 어르신들을 축하해드리고 있어요. 정말 감동적이에요.
  앞으로 더 발전해서 매주 예배가 아예 뮤지컬처럼
  혹은 요즘 유행하는 강연회처럼 바꿔서 다채롭게 진행하면
  좋을 것 같아요."
"예배 시간도 썸머타임제 적용되면 좋겠어요.
  여름엔 너무 힘들잖아요."

마지막 단원입니다. 우리에게는 다소 낯선 주제들을 다룹니다. 국가교회였던 당시 상황 속에서 사회에 위기가 닥쳤을 때 교회는 금식으로 회개하며 하나님의 뜻을 구하였습니다. 또한 감사일을 지정하여 모였습니다. 예배모범이 공적 금식일과 감사일을 어떻게 안내하고 있는지 살펴보고 그때 행해졌던 기도문의 예시를 보면서, 오늘 우리가 어떤 마음과 자세로 하나님 앞에 서야 하는지 도움을 받을 수 있을 것입니다.

	Of concerning Publick Solemn Fasting	공적 금식에 관하여
가. 공적 금식의 목적과 방법	WHEN some great and notable judgments are either inflicted upon a people, or apparently imminent, or by some extraordinary provocations notoriously deserved;	어떤 크고도 주목할 만한 심판이 백성에게 내렸거나 닥칠 것이 분명하거나 혹은 비상한 도발이 널리 알려져서 당연시될 때,
	as also when some special blessing is to be sought and obtained,	또는 어떤 특별한 복을 구하여 얻기를 원할 때,
	publick solemn fasting (which is to continue the whole day) is a duty that God expecteth from that nation or people.	공적인 금식을 하는 것(하루 종일 계속되는)은 하나님께서 그 나라나 백성에게 기대하시는 의무다.
	A religious fast requires total abstinence, not only from all food, (unless bodily weakness do manifestly disable from holding out till the fast be ended, in which case somewhat may be taken, yet very sparingly, to support nature, when ready to faint,)	경건한 금식은 전적인 금욕을 필요로 한다. 모든 음식 뿐만 아니라 (금식이 끝날 때까지 지탱할 수 없을 정도로 육체적인 연약함이 현저하게 약해져서 거의 기절하려 할 때, 이 경우 무엇을 아주 조금 먹어서, 생명을 유지할 수 있도록 한다.)
	but also from all worldly labour, discourses, and thoughts, and from all bodily delights, and such like, (although at other times lawful,) rich apparel, ornaments, and such like, during the fast;	모든 세상적인 일, 말, 생각, 모든 육적인 기쁨, 그와 같은 것들로부터 (비록 다른 때에는 합법적인 것이지만) 즉, 비싼 옷, 장식품, 그 밖의 그와 같은 것들을 금식 기간에 멀리하고,
	and much more from whatever is in the nature or use scandalous and offensive, as gaudish attire, lascivious habits and gestures, and other vanities of either sex;	더욱 멀리해야할 것은, 화려한 옷차림, 음탕한 습관이나 몸짓, 그밖에 남녀 간의 장신구와 같이, 본질과 용도에 있어서 수치스럽고 불쾌한 것은 더욱더 그리한다.

		나. **금식일을** **준비**

권하기로는,
모든 목사는
그들의 위치에서
부지런히 그리고 열심히 책망해야 하는 바,
사안이 발생할 경우,
특별히 금식 때에는
사람을 고려하지 말고
다른 때와 마찬가지로 그리해야 한다.
	Which .i.we; recommend
	to all ministers,
	    in their places,
	diligently and zealously to reprove,
	    as at other times,
	    so especially at a fast,
	    without respect of persons,
	as there shall be occasion.	

공적인 모임 전에,
각 가정과 개인은
이토록 엄숙한 일을 준비하기 위해서
개인적으로
모든 종교적 주의를 기울이고,
모임에 일찍 가도록 한다.
	Before the publick meeting,
	each family and person apart are
	    privately to use all religious care
	    to prepare their hearts
	        to such a solemn work,
	and to be early at the congregation.	

읽으며
곱씹으며

예배모범은 오직 주일(일요일)만이 그리스도께서 제정하신 거룩한 날이라고 봅니다. 물론 다른 날이라고 해서 덜 거룩한 것은 아니지만, 예배를 위해 특별히 구별된 날은 주일 뿐입니다. 그럼에도 불구하고 공적인 금식일과 감사일에 관하여 예배모범은 다루고 있습니다.

먼저 공적 금식에 관해 설명하면서 상당히 구체적인 가이드를 제시하고 있습니다. 세상 일은 나몰라라 하고 그저 교회 안에서 우리만 잘 지내면 되지, 하는 생각을 갖기 쉬운 우리들에게 자극과 도전을 주는 부분이라 하겠습니다. 여기서 우리가 주의해야 할 점이 있습니다.

이것은 율법주의로 흘렀던 중세교회의 금식과는 다른 것이겠습니다. 우리의 성향은 흑백논리로 흐르기 쉬워서, 자칫 잘못하면 여기서 제시하는 항목들에만 눈이 가기 쉽습니다. 물론 그런 도움을 받을 수 있지만, 이런 행동들을 통해 우리가 무엇을 더 소중하게 여겨야 하는지를 돌아보는 것이 더욱 중요합니다.

다. 공적 금식일에 할 일

So large a portion of the day
    as conveniently may be,
is to be spent
  in publick reading
  and preaching of the word,
    with singing of psalms,
  fit to quicken affections suitable
    to such a duty:

그리하여, 형편에 따라 하루의 많은 시간을 사용해야한다. 공적인 성경읽기와 말씀 선포, 시편찬송을 함께 부르며, 그러한 의무에 부합하는 감정을 불러일으킬 만한 것을 하는 것이 적합하다.

라. 공적 금식일의 기도

but especially in prayer,
  to this or the like effect:

그러나 특별히 기도하되, 다음과 같은 취지로 혹은 다음과 같이 기도한다.

"Giving glory
  to the great Majesty of God,
  the Creator, Preserver,
  and supreme Ruler of all the world,
  the better to affect us
    thereby with an holy reverence
    and awe of him;

"거룩한 경외와 두려움으로 우리를 더욱 감화시키는 위대하신 하나님, 창조자, 보존자, 온 세상의 최고의 통치자이신 하나님께 영광을 돌립니다.

Acknowledging
his manifold, great, and tender mercies,
    especially to the church and nation,
the more effectually
to soften and abase our hearts
    before him;

하나님의 넓고 크고 사랑이 넘치는 자비가 특별히 교회와 국가에 넘침을 아오니, 우리의 마음을 하나님 앞에서 더욱 효과적으로 부드럽게 하시고 낮아지게 하소서.

Humbly confessing of sins of all sorts,
  with their several aggravations;

여러 가지 악화된 것과 함께 모든 종류의 죄를 겸손히 고백하오며,

Justifying
  God's righteous judgments,
    as being far less than our sins do deserve;

우리의 죄에 비하면 그 심판은 적은 것이기에, 하나님의 의로우신 심판을 정당하게 받아들입니다.

라. 공적 금식일의 기도

○●

그러나 겸손히 또 간절히 하나님의 자비와 은혜를 간구하오니,	Yet humbly and earnestly imploring his mercy and grace
우리에게와 교회와 국가, 왕과 모든 권세자들과 다른 이들, 우리가 꼭 기도해야 할 사람들을 위해 간구합니다. (현재 절박함에 있어서) 다른 때보다도 더 특별히 끈질기게, 범위를 넓혀가며 구합니다.	for ourselves, the church and nation, for our king, and all in authority, and for all others for whom we are bound to pray, (according as the present exigent requireth,) with more special importunity and enlargement than at other times;
우리가 필요로 하고 기대하는 복을 얻는 것과, 느껴지고 두렵고 마땅히 받을 악으로부터 구해 주실 것과, 용서와 도움을 받기 위해 하나님의 약속과 선하심을 믿음으로 바라게 하시며,	applying by faith the promises and goodness of God for pardon, help, and deliverance from the evils felt, feared, or deserved; and for obtaining the blessings which we need and expect;
이와 함께 우리 자신을 전적으로 포기하면서, 우리를 완전하고도 영원히 주님께 드리게 하소서."	together with a giving up of ourselves wholly and for ever unto the Lord."

읽으며 곱씹으며

지금도 경제, 사회, 정치적으로 전국가적인 위기가 닥쳤을 때 교단 차원에서 공적 금식을 선언할 수는 있을 것입니다. 개별교회 차원에서도 비슷한 시도는 가능하겠습니다. 다만, 이마저도 모든 사안에 해석이 분분하고 정치적으로 해석하는 한국교회의 형편으로는 순수하게 한 마음으로 동참하기 어려울 것으로 보여서 마음이 아픕니다. 이런 현실이야말로 공적 금식이 필요한 상황이 아닐까 합니다.

**마.
공적 금식을
인도할 때
목사가 할 일**

In all these, the ministers,
who are the mouths of the people unto God,
ought so to speak from their hearts,
  upon serious and thorough premeditation
    of them,

이 모든 것에 있어서,
목사는 하나님을 향한 백성의 입이니,
그 모든 것을 진지하게 그리고 미리 생각해 보고,
진심으로 말해야 하며,

---

that both themselves and their people
may be much affected, and even melted thereby,
  especially with sorrow for their sins;

이로써 목사와 백성 모두 다,
감동을 받고 녹아지되,
특별히 죄로 인하여 슬퍼하게 될 것이요,

---

that it may be indeed a day of
  deep humiliation and afflicting of the soul.

진실로
깊은 겸손과 영혼이 괴로워하는 하루가 되게 한다.

Special choice is to be made
  of such scriptures to be read,
  and of such tests for preaching,
as may best work the hearts of the hearers

읽을 성경과
설교할 본문을
특별히 선택하여,
듣는 자들의 마음에 가장 잘 역사하도록 하고,

---

  to the special business of the day,
and most dispose them
  to humiliation and repentance:

그 날 특별히 주어진 일을 잘 수행하도록
그들로 하여금
겸비와 회개를 최고로 잘 하게 한다.

---

insisting most on those particulars
  which each minister's observation
  and experience tells him
are most conducing
  to the edification and reformation
    of that congregation
      to which he preacheth.

각 목사의 관찰과 경험에 따라
회중에게 구체적인 것을
강조하는 것은,
목사가 설교하는 대로
회중을 바르게 하고
고치는 데
가장 도움이 된다.

공적인 의무를 마치기 전,	Before the close of the publick duties,	바.
목사는	the minister is,	공적 금식을
자기와 백성들의 이름으로	in his own and the people's name,	마치기 전에
자기와 그들의 마음을 주님께로 이끌어,	to engage his and their hearts to be the Lord's,	목사가 할 일

그들 가운데 잘못된 것은
무엇이든지 고치려는 목적과 결심을 고백하고,

with professed purpose and resolution
    to reform whatever is amiss among them,

특별히 눈에 띄게 잘못된 죄에 대해서는
더욱 그리하여,

and more particularly such sins
    as they have been more remarkably guilty of;

하나님께 가까이 나아가고,

and to draw near unto God,

이전보다 더욱 새로운 순종으로
하나님께 가까이 성실하게 행하여야 한다.

and to walk more closely and faithfully with him
    in new obedience, than ever before.

읽으며 곱씹으며

목사는 하나님을 향한 백성의 입이기에, 전 성도들의 마음을 아울러 진심을 다해 기도하면서 공적 금식일을 인도해야 합니다. 그리고 이런 모임은 합당한 때에 이루어져야 할 것입니다. 정말 하나님의 심판이 분명하다 싶을 만큼 많은 신자들이 공감하는 그런 때에 공적 금식을 행하여야 하겠습니다. 그렇지 않으면 왜 이런 것을 하는지 공감하지 못하고, 그렇게 행사처럼 몇 번 하다 보면 어느덧 관습이 되어, 참여자의 자세는 경박해질 것입니다. 그런 모임은 비웃음거리가 되고 누군가에게는 율법처럼 올무가 될 뿐입니다.

읽으며 곱씹으며

읽고 느낀 점을 적어 보세요.

바. 공적 금식을 마치기 전에 목사가 할 일

He is also to admonish the people,
　with all importunity,
that the work of that day doth not end
　　with the publick duties of it,
but that they are so to improve
　the remainder of the day, and of their whole life,

또한 목사는
모든 끈질김으로 권면해야 할 것이다.
　그 날의 일이
　공적인 의무로 끝날 것이 아니라,
　그 날의 나머지 때와,
　전체 삶에서 계속해야 함을 권면한다.

in reinforcing upon themselves
and their families in private
　all those godly affections and resolutions
　　which they professed in publick,
　as that they may be settled
　　　in their hearts for ever,

이로써,
그들이 공적으로 고백한
모든 신실한 감정과 결단을,
사적으로 그들과 그들의 가정에서 강화시키고,
그들의 마음에
영원토록 자리하며,

And themselves may more sensibly find
　that God hath smelt a sweet savour in Christ
　　　from their performances,
　and is pacified towards them,
　　by answers of grace,
　in pardoning of sin,
　in removing of judgments,
　　in averting or preventing of plagues,

그들로 더욱 분명히 알 수 있게 한다.
　하나님께서 그들의 행위를 통해
　그리스도 안에서
　달콤한 향기를 맡으셨다는 것과,
　평온한 상태로 회복시키시고,
　은혜로 응답하사,
　죄를 용서하시고,
　심판을 제거하시며,
　역병을 막으시며,

　　and in conferring of blessings,
　　　suitable to the conditions
　　　and prayers of his people,
　　　　　　　by Jesus Christ.

예수 그리스도로 말미암아
그 백성의 형편과 기도에 맞는
복을 주실 것을
분명히 알 수 있게 한다.

읽으며 곱씹으며

공적 의식에 그치지 않고 사적 영역까지 이같은 돌이킴이 적용되도록 목사가 권하되, 끈질기게 권하라고 합니다. 보통은 얼버무리고 타협하고 포기한다는 것을 알기 때문에 이런 표현을 굳이 집어넣었을 겁니다. 오늘날 우리의 교회들은 직분자의 권위가 실추되고 있습니다. 이런 상황에서 '끈질긴 권면'이 과연 가능할까요? 그러나 목사라는 직무가 얼마나 중요한지, 하나님께서 왜 그 권위를 위탁하셨는지를 모두가 안다면 목사의 권면은 합당한 권위를 가질 것입니다.

**사.
기타 금식에
관하여**

권위에 따라 명령된 엄숙하고 일반적인 금식 외에도, 우리가 판단하기로, 회중들은 금식일을 다른 날에도 지킬 수 있는데,	Besides solemn and general fasts enjoined by authority, We judge that, at other times, Congregations may keep days of fasting,
하나님의 섭리가 특별하게 임하였을 때 그리할 수 있다.	as divine providence shall administer unto them special occasion;
또한 가족들도 그렇게 할 수 있다.	and also that families may do the same,
다만 그들이 속한 회중이 금식으로 모이는 때나 예배에 있어서 다른 공적인 의무를 행할 때에, 그 날은 피할 것이다.	so it be not on days wherein the congregation to which they do belong is to meet for fasting, or other publick duties of worship.

읽으며 곱씹으며

읽고 느낀 점을 적어 보세요.

공적 금식일이란 무엇이며 왜 예배모범에서 다룰까요?

웨스트민스터 예배모범과 반대되는 로마 가톨릭 교회의 정책은 교회력을 굉장히 중요하게 여기는 것입니다. 교회력에 따른 주요 절기마다 금식하도록 가르칩니다. 그래서 예배모범에 금식에 대한 항목이 들어있는 것을 보면 우리는 약간 의아하게 생각할 수 있습니다.

웨스트민스터 예배모범은 그렇게 절기를 지키는 종교적 행위로서의 금식은 반대하면서도, 온 교회가 꼭 금식이 필요한 때가 있다고 봅니다. 바로 "어떤 크고도 주목할 만한 심판이 백성에게 내렸거나 닥칠 것이 분명하거나 혹은 비상한 도발이 널리 알려져서 당연시될 때, 또는 어떤 특별한 복을 구하여 얻기를 원할 때"입니다. 이럴 때 교회는 공적인 금식일을 정할 수 있습니다. 개인이 사사롭게 금식하는 것이 아니라 교회가 공적으로 날을 정해 금식하는 것입니다.

여기에서 핵심은 그냥 어떤 날만 되면 으레 하는 금식이 아니라, 금식을 해야 할 중요한 이유가 있을 때 한다는 점입니다.

뿐만 아니라 웨스트민스터 예배모범은 이렇게 말합니다.

> "목사는 그 날의 일이 공적인 의무로 끝날 것이 아니라, 모든 끈질김으로, 그 날의 나머지 때에도 계속해야 하며, 전체 삶에서 계속해야 함을 백성들에게 권면한다."

어떤 날만 금식을 하고 끝낼 것이 아니라, 그 금식과 같은 마음이 삶 전체에서 계속되어야 한다는 겁니다. 이것이 금식에 대한 예배모범의 특징적인 가르침입니다.

그저 밥을 굶는 것이 전부가 아닙니다.

웨스트민스터 예배모범은 참된 금식이 무엇인지에 대해서도 너무나 잘 정의합니다. 다시금 본문을 곱씹어봅시다.

> "경건한 금식은 모든 음식 (육체적인 연약함이 금식이 끝날 때까지 지탱할 수 없을 정도로 현저하게 약해져서 거의 기절하려 할 때, 이 경우 무엇을 아주 조금 먹어서, 생명을 유지할 수 있도록 한다.) 뿐만 아니라 모든 세상적인 일, 말, 생각, 모든 육적인 기쁨, 그와 같은 것들로부터 전적인 금욕을 필요로 한다. (비록 다른 때에는 합법적인 것이지만) 비싼 옷, 장식품, 그 밖의 그와 같은 것들을 멀리하되, 화려한 옷차림, 음탕한 습관이나 몸짓, 이성의 장신구 같은 수치스럽고 불쾌한 본질과 용도의 모든 것을 더욱 멀리한다."

금식은 단지 '음식을 먹지 않는 것'이 아닙니다. 무엇을 하지 '않는' 것도 의미가 있지만 무엇을 '할 것'이냐의 문제가 더욱 중요합니다. 거기에는 실천적 사항이 포함되는데, 진정한 경건을 실천하는 것이 바로 그것입니다. 겸비하고 회개하며 돌이킬 뿐만 아니라 평소에 행하던 세상 일과 육체적 쾌락으로부터 돌아서는 것입니다. 이러한 것이 굶는 것과 함께 있어야 합니다.

우리는 고난주간이 되면 하루쯤 금식하곤 하는데, 과연 우리의 금식이 바른 금식인지 늘 생각해 보아야 합니다. 어떤 '날'이라고 해서 금식하는 것보다, 금식을 해야 할 때 해야 합니다. 단지 하루 굶는 것은 누구나 할 수 있습니다. 심지어 불신자도 할 수 있습니다. 그러니까 행위로서의 금식 그 자체는 별로 중요한 것이 아닐 수 있다는 말입니다. 정말로 위급한 때, 하나님의 도우심이 간절히 요구될 때, 그럴 때는 간절하고 애통하는 마음으로 금식해야 합니다. 밥을 굶는 것도 해야 하지만, 그보다 더 중요한 것은 오직 하나님의 도우심을 간절히 구하는 겸손한 마음과 자세입니다.

예배모범 원문 읽기

Of concerning the Observation of Days of Publick Thanksgiving

가. 공적 감사일을 준비시킴

WHEN any such day is to be kept,
let notice be given of it,
and of the occasion thereof,
some convenient time before,
that the people may the better prepare
themselves thereunto

공적 감사일에 관하여

그러한 날을 지킬 때는,
일정한 기간 전에
그 날을 알려
사람들이
더 잘 준비할 수 있도록 한다.

읽으며 곱씹으며

예배모범은 비록 공예배는 아니라 하더라도 특별히 감사한 일이 국가적으로 있을 때 하루를 구별해서 모일 수 있다고 합니다. 그렇다고 아무 날이나 하는 것이 아닙니다. 회중이 충분히 동의할 수 있는 경우에 한정합니다. 공적인 감사일에는 짧은 기도와 권면의 말씀으로 시작하며 시편 찬송을 부르고, 그 이후 설교를 통해 그 날에 해당하는 교훈을 전합니다. 이 날은 온 나라가 기쁨으로 예배를 드리고 먹고 마시는, 일종의 축제를 즐기는 날입니다. 하지만, 세속적인 축제와 달리 이 날은 먹고 마시면서도 그 기쁨과 즐거움이 영적인 것이 되도록 목사가 잘 인도해야 합니다. 목사의 인도에 따라 설교하고 기도하고 찬송하도록 안내하면서 그 순서마다 구체적으로 할 일이 무엇인지까지도 예배모범이 가르쳐주고 있습니다.

그 날이 되면,
회중은
(개인적으로 준비를 한 뒤) 모이고,
목사는
권면의 말씀으로 시작하여
회중이 할 의무에 대해
사람들의 마음을 불러일으켜야 한다.
	The day being come,
	and the congregation
	(after private preparations) being assembled,
	the minister is
	   to begin with a word of exhortation,
	     to stir up the people to the duty
	       for which they are met,
		나.
		공적
		감사일의
		의식 순서와
		할 일

(공예배를 위한 다른 회의에서처럼)
모임의 특별한 때에 따라
하나님의 도우심과 복을 구하는
짧은 기도와 함께 그리한다.
	and with a short prayer
	    for God's assistance and blessing,
	  (as at other conventions for publick worship,)
	   according to the particular occasion
	      of their meeting.	

그 다음에 목사는 간결하게 이야기한다.
  받은 구원,
  긍휼에 대해,
  혹은 회중이 모인 동기에 대해
	Let him then make some pithy narration
	   of the deliverance obtained,
	   or mercy received,
	   or of whatever hath occasioned
	     that assembling of the congregation,	

(이로써) 모든 사람이 잘 이해하거나,
마음에 새겨
더욱 감명을 받도록 이야기한다.
	that all may better understand it,
	   or be minded of it,
	   and more affected with it.	

시편 찬송을 부르는 것이
기쁨과 감사를 표현하는 데
가장 적합한 규례이므로,
	And, because singing of psalms is
	   of all other the most proper ordinance
	    for expressing of joy and thanksgiving,	

적절한 일부 시편이나, 시편 찬송들을
목적에 맞게 부르되,
당면한 문제에
적합한 말씀을
읽기 전과 후에 (시편을) 부른다.
	let some pertinent psalm or psalms
	be sung for that purpose,
	  before or after the reading
	    of some portion of the word
	     suitable to the present business.	

나.
공적 감사일의 의식 순서와 할 일

Then let the minister, who is to preach, proceed to further exhortation and prayer before his sermon, with special reference to the present work:	그 다음, 설교할 목사로 하여금, 그가 설교하기 전에, 권면과 기도를 하되 해당하는 일에 특별히 관련을 지어 하게 한다.
after which, let him preach upon some text of Scripture pertinent to the occasion.	이후에, 시기 적절한 성경 본문으로 설교하게 한다.
The sermon ended, Let him not only pray, as at other times after preaching is directed, with remembrance of the necessities of the Church, King, and State,	설교가 끝나면, 다른 때 설교 후에 하는 것처럼, 교회와 왕과 국가에 필요한 것을 기억하며 기도할 뿐만 아니라,
(if before the sermon they were omitted,) But enlarge himself in due and solemn thanksgiving for former mercies and deliverances;	(만약 설교 전에 빠트렸다면) 범위를 넓혀서 이전에 받은 긍휼과 구원에 대해 엄숙하게 감사한다.
But more especially For that which at the present Calls them together to give thanks: with humble petition for the continuance and renewing of God's wonted mercies, as need shall be, and for sanctifying grace to make a right use thereof.	그러나 더욱 특별하게는, 현재의 상황에서 함께 감사드릴 수 있도록 그들을 불러내야 한다. 겸손한 간구로 하되, 하나님의 한결같은 자비가 계속되고 새로워지고, 그것(하나님의 자비)을 올바로 사용할 수 있는 거룩한 은총을 구하기 위해.
And so, having sung another psalm, suitable to the mercy,	또한, 하나님의 자비하심에 대한 적절한 시편 찬송을 부른 뒤,
Let him dismiss the congregation with a blessing,	목사는 복을 선언함으로 회중을 해산하고,
that they may have some convenient time for their repast and refreshing.	그들이 먹고 쉴 수 있는 적당한 시간을 갖게 한다.

다.
공예배
해산 전
권고사항과
먹고
기뻐하는
시간

그러나 목사는
(해산하기 전에)
조심할 것을 엄숙하게 권고한다.
    먹고 쉬면서
    모든 과잉과 소란,
    폭식과 폭음으로 이어지는 경향과,
    더 많은 죄를 짓지 않도록.

또한, 목사는 돌보아야 한다.
    그들의 기쁨과 즐거움이
    육적인 것이 아니라 영적인 것이 됨으로써,
    하나님을 찬송함이 영광되고,
    그들이 겸손하고 진실해지도록.

그리고 그들의 먹고 기뻐하는 것이
그들을 더욱 기쁘게 하여,
회중 가운데서
더욱 하나님을 찬송하라고 권면한다.
    그들이 남은 날들을 보내고 돌아올 때까지

But the minister
(before their dismission) is
Solemnly to admonish them to beware
    of all excess and riot,
    tending to gluttony or drunkenness,
    and much more of these sins themselves,
        in their eating and refreshing;

And to take care
that their mirth and rejoicing be
    not carnal, but spiritual,
    which may make God's praise to be glorious,
    and themselves humble and sober;

And that both their feeding and rejoicing
    may render them more cheerful and enlarged,
    further to celebrate his praises
        in the midst of the congregation,
when they return unto it
        in the remaining part of that day.

읽으며 곱씹으며

읽고 느낀 점을 적어 보세요.

예배모범 원문 읽기

라. 다시 모여 공적 모임 (아침과 동일)

When the congregation shall be again assembled,
the like course
  in praying, reading, preaching,
    singing of psalms,
and offering up of more praise and thanksgiving,

회중이 다시 모이면,
같은 식으로
기도, 성경읽기, 설교를 하고,
시편을 노래하고,
찬송과 감사를 올려드리되,

that is before directed for the morning,
is to be renewed and continued,
  so far as the time will give leave.

이전에 **아침에 정한 대로**
그 시간이 끝날 때까지,
반복하며 계속한다.

마. 연보에 관한 것과 귀가 후를 위한 권고

At one or both of the publick meetings that day,
 a collection is to be made for the poor,
(and in the like manner upon the day of publick humiliation,)
  that their loins may bless us,
    and rejoice the more with us.

그날 한 두 번의 공적인 모임에서,
가난한 자를 위한 연보를 모아서
(공적 애도의 날에 행한 방식대로)
그들의 자녀들로 우리를 축복하고,
우리와 더불어 더욱 즐거워하게 한다(롬 12:15).

And the people are to be exhorted,
at the end of the latter meeting,
    to spend the residue of that day
  in holy duties,
    and testifications of Christian love and charity
      one towards another,
    and of rejoicing more and more in the Lord;
  as becometh those
    who make the joy of the Lord their strength.

마지막 모임의 끝 무렵에는,
사람들에게 권고한다.
그 날의 나머지를 보내되,
거룩한 의무를 다하는 데 보내고,
그리스도인의 사랑과 자애를
다른 사람에게 증거하고,
주님 안에서
더욱더 기뻐하며 보내도록 한다.
그들의 힘이 되신 주님의 기쁨을
누리는 자로서.

읽으며 곱씹으며

특별히 이렇게 감사한 날, 가난한 자를 위한 연보를 한다는 점이 인상 깊습니다. 축제의 순간, 나보다 남을 더 생각한다는 것은 쉽지 않습니다. 그래서 예배모범은 그런 우리에게 잊지 말아야 할 소외된 사람들을 기억시킵니다. 그리고 함께 즐거워하라고 합니다. 슬픔과 기쁨을 함께 나누는 공동체로서 말입니다.

공적 감사일이란 무엇이며 왜 예배모범에서 다룰까요?

공적 감사일은 공적 금식일과 마찬가지로 공교회적인 행사입니다. 특별히 국가적으로 감사할 일이 있을 때 행해졌습니다. 예배모범이 작성되던 시대는 이렇게 한 마음과 한 뜻으로 슬플 때 함께 슬퍼하고 기쁠 때 함께 기뻐하는 이상적인 국가를 꿈꾸며, 이 날을 어떻게 보내야 좋은지 모범을 제시했습니다.

하지만, 이것은 지금의 시대에는 실현하기가 참으로 어려운 주제가 되어버렸습니다. 우선, 오늘날은 모두가 함께 행동하는 것을 두려워하는 시대입니다. 몇 차례의 세계 대전과 거기서 극명하게 드러난 국수주의는 집단주의가 이기심과 섞였을 때 무슨 일이 생기는지를 보여줍니다. 이런 실패에 대한 두려움이 현대인의 DNA에 새겨져 있는지 모릅니다.

게다가 이런 일은 교단 차원에서 이루어지는 것이 자연스러운데, 지금의 노회나 총회가 이런 일에 공감이 이루어지기란 현실적으로 참 어렵기 때문에 문제입니다. 어떤 안 좋은 문제가 터지면 그나마 노회나 총회에서 다뤄지지만, 감사한 일이 공유되고 함께 감사하며 은혜를 나누는 일들이 일어나는 것은 꽤나 낯선 일이 되고 있습니다.

무엇보다 지금은 개교회주의가 되어버려서, 교단 차원에서의 일이 일반 성도들에게까지 공유되지 않는 것이 가장 큰 문제입니다. 노회나 총회에 장로들의 참석이 저조한 탓에, 이런 일은 해결의 길이 잘 보이지 않으며 갈수록 더 심해지고 있습니다. 이것이 개혁되려면 온 교회가 같은 전제로 신앙고백을 해야 하고, 가르치는 장로와 다스리는 장로가 당회와 노회원으로서 역할을 해야 하고, 합리적인 의사결정을 할 수 있는 각각의 회의체가 작동하고 있어야 합니다.

사실 오늘날은 공교회가 신앙고백을 일치시키는 일조차도 쉽지 않은 현실입니다. 그러나 힘들지만 가야만 하는 길입니다. 신앙고백의 일치는 교리교육을 통해서 가능합니다. 그래서 웨스트민스터 총회는 이후 소요리문답과 대요리문답을 만들어 거국적인 교육 교재를 만들었습니다. 또한 신앙고백서를 만들어 공포하여, 큰 틀에서는 일치를, 작은 차이들은 포용할 수 있도록, 경계선을 그어주었습니다. 웨스트민스터 표준문서들을 공부하는 것은 그래서 지금 이 순간 매우 유익하고 또 소중한 일입니다.

> 자, 지금까지 예배모범의 내용을 다 살펴보았습니다. 이제 '부록'이 남았습니다. 끝까지 힘내시기 바랍니다!

예배모범 원문 읽기

AN APPENDIX, Touching Days and Places for Publick Worship

부록 : 공예배를 드리는 날과 장소를 다루며

가. 공예배를 드리는 날에 관하여

THERE is no day commanded in scripture
 to be kept holy under the gospel
but the Lord's day,
   which is the Christian Sabbath.

복음 시대에는 성경에서 ==그리스도인의 안식일인 주님의 날 외에 어느 날도 거룩하게 지키라고 명령하신 적이 없다.==

Festival days,
      vulgarly called Holy-days,
         having no warrant in the word of God,
Are not to be continued.

통속적으로 '거룩한 날들'이라고 부르는 **절기들은** 하나님의 말씀에 보증된 바가 없으므로 **계속되어서는 안 된다.**

Nevertheless,
It is lawful and necessary,
         upon special emergent occasions,
      to separate a day or days
         for publick fasting or thanksgiving,
as the several eminent
and extraordinary dispensations
   of God's providence shall administer
      cause and opportunity to his people.

그럼에도 불구하고 **특별한 경우에** 공적인 금식이나 감사*를 위해서 하루나 며칠 간을 구별하는 것은 합법적이요 필요하다.

몇몇 특별하고 놀라운 하나님의 섭리가 그의 백성들에게 원인과 기회로서 집행되는 경우에는,

* 웨스트민스터 예배모범은 오직 주일만이 그리스도께서 제정하신 거룩한 날이라고 봅니다. 물론 다른 날도 거룩하지만, 예배를 위해 구별된 날은 주일뿐입니다. 그럼에도 불구하고 공적인 감사일과 공적인 금식일에 관하여 예배모범은 다루고 있습니다.

읽으며 곱씹으며

예배모범에는 '부록'이 붙어 있습니다. 공예배를 드리는 날과 장소에 대한 조언이 그것입니다. 앞에서 배운 "규정적 원리", 즉, 성경에서 행동원리를 찾아내는 방식이 그대로 드러납니다. 명확한 것은 그대로 하고, 명확하지 않은 것은 분별력 있게 적용하라는 것. 이것이 예배모범 '부록'의 가르침입니다.

예를 들어, 절기들이 계속되지 말아야 한다고 언급하면서 그 근거는 하나님의 말씀인 성경에 보증된 바가 없기 때문이라고 하고 있습니다. 그럼에도 불구하고 특별한 경우에 며칠을 구별하는 경우를 아주 막지는 않았습니다. 오늘날 우리에게도 신중하게 지혜를 발휘할 필요가 있는 부분이겠습니다.

봉헌이나 헌당됐다는 어떤 구실로도,
거룩해졌다고 할 수 있는 장소는 없는 것처럼,
	As no place is capable of any holiness,
	  under pretence of
	    whatsoever dedication or consecration;
		나.
		기존 장소를
		그대로
		사용할 것

따라서, 이전에 미신적으로 사용되었다고
오염된 것도 아니고,
이젠 한쪽으로 제쳐 두는 것도 안된다.
　그리스도인이 모여
　공예배를 드리기에
　불법적이거나 불편한 곳으로
　만드는 것처럼.
	so neither is it subject to such pollution
	  by any superstition formerly used,
	    and now laid aside,
	as may render it
	    unlawful or inconvenient for Christians
	      to meet together therein
	        for the publick worship of God.	

그러므로 우리가 필요하다고 붙잡는 바는, 우리가 예배를 위해 공적으로 모이는 장소를 그 용도를 위해 계속해서 사용해야 한다는 것이다.	And therefore we hold it requisite, that the places of publick assembling for worship among us should be continued and employed to that use.	

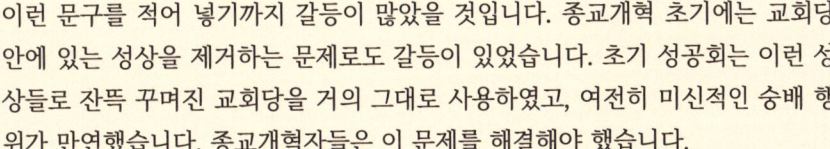

 **읽으며 곱씹으며**

이런 문구를 적어 넣기까지 갈등이 많았을 것입니다. 종교개혁 초기에는 교회당 안에 있는 성상을 제거하는 문제로도 갈등이 있었습니다. 초기 성공회는 이런 성상들로 잔뜩 꾸며진 교회당을 거의 그대로 사용하였고, 여전히 미신적인 숭배 행위가 만연했습니다. 종교개혁자들은 이 문제를 해결해야 했습니다.

건물 자체를 신비롭게 생각하는 사람도 있었지만 반대로 그 건물을 혐오하는 극단적인 사람들도 존재했습니다. 예배모범은 먼저 이 문제의 원인을 정확히 짚어 주면서, 기존 장소를 잘 활용하라고 권고하고 있습니다. 지혜로운 방식입니다.

예배는 몇 시에 드려야 할까요?

예배모범은 정말 자세한 것까지 언급하고 있습니다. 원문이 만들어질 당시에는 부록으로 처리됐던 주제이지만, 현대교회에서는 굉장히 중요한 이슈, 뜨거운 감자가 되어버렸습니다.

성경에서 예배에 대해 구체적으로 명시하고 있지만, 모든 사항을 정해준 것은 아닙니다. 예컨대, 성경은 예배의 환경인 마이크나 스피커나 피아노나 강대상이나 예배당의 디자인, 창문의 위치 등에 관해서는 말씀하지 않습니다. 마찬가지로 주일 공예배를 몇 시에 드려야 하는지 침묵합니다. 이런 것들은 예배에 있어서 환경적 요소에 해당되므로, '그리스도인의 분별'에 따라 처리하면 됩니다.(웨스트민스터 신앙고백서 제1장 제6절) 교회의 질서와 상식에 따라 하면 됩니다. 그렇기에 회중들이 모두 모일 수 있는 시간을 선택하는 것이 바람직합니다. 새벽 5시로 공예배 시간을 정해놓고 오지 않는다고 비난하는 우스운 일을 해서는 안 됩니다. 교회는 이런 문제들에 대해 분별력과 지혜를 기초로 결정해야 합니다.

그리스도인의 분별에 따라!

예배는 어디서 드려야 할까요?

율법시대라고 할 수 있는 구약교회의 경우 특정한 장소가 명령되었습니다. 구약시대에는 아무 곳에서나 제사를 드릴 수 없고 오직 성전(혹은 성막)에서 제사를 지내야 했습니다. 신명기 말씀을 볼까요?

> 너는 삼가서 네게 보이는 아무 곳에서나 번제를 드리지 말고 오직 너희의 한 지파 중에 여호와께서 택하실 그 곳에서 번제를 드리고 또 내가 네게 명령하는 모든 것을 거기서 행할지니라
>
> 신명기 12:13-14

복음시대에는 더 이상 위와 같은 명령을 찾아볼 수 없습니다. 성전이 따로 존재하지 않습니다. 신약시대의 교회는 장소가 중요하지 않습니다. 성경은 우리로 하여금 '장소'를 명령하지 않습니다. 어디에서 모이든 그리스도의 이름으로 동일한 신앙고백을 가진 자들이 모이면 됩니다.

예배하기 딱 좋은 장소라는 것이 따로 있나요?

이에 대해서는 다음 말씀들에서 예언되었습니다.

> 만군의 여호와가 이르노라
> 해 뜨는 곳에서부터 해 지는 곳까지의 이방 민족 중에서
> 내 이름이 크게 될 것이라
> 각처에서 내 이름을 위하여 분향하며 깨끗한 제물을 드리니
> 이는 내 이름이 이방 민족 중에서 크게 될 것임이니라
>
> 말라기 1:11

> 예수께서 이르시되 여자여 내 말을 믿으라
> 이 산에서도 말고 예루살렘에서도 말고 너희가 아버지께 예배할 때가 이르리라
>
> 요한복음 4:21

이 예언에 따라 그리스도의 죽음과 부활 이후에 신약교회는 어느 특정한 장소에서 모이지 않습니다.

초대교회는 그 당시의 상황과 형편에 따라 주로 성도들의 집에 모였습니다. 신약성경에 근거 구절이 많이 나옵니다.

> 또 저의 집에 있는 교회에도 문안하라..... (로마서 16:5)
> .....아굴라와 브리스가와 그 집에 있는 교회가....(고린도전서 16:19)
> 라오디게아에 있는 형제들과 눔바와 그 여자의 집에 있는 교회에 문안하고 (골로새서 4장 15절)
> 브리스가와 아굴라와 및 오네시보로의 집에 문안하라 (디모데후서 4:19)

이렇듯 성도의 가정집이 예배처소였음을 말씀하고 있습니다. 오늘날과 같이 건물이 많이 있는 시대가 아니었기에 성도들의 집이 가장 적당했던 것입니다.

2단원에서 배웠지요?

웨스트민스터 신앙고백서 제21장 "종교적 예배와 안식일에 관하여"의 제6절은 다음과 같이 고백합니다.

> 오늘날과 같은 복음 시대에는 기도나 그 밖의 기독교 예배가, 행해지는 어떤 장소나 향하는 곳에 매여 있지 않으며, 그러한 예배가 더 잘 받아들여지는 것도 아니다. 하나님께는 어디서든지 영과 진리로 예배 드려야 한다.

예배를 드리는 시간과 장소… 당장 눈 앞에 고칠 것들이 막 보이는 분도 계시겠지만, 개혁은 서두른다고 되는 일이 아닙니다. 사실 눈에 보이는 것보다 우리 자신을 바꾸는 것이 더 어렵습니다. 어쩌면 그래서 오늘 우리의 개혁이 더 어려운지도 모르겠습니다. 16-17세기는 중세 교회의 잔재와 싸우는, 적이 분명했던 시기였지만, 지금 우리는 우리 자신, 우리 내부의 다양성으로 질서와 권위가 사라졌습니다. 권위를 가진 사람들은 독재나 전체주의로 빠지기 쉽고, 그 반대는 신자를 방목하기 일쑤입니다. 그런 현실 속에서 길 잃은 회중은 분별없는 자유나 맹종, 양 극단으로 빠지기 쉽습니다. 가야 할 길이 참 멀지만 성급하게 행동하지 말고 차근차근 가야겠습니다.

임직식은 언제 어디서 하는 것이 좋을까요?

한국교회에서는 임직식을 주일에 하지 않고 평일에 하는 경우가 많습니다. 그렇게 하는 이유는 대개 임직식을 '잔치'로 생각하기 때문입니다. 목사가 되고, 장로가 되고, 집사가 되는 일을 개인의 영광으로 생각하는 것입니다. 그러다보니 친지와 이웃을 초청해야 되는데, 주일에 하게 될 경우 다른 교회에 다니는 친지나 이웃을 초청하기 어려우니 주일에 하지 않고 평일에 하는 것입니다. 특히 목사의 임직식 때 그렇습니다.

그러나 <u>임직식은 주일 공예배 중에 교회에서 하는 것이 바람직합니다.</u>

왜냐하면 임직은 직원(직분자)을 위함도 아니요, 직원의 가족과 친지를 위함도 아니요, 교회를 위함이기 때문입니다. 직원의 가족과 친지가 중요한 것이 아니라 그 직원의 직임이 수행되는 교회의 회중이 참여하느냐 아니냐가 중요합니다. 임직식은 예배를 돕고, 교회 전체를 도울 직분자를 세우는 시간입니다. 그렇기에 이 시간에 직원은 회중 앞에 서약해야 하고, 회중은 직원 앞에 서약해야 합니다. 그러므로 모든 교인들이 참여하는 주일예배 중에 예배의 한 부분으로 하는 것이 바람직합니다. 임직식에는 그 교회의 회중 전체가 참여해야 합니다.

해외 탐방

로마 가톨릭의 오랜 압제 속에서 미신과 우상 숭배에 젖어 있던 사람들은 종교개혁을 통해 무엇이 잘못된 줄 깨달았습니다. 구교도에서 신교도가 된 사람들의 첫 반응은 분노였습니다. 종교개혁 초기에 신교 지역 곳곳에서 성상과 온갖 값비싼 상징물로 뒤범벅된 성당 건물을 깨부수기 시작하며 사회적 갈등과 긴장이 고조되었습니다. (이런 현상을 종교개혁 기간의 성상파괴 운동이라고 부릅니다.)

이 페이지의 배경은 한 때 스코틀랜드에서 가장 크고 화려했지만 종교개혁 기간에 파괴되어 폐허로 변한 세인트앤드루스 대성당의 지금 모습입니다. 종교개혁 초기에는 교회당을 파괴하는 일이 빈번했습니다. 하지만, 종교개혁이 점차 완성되어 가면서부터 과도한 흥분은 가라앉았고, 쓸모 없는 장식만 제거하거나 검소하게 개선해서 기존 교회당을 그대로 사용하기 시작했습니다.

대성당의 규모를 짐작할 수 있는 고지도
(세인트앤드루스 대학 박물관)

대성당의 화려했던 내부 구조
(세인트앤드루스 대성당 안내문)

심화학습

'절기'를 지켜야 할까요?

사순절, 고난주간, 부활절, 승천절, 성령강림절, 대림절^(대강절), 주현절, 성탄절 등의 절기와 관련하여 여러 입장이 있을 수 있겠으나, 여기서는 웨스트민스터 예배모범에 근거해서 살펴봅니다.

절기는 기본적으로 로마 가톨릭의 전통입니다. 로마 가톨릭은 주일 외에 여러 절기를 둡니다. 성탄절을 시작으로 1월 6일 다음 주일에는 주님 세례 축일을 지냅니다. '재의 수요일'부터 부활절 전날까지를 사순절^(四旬節)로 지킵니다. 사순절은 예수님의 부활하신 날로부터 앞으로 40일을 기념한다고 해서 지키는 것인데 특이하게도 주일은 날짜를 계산하지 않습니다. 주일은 빼고 날짜를 셈합니다. 부활절까지 주일을 제외한 40일의 기간^(부활절 이전 46일간)을 지킵니다. 성령 강림 다음 주일에는 삼위일체 대축일을 지냅니다. 성탄절을 앞두고 대림절^(혹은 대강절)도 지키는데 이 절기는 11월 30일 주일이나 이 날과 가장 가까운 주일의 제1저녁 기도부터 시작하여 성찬 제1저녁 기도 전까지입니다. 그리고 연중 마지막 주일에는 그리스도 왕 대축일을 지낸다고 합니다.

종교개혁자들은 이러한 절기가 가져다주는 폐단을 비판했습니다. 칼뱅의 경우 사순절을 지키는 방식이 겉으로는 그리스도를 따른다고 했지만 사실은 사람의 선행이 강조된다고 보았습니다. "고대교회에 벌써 사순절을 '미신적으로 지키는 풍습'이 있었다. 이것은 사람들이 이렇게 함으로써 하나님께 특별히 봉사를 한다고 생각했고 그리스도를 거룩하게 모방하는 것이라고 해서 목사들이 권장했기 때문이다. 그러나 그리스도께서 금식하신 것은 다른 사람들에게 모범을 보이시려는 것이 아니라 그렇게 복음 선포를 시작하심으로써 복음은 사람의 교훈이 아니고 하늘에서 내려온 것임을 증명하시려는 것이었음이 분명하다.^(마 4:2)"라고 했습니다. ^{(기독교강요(최종판) 4권 12장 20절)}

스위스의 개혁자 츠빙글리 역시 마찬가지였습니다. 그가 종교개혁에 나서게 된 계기도 당시 중세교회의 사순절 금식 전통 때문이었습니다. 그의 첫 저서인『선택과 음식의 자유에 관하여』도 성경적인 입장에서 사순절을 비평한 책이었습니다.

절기에 대해서는 대표적으로 성탄절의 경우를 생각해봅시다. 성경에는 예수님의 탄생 날짜에 대한 언급이 없습니다. 12월 25일이라고 생각하는 분들이 계시겠지만, 그 날짜가 예수님의 생일이 아니라는 사실은 이미 다 알려진 사실입니다. 정확한 날짜를 알 수 없습니다. 굳이 추측하자면 5월이나 6월 즈음으로 보입니다. 왜냐하면 누가복음 2:8-9에서 "그 지역에 목자들이 밤에 밖에서 자기 양떼를 지키더니 주의 사자가 곁에 서고 주의 영광이 그들을 두루 비추매 크게 무서워하는지라"라고 말씀하는데, 목자들이 한밤에 밖에 있었다는 것을 보면, 시기를 12월로 보기는 어렵습니다. 팔레스타인 지역은 11월부터 3월까지가 우기이기 때문에(신 11:14), 한밤에 밖에 있을 수 없습니다. 게다가 12월은 어차피 풀이 없어서 양에게 먹일 꼴이 없습니다. 방목하기 좋은 때가 아닙니다. 당시나 지금이나 이 기간에는 양을 방목하지 않습니다. 오히려 5월쯤 되어야 밤에 밖에 있기 편합니다.

그렇다면 오늘날과 같이 12월 25일로 정하게 된 것은 어디에서 비롯된 것일까요? 그 유래에 대해 여러 가지 설이 있습니다. 초기에는 1월 6일을 성탄절로 지냈다고 합니다. 아마도 아담이 여섯째 날 지음 받은 것에 근거한 것으로 보입니다. 2세기경에는 5월 20일에 행하였다고 하고, 243년에는 3월 28일을 예수님의 탄생일로 언급하는 것이 나옵니다. 이 외에도 4월 20일, 11월 18일 등 다양한 날에 예수님의 탄생을 기념하였습니다. 12월 25일을 성탄절로 지키게 된 것은 349년 로마 교황 율리우스가 공식적으로 그 날짜를 크리스마스로 선포하였고, 5년 뒤 서기 354년에 교황 리베리우스가 태양신(애굽 숭배 신, 미트라)의 축일을 예수 탄생일로 선포하면서부터 분명해졌습니다. 그 때부터 로마 교회(서방교회)가 먼저 그렇게 지키기 시작했고, 이어서 379년부터는 그리스 교회(동방교회)도 뒤따랐던 것으로 봅니다. (러시아 정교회는 1월 7일입니다.) 그리고 6세기에 와서 로마의 신학자 디오니시우스가 확실하게 고정했다고 합니다.

태양신의 축일?
이 날은 로마의 농경신 사툰과 태양신 미트라를 기념하기 위해 로마 세계의 시민들이 이미 광범위하게 지켜 오던 날이었습니다.

심화학습

16세기 종교개혁자들과 17세기 청교도들은 대체로 성탄절을 지키는 것에 반대했습니다. 그 날이 지나치게 우상화되어 있었기 때문입니다. 장로교회의 창시자 존 녹스의 경우 성탄절을 반대했습니다. 이와 관련된 논란은 1556년 에딘버러 대회 이후에 계속 논의되었고, 1574년에 있었던 도르트 총회는 성탄절을 아예 폐지하고 주일로 만족하자는 급진적인 결정을 내렸습니다.(튤립교리로 유명한, 우리가 잘 아는 1618~19년의 도르트 총회와는 다른 회의입니다.) 3년 뒤에 열린 총회에서는 부활절, 성탄절과 그 이외의 다른 미신적인 절기 때 성찬을 집례하는 목회자와 강독하는 강독자는 성직을 박탈할 것을 추가로 경고했습니다.

1638년 글라스고 총회(스코틀랜드)의 경우도 교회의 다양한 절기들은 하나님의 말씀에 보증되지 않음으로 완전히 폐지되는 것을 좋다고 여기고, 그것들을 지키는 목회자들은 관원들에 의해서 징벌을 받는 것이 좋다고 명문화 하였습니다. 17세기 영국의 청교도들 중 상당수는 성탄절을 거부했으며, 영국의회에서는 1643년 공식적으로 성탄절, 부활절 또한 기타 미신적 절기들을 지키지 못하도록 법령으로 제정한 바 있습니다. 미국으로 이주해 간 청교도들 역시 성탄절을 지키지 않았으며, 1659년에 제정된 마사추세츠 법령은 12월 25일을 성탄절로 경축하는 사람들에게 벌금을 내도록 했습니다.

이러한 것들은 신자들을 이런 미신적인 이해로부터 격리시키고자 하는 선한 뜻에서였습니다. 정통적인 개혁주의 교회는 언제나 성탄일의 세속화에 대한 경계심을 갖고 살아 왔습니다. 오늘날도 개혁주의 교회는 교회나 집안에 크리스마스 트리를 세우고, 그 위에 흰 솜을 뿌리는 것 같은 일을 하지 않습니다.

절기 중 사순절에 대해서는 합동 교단의 결의사항을 참고할 필요가 있겠습니다. 1999년 9월에 있었던 대한예수교 장로회(합동) 제83회 총회는 보고된 자료를 통해서 "사순절을 그 의미와 기원 유래에서 성경적인 절기로써 고정시키는 것은 바람직하지 않다고 본다. 앞으로 성경적 신학의 바탕에서 더욱 깊이 연구해야 하며 교회의 절기로 지키는 것은 마땅치 않다고 본다."라는 결론을 내렸습니다.

각종 기념 주일에 대해 궁금합니다.

어린이/어버이/스승의 주일 등, 이런 기념 주일들은 어떻게 봐야 할까요?

어린이 주일은 소파 방정환(方定煥)이 제정하여 국가가 날짜를 바꾼 어린이날인 5월 5일에 근거합니다. 소파 방정환 선생을 비롯한 유학생 모임인 색동회는 소외되고 차별받는 아이들의 현실을 안타까워하면서 '어린이'라는 말을 만들었고, 어린이날을 제정하였습니다.

어버이 주일은 어버이날에 근거합니다. 어버이날은 1913년 미국의 한 여성이 자신의 어머니를 추모하기 위해 필라델피아 교회에서 교인들에게 흰 카네이션을 하나씩 나누어준 데서 유래된 이후 전 세계에 퍼졌습니다.

스승의 주일은 청소년적십자단원 대표들이 전라북도 전주에 모여 5월 15일을 스승의 날로 정한 것을 기원으로 합니다. 이 날의 제정 목적은 학생이나 일반 국민들에게 스승에 대한 존경심을 고취시키고자 하는 데 있었습니다.

이런 날들을 주일에 기념해야 할까요?

교회가 지키는 날은 성경의 가르침에 근거하거나 삼위 하나님의 구속 역사와 관련된 날입니다. '주일'이라는 말도 원래 '주님의 날'이라는 말의 한자어입니다. 모든 주일(主日)은 '예수님의 날'입니다. 그러므로 다른 단어가 주일이라는 말 앞에 붙는 것은 어색합니다. 만약 어버이 주일과 같은 날을 지켜야 한다고 한다면, 소방의 주일, 성년의 주일, 부부의 주일, 경찰의 주일 등 셀 수 없는 많은 주일이 생겨나게 될 것인데, 이는 로마 가톨릭의 '만성절'(萬聖節)과 다를 것이 없습니다.

굳이 이런 것을 만들어 지키기보다는, 각 가정에서 어린이들을 존중하고, 어버이를 공경하며, 스승님께 감사를 드릴 수 있습니다. 교회 안에서도 마찬가지입니다. 날을 정하지 않더라도 매주 어린이들과 함께 공예배를 드림으로써, 교회 안에 있는 나이 많은 분들에게 순종함으로(딤전 5:1-2), 교회의 스승인 목사와 장로에게 존경함으로(딤전 5:17-19) 그렇게 하면 충분합니다.

생각
해보기

예배를 드리는 장소는
예배당인가요, 성전인가요?

상식적인 것임에도 불구하고 교회당(예배당)을 '성전'이라고 부르는 경우가 아직도 흔합니다. 하지만 그렇게 하는 것은 바람직하지 않습니다. 교회당을 '성전'이라고 말하는 것은 성전을 허무시고 자신의 몸을 성전 삼으신 예수 그리스도의 구속사역을 헛되게 만듭니다.

교회당은 교회 공동체가 예배드리고 교제하기 위해 사용하는 공간일 뿐입니다. 장소는 중요하지 않습니다. 다만, 이곳저곳 옮겨서 모이는 것이 용이하지 않아서 특정한 장소를 정해서 모일 수 있습니다. 공간의 지배를 받는 사람이기에 적절한 장소를 교회당으로 활용하거나 교회당을 건축해서 사용할 수 있습니다.

이에 대한 좋은 설명을 대한예수교 장로회(통합) 헌법(2006년판) 제4편 예배와 예식 1-4. 예배의 장소 항목에서 볼 수 있습니다.

제4편 예배와 예식
1-4. 예배의 장소

1. 하나님은 일정한 장소에 국한되어 예배를 받으시고 은총을 베푸시지 아니한다. 구약에서는 많은 사람들이 각각 다른 장소에서 하나님을 예배하였으며, 또한 거기서 하나님과의 만남을 가졌다. 그러나 이스라엘 백성들이 정착하기 시작하면서 성전을 세워 하나님을 섬기는 것이 예배의 전통이 되었다.

2. 예수께서도 성전이나 회당을 정기적으로 출입하면서 예배하였으며 그 제자들도 그러하였다. 초기의 성도들은 환난과 핍박의 절박한 환경에서는 가정집이나 동굴과 같은 곳에서 하나님을 예배하였으나, 그들은 변함없이 시간과 장소를 정하여 하나님을 예배하였다.

3. 오늘도 교회가 자신들의 정성을 다하여 성전과 같은 예배의 장소를 봉헌하고 그 안에서 성도들이 예배를 드림은 당연한 일이다. 그러나 예배당을 갖지 못한 교회가 적절한 처소를 정하여 예배를 드려도 좋다. 다만 어떤 형태의 예배 장소가 되었던지 그곳에는 예배하는 회중이 모두 볼 수 있는 곳에 성경봉독과 설교를 거룩하게 행할 수 있고 세례와 성찬 성례전을 정중하게 집례할 수 있는 기본 공간과 성구(聖具)를 갖추어야 한다. (후략)

예배당의 구조와 양식은 어떠해야 하나요?

예배를 드리는 장소가 중요한 것은 아닙니다. 그러나 예배를 위한 고정적인 장소가 마련되어 있다면 그 장소를 통해서 예배의 의미, 복음의 의미를 드러내는 것은 의미가 있습니다. 우리는 시간과 공간, 색과 구조의 영향을 받기 때문에, 장소는 우리의 신앙에 영향을 미칩니다.

1. 간단한 예배당

예배당은 간단해야 합니다. 중세시대의 예배당은 화려했습니다. 그 화려함으로 감동을 받으려고 했습니다. 종교개혁은 예배당을 단순화시켰습니다. 오직 하나님의 말씀에만 집중할 수 있도록 했습니다. 교회 건물은 단순할수록, 꾸밈이 없을수록 좋다고 생각했습니다. 개혁교회는 강단을 중심으로는 오직 설교단과 성례반 외에 아무 것도 없습니다.

예배당 안은 최소한의 인테리어가 적당합니다. 예배당에는 설교단(the pulpit)과 세례반(the font), 성찬상(the table)이 강조되어야 합니다. 다음 페이지에서 더 자세히 알아봅시다.

파리 오라투아 개혁교회당의 설교단 아래에 놓인 성찬상, 세례반

생각
해보기

설교단,
세례반, 성찬상

개혁교회는 말씀과 성례 중심의 예배가 예배당에 잘 반영되는 것을 중요하게 여깁니다. 말씀을 선포하는 '설교단'(강대상)과 성찬을 위한 '성찬상', 그리고 성찬상 위에 놓여 있는 세례를 위한 '세례반'이 핵심을 이룹니다. 이 3가지는 강단 중앙에 위치합니다.

이 때 기억할 것은 '설교단'과 '성찬상'은 설교를 위한 장소, 성찬을 위한 장소 그 이상도 그 이하도 아닙니다. 어떤 의미를 부여하는 것은 바람직하지 않습니다.

한국교회는 전통적으로 2개의 강대상을 배치했습니다. 원래 그 용도는 하나는 설교단이고 다른 하나는 성찬상입니다. 이 사실은 레오나르도 다빈치의 '최후의 만찬' 그림에 성찬상이 그려져 있고, 설교단에 비해서 넓은 수평면을 갖고 있는 것을 보면 알 수 있습니다.

하지만, 이에 대한 이해가 없다보니 한국교회에서 '성찬상'은 주로 '아랫강단'이라는 이름으로 불렸고, 이 '성찬상'을 성찬을 위한 목적보다는 주일예배 이외의 수요기도회나 새벽기도 시간에만 사용하는 설교단 혹은 목사는 설교단에서 설교하고 강도사나 전도사는 성찬상에서 설교하거나 목사가 아닌 장로나 집사나 권사가 예배를 인도할 때에 사회석으로 사용하기도 하였습니다.

최근에는 아예 설교단만 남겨두고 성찬상을 없애버리는 경우도 많습니다. 성찬을 거의 하지 않고, 또한 성찬상을 설교단으로 사용해 왔기 때문에 굳이 두 개의 설교단이 필요 없다고 생각해서 없앤 것입니다. 하지만 실제로는, 두 개의 설교단 중 하나의 설교단을 없앤 것이 아니라 성찬상을 없애버린 것이 됩니다. 이것은 예배에 대한 이해가 예배당의 구조에 어떤 영향을 미치는지를 잘 보여주는 예입니다.

강단 십자가

어떤 교회의 예배당에는 강단 뒤편에 십자가상이 있습니다.
십자가상. 예수님의 십자가를 상징하는 것이니 좋은 것 아닐까요?

로마 가톨릭의 미사 경본 총지침에 보면 이런 말이 나옵니다. "십자가에 달리신 그리스도의 형상이 있는 십자가를 모인 백성이 잘 바라볼 수 있도록 놓아둔다. 이러한 십자가는 신자들의 마음에 주님 수난의 구원업적을 기억시켜 준다. 십자가는 전례를 거행하지 않을 때에도 제대 가까이에 둔다."(한국 천주교 주교회의,『미사 경본 총지침』, 109(제5장 성찬례를 거행하는 성당의 설비와 장식 제308번)

종교개혁 이전에는 교회 안에 지나치게 많은 가시적 요소들이 있었습니다. 강단 뒤의 십자가, 스테인드글라스로 된 유리창의 성화, 벽에 걸려 있는 기(旗), 성직자의 예복, 촛대, 향, 성인들(saints)의 유품 등등이 있었습니다. 종교개혁은 설교단, 세례반, 성찬상 외의 모든 것을 폐기했습니다.

예배당 안에 있는 불필요한 '상징'은 예배의 대상이나 미신의 대상이 될 수 있다는 점에서 유의해야 합니다. 심지어 강단 위에 자국의 국기나 그 외 여러 나라의 국기를 걸어두는 경우가 있는데, 바람직하지 않습니다. '강단 십자가' 역시 예배자의 시선이 집중될 강단 벽 중앙에 있기 때문에 자연적으로 신앙행위와 관련이 있게 되고 회중들이 주목하면서 종교적 의미를 찾게 되므로 바람직하지 않습니다. (참고도서 : 김석한,『교회용어 바로 쓰기』, 177.)

> 강단에 십자가가 있게 해서는 안 된다.
> (대한예수교 장로회 제42회 총회 / 1957년)

> 십자가 강단 부착 건은
> 1957년 제42회 총회에서 결의한 대로 부착할 수 없다.
> (대한예수교 장로회(합동) 제74회 총회 / 1989년)

> 강단에 상징물(태극기, 촛대, 로마교식 장식용 십자가)등은
> 우상화할 수 있는 가능성이 있기에 성경과 개혁주의 신학과
> 전통에 맞지 않는 것은 설치하지 않기로 가결하다.
> (대한예수교 장로회(고신) 제52회 총회 / 2002년)

예배를 다 마치고…

지금까지 예배모범을 다 살펴보았습니다. 그런데 여기서 독자 여러분께 반드시 강조해야 할 이야기가 있습니다. 예배만 잘 드리고 그 이후에는 아무렇게나 살아도 될까요? 답이 분명한 이야기입니다. 우리가 예배를 거룩하게 드리고 삶은 엉망으로 살 때, 바로 그 때 기독교는 세상으로부터 지탄을 받습니다. 예배를 잘 드렸다면, 그 이후도 중요합니다.

예배 직후 성도와의 모임에서 어떻게 할 것인가?
현대의 성도들은 주일 설교를 통해 들은 말씀을 토의하고 은혜를 나누기 위해 그룹들로 모이지 않습니다. 이것은 매우 불행한 일입니다. 집에서도 마찬가지입니다. 예배 후에 가족들은 집에 가서도 설교에 대해서 부모가 자녀에게 질문하지 않습니다. 그러나 청교도들은 각 가정의 가장이 자녀들과 종들에게 그들이 주일에 들은 설교의 주요 요점들을 암송할 것을 요구했습니다.

이런 사실을 기억하면서 예배 이후에 성도들과의 모임이나 가정에서 주일날 선포된 말씀을 가지고 함께 대화를 나누는 것이 좋습니다. 물론 인위적으로 그러한 모임을 만들 수도 있겠지만, 자연스럽게 말씀 안에서 나누는 교제를 가지는 것이 유익합니다.

예배를 마친 뒤 집에 돌아가서 한 주간의 삶을 어떻게 살 것인가? 이것이 정말 중요합니다.

다음 주일에 다시 모이기까지, 모든 성도는 하나님 앞에서 살아가고 있다는 의식을 늘 가져야 합니다. 교회 문밖을 나서면 하나님과 작별하는 것이 아닙니다. 주일에 드리는 예배는 결국 한 주 동안 잘 살기 위함입니다. 주일예배를 잘 드린 사람이 한 주간 하나님의 말씀대로 잘 살 수 있고, 한 주간 하나님의 말씀대로 잘 산 사람이 주일예배를 잘 드릴 수 있습니다. 이 두 가지는 서로 연결되어 있습니다. 주일날 예배할 때는 마음을 다하고 하나님을 열심히 찬양하였지만, 한 주간의 삶에서는 하나님께 불평하고, 하나님의 말씀대로 살지 않는다면 주일예배는 의미가 없습니다.

예배를 통해 소망을 얻은 우리는 한 주 동안에도 동일하게 하나님께서 주신 소망을 가지고 살아가야 합니다. 그리고 예배를 통해 들은 말씀으로 이 세상과 시대를 분별할 줄 알아야 합니다. 우리의 삶 전체가 예배입니다. 예배는 우리가 삶의 현장에서 말씀대로 살아감으로 계속됩니다. 그러므로 강복선언을 통하여 삼위일체 하나님의 임재를 약속 받은 성도들은 그 약속을 힘입어 하나님께 영광을 돌리는 삶을 살아가야 하겠습니다.

예배의 삶을 사시기 바랍니다.

확인 질문

10단원
공적금식과 공적 감사일, (부록) 공예배를 드리는 날과 장소

1. 공적 금식일과 공적 감사일에 해야 할 일을 각각 묶은 것입니다. 틀린 것을 고르세요.

① 공적인 금식, 가난한 자를 위한 연보
② 시편 찬송, 권면의 말씀 ③ 성찬, 먹고 쉬는 일
④ 하나님께 은혜를 간구함, 시편 찬송
⑤ 화려한 옷차림을 삼갈 것, 설교

2. 공적 금식일과 감사일에 관한 저자의 설명과 다른 것은?

① 종교개혁자들은 로마 가톨릭의 절기 금식은 거부했지만, 공적 금식일은 필요하다고 생각했다.
② 이벤트성 종교 행위에 그치지 않고, 금식을 통해 전체 삶에서 하나님의 도우심을 구하고 겸비하는 마음과 자세로 살도록 가르쳤다.
③ 예배모범은 공예배와 같은 형태는 아니더라도 공적인 감사를 위해 하루나 며칠을 구별하도록 허용했다.
④ 금식할 때에는 모든 회중이 어떤 예외도 없이 하루를 완전히 굶어야 한다.
⑤ 공적 금식일과 감사일은 지금 시대에는 실현되기 참 어려운 일이다.

3. 공예배를 드리는 날과 장소를 다룬 예배모범의 가르침과 일치하는 것 2가지는?

① 그리스도인의 안식일로서 거룩하게 지키라고 명령받은 날은 주님의 날(주일) 뿐이다.
② 로마 가톨릭 전통에서 나온 절기들은 하나님의 말씀에 보증된 바가 없으나 지켜도 좋다.
③ 회중의 편의를 위해서 공적 감사일이나 금식일은 반드시 주일이어야 한다.
④ 로마 가톨릭식 미사와 우상숭배가 가득했던 기존 성당들은 다 부수고 사용을 금한다.
⑤ 제 아무리 뛰어난 교황이나 왕이 봉헌했다고 해도 그 자체로 교회당 건물이 거룩해지지 않는다.

4. 공예배를 드리는 날과 장소에 대해 저자가 말하는 바와 거리가 먼 것은?

① 구약 시대에는 특정한 장소에서 예배드려야만 했다.
② 복음 시대에는 더 이상 특정 장소에서 예배드릴 필요는 없다.
③ 초대 교회 시대에는 회당장의 집에서 주로 모여 예배드렸다.
④ 종교개혁자들이 절기에 대해 거부한 것은 로마교적 미신과 우상숭배에서 성도들을 보호하기 위한 선한 목적에서 비롯됐다.
⑤ 종교개혁자들은 예배당을 단순화시켜서 오직 하나님의 말씀에만 집중할 수 있도록 했다.

이 단원을 마치며, 아래 내용을 직접 적어 보세요.

이전에 알았던 사실	새롭게 깨달은 점	감사할 점

이 책의 첫 부분(p.18)에서, 예배에 대한 다양한 관점 속에 바른 길을 찾기 위한 힌트로 "교회"라는 단어를 말씀드렸습니다. 교회는 하나님 나라를 증거하고 나타내는 공동체입니다.

우리는 하나의 지역교회에 소속되어 하나님 나라를 배우고 각자의 삶을 통해 하나님 나라를 증거하는 삶을 살아갑니다. 만일 교회가 하나님 나라다운 면모를 잃어버리면 교회의 존재가치가 사라질 것입니다. 만일 우리가 교회에 온전하게 소속되지 않는다면 우리의 존재가치 역시 무의미할 것입니다.

따라서 우리는 성경에 나타나 있는 '하나님 나라'를 바르게 이해하고, 거기에 기초한 교회를 세워나가며, 장차 하나님 나라가 완전히 임하기를 소망하면서 살아가야 할 것입니다. 하나님 나라는 계속해서 진행하여, 예수님께서 다시 오실 때 극치에 이를 것입니다.

우리 교회 예배 순서

❶ 여러분이 속한 교회의 공예배 순서를 적고 각 순서를 인도할 이상적인 직분명(목사, 장로, 집사)을 적습니다.
다 함께 참여해야 하는 순서에서는 [모두]라고 적습니다.
❷ 대화의 원리에 따라 각 순서가 하나님께 올려지는 것인지,
하나님께로부터 내려오는 것인지 화살표를 그려서 구분해 보세요.(p.42 참조)
❸ 회중이 눈을 떠야 할 순서와 감아야 할 순서를 구분해 보세요.

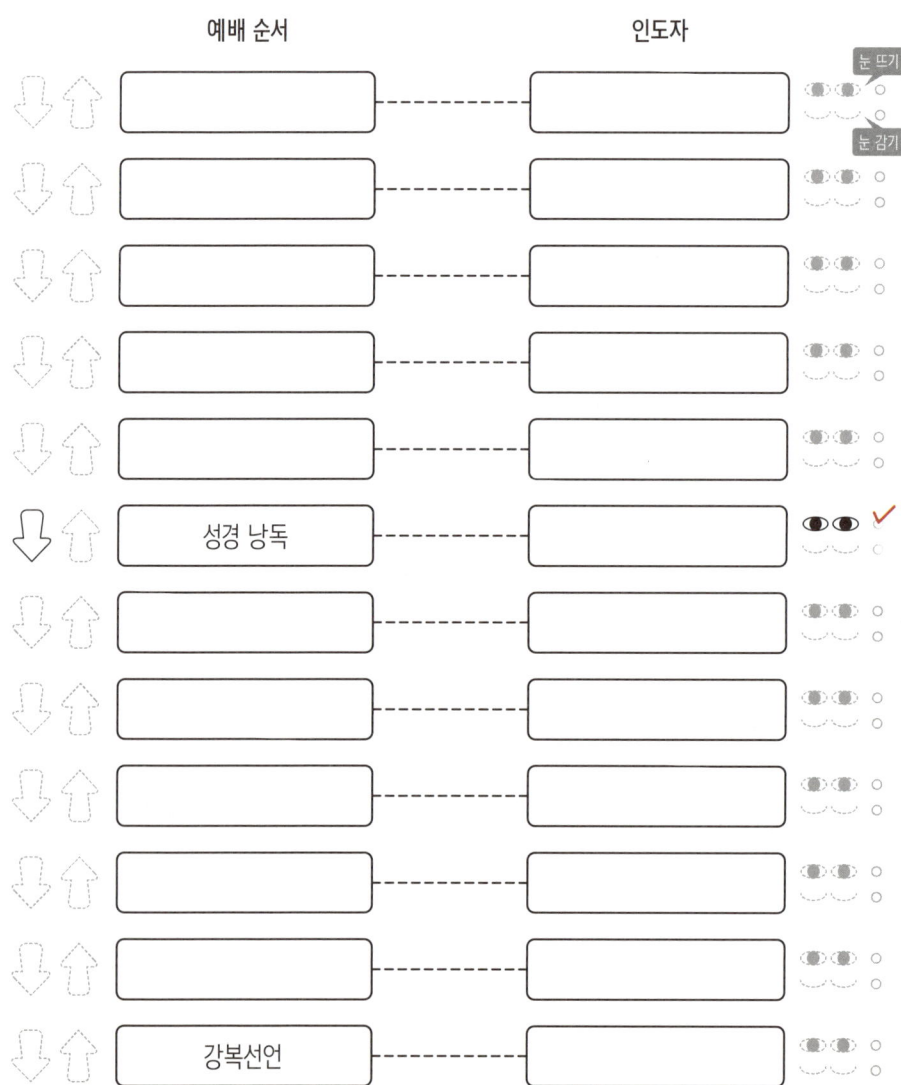

예배모범 학습을 다 마쳤습니다.
여러분은 지금 어떤 기분이 드세요?

정치모범을 통해 공교회 차원의 시스템을 구축하고, 교리교육을 통해 생각의 전제를 일치시키고, 예배모범을 통해 각 교회들이 하나님과 성도, 직분자와 회중, 교회와 가정을 연결하고 더욱 든든히 세워가는 그런 지향점을 우리 또한 바라보며, 일치와 사랑을 위해 배우고 훈련하고 준비해야 한다는 것을 배웠습니다.

지금 우리에게는 이런 일들이 꿈이요 이상처럼 되어버렸지만, 반드시 지향점으로 삼아야 하겠습니다. 지향점이 분명하다면, 서로의 눈높이는 달라도 한 방향으로 걸을 수 있습니다. 사소한 차이로 인한 분열을 극복할 수 있는 여유가 생깁니다.

개혁자들은 함께 가기를 독려하면서 이 문서를 만들었습니다. 그 앞에서 모두가 비슷비슷한 수준을 달리고 있으며, 죄악의 깊이도 비슷해서 서로 자랑할 것이 되지 못한다는 것을 인식해야 하겠습니다.

예배모범의 어떤 문구들은 우리를 괴롭게 만듭니다. 그러나 앞으로 나아가기 위한 고통이라면, 그것은 우리에게 복이 될 것입니다. 이 예배모범은 우리 시대에도 충분히 넘치는 유익이 될 수 있습니다. 17세기 영국의 세 왕국이 신앙의 일치를 보기 위해 만든 문서였지만, 우리 시대에 수백 수천 개의 왕국으로 분열된 한국 교회와 세계 교회의 일치를 소망하며, 이 예배모범을 반복해서 공부하고 적용해보기로 합시다.

오늘도 주의 은혜를 구하며…
오직 그리스도가 다스리시는 교회를 소망하며……

참고 도서 목록 가나다순

『가톨릭 교회 교리서』

『교회의 직분자가 알아야 할 7가지』(공저; 세움북스, 2017)

『담임목사가 되기 전에 알아야 할 7가지』(공저; 세움북스, 2016)

D.G. 하트 외, 『개혁주의 예배신학』(P&R, 2009)

J.A.핫지, 『교회정치문답조례』(대한예수교장로회 총회, 2011)

고신총회, 『헌법해설: 예배지침/교회정치/권징조례』(총회출판국, 2014)

고신총회, 『예전예식서』(총회출판국, 2015)

김석한, 『교회용어 바로 쓰기』(도서출판 영문, 2003)

김중락, 『스코틀랜드 종교개혁사』(흑곰북스, 2017)

배광식, 한기승, 안은찬, 『헌법해설서』(익투스, 2015)

브라이언 채플, 『그리스도 중심적 예배』(부흥과 개혁사, 2011)

손재익, 『사도신경, 12문장에 담긴 기독교 신앙』(디다스코, 2017)

손재익, 『설교, 어떻게 들을 것인가?』(좋은 씨앗, 2018)

손재익, 『십계명, 언약의 10가지 말씀』(디다스코, 2016)

신현만, 한기승, 『교회법률상식』(야곱의 우물, 2014)

유해무, 『헌법해설: 웨스트민스터 신앙고백서/대소교리문답서』(총회출판국, 2014)

이상규, 『교회개혁과 부흥운동』(SFC, 2004)

이성웅, 『헌법예배. 예식론』(한국장로교출판사, 2011)

이승구, 『한국교회가 나아갈 길』(SFC, 2007)

임택진, 『기독교 가정의례지침』(한국문서선교회, 1985)

정일웅, 『개혁교회 예배와 예전학』(총신대학교 출판부, 2010)

제임스 드 종, 『개혁주의 예배』(CLC, 1997)

장 칼뱅, 『기독교강요(최종판)』

최낙재, 『영원한 안식과 주일』(크리스천다이제스트, 1997)

토마스 레쉬만, 『웨스트민스터 예배모범』(예배와 설교 아카데미, 2002)

판 도른, 『예배의 아름다움』(SFC, 1994)

한국 천주교 주교회의, 『미사 경본 총지침(Institutio Generalis Missalis Romani)』

홀튼 데이비스, 『청교도 예배』(CLC, 1999)

황희상, 『특강 종교개혁사』(흑곰북스, 2016)

정답 모음
단원별 확인질문의 객관식 정답 모음입니다.

2단원	2. ③ 3. ③	5단원	2. ①	8, 9단원	1. ① 2. ⑤ 3. ②
3단원	1. ⑤ 3. ③ 4. ⑤	6단원	1. ④ 2. ②	10단원	1. ③ 2. ④ 3. ①, ⑤ 4. ③
4단원	1. ③, ④ 2. ②	7단원	1. ③ 2. ①, ⑤		

단원별 도입사진 설명

1단원 : 여행을 떠나야 비로소 배운다는 말이 있습니다. 이번 여행을 통해 우리는 무엇을 느끼고 또한 배우게 될까요? 17세기 고전을 만나러 떠나는 흑꼬미들이 바다 끝까지 날아갑니다!

2단원 : 터키 에베소 유적에 남아 있는 석조 기둥. 크게 번성했던 지중해 무역도시 에베소는 열광적이지만 헛된 예배에 빠져있었어요. 바른 예배는 어디서 찾을 수 있을까요?

3단원 : 로마 시내에 있는 치사누오바 성당. 카라바쪼 등 당대 유명한 화가들의 화려한 벽화는 보는 이의 감동을 자아내지만, 그것이 정말로 예배를 도울 수 있었을까요?

4단원 : 스코틀랜드 북부 하일랜드의 신기하고 아름다운 자연 풍광에 찬양이 저절로 솟아납니다. 주 하나님 지으신 모든 세계 내 마음 속에 그리어 볼 때~! ^^

5단원 : 로마의 원형경기장 유적은 고도로 발달했던 기술 문명을 지금까지도 자랑합니다. 함께 구입할 수 있는 티켓으로 근처에 있는 포로 로마노와 팔라티노 언덕을 둘러보며 대 제국의 경영시스템을 상상할 수 있습니다.

6단원 : 런던의 템즈 강변. 예배모범을 만든 웨스트민스터 총회가 열렸던 바로 그 동네입니다. 강 건너에 웨스트민스터 사원과 국회의사당이 가까이 있답니다.

7단원 : 프랑스 위그노들의 도시 '라 로셀'에서 만난 장 귀통 시장의 동상입니다('특강 종교개혁사' 참조). 신교도 세력 축출을 위해 리슐리외 추기경이 주도한 라 로셀 포위/섬멸 작전에 목숨을 걸고 용감하게 맞서 싸웠습니다.

8단원 : 파리 시내를 걷다가 만난 귀염둥이들입니다. 어느 재활용 가게 앞에 쌓아둔 빈 플라스틱통이 무슨 노래를 부르고 있는지 궁금하지 않으세요? ^^

9단원 : 미국 위스콘신의 그린레이크에서 바라본 노을입니다. 우리 인생 나그네길을 다 마칠 때, 우리 곁에 어떤 이웃이 함께 하고 있을까요? 그때 우리를 지켜줄 교회는 또 어떤 모습을 하고 있을까요...? 짐짓 궁금해집니다.

10단원 : 파리의 세느 강변. 성바돌로매오 대학살 때 구교도들에게 학살당한 위그노들이 이곳의 물길을 메우다시피 했다고 합니다. 신앙의 선배들이 목숨을 걸고 우리에게 물려준 보석같은 신앙의 유산들을 소중히 여기고 우리 것으로 삼아야 하겠습니다.

이 여행길을 함께 걸어주셔서 고맙습니다.

> 간청하기로는,
> 주님께서 이 왕국들을
> 이단과 분열과 불법과 신성모독과
> 건전한 교리에 반대되는 모든 것과
> 경건한 능력에 반대되는 모든 것으로부터
> 보호해 주시기를 기도합니다.
>
> 그분의 순수하고도 정결한 규례들과
> 그로부터 커져가는 능력과 생명력으로,
> 하나님의 위대한 이름의 영광,
> 그분의 아들의 나라의 확장,
> 왕국들 간의 평화와 사랑의 확증,
> 그분의 모든 백성들의 하나 됨과 위로,
> 사랑 안에서 서로 든든히 서는 모습이
> 우리와 계속해서 함께 하고,
> 다음 세대에도 계속해서 함께 하기를 기도합니다.

잉글랜드의 웨스트민스터 총회에서 보내온
예배모범을 신속하게 통과시키며 스코틀랜드 총회가 남긴 법령(1645년 2월 3일)
그 마지막 문구